AF829572

Ausführliches Verzeichnis der

Guttentag'schen Sammlung

Deutscher Reichs- und Preußischer Gesetze

Text-Ausgaben mit Anmerkungen — Taschenformat

welche alle wichtigeren Gesetze in unbedingt zuverlässigen Gesetzestexten und in mustergültiger Weise erläutert enthält, befindet sich hinter dem Sachregister.

Guttentag'sche Sammlung
Nr. 21. Deutscher Reichsgesetze. Nr. 21.
Text-Ausgaben mit Sachregister.

Die Konsulargesetzgebung des Deutschen Reichs.

Text-Ausgabe mit Anmerkungen und Sachregister

Von

Dr. Philipp Zorn,
Geh. Justizrat, ord. Professor der Rechte in Bonn.

Dritte, vollständig neu bearbeitete Auflage

von

Dr. Konrad Zorn,
Regierungsassessor.

Berlin 1911.
J. Guttentag, Verlagsbuchhandlung,
G. m. b. H.

Abkürzungen.

Bek.	=	Bekanntmachung.
BGBl.	=	Bundes-Gesetzblatt.
CBl.	=	Central-Blatt für das Deutsche Reich.
G.	=	Gesetz.
v. König	=	B. v. König, Handbuch des deutschen Konsularwesens, 7. Aufl., Berlin 1909.
PrGS.	=	Preußische Gesetzsammlung.
RGBl.	=	Reichsgesetzblatt.
V.	=	Verordnung.

Inhaltsverzeichnis.

Seite

I. Organisation des deutschen Konsularwesens.

II. Die persönliche Rechtsstellung der Konsularbeamten.

Seite

G. Gewährung von Rechtshilfe.

H. Unterstützung Hilfsbedürftiger.

I. Verkehr mit der Kriegsmarine.

K. Tätigkeit im Interesse der Handelsflotte.

L. Beaufsichtigung des Auswanderungswesens.

M. Konsulargerichtsbarkeit.

N. Gebührenwesen.

I. Organisation des deutschen Konsularwesens.

1. Reichsverfassung.

Art. 4 (Ziff. 7). „Der Beaufsichtigung seitens des Reichs und der Gesetzgebung desselben unterliegen die nachstehenden Angelegenheiten: — — —

7. Organisation eines gemeinsamen Schutzes des deutschen Handels im Auslande, der deutschen Schiffahrt und ihrer Flagge zur See und Anordnung gemeinsamer konsularischer Vertretung, welche vom Reiche ausgestattet wird."

Art. 56. „Das gesamte Konsulatwesen des Deutschen Reichs steht unter der Aufsicht des Kaisers, welcher die Konsuln, nach Vernehmung des Ausschusses des Bundesrates für Handel und Verkehr, anstellt.

In dem Amtsbezirk der deutschen Konsuln dürfen neue Landeskonsulate nicht errichtet werden. Die deutschen Konsuln üben für die in ihrem Bezirk nicht vertretenen Bundesstaaten die Funktionen eines Landeskonsuls aus. Die sämtlichen bestehenden Landeskonsulate werden aufgehoben, sobald die Organisation der deutschen Konsulate dergestalt vollendet ist, daß die Vertretung der Einzelinteressen aller Bundesstaaten als durch die deutschen Konsulate gesichert von dem Bundesrate anerkannt wird [1])."

2. Schlußprotokoll zu dem Vertrage vom 23. November 1870, betr. den Beitritt Bayerns zur Verfassung des Deutschen Bundes.

XII. Zu Artikel 56 der Bundesverfassung wurde allseitig anerkannt, daß den einzelnen Bundesstaaten das Recht zustehe, auswärtige Konsuln bei sich zu empfangen und für ihr Gebiet mit dem Exequatur zu versehen.

Ferner wurde die Zusicherung gegeben, daß Bundeskonsuln an auswärtigen Orten auch dann aufgestellt werden sollen, wenn es nur das Interesse eines einzelnen Bundesstaates als wünschenswert erscheinen läßt, daß dies geschehe."

3. Gesetz betr. die Organisation der Bundeskonsulate, sowie die Amtsrechte und Pflichten der Bundeskonsuln. Vom 8. November 1867 (BGBl. S. 137) [2]) [3]).

I. Organisation der Bundeskonsulate.

§ 1. Die Bundeskonsuln sind berufen, das Interesse des Bundes, namentlich in bezug auf Handel, Verkehr

---

[1]) Ein entsprechender Beschluß des Bundesrats erging bereits am 6. Dezember 1869 (vgl. Laband, Staatsrecht d. Deutsch. Reichs, 4. Aufl., 1901, Bd. 3 S. 11).

[2]) In Baden, Südhessen und Württemberg in Kraft seit dem 1. Januar 1871 (Verfassung des Deutschen Bundes Art. 80 Ziff. 4 — BGBl. 1870

und Schiffahrt tunlichst zu schützen und zu fördern, die Beobachtung der Staatsverträge zu überwachen und den Angehörigen der Bundesstaaten, sowie anderer befreundeter Staaten in ihren Angelegenheiten Rat und Beistand zu gewähren. Sie müssen hierbei nach den Bundesgesetzen und den ihnen erteilten Instruktionen sich richten und die durch die Gesetze und die Gewohnheiten ihres Amtsbezirks gebotenen Schranken einhalten.

§ 2. Unter Konsul im Sinne dieses Gesetzes ist der Vorsteher eines Generalkonsulats, Konsulats oder Vizekonsulats zu verstehen.

§ 3. Die Bundeskonsuln sind der Aufsicht des Bundeskanzlers unterworfen. In Angelegenheiten von allgemeinem Interesse berichten sie an den Bundeskanzler und empfangen von ihm ihre Weisungen. In dringlichen Fällen haben sie gleichzeitig die erforderlichen Anzeigen

---

S. 647 —, Vertrag mit Baden und Hessen vom 15. November 1870 Abs. 2 — BGBl. S. 651 —, mit Württemberg vom 25. November 1870 Art. 1 — BGBl. S. 654 —, Gesetz betr. die Verfassung des Deutschen Reichs vom 16. April 1871 § 2 Abs. 1 — BGBl. S. 63), in Bayern gemäß Reichsgesetz vom 22. April 1871, § 3 (BGBl. S. 88).

[3]) Wo in dem nachstehend abgedruckten Gesetzestext von dem Norddeutschen Bunde, dessen Staaten, Organen, Angehörigen usw. die Rede ist, sind darunter das Deutsche Reich und dessen entsprechende Beziehungen zu verstehen (Reichsgesetz vom 16. April 1871, § 2 Abs. 2 — BGBl. S. 63), also statt Bundeskonsuln Reichskonsuln, statt Bundesoberhaupt Kaiser usw.

über erhebliche Tatsachen unmittelbar an die zunächst beteiligten Regierungen gelangen zu lassen.

In besonderen, das Interesse eines einzelnen Bundesstaates oder einzelner Bundesangehöriger betreffenden Geschäftsangelegenheiten berichten sie an die Regierung des Staates, um dessen besonderes Interesse es sich handelt, oder dem die beteiligte Privatperson angehört; auch kann ihnen in solchen Angelegenheiten die Regierung eines Bundesstaates Aufträge erteilen und unmittelbare Berichtserstattung verlangen.

§ 4. Die Bundeskonsuln werden vor Antritt ihres Amtes dahin vereidet, daß sie ihre Dienstpflichten gegen den Norddeutschen Bund nach Maßgabe des Gesetzes und der ihnen zu erteilenden Instruktionen treu und gewissenhaft erfüllen und das Beste des Bundes fördern wollen.

§ 5. Die Bundeskonsuln können ohne Genehmigung des Bundespräsidiums weder Konsulate fremder Mächte bekleiden, noch Geschenke oder Orden von fremden Regierungen annehmen.

§ 6. Bundeskonsuln, welche sich von ihrem Amte ohne Urlaub entfernt halten, werden so angesehen, als ob sie die Enthebung von ihrem Amt nachgesucht hätten [1]).

§ 7. Zum Berufskonsul (consul missus) kann nur derjenige ernannt werden, welchem das Bundesindigenat zusteht und welcher zugleich

---

[1]) Über den Urlaub der Konsuln siehe Nr. 13 S. 144.

1. entweder die zur juristischen Laufbahn in den einzelnen Bundesstaaten erforderliche erste Prüfung bestanden hat und außerdem mindestens drei Jahre im inneren Dienste oder in der Advokatur und mindestens zwei Jahre im Konsulatsdienste des Bundes oder eines Bundesstaates beschäftigt gewesen ist, oder
2. die besondere Prüfung bestanden hat, welche für die Bekleidung des Amtes eines Berufskonsuls einzuführen ist. Die näheren Bestimmungen über diese Prüfung werden von dem Bundeskanzler erlassen [1]).

Die vorstehenden Bestimmungen kommen jedoch erst vom 1. Januar 1873 ab zur Anwendung.

§ 8. Die Berufskonsuln erhalten Besoldung nach Maßgabe des Bundeshaushaltsetats.

Reise- und Einrichtungskosten, sowie sonstige Dienstausgaben werden ihnen aus Bundesmitteln besonders erstattet [2]).

Die Familien der Berufskonsuln werden, wenn letztere während ihrer Amtsdauer sterben, auf Bundeskosten in die Heimat zurückbefördert [3]).

Die Berufskonsuln erheben die in dem Konsulartarife vorgesehenen Gebühren für Rechnung der Bundeskasse [4]).

---

[1]) S. dieselben Nr. 5 S. 132.
[2]) S. hierüber Nr. 14 S. 148.
[3]) S. dazu Nr. 15 S. 161.
[4]) Den Tarif zum Konsulatsgebührengesetz, siehe Nr. 89 S. 500.

Die Berufskonsuln dürfen keine kaufmännischen Geschäfte betreiben.

In bezug auf den Amtsverlust, die Dienstentlassung, die Versetzung in den Ruhestand und die Amtssuspension unterliegen die Berufskonsuln bis zum Erlaß eines Bundesgesetzes [1]) den in dieser Beziehung für die Preußischen diplomatischen Agenten zurzeit geltenden Vorschriften mit der Maßgabe, daß die in diesen Vorschriften dem Ministerium der auswärtigen Angelegenheiten beiwohnenden Zuständigkeiten dem Bundeskanzler und die nach denselben dem Disziplinarhofe und dem Staatsministerium beiwohnenden Zuständigkeiten dem Bundesrate gebühren.

§ 9. Zu Wahlkonsuln (consules electi) sollen vorzugsweise Kaufleute ernannt werden, welchen das Bundesindigenat zusteht.

§ 10. Die Wahlkonsuln beziehen die in Gemäßheit des Konsulartarifs [2]) zu erhebenden Gebühren für sich.

Dienstliche Ausgaben können ihnen aus Bundesmitteln ersetzt werden.

Ihre Anstellung ist jederzeit ohne Entschädigung widerruflich.

§ 11. Die Konsuln können mit Genehmigung des Bundeskanzlers in ihrem Amtsbezirke konsularische Privatbevollmächtigte (Konsularagenten) bestellen.

Den Konsularagenten steht die selbständige Aus-

---

[1]) Dieses Gesetz ist erlassen: Reichsbeamtengesetz vom 18. Mai 1907 (RGBl. S. 245) §§ 72—148, die nachfolgenden Vorschriften sind daher außer Kraft gesetzt.

[2]) Vgl. Anm. 4 auf S. 21.

übung der in diesem Gesetze den Konsuln beigelegten Rechte nicht zu.

Den Konsularagenten können die von ihnen nach Maßgabe des Konsulartarifs[1]) erhobenen Gebühren ganz oder teilweise belassen werden.

II. Amtsrechte und Pflichten der Bundeskonsuln.

§ 12. Jeder Bundeskonsul hat über die in seinem Amtsbezirke wohnenden und zu diesem Behufe bei ihm angemeldeten Bundesangehörigen eine Matrikel zu führen.

Solange ein Bundesangehöriger in die Matrikel eingetragen ist, bleibt ihm sein heimatliches Staatsbürgerrecht erhalten, auch wenn dessen Verlust lediglich infolge dessen Aufenthalts in der Fremde eintreten würde[2]).

§ 13. Die Befugnis der Konsuln zu Eheschließungen und zur Beurkundung der Heiraten, Geburten und Sterbefälle der Bundesangehörigen bestimmt sich bis zum Erlaß eines diese Befugnis regelnden Bundesgesetzes nach den Landesgesetzen der einzelnen Bundesstaaten[3]).

Wenn nach den Landesgesetzen die Befugnis von einer besonderen Ermächtigung abhängig ist, so wird die letztere von dem Bundeskanzler auf Antrag der Landesregierung erteilt.

---

[1]) Vgl. Anm. 4 auf S. 21.

[2]) S. Abschnitt III A. S. 162.

[3]) S. Abschnitt III B. S. 174.

§ 14. Die Bundeskonsuln sind befugt zur Legalisation derjenigen Urkunden, welche in ihrem Amtsbezirke ausgestellt oder beglaubigt sind [1]).

§ 15. Die schriftlichen Zeugnisse, welche von den Bundeskonsuln über ihre amtlichen Handlungen und die bei Ausübung ihres Amtes wahrgenommenen Tatsachen unter ihrem Siegel und ihrer Unterschrift erteilt sind, haben die Beweiskraft öffentlicher Urkunden [2]).

§ 16. Den Bundeskonsuln steht innerhalb ihres Amtsbezirks in Ansehung der Rechtsgeschäfte, welche Bundesangehörige errichten, insbesondere auch derjenigen, welche dieselben mit Fremden schließen, das Recht der Notare zu, dergestalt, daß die von ihnen aufgenommenen und mit ihrer Unterschrift und ihrem Siegel versehenen Urkunden den innerhalb der Bundesstaaten aufgenommenen Notariatsurkunden gleich zu achten sind [3]).

Einem Wahlkonsul steht in Ansehung der Errichtung einer Verfügung von Todes wegen das im Abs. 1 bezeichnete Recht der Notare nur dann zu, wenn das Recht ihm von dem Reichskanzler besonders beigelegt ist [4]).

§ 17. Bei Aufnahme der Urkunden (§ 16) haben die Bundeskonsuln zwei Zeugen zuzuziehen, in deren Gegenwart die Verhandlung vorzulesen und von den

---

[1]) S. Abschnitt III C. S. 204.
[2]) S. Abschnitt III D. S. 205.
[3]) S. Abschnitt III E. S. 219.
[4]) § 16 Abs. 2 und § 17a gemäß Art. 38 des EG. z. BGB.

Beteiligten durch Unterschrift oder im Falle der Schreibensunerfahrenheit durch Handzeichen zu vollziehen ist.

Die Befolgung dieser Vorschriften muß aus der Urkunde hervorgehen, widrigenfalls dieselbe nicht die Kraft einer Notariatsurkunde hat. Diese Kraft mangelt auch in dem Falle, wenn der Konsul oder seine Frau oder einer von seinen oder seiner Frau Verwandten oder Verschwägerten in auf- oder absteigender Linie oder in der Seitenlinie bis zum Grade des Oheims oder Neffen einschließlich bei der Verhandlung beteiligt war, oder wenn darin eine Verfügung zugunsten einer der vorgenannten Personen oder der hinzugezogenen Zeugen getroffen ist.

§ 17a[1]. Auf die Errichtung einer Verfügung von Todes wegen finden nicht die Vorschriften des § 17, sondern die Vorschriften des Bürgerlichen Gesetzbuchs Anwendung[2].

§ 18. Die Bundeskonsuln sind berufen, der in ihrem Amtsbezirke befindlichen Verlassenschaften verstorbener Bundesangehöriger, wenn ein amtliches Einschreiten wegen Abwesenheit der nächsten Erben oder aus ähnlichen Gründen geboten erscheint, sich anzunehmen; sie sind hierbei insbesondere ermächtigt, den Nachlaß zu versiegeln und zu inventarisieren, den beweglichen Nachlaß, wenn die Umstände es erfordern, in Verwahrung zu nehmen und öffentlich zu verkaufen, sowie die vorhandenen

---

[1]) Vgl. Anm. 4 auf S. 24.
[2]) BGB. §§ 2231 ff., 2276.

Gelder zur Tilgung der feststehenden Schulden zu ver-verwenden[1]).

§ 19. Die Bundeskonsuln können innerhalb ihres Amtsbezirks an die dort sich aufhaltenden Personen auf Ersuchen der Behörden eines Bundesstaates Zustellungen jeder Art bewirken. Durch das schriftliche Zeugnis des Konsuls über die erfolgte Zustellung wird diese nachgewiesen[2]).

§ 20. Zur Abhörung von Zeugen und zur Abnahme von Eiden sind nur diejenigen Bundeskonsuln befugt, welche dazu vom Bundeskanzler besonders ermächtigt sind[3]). Die von diesen Konsuln aufgenommenen Verhandlungen stehen den Verhandlungen der zuständigen inländischen Behörden gleich.

§ 21. Bei Rechtsstreitigkeiten der Bundesangehörigen unter sich und mit Fremden sind die Bundeskonsuln berufen, nicht allein auf Antrag der Parteien den Abschluß von Vergleichen zu vermitteln, sondern auch das Schiedsrichteramt zu übernehmen, wenn sie in der durch die Ortsgesetze vorgeschriebenen Form von den Parteien zu Schiedsrichtern ernannt werden.

§ 22[4]). Den Bundeskonsuln steht eine volle Gerichts-

---

[1]) S. Abschnitt III F. S. 224.

[2]) S. Abschnitt III G. Nr. 42—44 S. 229—230.

[3]) S. dieselben in Abschnitt VI. Zu der Vernehmung und Vereidigung von Zeugen und Sachverständigen bei Untersuchung von Seeunfällen sind alle Konsulate berechtigt, vgl. Nr. 46 S. 240.

[4]) Die §§ 22—24 sind aufgehoben durch das G. v. 10. Juli 1879, an dessen Stelle jetzt das Konsulargerichts-

barkeit zu, wenn sie in Ländern residieren, in welchen ihnen durch Herkommen oder durch Staatsverträge die Ausübung der Gerichtsbarkeit gestattet ist.

Der Konsulargerichtsbarkeit sind alle in den Konsularjurisdiktionsbezirken wohnenden oder sich aufhaltenden Bundesangehörigen und Schutzgenossen unterworfen. In betreff der politischen Verbrechen und Vergehen jedoch nur, wenn diese nicht innerhalb des Norddeutschen Bundes oder in Beziehung auf denselben verübt sind.

§ 23. Die Jurisdiktionsbezirke der einzelnen Konsuln werden von dem Bundeskanzler nach Vernehmung des Ausschusses des Bundesrates für Handel und Verkehr bestimmt.

§ 24. Bis zum Erlasse eines Bundesgesetzes über die Konsulargerichtsbarkeit wird dieselbe von den Bundeskonsuln nach Maßgabe des über die Gerichtsbarkeit der Konsuln in Preußen erlassenen Gesetzes vom 29. Juni 1865 (Gesetz-Samml. S. 681) ausgeübt. Die nach diesem Gesetze den preußischen Ministern und Gesandten übertragenen Befugnisse stehen jedoch dem Bundeskanzler zu.

Neue Bundesgesetze erlangen in den Konsular-Jurisdiktionsbezirken nach Ablauf von sechs Monaten, von dem Tage gerechnet, an welchem dieselben durch das Bundesgesetzblatt verkündet worden sind, verbindliche Kraft.

§ 25. Die Bundeskonsuln sind befugt, den in ihrem Amtsbezirke sich aufhaltenden Bundesangehörigen Pässe auszustellen, sowie Pässe zu visieren, die Pässe fremder Behörden jedoch nur zum Eintritt in das Bundesgebiet[1]).

---

barkeitsgesetz v. 7. April 1900 (RGB. 213) getreten ist; siehe Nr. 68 S. 418.

[1]) S. Nr. 27 S. 205.

§ 26. Hilfsbedürftigen Bundesangehörigen haben die Bundeskonsuln die Mittel zur Milderung augenblicklicher Not oder zur Rückkehr in die Heimat nach Maßgabe der ihnen erteilten Amtsinstruktion zu gewähren[1]).

§ 27. Die Bundeskonsuln haben den Schiffen der Bundes-Kriegsmarine, sowie der Besatzung derselben Beistand und Unterstützung zu gewähren. Insbesondere müssen sie die Befehlshaber derselben von den in ihrem Amtsbezirke in bezug auf fremde Kriegsschiffe bestehenden Vorschriften und Ortsgebräuchen, sowie von etwa dort herrschenden epidemischen und ansteckenden Krankheiten unterrichten[2]).

§ 28. Wenn Mannschaften von Kriegsschiffen desertieren, so haben die Bundeskonsuln bei den Orts- und Landesbehörden die zur Wiederhabhaftwerdung derselben erforderlichen Schritte zu tun[2]).

§ 29. Die Bundeskonsuln haben zum Schutze der von ihnen dienstlich zu vertretenden Interessen, insbesondere zum Transport von Verbrechern und hilfsbedürftigen Personen, den Beistand der Befehlshaber der Kriegsschiffe in Anspruch zu nehmen[3]).

§ 30. Die Bundeskonsuln haben die Innehaltung der wegen Führung der Bundesflagge bestehenden Vorschriften[4]) zu überwachen.

---

[1]) S. Nr. 49 S. 244.
[2]) S. Abschnitt III I. Nr. 50 S. 248.
[3]) S. Nr. 50 S. 248.
[4]) S. Nr. 51—55 S. 264—290.

§ 31. Sie haben die Meldung der Schiffsführer entgegenzunehmen und an den Bundeskanzler über Unterlassung dieser Meldung zu berichten[1]).

§ 32. Sie bilden für die Schiffe der Bundes-Handelsmarine im Hafen ihrer Residenz die Musterungsbehörde[2]).

§ 33. Sie sind befugt, über diese Schiffe die Polizeigewalt auszuüben.

§ 34. Wenn Mannschaften von solchen Schiffen desertieren, so haben die Bundeskonsuln auf Antrag des Schiffers bei den Orts- oder Landesbehörden die zur Wiederhabhaftwerdung derselben erforderlichen Schritte zu tun.

§ 35. Die Bundeskonsuln sind befugt, an Stelle eines gestorbenen, erkrankten oder sonst zur Führung des Schiffes untauglich gewordenen Schiffers auf den Antrag der Beteiligten einen neuen Schiffsführer einzusetzen.

§ 36. Sie sind befugt, die Verklarungen aufzunehmen, und bei Unfällen, von welchen die Schiffe betroffen werden, die erforderlichen Bergungs- und Rettungsmaßregeln einzuleiten und zu überwachen, sowie in Fällen der großen Haverei auf Antrag des Schiffsführers die Dispache aufzumachen.

§ 37. In betreff der Befugnis der Konsuln zur Mitwirkung bei dem Verkaufe eines Schiffes durch den

---

[1]) S. Nr. 56, 57 S. 291 ff.

[2]) Seemannsordnung vom 2. Juni 1902 — RGBl. S. 175 ff. — §§ 5, 10 ff., s. Nr. 58 S. 293.

Schiffer und bei Eingehung von Bodmereigeschäften, sowie in betreff der einstweiligen Entscheidung von Streitigkeiten zwischen Schiffer und Mannschaft sind die Vorschriften Art. 499, 537, 547, 686 des Allgemeinen Deutschen Handelsgesetzbuches[1]) maßgebend; in betreff ihrer Befugnis zur Erteilung von interimistischen Schiffszertifikaten bewendet es bei den Vorschriften des Bundesgesetzes, betreffend die Nationalität der Kauffahrteischiffe und ihre Befugnis zur Führung der Bundesflagge, vom 25. Oktober 1867[2]).

§ 38. Die von den Bundeskonsuln zu erhebenden Gebühren werden durch Bundesgesetz festgestellt[3]). Bis zum Inkrafttreten eines solchen Gesetzes erfolgt die Gebührenerhebung nach einem von dem Bundeskanzler im Einvernehmen mit dem Ausschusse des Bundesrates für Handel und Verkehr zu erlassenden provisorischen Tarife.

4. Allgemeine Dienstinstruktion für die Konsuln des Deutschen Reichs vom 6. Juni 1871/22. Febr. 1873[4]).

Zu § 1. Der § 1 des Gesetzes gibt im ersten

---

[1]) jetzt §§ 530, 685 des Handelsgesetzbuchs vom 10 Mai 1897 (RGBl. S. 219) und §§ 74, 129 der Seemannsordnung von 1902.

[2]) jetzt G. v. 22. Juni 1899 (RGBl. S. 319) Nr. 51 S. 264.

[3]) Konsulatsgebührengesetz vom 17. Mai 1910 (RGBl. S. 847), s. Nr. 89 S. 496.

[4]) Die Allgemeine Dienstinstruktion (ADJ.) ist nicht veröffentlicht, ebensowenig der Nachtrag vom

Alinea eine zusammenfassende Begriffsbestimmung der konsularischen Tätigkeit.

1. Unter den Staatsverträgen, deren Beobachtung die Konsuln zu überwachen haben, sind nicht nur die von dem Deutschen Reiche, dem Norddeutschen Bunde oder vom Deutschen Zollvereine abgeschlossenen, sondern auch diejenigen zu verstehen, welche etwa zwischen einzelnen zum Reiche gehörigen Staaten und anderen Staaten bestehen. Den betreffenden Konsuln werden eintretendenfalls diese Staatsverträge besonders mitgeteilt.

2. Zu den, an den Rat und den Beistand der deutschen Konsuln gewiesenen Angehörigen der Bundesstaaten gehören nicht nur diejenigen, welche sich in dem Konsulatsbezirke aufhalten, sondern überhaupt alle Reichsangehörige, welche Interessen daselbst wahrzunehmen haben. Die Konsuln werden also z. B. ihren Beistand auch solchen Deutschen zuteil werden lassen, welche sich schriftlich an sie wenden, um Auskunft über die gegen ihre dortigen Schuldner zu ergreifenden Maßregeln zu erhalten und dergleichen. Es ist gestattet, daß die Konsuln sich in solchen Sachen — wenn sie keine Bedenken dabei finden — direkt mit den Beteiligten in Korrespondenz setzen.

3. Zu den anderen befreundeten Staaten, deren Angehörigen die Konsuln Rat und Beistand zu gewähren haben, gehören zunächst Österreich, Luxemburg und die

---

22. Febr. 1873, der die Bestimmungen zu den §§ 26, 32, 33, 34, 37 abänderte.

Schweiz, da diesen Staaten gegenüber ausdrücklich entsprechende Verpflichtungen übernommen worden sind[1]). Jedoch haben die deutschen Konsuln sich der Angehörigen der genannten Staaten nur dann anzunehmen, wenn die betreffenden Individuen es beantragen und ein eigener Konsularbeamter ihres Staates nicht am Orte ist. Eine Verpflichtung für die Angehörigen dieser Staaten, sich in Ermangelung eines eigenen Konsuls an die deutschen Konsuln zu wenden, besteht nicht. Kommen bei der konsularischen Vertretung der Angehörigen der genannten Staaten Amtshandlungen vor, für welche tarifmäßig Gebühren zu erheben sind, so sind diese Gebühren zu erlegen. Inwieweit den Angehörigen anderer als der genannten drei Staaten der Beistand der deutschen Konsuln zu erteilen ist, wird durch Spezialinstruktion bestimmt.

4. Der Schluß des § 1 verpflichtet die Konsuln, bei Ausübung ihres Amts die durch die Gesetze und die Gewohnheiten ihres Amtsbezirks gebotenen Schranken einzuhalten. Es ist dies eine Bestimmung, deren genaue Beobachtung sich die Konsuln besonders angelegen sein lassen müssen. Kein Staat läßt fremde Konsuln in seinem Gebiete anders zu, als unter dem ausdrücklichen oder stillschweigenden Vorbehalte, daß dieselben nichts gegen die Gesetze des Landes vornehmen. Die deutschen

---

[1]) Siehe hierzu § 1 der Anordnung des Reichskanzlers, betr. die Gerichtsbarkeit über Schutzgenossen vom 27. Oktober 1900 Nr. 70 S. 443 und die Dienstanweisung zur Ausführung des Gesetzes über die Konsulargerichtsbarkeit vom 27. Oktober 1900 § 1 Nr. 72 S. 450.

Konsuln können daher die ihnen durch das Gesetz vom 8. November 1867 beigelegten Befugnisse nur insoweit ausüben, als die fremde Staatsgewalt es ihnen gestattet. Wäre z. B. in dem Amtsbezirke des Konsuls die Aufnahme von Vollmachten, Verträgen und anderen Akten der freiwilligen Gerichtsbarkeit den Landesgerichten oder Notaren vorbehalten, so würde der Konsul von den ihm in §§ 16ff. des Gesetzes vom 8. November 1867 beigelegten Befugnissen keinen Gebrauch machen dürfen. Ebenso ist es mit anderen Bestimmungen dieses Gesetzes. Dasselbe kann selbstverständlich die fremden Staatsregierungen nicht binden, vielmehr sind seine Bestimmungen zunächst und solange nicht die völkerrechtliche Anerkennung derselben seitens der fremden Staatsgewalt erfolgt ist, nur für das Verhältnis zwischen den Konsuln und dem Deutschen Reiche maßgebend. Mit anderen Worten: das Gesetz vom 8. November 1867 setzt fest, welche Befugnisse das Deutsche Reich seinen Konsuln einräumt; damit aber die Konsuln diese Befugnisse wirklich ausüben können, muß diese Ausübung nach den Gesetzen oder Gewohnheiten des betreffenden fremden Landes zulässig oder durch besondere Verträge gestattet sein.

5. Kein Konsul darf seine amtliche Wirksamkeit beginnen, bevor die Regierung des Landes, in welchem diese Wirksamkeit sich äußern soll, ihre Genehmigung erteilt hat. Diese Genehmigung ist auch in solchen Ländern erforderlich, mit deren Regierungen das Deutsche Reich über die Zulassung von Konsuln Verträge ge-

schlossen hat[1]), und auch für solche Plätze, wo im allgemeinen fremde Konsuln zugelassen werden. Sie erfolgt gewöhnlich durch ein sogenanntes Exequatur oder Plazet, welches die dortige Staatsgewalt den Funktionen des Konsuls erteilt und wodurch die amtliche Eigenschaft des Konsuls bei den Landesbehörden beglaubigt wird. Das Exequatur für die Konsuln des Deutschen Reichs wird in der Regel seitens des Reichskanzlers auf diplomatischem Wege ausgewirkt. Wenn dies nicht angänglich ist, so müssen die Konsuln dasselbe für sich und die ihnen etwa untergeordneten Organe in der in dem Lande ihrer Residenz üblichen Weise nachsuchen. Sie haben alsdann dem Reichskanzler von der Erteilung oder einer etwaigen Verweigerung des Exequatur Anzeige zu erstatten. Sollten die Bedingungen, unter welchen das Exequatur erteilt wird, ungünstiger sein, als sie anderen Konsuln an demselben Orte gestellt sind, oder sollten sie nicht durch die Reziprozität gerechtfertigt werden, so hat der Konsul vor Antretung seiner Funktionen zu berichten, oder, falls bei großer Entfernung den Interessen des Deutschen Reichs aus dem Verzuge ein wesentlicher Nachteil erwachsen sollte, seine Funktionen nur unter geeignetem Vorbehalte anzutreten.

Die Kosten, welche durch die Nachsuchung des Exequatur erwachsen, werden den Konsuln aus der Reichskasse erstattet.

Sobald der Konsul das Exequatur erlangt hat, hat

---

[1]) S. dieselben in Abschnitt V S. 524.

er das Recht, seine Amtsbefugnisse auszuüben und die in dem Orte seines Amtssitzes den fremden Konsuln vertragsmäßig, nach einer allgemeinen Staatenpraxis oder nach den speziellen Gesetzen und Gebräuchen des Landes zugestandenen Rechte in Anspruch zu nehmen.

Bevor der Konsul von seinem Amte wirklich Besitz ergreifen kann, hat er den im § 4 des Gesetzes vorgeschriebenen Eid abzuleisten. Das Nähere über die Ableistung dieses Eides ist weiter unten zu § 4 des Gesetzes angeordnet.

Handelt es sich um ein bereits bestehendes deutsches Konsulat, so übernimmt der Konsul von seinem Amtsvorgänger, dessen Erben oder sonstigen Rechtsvertretern die Archive und Inventarienstücke des Konsulats, sowie die etwa vorhandenen Depositen.

Wo es üblich ist, macht der Konsul bei Antritt seines Postens den Beamten des Orts, mit welchem er in amtliche Verbindung zu treten hat, sowie den Vertretern anderer befreundeter Staaten einen persönlichen Besuch und notifiziert denselben seinen Amtsantritt schriftlich. Auch zur Kenntnis des beteiligten Publikums ist der Beginn der konsularischen Funktionen in angemessener Weise zu bringen.

6. In ihrem Verkehr mit den Landesbehörden haben sich die Konsuln der Aufrechthaltung freundschaftlicher Beziehungen zu befleißigen. Sie müssen sich bemühen, etwaige Störungen des guten Vernehmens und Hindernisse des Verkehrs durch geeignete Aufklärungen und sonstige

Schritte zu beseitigen. Bei politischen Bewegungen und auch sonst hat der Konsul es zu vermeiden, irgendwelche kompromittierende Parteigesinnung kund zu geben.

Etwaiger Benachteiligung der deutschen Interessen, namentlich des deutschen Handels und der deutschen Schiffahrt, hat der Konsul energisch entgegenzuwirken. Aber auch wenn es sich um Reklamationen gegen Eingriffe in die Rechte des Konsuls oder seiner Schutzbefohlenen handelt, muß die Sprache eine gemäßigte sein. Es muß aus den Vorstellungen des Konsuls hervorgehen, daß er sie nur aus eigenem Antriebe vorbringt und dem Reichskanzler darüber berichten wird. Kommen dabei Gegenleistungen des Deutschen Reichs in Frage, so hat der Konsul, ehe er amtliche Schritte unternimmt, Instruktionen einzuholen und sich an diese zu halten.

Zum förmlichen Abbruch seiner Verbindungen mit den Landesbehörden darf der Konsul ohne spezielle Ermächtigung des Reichskanzlers nicht schreiten.

In der Regel können sich die Konsuln mit der Zentralbehörde des Landes ihrer Residenz nur durch Vermittelung der Gesandten oder sonstigen diplomatischen Agenten des Kaisers in Verbindung setzen. In Ländern, in denen sich keine Kaiserlichen Gesandten befinden, wird den Konsuln der Weg besonders bezeichnet werden, welchen sie einzuschlagen haben, wenn das Bedürfnis eines Verkehrs mit der Zentralbehörde eintritt.

7. Über die Uniform, welche die Konsuln des

Deutschen Reichs zu tragen haben, gelten folgende Bestimmungen[1]):

Grundfarbe des Rocks und Unterfutter: dunkelblau. Schnitt des Rocks: eine Reihe Knöpfe, stehender Kragen, runde Aufschläge.

Kragen und Aufschläge: schwarzer Samt.

Stickerei: auf Kragen, Aufschlägen und Patten, in Gold $1^3/_4$ Zoll breit; auf dem Kragen: die Konsuln eine Rosette (Stern), die Generalkonsuln zwei Rosetten (Sterne), die Vizekonsuln ohne solche. Den Generalkonsuln ist gestattet, die Stickerei so breit zu tragen, daß sie Kragen und Aufschläge völlig bedeckt.

Knöpfe: gelb mit dem Wappenschilde.

Degen und Portepee: der Degen mit vergoldetem Gefäß, das Portepee von Gold und dunkelblauer Seide.

Unterkleider: von weißem Kaschmir mit 1 Zoll breiter Goldtresse besetzt, bei kleineren Gelegenheiten von blauem Tuch mit gleicher Tresse.

Hut und Hutverzierung: ein dreieckiger Hut mi einer Kokarde, welche, vom äußeren Rande gesehen, die Farben schwarz-weiß-rot enthält; die Generalkonsuln Tressenlitzen und Kordons, die Konsuln und Vizekonsuln nur Tressenlitzen.

Wo es üblich und gestattet ist, können die Konsuln

---

[1]) Besondere Bestimmungen über die Uniformen der Konsuln und Dragomans des Reichs sind unter dem 27. Januar 1899 erlassen. Dieselben siehe bei v. König S. 115—118.

des Deutschen Reichs das vorschriftsmäßige Wappen[1]) über der Tür ihres Hauses oder ihres Bureaus anbringen.

Die Flagge, welche die Konsuln da, wo es der Gebrauch mit sich bringt, von den Dächern ihrer Wohnhäuser oder von einem Flaggenstocke wehen zu lassen berechtigt sind, ist die Reichsdienstflagge im Bereiche des Auswärtigen Amtes[2]).

Wappenschild und Flagge haben die Wahlkonsuln in der Regel auf eigene Kosten zu beschaffen. Nur wenn nachgewiesen wird, daß im Dienstinteresse die Anbringung des Wappens, resp. der Flagge notwendig ist, werden die Kosten derselben auf die Reichskasse übernommen.

Die erforderlichen Dienstsiegel werden den Konsuln vom Auswärtigen Amte kostenfrei zugesendet. Sie erhalten das Wappen mit der Umschrift: (General-, Vize-) Konsulat des Deutschen Reichs zu N. N. Des Konsulatssiegels hat sich der Konsul in allen seinen Amtsgeschäften, aber auch nur in diesen, zu bedienen.

Zu § 2. Das Gesetz versteht nach Inhalt des § 2 unter „Konsul" die Vorsteher von Generalkonsulaten,

---

[1]) Allerh. Erlaß vom 3. August 1871 (RGBl. S. 318) und vom 6. Dezember 1888, s. v. König S. 69, 70.

[2]) Gemäß § 3 der Allerhöchsten Verordnung über die Führung der Reichsflagge vom 8. November 1892 (RGBl. S. 1050). Die Flagge besteht aus der deutschen Nationalflagge mit dem in der Mitte des weißen Feldes angebrachten Reichsadler mit der Kaiserlichen Krone. Ausführungsbestimmungen und Muster sind gegeben in den Bek. vom 20. Januar 1893 (CBl. S. 9) und vom 18. April 1893 (CBl. S. 112).

Konsulaten und Vizekonsulaten. Es sind unter Vorstehern nicht bloß die wirklichen Titulare, sondern auch die ordnungsmäßig berufenen Stellvertreter begriffen. In gleichem Sinne wird das Wort Konsul auch in der gegenwärtigen Instruktion gebraucht. Insoweit daher nicht bei der Anstellung ausdrückliche Einschränkungen erfolgen, beziehen sich die Bestimmungen des Gesetzes und der Instruktion auf die Vizekonsuln, Konsuln und Generalkonsuln in gleicher Weise. Das schließt nicht aus, daß den Generalkonsuln, bzw. einzelnen Konsuln die Oberleitung und Überwachung der zu ihrem Sprengel gehörigen Konsulate und Vizekonsulate anvertraut wird.

Zu § 3. Die Konsuln des Deutschen Reiches stehen verfassungsmäßig unter dem Reichskanzler als ihrem Vorgesetzten. Sie haben daher von ihm Weisungen zu empfangen und an ihn zu berichten. Die für den Reichskanzler bestimmten Berichte sind mit dem Zusatz: „Auswärtiges Amt" zu versehen, da dieser Behörde die Aufsicht über das Konsulatwesen übertragen ist. Ist im Lande der Residenz des Konsuls ein Kaiserlicher Gesandter beglaubigt, so sind Berichte allgemeinen Inhalts unter fliegendem Siegel durch dessen Hand zu senden. Wenn dies nicht tunlich ist, so muß dem Gesandten der Bericht abschriftlich oder auszugsweise mitgeteilt werden. Ebenso müssen diejenigen Konsuln und Vizekonsuln, welche einem Generalkonsul unterstehen, ihre Berichte allgemeinen Inhalts durch die Hand des Generalkonsuls gehen lassen, resp. letzterem Abschrift einreichen.

Der § 3 des Gesetzes bestimmt, daß die Konsuln in besonderen, das Interesse eines einzelnen Bundesstaats oder einzelner Bundesangehöriger betreffenden Geschäftsangelegenheiten mit den Regierungen der einzelnen Bundesstaaten Verkehr unterhalten. Es wird für den Konsul nicht schwer sein, die Grenze zwischen allgemeinen und besonderen Angelegenheiten zu ziehen. Unter den ersteren sind alle diejenigen zu verstehen, bei welchen das Reich als solches oder ganze Klassen von Reichsangehörigen beteiligt sind. Findet sich also der Konsul beispielsweise veranlaßt, über Anordnungen zu berichten, welche die Regierung des Landes seiner Residenz über Zölle, Schiffahrtsabgaben und dergleichen erlassen hat, so sind diese Berichte an den Reichskanzler zu richten. Wenn es sich dabei um erhebliche Tatsachen handelt (z. B. Eintritt oder Aufhebung von Blockaden, Veränderung von Leuchtfeuern und Seetonnen, Anordnungen von Schiffahrtsabgaben u. dgl.), deren schleunige Kenntnis für einige Bundesstaaten besonders wichtig ist, so hat der Konsul gleichzeitig eine Mitteilung an die betreffenden Regierungen gelangen zu lassen. Die speziell das preußische Interesse betreffenden und deshalb für die preußische Regierung bestimmten Berichte sind nicht an das preußische Ministerium, sondern unter der äußeren Adresse des Reichskanzlers (Auswärtiges Amt) abzusenden.

Das zweite Alinea des § 3 hat nicht beabsichtigt, unbedingt vorzuschreiben, daß der Konsul in allen besonderen Geschäftsangelegenheiten an die Zentralstelle (Ministerium der Auswärtigen Angelegenheiten, Kabinettsministerium, Senat usw.) der betreffenden Landesregierung berichten soll. Vielmehr ist es gestattet, daß die Konsuln in dergleichen Angelegenheiten mit den kompetenten Gerichts- oder Verwaltungsbehörden direkt korrespondieren, sobald sie dazu von den betreffenden Regierungen ermächtigt werden.

Was die äußere Form der Berichte betrifft, so sind sie auf der ersten Seite oben rechts mit Ort und Datum zu versehen. Eine kurze Angabe des Inhalts wird außen auf die letzte Seite gesetzt. Die Adresse findet auf der ersten Seite des Berichts in der unteren linken Ecke ihren Platz.

Die Berichte werden in ein besonderes Kouvert gelegt, welches ebenso wie der Bericht selbst zu adressieren und mit dem Vermerk „Deutsche Reichssache" zu versehen ist. Privatbriefe dürfen einer portofreien Dienstsendung nicht beigefügt werden.

Zur Beförderung der Berichte haben sich die Konsuln der Post oder sicherer Schiffsgelegenheiten zu bedienen, auch können dieselben zuverlässigen Reisenden mitgegeben werden.

Was den Inhalt der Konsularberichte betrifft, so ist die Sprache derselben, namentlich der zur Mitteilung an den Handelsstand bestimmten Handels- und Schiffahrtsberichte, in der Regel die deutsche.

Wenn über mehrere verschiedenartige Gegenstände berichtet wird, so sind dieselben nicht in einem Berichte zusammenzufassen, sondern es ist über jeden Gegenstand ein besonderer Bericht zu erstatten.

Bei Erwähnung von deutschen Handelsschiffen ist jedesmal deren Heimatshafen und das Unterscheidungssignal anzugeben.

Der Konsul ist zu unverzüglicher Berichterstattung verpflichtet, so oft sich Vorfälle ereignen, deren sofortige Kenntnis von Interesse ist oder wobei er besonderer Verhaltungsmaßregeln bedarf.

Möglichst bald nach dem Schluß eines Kalenderjahres hat der Konsul einen Jahresbericht über seine gesamte Amtstätigkeit sowie über den Gang des Handels in seinem Amtsbezirke während des abgelaufenen Jahres an den Reichskanzler einzusenden.

In ersterer Beziehung ist in diesem Berichte hervorzuheben, nach welcher Richtung hin die Amtstätigkeit des Konsuls besonders in Anspruch genommen gewesen ist — ob mit Schiffahrtsangelegenheiten, Unterstützung Hilfsbedürftiger, Reklamationen Handeltreibender usw. — mit den Regierungen welcher Bundesstaaten eine direkte Korrespondenz stattgefunden und welche Gegenstände im allgemeinen diese Korrespondenz betroffen hat.

In letzterer Beziehung hat der Konsul in seinem Bericht insbesondere

a) den Verkehr mit Deutschland, resp. den einzelnen Bundesstaaten möglichst zu spezialisieren. Zu diesem Behufe ist anzuführen, welches die wichtigsten Einfuhr- und Ausfuhrartikel sind, wieviel und zu welchem Werte davon importiert und exportiert ist, welche Länder dabei beteiligt waren, namentlich welchen Anteil das Deutsche Reich daran gehabt hat.

Die etwa erschienenen amtlichen Tabellen oder sonstige Veröffentlichungen über den dortigen Handelsverkehr, z. B. Ausschnitte aus Zeitungen, Jahresberichte angesehener dortiger Handelshäuser, Preiskurante und Übersichten über den Stand der Wechselkurse sind beizulegen. Desgleichen eine Liste der im Laufe des Jahres aus deutschen Häfen nach dem Konsulatsbezirke gekommenen oder von dort nach deutschen Häfen expedierten nichtdeutschen Schiffe, sowie ein Verzeichnis der im Konsulatsbezirke ein- und ausgegangenen deutschen Schiffe unter Angabe des Abgangs- resp. Bestimmungshafens nach dem hier folgenden Formular[1]).

Der Jahresbericht wird ferner

b) sich in motivierter Weise gutachtlich darüber äußern, welche Aussichten sich für den deutschen Handel und die deutsche Schiffahrt im nächsten Jahre dort eröffnen und in welcher Weise auf die Hebung derselben hinzuwirken sein möchte[2]).

Zu § 4. Der nach § 4 des Gesetzes von den Konsuln des Deutschen Reichs zu leistende Diensteid lautet:

„Ich (Vor- und Zuname) schwöre zu Gott dem Allmächtigen und Allwissenden, daß ich, nachdem ich zum (General-, Vize-)Konsul des Deutschen Reichs zu N. N.

---

[1]) Laut Runderlaß vom 8. September 1902 sind derartige Verzeichnisse nicht mehr einzureichen.

[2]) Ueber Gegenstände, Form und Quellen dieser Berichterstattung sind Anweisungen ergangen in den Runderlassen vom 3. Dezember 1885, 21. März 1887, 8. März 1899, 1. Mai 1905, 19. Januar und 25. Februar 1907; dieselben s. bei v. König S. 140—150.

ernannt worden bin, meine Dienstpflichten gegen das Deutsche Reich nach Maßgabe des Gesetzes und der mir zu erteilenden Instruktionen treu und gewissenhaft erfüllen und das Beste des Reichs fördern will" usw.

Es ist jedem freigestellt, am Schluß die seinem religiösen Bekenntnis entsprechende Bekräftigungsformel hinzuzufügen.

Dieselbe lautet für evangelische Christen:

„so wahr mir Gott helfe durch Jesum Christum zur Seligkeit, Amen",

für katholische Christen:

„so wahr mir Gott helfe und sein heiliges Evangelium, Amen".

oder überhaupt:

„so wahr mir Gott helfe".

Ob der Eid von den bei ihrer Anstellung sich im Auslande aufhaltenden Konsuln vor einem mit der Eidesabnahme beauftragten Beamten oder schriftlich mittels Einsendung einer eigenhändig geschriebenen und vollzogenen Urkunde zu leisten sei, wird in jedem einzelnen Falle von dem Reichskanzler bestimmt werden.

Zu § 5. Bei Anträgen auf Genehmigung der Annahme des Konsulats einer anderen Macht ist namentlich über den mutmaßlichen Geschäftsumfang dieses Konsulats und über die Möglichkeit kollidierender Interessen zu berichten.

Handelt es sich um die Annahme von Orden und Geschenken fremder Regierungen, so ist anzugeben, aus welchem Anlaß dem Konsul Geschenk oder Orden zuteil geworden ist.

Zu § 6. Im allgemeinen dürfen die Konsuln ohne amtlichen Anlaß (in Dienstgeschäften) ihren Amtssitz nur verlassen, wenn sie zuvor bei dem Reichskanzler Urlaub nachgesucht und denselben erhalten haben. Indessen gilt diese Bestimmung nur von den Berufskonsuln.

1. Diese (die Berufskonsuln) müssen Urlaub nachsuchen, wenn sie sich von dem Orte, an welchem sie ihren amtlichen Wohnsitz haben, entfernen wollen, selbst wenn sie das Land, bei dessen Regierung sie beglaubigt sind, nicht verlassen, es sei denn, daß die Dauer der beabsichtigten Abwesenheit oder die räumliche Ausdehnung der Entfernung nach pflichtmäßigem Ermessen die Möglichkeit gewährt, Aufträge des Reichskanzlers und insbesondere auf telegraphischem Wege erteilte Weisungen so schleunig auszuführen, daß durch die zeitweise Entfernung von dem regelmäßigen Domizil keine Verzögerung der Erledigung veranlaßt wird.

Mit dem Urlaubsgesuch sind die Vorschläge wegen der Vertretung zu verbinden.

Bei Erteilung des Urlaubs wird auch über die Kosten der Stellvertretung und über die Fortbeziehung des Gehalts Bestimmung getroffen werden, soweit diese Fragen nicht gesetzlich geregelt sind[1]).

2. Den Wahlkonsuln ist es mit Rücksicht auf ihre anderweitigen Geschäfte gestattet, auch ohne Urlaub ihren

---

[1]) S. jetzt die Verordnung vom 28. April 1874, Nr. 18 S. 144.

Amtssitz zu verlassen, wenn es sich nur um eine kürzere Abwesenheit handelt oder wenn der Anlaß zu der Abreise so schnell kommt, daß die Nachsuchung des Urlaubs untunlich wird. Sie müssen in solchen Fällen für ihre angemessene Vertretung Sorge tragen und sind für alle Amtshandlungen ihres Stellvertreters verantwortlich. Eine bestimmte Zeitdauer, welche die Abwesenheit ohne Urlaub nicht übersteigen dürfte, ist nicht festgesetzt, vielmehr wird vertraut, daß die Wahlkonsuln ihre Abwesenheit nicht zum Nachteil des Dienstes über Gebühr verlängern werden. Wird eine längere Abwesenheit von vornherein beabsichtigt, so ist auch von den Wahlkonsuln bei dem Reichskanzler unter Beifügung von Vorschlägen hinsichtlich der Stellvertretung Urlaub nachzusuchen und, wenn möglich, die Reise bis nach Eingang des Urlaubs aufzuschieben. Wahlkonsuln sind auch dann für ihre Stellvertreter verantwortlich, wenn diese von dem Reichskanzler bestätigt worden sind.

In allen Fällen ist von der erfolgten Abreise und von den in bezug auf die Stellvertretung getroffenen Vorkehrungen, sowie demnächst von der Rückkehr dem Reichskanzler Anzeige zu erstatten.

Zu § 8. 1. Über die Höhe der **Besoldung** sowie über die Art des Bezuges derselben erhalten die Berufskonsuln besondere Mitteilung.

2. Desgleichen über die bei Veränderung ihres Amtssitzes ihnen zu gewährenden **Reise- und Einrichtungskosten**[1]).

---

[1]) S. Verordnung vom 8. Sept. 1910, Nr. 14 S. 148.

3. Über die von den Berufskonsuln für Rechnung der Reichskasse zu erhebenden Gebühren ist ebenso wie über die dienstlichen Ausgaben genau Buch zu führen[1]).

Abs. 11. Die Kassengelder sind an einem sicheren Orte in einem eisernen oder wenigstens mit Eisen beschlagenen Kasten, Schranke oder ähnlichen Behältnisse aufzubewahren. Vertraut der Konsul die Kassenverwaltung unter seiner Verantwortlichkeit einem ihm untergeordneten Beamten an, so müssen die Bestände unter doppeltem Verschlusse aufbewahrt werden. Der Konsul führt den einen, der Kassenverwalter den anderen Schlüssel. Der Konsul muß alsdann die Kasse am letzten Tage eines jeden Monats und außerdem einigemal im Laufe des Jahres unvermutet revidieren.

Zu § 10. Für die Wahlkonsuln ist das Konsulat wesentlich ein Ehrenamt. Die Gebührenerhebung soll den Ersatz für die mit Ausübung des Amts verbundenen baren Auslagen sichern. Sind die amtlichen Ausgaben

---

[1]) Die in den Absätzen 2—10 enthaltenen Vorschriften über Buchführung, Abrechnung und Rechnungslegung sind inzwischen durch mehrfache Erlasse (vom 14. Okt. und 30. Dez. 1874, 4. März 1875, 13. Juni 1877, 16. Juli 1879, 12. Jan. 1882, 6. Jan. 1886, 31. Dez. 1888, 12. Aug. 1895, 16. März 1906, 17. April und 19. Juni 1907, insbes. 8. Juli 1908) abweichend von den Vorschriften der ADJ. geregelt. Diese Vorschriften derselben sind daher hier fortgelassen. Die neuen Vorschriften sind inhaltlich wiedergegeben bei v. König §§ 89, 90.

bei einem Konsulate so bedeutend, daß sie durch die Gebühren nicht gedeckt werden, so kann der Mehrbetrag aus der Reichskasse ersetzt werden. Es bedarf dazu der vorherigen Genehmigung der betreffenden Ausgaben durch den Reichskanzler und des Nachweises, daß diese Ausgaben durch die eingenommenen Gebühren nicht haben gedeckt werden können.

Alle Wahlkonsuln haben nach Schluß des Jahres eine summarische Übersicht der von ihnen während dieses Zeitabschnitts erhobenen Gebühren einzureichen [1]).

Zu § 11. Die Konsularagenten, welche die Konsuln nach zuvor erhaltener Genehmigung des Reichskanzlers in ihrem Amtsbezirke bestellen dürfen, sind keine selbständigen Organe des Reichs, sie haben vielmehr nur die Bestimmung, dem Konsul bei Ausübung seiner Funktionen zur Hand zu gehen. Sie handeln stets im — ein für allemal oder für einen speziellen Fall erteilten — Auftrage des Konsuls und unter dessen Verantwortlichkeit. Es können ihnen nur solche Amtshandlungen übertragen werden, welche keine obrigkeitlichen Befugnisse voraussetzen.

---

[1]) Diejenigen Wahlkonsuln, die Ersatz amtlicher Ausgaben beanspruchen, müssen eine förmliche Rechnung nach den für die Berufskonsuln geltenden Bestimmungen legen. Auch wenn sie dies nicht tun, haben sie über die dienstlichen Einnahmen und Ausgaben möglichst genaue Rechnung zu führen und die einen Jahresabschnitt umfassenden Zusammenstellungen mit dem Jahresbericht dem Reichskanzler einzureichen (Runderlasse vom 30. Dezember 1874, 31. Dezember 1888 und 8. Juli 1908, vgl. v. König S. 653 und 669).

Was ihre Tätigkeit im einzelnen betrifft, so können sie zwar (§ 12 des Gesetzes) Meldungen Reichsangehöriger zur Eintragung in die Matrikel annehmen; sie sind aber zur Führung der Matrikel nicht befugt, sondern reichen die Meldungen ihrem Auftraggeber ein. Die Befugnis zu Eheschließungen und zur Beurkundung der Heiraten usw. (§ 13) wird ihnen niemals erteilt. Zu Legalisationen und Ausstellung beweiskräftiger Zeugnisse (§§ 14, 15) sind sie nicht ermächtigt, ebensowenig haben sie das Notariatsrecht (§§ 16, 17). Amtshandlungen in bezug auf Nachlässe (§ 18) können sie nur infolge speziellen Auftrags ihres Vollmachtgebers vornehmen. Das schriftliche Zeugnis über die von ihnen im Auftrage ihres Vollmachtgebers bewirkten Zustellungen (§ 19) muß der letztere unterschreiben. Zur Abhörung von Zeugen und Abnahme von Eiden (§ 20) werden die Konsularagenten nicht ermächtigt. Die Vermittlung von Vergleichen und das Schiedsrichteramt (§ 21) dürfen sie auf den Antrag der Parteien übernehmen. Volle Gerichtsbarkeit (§§ 22 bis 24) steht ihnen nicht zu. Pässe zu erteilen oder zu visieren (§ 25) sind sie nicht befugt. Bezüglich der Unterstützung Hilfsbedürftiger (§ 26) sind sie an die ihrem Vollmachtgeber erteilte Amtsinstruktion gebunden. In ihren Beziehungen zur Kriegsmarine des Reichs haben sie die §§ 27—29 des Gesetzes zur Richtschnur zu nehmen. Über etwaige zu ihrer Kenntnis gelangende Verstöße gegen die Vorschriften wegen Führung der Reichsflagge haben sie an ihren Auftraggeber zu berichten. Die bei ihnen erfolgte Meldung der Schiffsführer (§ 31) wird als vorschriftsmäßig erfolgt angesehen. Die Befugnisse der Musterungsbehörden (§ 32) stehen den Konsularagenten nicht zu, auch sind sie zur Ausübung einer Polizeigewalt (§ 33), zur Einsetzung eines neuen Schiffsführers (§ 35), zur Aufnahme von Verklarungen und Aufmachung von Dispachen (§ 36) nicht ermächtigt. Die im Allgemeinen Deutschen Handelsgesetzbuche[1]) und dem Gesetze vom 25. Oktober 1867, betreffend die Nationalität der Kauffahrteischiffe usw.[2]) den Konsuln übertragenen Befugnisse stehen den Konsularagenten nicht zu.

Zu § 12. In die von dem Konsul zu führende Matrikel wurden nur diejenigen Reichsangehörigen eingetragen, welche in dem Amtsbezirk des Konsuls wohnen und sich bei ihm behufs der Eintragung melden. Reichsangehörige, welche sich bloß vorübergehend im Konsulatsbezirke aufhalten, sind nicht zur Eintragung in die Matrikel geeignet. Die Eintragung erfolgt, soweit nicht etwa Anordnungen der Landesregierung eine Ausnahme bedingen, nur auf den Antrag des Reichsangehörigen. Der Konsul hat weder das Recht noch die Pflicht, die Meldung zu erzwingen, auch ist die vorgängige Eintragung in die Matrikel nicht die Bedingung des von dem Konsul zu gewährenden Schutzes[3]), vielmehr ist

[1]) Jetzt Handelsgesetzbuch vom 10. Mai 1897, RGBl. S. 219.

[2]) Jetzt Gesetz vom 22. Juni 1899 (RGBl. S. 319) nebst Abänderungsgesetz vom 29. Mai 1901 (RGBl. S. 184) und Verordnung vom 1. März 1900 (RGBl. S. 41), s. Nr. 51, 53 S. 264 ff., 289.

[3]) Hierüber vgl. die Instruktion v. 1. Mai 1872, Nr. 17.

dieser Schutz allen denjenigen Personen zu erteilen, welche sich als Reichsangehörige legitimieren.

Erachtet es der Konsul für angemessen, so kann er die in seinem Amtsbezirke wohnenden Reichsangehörigen durch öffentliche Bekanntmachung oder in sonst geeigneter Weise davon in Kenntnis setzen, daß die Matrikel angelegt ist. Dabei ist hervorzuheben, daß nach § 21 des Gesetzes über die Erwerbung und den Verlust der Bundes- und Staatsangehörigkeit vom 1. Juni 1870 die zehnjährige Frist, nach welcher Reichsangehörige beim Aufenthalt im Auslande ihre Staatsangehörigkeit verlieren, durch die Eintragung in die Matrikel unterbrochen wird.

Vor der Eintragung hat sich der Konsul die Überzeugung zu verschaffen, daß die betreffende Person die Reichsangehörigkeit bzw. die Staatsangehörigkeit in einem Bundesstaate besitzt. Der Nachweis hiervon kann nur durch Vorlegung eines gültigen Nationalpasses oder Heimatsscheines geführt werden. Erheben sich Bedenken gegen die Gültigkeit dieser Papiere, so ist bei dem Reichskanzler oder bei der betreffenden Staatsregierung anzufragen und bis zum Eingang der Entscheidung die Eintragung in die Matrikel auszusetzen. Melden sich militärpflichtige Personen, so sind sie darauf hinzuweisen, daß sie ihren militärischen Pflichten nachzukommen haben, die Eintragung in die Matrikel ist auszusetzen und dem Reichskanzler oder der betreffenden Staatsregierung ist von dem Falle Meldung zu machen[1]). Bei den Ver-

[1]) Betreffs der Behandlung Militärpflichtiger vgl. die Vorschriften zu § 25 S. 73 ff.

handlungen über die Eintragung sind die persönlichen Verhältnisse des Antragstellers genau zu erörtern. Insbesondere sind Vor- und Zuname des Betreffenden und seiner Familienangehörigen, Stand oder Gewerbe, Religion, Tag und Ort der Geburt, Wohnort festzustellen. Das Ergebnis ist in die Matrikel einzutragen, auch ist in derselben zu bemerken, durch welche — genau zu bezeichnenden — Dokumente die einzelnen Angaben erwiesen worden sind. Die Dokumente sind demnächst der betreffenden Person in der Regel zurückzugeben.

Die Eintragung in die Matrikel erfolgt auf die Dauer des laufenden Kalenderjahres. Die Meldung ist mithin jährlich zu erneuern [1]). Der Konsul ist ermächtigt, die Eintragungsgebühr für das erste Jahr zu erlassen, wenn die Eintragung gegen Ende des Kalenderjahres erfolgt und die persönlichen Verhältnisse des Einzutragenden dies wünschenswert erscheinen lassen [2]).

Über die Eintragung in die Matrikel ist auf Verlangen des Eingetragenen eine Bescheinigung in der ortsüblichen Form (Schutzschein, Patent usw.) auszustellen.

Die Löschung in der Matrikel erfolgt, wenn die

---

[1]) Die Bestimmung über Löschung in der Matrikel mangels Erneuerung der Anmeldung nach Jahresfrist ist aufgehoben durch einen (nicht veröffentlichten) Erlaß des Reichskanzlers vom 5. November 1872, vgl. v. König S. 200.

[2]) Die Eintragung in die Matrikel ist seit Inkrafttreten des Konsulatsgebührengesetzes vom 17. Mai 1910 (S. 496) gebührenfrei. Nur für Ausstellung des Matrikelscheines ist eine Gebühr von 5 bzw. 10 Mark zu entrichten (Tarif Nr. 22), S. 508.

betreffende Person stirbt, aus dem Konsularbezirk dauernd verzieht oder die Reichsangehörigkeit bzw. Staatsangehörigkeit in einem Bundesstaate verliert, ferner wenn der Eingetragene es verlangt, ingleichen wenn er die Erneuerung nach Ablauf des Jahres unterläßt. Im letzteren Falle muß er jedoch zunächst aufgefordert werden, sich binnen vier Wochen zu erklären, ob er die erneute Eintragung verlange[1]).

Die einzelnen Konsulaten oder den Konsulaten in einzelnen Ländern erteilten Spezialinstruktionen über die Eintragung in die Matrikel[2]) werden durch vorstehende allgemeine Anweisungen nicht aufgehoben.

Zu § 13. Die Befugnis zu Eheschließungen und zur Beurkundung der Heiraten, Geburten und Sterbefälle der Reichsangehörigen steht nur denjenigen Konsuln zu, welchen die Ermächtigung dazu auf Grund des Reichsgesetzes vom 4. Mai 1870 (BGBl. S. 599) vom Reichskanzler erteilt ist[3]). Diejenigen Konsuln, welchen solche besondere Ermächtigung nicht zugegangen ist, haben mithin die im § 13 des Konsulargesetzes vom 8. November 1867 erwähnte Befugnis nicht und dürfen eine dergleichen Befugnis unter keinen Umständen ausüben.

Zu § 14. Die durch § 14 den Konsuln gegebene Befugnis der Legalisation bezieht sich nur auf Urkunden, welche von Beamten und andern mit öffentlichem

[1]) Vgl. Anm. 1 auf S. 52.

[2]) S. S. 165.

[3]) Die Konsulate, an denen z. Z. Konsuln amtieren, denen diese Befugnis erteilt ist, sind in Abschnitt VI angegeben.

Glauben versehenen Personen (z. B. Notare) innerhalb des Amtsbezirks der Konsuln ausgestellt oder beglaubigt sind. Die Legalisation solcher Urkunden bezweckt die Bezeugung, daß gegen die Echtheit der Unterschrift des Ausstellers kein Bedenken obwalte.

Der Legalisationsvermerk wird unmittelbar unter die zu beglaubigende Unterschrift, darunter Ort und Datum, sowie die Firma des Konsuls gesetzt und von ihm unter Beidrückung des Siegels unterschrieben, z. B.:

> Gesehen im Konsulate des Deutschen Reichs zu N. N. zur Beglaubigung vorstehender Unterschrift des hiesigen Distriktsgouverneurs Herrn N. N.
>
> X., den . . . .
>
> Der Konsul des Deutschen Reichs.
>
> (Siegel) (Unterschrift)

Die Beglaubigung der Unterschriften von Privatpersonen gehört zu der in den §§ 16 und 17 des Gesetzes behandelten Notariatsbefugnis und unterliegt daher den dort vorgeschriebenen Formalien, dagegen ist die vorstehend behandelte Legalisation von Urkunden kein Notariatsakt und gehört daher nicht in das Notariatsregister.

Zu § 15. Wenn das Gesetz den schriftlichen Zeugnissen, welche von den Konsuln über ihre amtlichen Handlungen und die bei Ausübung ihres Amtes wahrgenommenen Tatsachen unter ihrem Siegel und ihrer Unterschrift erteilt sind, die Beweiskraft öffentlicher Urkunden beilegt, so hat dies nur in dem Vertrauen geschehen können, daß die Konsuln sich bei der Ausstellung solcher Zeugnisse der äußersten Sorgfalt, Genauigkeit und Gewissenhaftigkeit befleißigen, dabei nur der Wahrheit, niemand zuliebe und niemand zuleide, dienen, also nichts attestieren werden, was sie nicht mit einem gerichtlichen Zeugeneide zu bekräftigen vermöchten. Werden in dem Zeugnisse Tatsachen, welche der Aussteller nicht selbst wahrgenommen hat, erwähnt, so muß er dies ausdrücklich hervorheben und genau angeben, auf welche Weise er dieselben in Erfahrung gebracht hat.

Zur Vollständigkeit eines derartigen Zeugnisses gehört es, daß in demselben bemerkt werde, aus welcher Veranlassung, also ob von Amts wegen oder auf wessen Verlangen und zu welchem Zwecke die Ausstellung desselben erfolge.

Zu §§ 16 und 17. Das im § 16 den Konsuln beigelegte Recht der Notare gehört zu ihren wichtigsten und verantwortlichsten Amtsbefugnissen, da ein Notar durch seine Mitwirkung bei der Beurkundung von Rechtsgeschäften nicht nur ein vollkräftiges Beweismittel für den Inhalt der von den Beteiligten abgegebenen Willenserklärungen herstellen, sondern auch durch seinen sachverständigen Rat zur Verhütung formeller oder materieller Mängel derselben beitragen soll.

Die Konsuln haben bei der Ausübung des Notariatsrechtes vor allem

I. die ausdrücklichen Vorschriften des Gesetzes um so mehr auf das sorgfältigste zu befolgen, als davon die Notariatskraft der aufgenommenen Urkunde abhängt. Es sind dies folgende Bestimmungen:

1. Nur in Ansehung der Rechtsgeschäfte, welche Reichsangehörige errichten, haben die Konsuln das Recht der Notare, jedoch ohne Unterschied, ob bei dem Geschäfte bloß Reichsangehörige oder ob auch Fremde als Mitkontrahenten beteiligt sind.

2. Bei der Aufnahme einer Urkunde muß der Konsul zwei Zeugen zuziehen, deren wesentliche Funktion darin besteht, daß in ihrer Gegenwart die Verhandlung den Beteiligten vorzulesen und von denselben zu vollziehen ist, und zwar durch Unterschrift oder im Falle der Schreibensunerfahrenheit durch Handzeichen. Die Befolgung dieser Vorschrift muß aus der Urkunde hervorgehen, widrigenfalls sie nicht die Kraft einer Notariatsurkunde hat. Eine bestimmte Form ist hierfür nicht vorgeschrieben, der instrumentierende Konsul wird aber in allen Fällen gut tun, bei dem die Beobachtung der in Rede stehenden Bestimmung bezeugenden Vermerke sich der Worte des Gesetzes zu bedienen und denselben von den zugezogenen Zeugen unterschreiben zu lassen.

3. Die Urkunde muß mit der Unterschrift und dem Dienstsiegel des instrumentierenden Konsuls versehen sein. Fehlt das eine oder das andere, so hat die aufgenommene Urkunde nicht die Kraft einer Notariatsurkunde. Es ist üblich und angemessen, unter der aufgenommenen Verhandlung, nachdem dieselbe von den Beteiligten und den Zeugen unterschrieben worden, zu attestieren, daß die Verhandlung, so wie sie niedergeschrieben, stattgefunden hat. Unter dieses Attest werden dann die Unterschrift und das Dienstsiegel des instrumentierenden Konsuls gesetzt.

4. Die Urkunde erlangt auch in den Fällen die Kraft einer Notariatsurkunde nicht, wenn entweder

a) der Konsul oder seine Frau oder einer von seinen oder seiner Frau Verwandten oder Verschwägerten in auf- oder absteigender Linie oder in der Seitenlinie bis zum Grade des Oheims oder Neffen einschließlich bei der Verhandlung beteiligt war, oder

b) wenn darin eine Verfügung zugunsten einer der vorgenannten Personen oder der hinzugezogenen Zeugen getroffen ist.

II. Außer diesen ausdrücklichen Vorschriften des Gesetzes haben die Konsuln bei der Aufnahme von Urkunden alle diejenigen Umstände ins Auge zu fassen, welche für den Zweck eines Notariatsinstruments im allgemeinen und für das in Frage kommende einzelne Rechtsgeschäft insbesondere von Erheblichkeit sind. Die gegenwärtige Instruktion kann nicht beabsichtigen, den Konsuln eine, alle denkbaren Fälle erschöpfende Anweisung zu erteilen, sondern darf sich auf folgende allgemeine Gesichtspunkte beschränken, welche überall oder in besonders häufigen Fällen zu berücksichtigen sind:

1. Die Konsuln dürfen innerhalb ihres Amtsbezirkes die von einem Reichsangehörigen erbetene Aufnahme einer Urkunde in der Regel nicht verweigern. Ausgenommen sind Verhandlungen, deren Inhalt gegen ein Strafgesetz verstößt. Bezieht sich die Verhandlung auf ein Geschäft, welches, ohne gerade strafbar zu sein, dennoch verboten oder ungültig ist, so ist es die Pflicht des Konsuls, die Beteiligten hierüber zu belehren und,

wenn sie bei ihrem Verlangen beharren, die Verhandlung zwar aufzunehmen, in derselben aber die erfolgte Belehrung und die von den Beteiligten darauf abgegebene Erklärung zu vermerken.

2. Von besonderer Erheblichkeit ist die Feststellung der Identität der bei der aufzunehmenden Urkunde Beteiligten. Die Konsuln werden daher in der Verhandlung nicht nur die Beteiligten nach Stand oder Beruf, Vor- und Familiennamen, Wohnort und Nationalität so speziell als möglich bezeichnen, sondern auch vermerken, entweder, daß dieselben ihnen persönlich bekannt sind, oder daß und wodurch sie sich die Überzeugung verschafft haben, daß die Erschienenen diejenigen wirklich sind, für welche sie sich ausgeben.

3. Es ist ferner zu prüfen, ob die Beteiligten dispositionsfähig sind, d. h. nach den dafür maßgebenden Rechtsvorschriften die betreffenden Willenserklärungen mit rechtlicher Wirkung abzugeben vermögen, insbesondere, ob sie etwa unter väterlicher Gewalt, unter Vormundschaft oder Kuratel stehen, ob sie, wenn sie durch ihre Erklärung andere verpflichten wollen, dazu legitimiert sind, ob sie sich in einem dispositionsfähigen Geisteszustande befinden und dergleichen. Ergibt sich dabei, daß zu voller Gültigkeit der Urkunde noch ein ergänzender Akt erforderlich sei, z. B. väterliche oder obervormundschaftliche Genehmigung, so wird derselbe in der Verhandlung ausdrücklich vorbehalten.

4. Leidet einer der Beteiligten an einem körperlichen Gebrechen, welches die Verständigung zwischen ihm und

dem Konsul erschwert, ist er z. B. taub, stumm oder durch Krankheit in dem Ausdruck der Gedanken beschränkt, so ist in der Verhandlung zu erwähnen, durch welche Mittel sich der Konsul die Gewißheit verschafft hat, daß er die Willensmeinung des Beteiligten richtig aufgefaßt und dieser von dem Inhalte der Verhandlung nach seinem Wortlaute Kenntnis erlangt und denselben genehmigt habe.

5. Wenn einer der Beteiligten sich nicht in einer Sprache auszudrücken vermag, welche von dem Konsul, den Zeugen und den übrigen Beteiligten verstanden wird, so wird unter Zuziehung eines Dragomans oder einer anderen, für die Funktion eines Dolmetschers geeigneten, unverdächtigen Person verhandelt und, daß dies geschehen, im Protokoll vermerkt.

6. Die Konsuln haben darauf zu achten, daß die Protokolle deutlich, ohne Abkürzungen, Lücken und Durchstreichungen geschrieben, unvermeidlich gewordene Korrekturen aber in einer solchen Weise ausgeführt werden, daß kein Verdacht einer späteren Änderung entstehen kann. Rasuren müssen unter allen Umständen vermieden werden. Es ist ratsam, Zahlen von einiger Erheblichkeit in Ziffern und in Buchstaben auszudrücken.

7. Die Willensmeinung der Parteien ist von dem Konsul sorgfältig zu erforschen. Wenn in dieser Beziehung kein Zweifel mehr besteht, so sind die Erklärungen und Abreden der Parteien umständlich in klaren und bestimmten Ausdrücken, unter Vermeidung aller

Dunkelheiten, Zweideutigkeiten und wenig bekannter Kunstausdrücke niederzuschreiben.

8. Wollen die Beteiligten nur die Unterschriften unter einer von ihnen vollzogenen Urkunde anerkennen, so ist der Konsul nicht befugt, von dem Inhalte der Urkunde Kenntnis zu nehmen. Die aufzunehmende Verhandlung beschränkt sich in diesem Fall auf die Vorlegung der Urkunde seitens der Beteiligten und die Anerkennung derselben, daß sie die Urkunde zum Zeichen ihrer Genehmigung eigenhändig vollzogen haben.

III. Hinsichtlich der geschäftlichen Behandlung des Notariats haben die Konsuln nachstehende Bestimmungen zu befolgen:

1. Die aufgenommenen Verhandlungen sind im Original den Beteiligten auszuhändigen. Ist in einer Urkunde auf Anlagen Bezug genommen, so werden dieselben durch einen Heftfaden mit der Urkunde verbunden und die Enden des Fadens mittelst des unter die Urkunde zu setzenden Konsulatssiegels an dieselbe befestigt. Bei der Beglaubigung von Unterschriften ist die Verhandlung in der Regel unter das betreffende Dokument zu schreiben, und nur, wenn dies nicht ausführbar ist, abgesondert abzufassen und mit dem Dokumente in der soeben beschriebenen Weise zu verbinden.

2. Um sich für den Fall des Verlustes der aufgenommenen Urkunde und ihrer Anlagen den Beweis ihres Inhalts zu sichern, steht jedem Beteiligten frei zu verlangen, daß auf seine Kosten von der Urkunde und ihren Anlagen eine Abschrift genommen, die Richtigkeit der-

selben von dem Konsul unter seinem Siegel und seiner Unterschrift bezeugt und diese beglaubigte Abschrift bei den Konsulatsakten aufbewahrt werde. Dergleichen beglaubigte Abschriften sind nach der Zeitfolge in besonderen Aktenbänden (nicht im Notariatsregister) zu sammeln.

3. Unter jeder Notariatsverhandlung ist der Betrag der dafür angesetzten Gebühren zu vermerken. Dieser Vermerk kann zugleich die Quittung über den Empfang dieser Gebühren umfassen.

4. Die aufgenommenen Verhandlungen sind in ein bei jedem Konsulate anzulegendes Notariatsregister einzutragen. Für dasselbe ist folgendes Formular maßgebend.

Lfd. Nummer	Datum.			Kurze Bezeichnung des Geschäfts.	Cop. vid. bei den Akten.		Namen, Stand, Wohnort und Nationalität der Beteiligten.
	Jahr.	Monat.	Tag		Vol.	Fol.	
1.	1872	April	2.	Vollmacht für den Rechtsanwalt N. zu Stettin.			Der Kaufmann Karl Friedrich Gerold zu N., Preuße.
2.	1872	April	4.	Kaufvertrag über das Briggschiff „Ella“.	I.	1.	1. Der Schiffskapitän Joh. Christian Lieck aus X., Großherzoglich Mecklenburg-Schwerinscher Untertan. 2. Der Kaufmann Charles William White hierselbst, Bürger der Vereinigten Staaten von Amerika

Das Notariatsregister ist mit einem festen Einbande zu versehen und, bevor es in Gebrauch genommen wird, von dem Konsul zu foliieren, auch mit einer anzusiegelnden Schnur dergestalt zu durchziehen, daß einzelne Blätter nicht unbemerkt entfernt werden können. Die Zahl der Folien ist neben dem Siegel in Buchstaben zu attestieren. Die Eintragung der aufgenommenen Verhandlungen geschieht nach der Zeitfolge. In dem Register darf nichts radiert oder zwischen die Zeilen eingeschaltet werden. Auf jeder Verhandlung wird die Nummer vermerkt, unter welcher sie in das Register eingetragen ist. Bleibt eine beglaubigte Abschrift der Urkunde bei den Konsulatsakten zurück, so ist dies in dem Register in der betreffenden Spalte mit Angabe der Zahl des Aktenbandes und des Foliums zu notieren.

Zur Veranschaulichung der vorstehenden Bemerkungen diene folgendes Beispiel eines Konsulats-Notariatsaktes.

Verhandelt im Konsulate des Deutschen Reiches zu A. am 4. Juni 1872.

Vor dem unterzeichneten Konsul erschienen heute:

1. der Schiffskapitän Herr Johann Christian Lieck aus X., als Großherzoglich Mecklenburg-Schwerinischer Untertan, Angehöriger des Deutschen Reichs;

2. der Kaufmann Herr Charles William White, hier wohnhaft, Bürger der Vereinigten Staaten von Amerika,

mit dem Antrag, einen zwischen ihnen verabredeten Kaufvertrag aufzunehmen. Herr Kaufmann White ist dem unterzeichneten Konsul persönlich bekannt und Herr

Lieck wird von dem ebenfalls erschienenen, dem unterzeichneten Konsul persönlich bekannten Schiffsmakler, Herrn Ludwig Wichers, als derjenige rekognosziert, für den er sich ausgibt. Nachdem dieser Vermerk Herrn Wichers vorgelesen worden, hat er denselben, wie folgt:

(Unterschrift des Ludwig Wichers)

unterschrieben und sich sodann entfernt. Herr White ist noch nicht volljährig und steht unter der Gewalt seines Vaters. Im übrigen waltet gegen die Verfügungsfähigkeit der Erschienenen kein Bedenken ob. Der Konsul eröffnete den Erschienenen, daß zur Gültigkeit des Vertrages die Genehmigung des Vaters des Herrn White erforderlich sei. Da derselbe auf einer Geschäftsreise abwesend ist, nach seiner Rückkehr aber, wie Herr White versichert, den Vertrag genehmigen wird, so ist unter dem Vorbehalt dieser Genehmigung folgender zwischen den Erschienenen verabredeter Kaufvertrag aufgenommen:

Herr Kapitän Lieck verkauft das ihm gehörige, im hiesigen Hafen ankernde Briggschiff „Ella" dem Herrn Charles William White unter nachstehenden Bedingungen:

(Hier folgen die einzelnen Kaufbedingungen unter besonderen Namen oder Paragraphen.)

Da nichts weiter zu bemerken war, so wurden

1. der Steuermann Herr Christoph Franz Schneider aus Rostock im Großherzogtum Mecklenburg-Schwerin und

2. der Kaufmann Herr John Bright, hier wohnhaft, als Zeugen herbeigerufen. In Gegenwart derselben ist die vorstehende Verhandlung den Herren Lieck und

White vorgelesen, von ihnen genehmigt und wie folgt vollzogen.

(Unterschriften der Beteiligten)

Dies bezeugen die Herren Schneider und Bright mit ihrer Unterschrift.

(Unterschrift der Zeugen)

Herr Lieck beantragt, beglaubigte Abschrift der Urkunde auf seine Kosten zu den Konsulatsakten zu nehmen.

Daß die Verhandlung so, wie sie vorstehend niedergeschrieben ist, stattgefunden hat, wird hierdurch bescheinigt

Der Konsul des Deutschen Reichs.

(Siegel) (Unterschrift)

Eingetragen in das Notariatsregister unter Nr. 2.

Gebühren:

für die Aufnahme der Urkunde	. .	M.	Pf.
für vidimierte Abschrift	. . . .	"	"
	Summa	M.	Pf.

über deren Empfang quittiert wird.

(Unterschrift)

Zu § 18. Wenn es zur Kenntnis des Konsuls gelangt, daß sich in seinem Amtsbezirk **nachgelassene Vermögensstücke eines verstorbenen Reichsangehörigen** befinden, und niemand anwesend ist, der namens der Erben zu handeln legitimiert wäre, oder wenn ähnliche Gründe zur Sicherung gefährdeter Rechte ein amtliches Einschreiten erfordern, so hat der Konsul die Verpflichtung, sich der Verlassenschaft anzunehmen. Gebührt das Einschreiten nach den Gesetzen des Landes in welchem der Konsul fungiert, oder nach etwaigen Staatsverträgen den dortigen Behörden, so hat er bei denselben unverzüglich die erforderlichen Anträge zu stellen, zugleich aber solche mit den gedachten Landesgesetzen oder Vertragsbestimmungen vereinbare Maßregeln zu treffen, welche zu einstweiliger Sicherstellung der Verlassenschaft geeignet sind. Soweit aber die Landesgesetze oder Staatsverträge dem eigenen amtlichen Einschreiten des Konsuls nicht entgegenstehen, hat derselbe den Nachlaß in seine Obhut zu nehmen. In welcher Weise dies zu geschehen habe, ist von dem Konsul nach der Beschaffenheit der Umstände zu ermessen. In der Regel wird es das erste sein, den Nachlaß in den Räumen, in welchen er sich befindet, unter Siegel zu legen. Jedenfalls ist so schnell als möglich ein vollständiges Inventarium aufzunehmen. Das Inventarium soll ein nach Rubriken, z. B.

I. Grundstücke,
II. Schiffe,
III. ausstehende Forderungen und Wertpapiere,
IV. bares Geld,
V. Mobiliar.
VI. Kleidungsstücke und Wäsche,
VII. Gold- und Silbersachen, Juwelen und andere Kostbarkeiten,
VIII. gedruckte Bücher und Karten,
IX. Kunstwerke,
X. Handelswaren,
XI. Vorräte zum Gebrauch,
XII. Handelsbücher und Skripturen usw.

übersichtlich geordnetes Verzeichnis der Nachlaßstücke mit Angabe ihres Taxwertes enthalten. Geeignetenfalls ist der Wert durch Sachverständige zu ermitteln. Am Schlusse des Inventariums sind die zur Kenntnis des Konsuls gelangenden Nachlaßschulden zusammenzustellen.

Die sichere Aufbewahrung der im Nachlaß befindlichen Wertpapiere, Gelder und Kostbarkeiten hat der Konsul sich besonders angelegen sein zu lassen[1]. Auch letztwillige Dispositionen, Handelsbücher, Briefschaften und andere für die Rechte der Erben oder dritter Personen wichtige Schriftstücke müssen vor Verlust, Beschädigung und unbefugter Einsicht sorgfältig gesichert werden.

Von der den Konsuln erteilten Befugnis, den beweglichen Nachlaß öffentlich zu verkaufen, sowie die vorhandenen Gelder zur Tilgung feststehender Schulden zu verwenden, ist nur dann Gebrauch zu machen, wenn solche den Entschließungen der Erben vorgreifende Dispositionen nach verständigem Ermessen des Konsuls zur Vermeidung drohender Nachteile durchaus nötig sind.

In jedem hierher gehörigen Falle hat der Konsul an die Landesregierung des Verstorbenen schleunig zu berichten, und zwar über seine amtliche Tätigkeit, über die ihm bekannt gewordenen persönlichen Verhältnisse des Verstorbenen, seine mutmaßlichen Erben und alle sonstigen Umstände, welche die Benachrichtigung der Erben ermöglichen und für dieselben von Interesse sind. In

---

[1]) Vgl. hierzu Nr. 39 S. 224.

einfachen Nachlaßsachen wird dem Bericht das Inventarium beigefügt werden können, andernfalls ist in demselben über die Art, den Umfang und den ungefähren Wert der Verlassenschaft und die auf derselben haftenden Passiva vorläufige Anzeige zu erstatten.

Zur amtlichen Publikation letztwilliger Dispositionen sowie zur amtlichen Nachlaßteilung sind nur diejenigen Konsuln befugt, denen die Gerichtsbarkeit zusteht (§§ 22—24 des Gesetzes [1])). Die übrigen Konsuln haben etwa hierauf gerichtete Anträge der Beteiligten an die zuständige Behörde des Auslandes oder eventuell des Landes, welchem der Verstorbene angehörte, zu verweisen.

Die Herausgabe des Nachlasses erfolgt schließlich an diejenigen Personen, welche sich als die Erben des Verstorbenen oder als Bevollmächtigte derselben urkundlich legitimieren.

Zu § 19. Die Vorschrift, daß die Konsuln auf Ersuchen der Behörden eines Bundesstaates Zustellungen jeder Art an die im Konsulatsbezirke sich aufhaltenden Personen bewirken können, bezieht sich nicht nur auf Zustellungen an Reichsangehörige, sondern auch auf solche an andere Personen. In jedem Falle muß sich der Adressat zur Zeit der Zustellung im Konsulatsbezirk befinden; außerhalb desselben eine Zustellung zu bewirken, ist der Konsul nicht ermächtigt. Selbstverständlich hat ein Konsul, welcher irrtümlich um eine Zustellung ersucht wird, welche er

---

[1]) Vgl. Anm. 4 auf S. 26.

nach vorstehendem vorzunehmen nicht ermächtigt ist, die Requisition an denjenigen Konsul oder an diejenige Behörde weiterzugeben, welche zur Bewirkung der Zustellung kompetent ist.

Die Art und Weise der Zustellung richtet sich nach den dem Konsul von der betreffenden Landesregierung etwa zugegangenen Spezialinstruktionen, bzw. nach den in dem Requisitionsschreiben enthaltenen besonderen Anträgen.

Von der erfolgten Zustellung benachrichtigt der Konsul demnächst die requirierende Behörde unter Angabe der näheren Umstände, unter welchen die Zustellung stattgefunden hat, also z. B. ob und wann die Zustellungsverfügung dem Adressaten persönlich behändigt, ob und wann sie zur Post gegeben ist usw. Wenn die requirierende Behörde auf ein Zustellungszeugnis nicht ausdrücklich verzichtet, so ist ein solches etwa in folgender Weise auszustellen und dem Antwortschreiben beizufügen:

Zustellungszeugnis.

Daß die Verfügung des Handelsgerichts zu Hamburg vom 12. Mai 1871 in der Prozeßsache des Schiffers Karl Heinrich Boye und Genossen, Kläger, wider den Kaufmann Ferdinand Blaß und Genossen, Beklagte, nebst der beigefügten Abschrift der Klage und ihrer Anlagen, adressiert an den Kaufmann Joaquim Bernardino da Costa Aguiar in N. N., dem Adressaten auf seinem im Amtsbezirke des Unterzeichneten belegenen Landsitze Buonavista am 14. Juni 1871 zugestellt worden ist (am 14. Juni 1871 hierselbst zur Post gegeben worden ist), bezeuge ich hierdurch.

X., den 10. Juni 1871.

Der Konsul des Deutschen Reichs.
(Siegel.) (Unterschrift.)

Hat die requirierende Behörde ein Duplikat des zuzustellenden Schriftstücks zu dem Zwecke beigefügt, daß auf demselben die Zustellung bescheinigt werde, so wird das Zustellungszeugnis auf das Duplikat gesetzt und auf den Inhalt des letzteren verwiesen; z. B.:

Zustellungszeugnis.

Daß eine Verfügung des Handelsgerichtes zu Hamburg vom 12. Mai 1871 vorstehenden Inhaltes nebst ihren Anlagen, adressiert an .... (usw. wie bei obigem Beispiel).

Für das Schreiben, durch welches die requirierende Behörde von der erfolgten Zustellung benachrichtigt wird, sind besondere Gebühren nicht zu liquidieren, vielmehr haben die Konsuln nur auf den Ersatz der mit der Zustellung verbundenen baren Auslagen Anspruch. Wird ein besonderes Zustellungszeugnis übersendet, so kommt der Gebührensatz für Ausstellung von Bescheinigungen in Anwendung [1]).

Zu § 20. Die Vorschrift des § 20 soll es den inländischen Behörden ermöglichen, im Auslande zuverlässige beweiskräftige Zeugenvernehmungen und Eidesabnahmen

---

[1]) S. jetzt Nr. 6 und 7 des Tarifs zum Konsulatsgebührengesetz, S. 503.

zu erlangen; sie ist daher nur auf Handlungen der Gerichtsbarkeit zu beziehen. Wegen der Verklarungen vgl. unten zu § 36. Zeugen zu seiner Information nichteidlich abzuhören, steht jedem Konsul zu, so oft sich ihm eine amtliche Veranlassung dazu bietet, und ebenso ist er befugt, die dem öffentlichen Rechte angehörigen promissorischen Eide, insbesondere Diensteide, abzunehmen. Aber der eidlichen Abhörung von Zeugen und der Abnahme eines Parteieneides dürfen sich nur diejenigen Konsuln unterziehen, welche dazu vom Reichskanzler besonders ermächtigt sind, und auch diese nur auf Ersuchen inländischer Behörden[1]). Dabei haben diese Konsuln zunächst diejenigen Verhaltungsmaßregeln zu berücksichtigen, welche von Seite der ersuchenden Behörde selbst mit Rücksicht auf die Vorschriften der einschlägigen Gesetze erteilt werden.

Insoweit jedoch über die nachstehend berührten Punkte von Seite der ersuchenden Behörde keine andere Anweisung erfolgt, haben die Konsuln die folgenden Vorschriften zu beachten:

1. Der Abnahme von Eiden der Zeugen oder Parteien hat stets eine der persönlichen Stellung der zu beeidigenden Person entsprechende Erinnerung derselben an die Folgen eines Meineides vorauszugehen.

2. Erstreckt sich eine Zeugenvernehmung auf mehrere Personen, so sind dieselben stets einzeln vorzurufen und zu vernehmen.

---

[1]) Vgl. hierzu Anm. 3 auf S. 26.

3. Vor jeder Vernehmung zur Sache sind an den Zeugen allgemeine Fragen zu stellen über Vor- und Familiennamen, Alter, Stand oder Gewerbe und Wohnort, seine allenfallsigen Verwandtschafts-, Schwägerschafts- und sonstigen Verhältnisse zu den Parteien und seine etwaige Beteiligung am Ausgange der Sache.

4. Über den Akt der Zeugenvernehmung oder Eidesabnahme ist eine Urkunde (Protokoll) aufzunehmen, welche Zeit und Ort der Handlung, die Namen der mitwirkenden Personen und das ganze Ergebnis der gepflogenen Vernehmung hinsichtlich der allgemeinen und sachlichen Fragen, bzw. den vollen Hergang bei dem Beeidigungsakte ersehen lassen muß. Diese Urkunde ist nach vorgängiger, als geschehen darin zu erwähnender Vorlesung von den Beteiligten zu unterschreiben und von dem Konsul mit Beidrückung des Amtssiegels und eigener Unterschrift zu unterfertigen. Können die Beteiligten nicht schreiben, so haben dieselben ein Handzeichen beizusetzen, dessen Echtheit der Konsul beglaubigt. Bei etwaiger Verweigerung einer Unterschrift hat solches der Konsul zu beurkunden.

Außerdem finden die in der Instruktion zu §§ 16 und 17 unter Ziffer II 4, 5 und 6 für die Aufnahme notarieller Akte erteilten Vorschriften auch auf Zeugenvernehmungen und Eidesabnahmen und die hierüber zu errichtenden Urkunden (Protokolle) Anwendung.

Zu § 21. Die Vermittelung von Rechtsstreitigkeiten gehört nur dann zur amtlichen Wirksamkeit der Konsuln, wenn ein Reichsangehöriger zu den streitenden Parteien gehört. Aber auch in diesem Falle soll sich der Konsul nicht von Amtswegen in den Streit mischen. Wenn nur ein Teil den Konsul um seine Vermittlung angeht, so kann er zwar die andere Partei vor sich bescheiden, erscheint dieselbe aber nicht, so hat sich der Konsul jedes Zwangsmittels zu enthalten. Bei den Vergleichsverhandlungen selbst muß er mit Ruhe und Unparteilichkeit durch Berichtigung irriger Meinungen auf die Anerkennung gerechter Ansprüche hinwirken und sonst in jeder Weise das Zustandekommen eines redlichen Vergleiches zu befördern suchen, schlauer Übervorteilung geschäftsunkundiger Personen und anderen unredlichen Absichten aber mit Entschiedenheit entgegentreten. Kommt ein Vergleich zustande und bedarf es der Feststellung seines Inhalts in bindender Form, so ist darüber, jedoch nur auf Verlangen der Parteien, eine Notariatsurkunde (§ 17) aufzunehmen; zur Sicherung des Beweises genügt dagegen ein schriftliches Konsulatszeugnis in beweisender Form (§ 15) über den Abschluß und Inhalt des Vergleiches.

Bei Angelegenheiten, welche vor den Ortsgerichten anhängig sind, hat der Konsul den etwa beteiligten Deutschen auf ihr Ansuchen mit seinem Rate und seiner Verwendung beizustehen, sie über die in Betracht kommenden Vorschriften und Formalitäten aufzuklären, auch bei der Wahl der geeigneten Rechtsmittel und Vertreter zu unterstützen.

Wird ein Konsul in rechtsgültiger Form — worüber

die Ortsgesetze entscheiden — von den Parteien zum Schiedsrichter ernannt, so ist er berufen, dies Amt zu übernehmen. Dem Schiedsrichter liegt es ob, nach eingehender Untersuchung der Streitsache mit Unparteilichkeit und nach bester Einsicht zu entscheiden, was zwischen den Parteien Rechtens sei. Der Schiedsspruch ist in der Form eines richterlichen Urteils (Erkenntnisses) unter Angabe der Entscheidungsgründe abzufassen, wenn nicht beide Teile bei der mündlichen Eröffnung des Schiedsspruches auf die schriftliche Abfassung verzichten.

Zu §§ 22 bis 24[1]).

Zu § 25. Das Reichsgesetz vom 12. Oktober 1867 über das Paßwesen hat die Paßpflicht aufgehoben. Reichsangehörige so wenig als Ausländer bedürfen zum Ausgange aus dem Reichsgebiete, zum Eintritt in dasselbe oder zum Aufenthalte und zu Reisen innerhalb desselben eines Reisepapiers. Doch sind die Konsuln des Deutschen Reiches auf Grund des § 25 des Konsulargesetzes vom 8. November 1867 befugt:

I. den in ihrem Amtsbezirke sich aufhaltenden Reichsangehörigen, welche sich als solche in glaubhafter Art ausweisen, Pässe auszustellen, wenn dieselben es beantragen und ihrer Befugnis zur Reise keine bekannten gesetzlichen Hindernisse, z. B. Militärpflicht, polizeiliche Beaufsichtigung, gerichtliche Untersuchung usw., oder begründete Einsprache der Landesbehörden entgegen-

---

[1]) Vgl. Anm. 4 auf S. 26.

stehen. Unter dieser Voraussetzung können Pässe erteilt werden, sowohl zum Eintritt in das Reichsgebiet, als auch zu Reisen in dem Konsulatsbezirke und in anderen Ländern außerhalb des Reichsgebietes. Was das aus der Militärpflicht herzuleitende Hindernis betrifft, so beginnt die Verpflichtung zum Dienst im stehenden Heere, bzw. in der Flotte mit dem 1. Januar desjenigen Kalenderjahres, in welchem der Wehrpflichtige das 20. Lebensjahr vollendet. Bei der Paßerteilung an solche Personen, welche hiernach dienstpflichtig sind oder in kurzem dienstpflichtig werden, ist mit besonderer Vorsicht zu verfahren. Unbedenklich ist ein Paß zu erteilen, wenn der Antragsteller durch Atteste nachweist, daß er von der Militärpflicht entbunden ist oder einen Aufschub zur Ableistung derselben erhalten hat[1]). Der Dienst im stehenden Heere (der Flotte) dauert sieben Jahre. Davon kommen drei Jahre auf den aktiven Dienst[2]). Während des Restes der siebenjährigen Dienstzeit sind die Mannschaften zur Reserve beurlaubt, insoweit nicht die jährlichen Übungen, notwendige Verstärkungen oder Mobilmachungen des Heeres, bzw. Ausrüstungen der Flotte, die Einberufung zum Dienst erfordern. Nach Ablauf der sieben Jahre erfolgt der Eintritt in die Landwehr (Seewehr) für weitere fünf

---

[1]) Wehrordnung § 107, 1, § 108, 3.

[2]) Jetzt entfallen auf den aktiven Dienst nur bei Mannschaften der Kavallerie, der reitenden Feldartillerie und der Marine drei, im übrigen zwei Jahre (Wehrordnung § 6, 3, § 14, 3).

Jahre[1]). Die beurlaubten Mannschaften, sowohl die der Reserve als diejenigen der Landwehr (Seewehr) sind während der Beurlaubung in der Wahl ihres Aufenthalts im In- und Auslande Beschränkungen nicht unterworfen. Doch darf nach den Bestimmungen über die Organisation der Landwehrbehörden keinem Reservisten oder Landwehrmann ein Paß zu einer Reise auf länger als 14 Tage erteilt werden, wenn derselbe sich nicht über die geschehene Meldung an den Landwehr-Bezirksfeldwebel ausweist. Deshalb dürfen die Konsuln solchen Mannschaften des Beurlaubtenstandes Pässe nur dann erteilen resp. verlängern, wenn dieselben nachweisen, daß sie ihren militärischen Verpflichtungen hinsichtlich der Abmeldung und Nachsuchung des erforderlichen militärischen Urlaubs nachgekommen sind. Mit Bezug hierauf ist zu bemerken[2]): Im Frieden können Mannschaften der Reserve, Marinereserve, Landwehr und Seewehr, sowie der Ersatzreserve und der Marineersatzreserve, welche nach

---

[1]) Mannschaften der Fußtruppen, der fahrenden Feldartillerie und des Trains, welche freiwillig, und Mannschaften der Kavallerie und reitenden Feldartillerie sowie der Marine, welche gemäß ihrer Dienstverpflichtung im stehenden Heere bzw. der Marine drei Jahre aktiv gedient haben, dienen in der Landwehr ersten Aufgebots nur drei Jahre. (Wehrordnung § 12, 2, § 17, 1.)

[2]) An Stelle der veralteten Bestimmungen der ADJ. sind die z. Z. in Geltung stehenden Vorschriften der Deutschen Wehrordnung vom 28. September 1875 und 22. November 1888 in der Fassung des Neudrucks von 1904 (WO.) gesetzt.

außereuropäischen Ländern gehen wollen, unter Befreiung von den gewöhnlichen Dienstobliegenheiten, jedoch unter der Bedingung der Rückkehr im Falle der Mobilmachung auf zwei Jahre beurlaubt werden. Dieser Urlaub wird durch die Bezirkskommandos erteilt. Offiziere, Sanitätsoffiziere und obere Militärbeamte des Beurlaubtenstandes können unter gleichen Verhältnissen durch den Infanterie-Brigadekommandeur beurlaubt werden (WO. § 111, 3 Abs. 1—3).

Weist ein auf Grund obiger Bestimmungen Beurlaubter durch Konsulatsbescheinigungen nach, daß er sich in einem außereuropäischen Lande eine feste Stellung als Kaufmann, Gewerbetreibender usw. erworben hat, so kann der Urlaub bis zur Entlassung aus dem Militärverhältnis und unter gleichzeitiger Befreiung von der Rückkehr im Falle der Mobilmachung verlängert werden. Auf die Küstenländer des Mittelländischen und des Schwarzen Meeres findet diese Bestimmung keine Anwendung. (WO. § 111, 4 Abs. 1.)

Für Mannschaften der Landwehr (Seewehr) zweiten Aufgebots bedarf es des vorerwähnten Nachweises nur dahin, daß sie eine ihren Lebensunterhalt sichernde Stellung als Kaufmann, Gewerbetreibender usw. erworben haben; auch gilt für dieselben die Beschränkung bezüglich der Küstenländer des Mittelländischen und Schwarzen Meeres nicht. (WO. § 111, 4 Abs. 3.)

Treffen die Voraussetzungen des § 111 Ziffer 4 nicht zu, ist aber gleichwohl die Verlängerung des Urlaubs erwünscht, so darf dieselbe von neuem nach Ziffer 3 bewilligt werden.

Die vom Aufruf[1]) betroffenen Landsturmpflichtigen, welche sich im Auslande aufhalten, haben in das Inland zurückzukehren, sofern sie hiervon nicht ausdrücklich befreit sind. Landsturmpflichtige, welche durch Konsulatsbescheinigungen nachweisen, daß sie in einem außereuropäischen Lande eine ihren Lebensunterhalt sichernde Stellung als Kaufmann, Gewerbetreibender usw. erworben haben, können für die Dauer ihres Aufenthalts außerhalb Europas von der Befolgung des Aufrufs entbunden worden. Nach Erlaß des Aufrufs sind derartige Gesuche unzulässig. (WO. § 100, 3a, b Abs. 1, d.)

Die Konsuln werden sich auf den Antrag der Beteiligten der Übermittlung der bezüglichen Gesuche an die heimatlichen Militärbehörden unter Beifügung der abgelaufenen Reisedokumente, Urlaubsbewilligungen und der etwaigen Konsulatsatteste zu unterziehen haben.

Zu den Pässen haben die Konsuln das nachstehende Formular zu benutzen:

Nr.
des Paßjournals.

Signalement.

Alter:
Statur:

Deutsches Reich.

Das (General-, Vize-) Konsulat des Deutschen Reichs zu N. N. ersucht hiermit alle Militär- und Zivil-

[1]) § 20 Nr. 8 der Wehrordnung: Der Aufruf des Landsturms erfolgt durch Kaiserliche Verordnung, bei unmittelbarer Kriegsgefahr im Bedarfsfalle durch die

Haar: Stirn: Augenbrauen: Augen: Mund: Bart: Kinn: Gesichtsfarbe: Besondere Kennzeichen:	behörden auf Vorzeigung dieses, d . . . . frei und ungehindert reisen, auch nötigenfalls ih . . . . Schutz und Beistand angedeihen zu lassen. Gegeben zu N. N., den . . .
Unterschrift des Paßinhabers:	Der (General-, Vize-) Konsul des Deutschen Reichs.
Reisepaß gültig auf	(Siegel) (Unterschrift)

Die Konsuln des Deutschen Reichs sind ferner befugt:

II. Pässe, sowohl der Reichsbehörden und der Behörden einzelner Bundesstaaten, als auch fremder Behörden zu visieren. Die Erteilung des Visa setzt immer voraus, daß der Paß von der zuständigen Behörde ausgestellt und daß weder der zu visierende Paß der Zeit nach abgelaufen ist, noch das Visa nach einem Orte hin begehrt wird, auf welchen der Paß von der Behörde, die ihn erteilt hat, gar nicht gestellt ist.

Pässe fremder Behörden dürfen nur zum Eintritt in das Reichsgebiet visiert werden, auch darf der Konsul

---

kommandierenden Generale, die Gouverneure und Kommandanten von Festungen.

nur solchen Pässen fremder Behörden das Visa erteilen, welche von der Polizeibehörde seines Amtssitzes ausgestellt oder visiert oder mit dem Visa eines mit ihm in demselben Lande residierenden diplomatischen oder konsularischen Vertreters derjenigen Macht versehen sind, von deren Behörden der Paß ausgestellt ist. Nicht zu erteilen ist das Visa an Personen, von welchen bekannt oder anzunehmen ist, daß sie der öffentlichen Sicherheit gefährlich sind oder dem Bettel nachgehen.

Zu § 26.

1. Allgemeines[1]).

Reichsangehörigen, welche im Auslande hilfsbedürftig werden, steht ein rechtlicher Anspruch auf Unterstützung aus öffentlichen Fonds ihres Heimatslandes nicht zu. Die Konsuln haben hilfsbedürftige Reichsangehörige an die Behörden oder die etwaigen Wohltätigkeitsvereine des Orts zu verweisen, wobei sie sich darauf berufen können, daß im Bundesgebiete hilfsbedürftige Ausländer ebenso wie Inländer unterstützt werden. Ist auf diese Weise keine Hilfe zu erreichen und sind auch keine alimentationspflichtigen Verwandten am Ort vorhanden, so können dergleichen hilfsbedürftige Reichsangehörige, welche ihre Eigenschaft als solche vollständig nachweisen, von dem Konsul unterstützt werden. In Fällen, wo hiernach der Konsul die Unterstützung für angemessen hält, sind folgende Punkte zu berücksichtigen:

---

[1]) Vgl. auch S. 244.

Ist der zu unterstützende hilfsbedürftige Reichsangehörige krank, so hat der Konsul seine, wo möglich unentgeltliche Aufnahme in eine Heilanstalt zu bewirken oder sonst für seine Verpflegung und Heilung nach Tunlichkeit Sorge zu tragen.

Anderen hilfsbedürftigen Reichsangehörigen, welche nicht imstande sind, sich ihren Unterhalt am Orte selbst zu erwerben (z. B. nachgelassene Kinder verstorbener Reichsangehöriger, Arbeitsunfähige), kann die konsularische Unterstützung zur Abhilfe augenblicklicher Not gewährt werden.

Die Kosten der Beerdigung eines im Konsulatsbezirk verstorbenen Reichsangehörigen, zu deren Deckung der Nachlaß nicht ausreicht, kann der Konsul bestreiten, wenn die Lokalbehörden dieselben zu übernehmen sich weigern und kein anderer, welcher dafür aufzukommen verpflichtet ist, sich am Orte befindet. (Nach § 51 der Seemannsordnung[1]) hat z. B. der Reeder die Bestattungskosten eines nach Antritt des Dienstes verstorbenen Schiffsmanns zu tragen.)

Der Konsul hat seine Ausgaben in allen Fällen auf das notdürftigste Maß zu beschränken und Vorkehrungen zu treffen, daß die gewährten Gelder wirklich zu dem bestimmten Zwecke verwendet werden. Er hat sich über alle geleisteten Zahlungen Quittungen geben zu lassen, die Umstände, unter welchen die Unterstützung gewährt worden, festzustellen, auch Erkundigungen ein-

[1]) Jetzt § 64 der Seemannsordnung vom 2. Juni 1902 RGBl. S. 175.

zuziehen, ob der Unterstützte in der Heimat eigenes Vermögen hat oder ob alimentationspflichtige Verwandte resp. sonstige, zur Erstattung des Gegebenen Verpflichtete vorhanden sind. Gewährt das Ergebnis dieser Erkundigungen die Aussicht, daß die gegebene Summe wieder eingezogen werden kann, so hat der Konsul von dem Unterstützten das schriftliche Versprechen unterzeichnen zu lassen, daß er die erhaltene Summe, sobald er dazu imstande sein werde, zurückerstatten wolle. Die gewährten Reiseunterstützungen sind in dem Passe (Reisepapiere) des Unterstützten zu bemerken. Erscheint eine bloße Reiseunterstützung nicht angemessen, sondern die Heimsendung des Hilfsbedürftigen ausnahmsweise erforderlich und kann dieselbe nicht kostenfrei erfolgen, so ist zuvor bei der Regierung des Heimatstaats anzufragen.

Ausgeschlossen von jeder konsularischen Unterstützung sind Deserteure aus der Landarmee, von der Kriegsflotte und von der Handelsmarine, sowie ausgetretene Militärpflichtige. Die Unterstützung ist ferner offenbar unwürdigen Individuen zu versagen, ingleichen solchen Reichsangehörigen, welche die Staatsangehörigkeit eines andern Landes erworben haben oder ohne Erlaubnis in fremde Militär- oder Zivildienste getreten sind.

2. Besonderes in bezug auf Schiffsleute[1].

Bei der Unterstützung hilfsbedürftiger Seeleute sowie überall da, wo die Verpflichtungen der Schiffseigentümer

[1]) Wegen gegenseitiger Unterstützung der im Auslande hilfsbedürftig gewordenen Seeleute sind Ueber-

oder Schiffsführer gegen die Mannschaft und umgekehrt in Frage kommen, haben sich die Konsuln nach der Seemannsordnung zu richten.

Außerdem finden noch folgende Bestimmungen Anwendung:

a) Wenn sich kranke deutsche Seeleute an den Konsul wenden, so hat er, nötigenfalls unter Anrufung der Hilfe der betreffenden Behörden, tunlichst dafür zu sorgen, daß der Schiffer alle nach Maßgabe der Seemannsordnung (namentlich §§ 48 ff.)[1]) gegen solche Kranke dem Reeder obliegende Pflichten vollständig erfülle und im Fall der Abfahrt des Schiffes vor erfolgter Heilung derselben die vollständige Erfüllung dieser Pflichten sicherstelle. Gelingt dies nicht oder gehört der kranke Seemann nicht zu einem im Hafen liegenden Schiffe, so hat der Konsul für Heilung und Verpflegung und demnächstige Heimsendung des Kranken Sorge zu tragen.

b) Wenn Seeleute, welche bis zum Eintritt ihrer Hilfsbedürftigkeit auf deutschen, durch Zufall verloren gegangenen (§ 56[2]) der Seemannsordnung) Schiffen

---

einkommen getroffen mit Großbritannien am 27. Mai 1879 (dazu Runderlaß vom 27. Juni 1879), mit Frankreich am 16. Mai 1880, mit Schweden und Norwegen am 31. Mai 1881, mit Dänemark am 31. März 1885 und mit Österreich-Ungarn am 10. November 1889. Siehe v. König S. 423 ff.

[1]) § 59 ff. der Seemannsordnung vom 2. Juni 1902 in der durch das Abänderungsgesetz vom 12. Mai 1904 (RGBl. S. 167) gegebenen Fassung S. 320 ff.

[2]) Jetzt § 69.

dienten, die Unterstützung des Konsuls nachsuchen, so hat er dieselben, insoweit sie Reichsangehörige sind, zu unterstützen und geeignetenfalls heimzusenden. Insoweit solche hilfsbedürftige Seeleute nicht Reichsangehörige sind, hat der Konsul dieselben mit ihrem Gesuche zunächst an das Konsulat desjenigen Staats zu verweisen, dessen Angehörige sie sind. Sollte jedoch ein solches Konsulat nicht am Orte sein oder die bei ihm nachgesuchte Hilfe verweigern — welche Tatsache tunlichst durch schriftliche Beweisstücke zu konstatieren ist —, so hat der Konsul auch der dem Deutschen Reiche nicht angehörigen Seeleute verloren gegangener deutscher Schiffe sich anzunehmen, sofern nicht etwa den deutschen Seeleuten in gleichem Falle von dem Konsul der betreffenden Staaten Beistand versagt wird.

c) Wenn Reichsangehörige, welche bis zum Eintritt ihrer Hilfsbedürftigkeit auf fremden Schiffen dienten, die Unterstützung des Konsuls in Anspruch nehmen, so hat letzterer in Ermangelung anderweitig, z. B. von dem Konsul der Nation, welcher das Schiff angehört, zu erreichender Hilfe denselben in gleichem Umfange beizustehen, wie dies für kranke und hilfsbedürftige Seeleute deutscher Schiffe vorgeschrieben ist.

Für Seeleute, welche aus den im § 57 unter 1 bis 4[1]) der Seemannsordnung angegebenen Gründen entlassen worden sind, darf der Konsul die Heimschaffungskosten nicht übernehmen, jedoch kann er ihnen bei dringender

---

[1]) Jetzt § 70 Nr. 1—5.

Not einige Unterstützung für Rechnung der Reichskasse gewähren.

Etwaige Heuerforderungen an den Schiffsführer hat der Konsul nicht etwa dem Schiffsmann vorschußweise zu zahlen, ebensowenig sich in sonstige Geldangelegenheiten zu mengen, welche mit der Heimschaffungsmaßregel an sich in keinem notwendigen Zusammenhange stehen, selbst wenn die Folge davon sein sollte, daß der Seemann wegen Schulden verhindert wird, abzureisen. Der Konsul hat sich in diesem Falle dann aller weiteren Unterstützungen des Seemanns zu enthalten.

Auch in bezug auf die Unterstützungen von Seeleuten sind die Ausgaben sowohl zum Zweck der Beseitigung augenblicklicher Not, als behufs Beförderung in die Heimat mit möglichster Sparsamkeit zu bemessen und auf den wirklich unvermeidlichen Bedarf einzuschränken. Da der Zweck der Heimschaffung es mit sich bringt, auch für den einstweiligen Unterhalt zu sorgen, so versteht es sich von selbst, daß bei übernommener Heimschaffung zugleich die zunächst sich darbietenden dringendsten Bedürfnisse der Wohnung, Kost und Kleidung zu befriedigen sind. Das in dieser Beziehung Erforderliche ist aber möglichst in natura und nicht durch Verabreichung von baren Geldmitteln an die Seeleute selbst zu gewähren. Die Beförderung des zur Heimschaffung übernommenen Seemanns, welche nicht immer unmittelbar nach dem Heimatsstaate zu geschehen braucht, sondern unter Umständen auch erst auf andere Orte hin stattfinden kann, ist, wenn irgend tunlich, auf dem Seewege zu bewerkstelligen. Die Konsuln müssen daher behufs der Ermittelung von Schiffsgelegenheit in jedem einzelnen Fall nicht allein an ihrem eigenen Wohnort, sondern auch in benachbarten Häfen mit aller Sorgfalt Erkundigungen einziehen. Das Hauptaugenmerk muß dahin gerichtet bleiben, eine kostenfreie Schiffsgelegenheit zu beschaffen. Arbeitsfähige Individuen werden womöglich in anderem Schiffsdienst gegen Lohn unterzubringen sein; doch kann das Verheuern auf Schiffe eines außerdeutschen Staates, besonders wenn dieselben nicht unmittelbar nach einem deutschen Hafen fahren, nicht wünschenswert sein.

Jedes deutsche Kauffahrteischiff ist nach näherer Bestimmung des Reichsgesetzes vom 27. Dezember 1872[1]) verpflichtet, hilfsbedürftige deutsche Seeleute behufs ihrer Zurückbeförderung nach Deutschland auf schriftliche Anweisung des Konsuls nach seinem Bestimmungshafen mitzunehmen. Die gleiche Verpflichtung besteht auch ausländischen Seeleuten gegenüber, welche unmittelbar nach einem Dienste auf einem deutschen Kauffahrteischiffe außerhalb Deutschlands sich in einem hilfsbedürftigen Zustande befinden, sofern das betreffende Schiff nach einem Hafen im Heimatlande des Hilfsbedürftigen bestimmt ist. Es versteht sich, daß die Leistungen deutscher Schiffe zugunsten fremder Seeleute nicht in

[1]) Jetzt Gesetz vom 2. Juni 1902 RGBl. S. 212, siehe unten Nr. 50 S. 369.

Anspruch zu nehmen sind, insoweit für die letzteren seitens des eigenen Landeskonsuls gesorgt wird, oder die Heimschaffung ohne Aufwendung höherer Kosten auf einem Schiffe ihrer Nation erfolgen kann, oder endlich diejenige Nation, welcher der Hilfsbedürftige angehört, deutschen Seeleuten in gleicher Lage jeden Beistand versagt. Zur Erfüllung der gedachten Verpflichtung kann der Schiffer vom Konsul zwangsweise angehalten werden. Verweigert der Schiffer die Mitnahme unter Berufung auf einen der in § 3 des Gesetzes aufgeführten Umstände, so hat der Konsul die zur Begründung der Weigerung angeführten Tatsachen zu untersuchen, und nach dem Ergebnis dieser Prüfung zu entscheiden ob die Weigerung als begründet anzusehen ist oder nicht. Hinsichtlich des Transports von Verbrechern, deren Mitnahme verweigert werden kann, bleibt das in der Instruktion zu §§ 29, 33 vorgeschriebene Verfahren zu beobachten[1]). Gegen den Schiffer, welcher sich der ihm obliegenden Verpflichtung zur Mitnahme hilfsbedürftiger Seeleute entzieht, kann vom Konsul Geldstrafe bis zu fünfzig Talern[2]) oder entsprechende Haft festgesetzt werden. (Vgl. die Instruktion zu § 33.)

Der § 5 des Gesetzes bestimmt die Höhe der Entschädigung, welche der Führer eines deutschen Kauffahrteischiffes für die Mitnahme eines Seemannes be-

---

[1]) Nach dem neuen Heimschaffungsgesetz von 1902 (siehe Anm. 1 auf S. 85) darf die Mitnahme von Verbrechern nicht mehr verweigert werden.

[2]) Jetzt 150 Mark.

ansprucken kann. Die Konsuln werden jedoch darauf Bedacht zu nehmen haben, durch besondere Vereinbarung mit dem Schiffer, wozu unter Umständen, z. B. bei teilweiser Arbeitsfähigkeit des Heimzuschaffenden, Veranlassung sein kann, freie Beförderung oder wenigstens eine solche zu geringen Kostensätzen zu erlangen. Die vereinbarte Entschädigung hat, wie die gesetzmäßige, womöglich Kost und Logis zu umfassen, damit dem zu transportierenden Seemann keine baren Reisemittel ausgehändigt zu werden brauchen.

Die Auszahlung der Entschädigung erfolgt im Bestimmungshafen durch das Seemannsamt gegen Auslieferung der wegen der Mitnahme erteilten Anweisung. Kann daher die Heimschaffung nicht direkt nach einem deutschen Hafen bewirkt werden, so hat das Konsulat der Zwischenstation die Entschädigung für die Beförderung des Heimzuschaffenden bis dorthin auszuzahlen und für die weitere Beförderung in entsprechender Weise Sorge zu tragen.

Die Anweisung an den Schiffsführer wird beispielsweise folgendermaßen lauten:

Der 28 Jahre alte Matrose Johann Nörner aus Köslin, welcher mit dem am 25. April d. J. aus Stettin abgesegelten, von dem Schiffer Ernst Krämer geführten, dem Stettiner Handlungshause J. Schlieckmann & Co. gehörigen Briggschiffe Pfeil hier angekommen ist, hat bei dem Abgange des gedachten Schiffes krankheitshalber hier zurückgelassen werden müssen. Da derselbe gegenwärtig transportfähig ist und Sie im Begriffe stehen von hier nach Liverpool zu segeln, auch der Einwand, daß an Bord Ihres Schiffes kein angemessener Platz für den Genannten vorhanden sei, nach der von dem unterzeichneten Seemannsamte vorgenommenen Besichtigung Ihres Schiffes nicht für begründet erachtet werden kann, so werden Sie hierdurch in Gemäßheit des Reichsgesetzes vom 27. Dezember 1872[1]) angewiesen, den Johann Nörner behufs seiner Zurückbeförderung nach Deutschland bis nach Liverpool mitzunehmen und ihn bei Ihrer Ankunft daselbst dem dortigen Kaiserlichen Konsul zu überweisen. Der letztere wird Ihnen gegen Aushändigung dieser Anweisung eine Entschädigung von fünfzehn Silbergroschen für den Tag, vom Tage der Aufnahme des Johann Nörner an bis zum Tage der Ankunft in Liverpool einschließlich, auszahlen. Der Johann Nörner hat auf gleiche Kost und Logis, wie die übrige Schiffsmannschaft, Anspruch und ist Ihrer Disziplinargewalt unterworfen.

N. N., den . . . .

Das Seemannsamt.
Kaiserliches Konsuldt.
(Siegel.) (Unterschrift.)

Wenn und inwieweit es sich nicht vermeiden läßt, einen Transport zu Lande gehen zu lassen, sei es, um eine benachbarte Schiffsgelegenheit zu erreichen, sei es, weil eine Benutzung des Seeweges durch die Umstände überhaupt ausgeschlossen oder voraussichtlich für kost-

[1]) Jetzt G. v. 2. Juni 1902, vgl. Anm. 1 zu S. 85.

spieliger zu erachten ist, so unterliegt es im allgemeinen keinem Bedenken, vorzugsweise von der Eisenbahn Gebrauch zu machen. Der Konsul hat alsdann das Fahrbillett, welches in der niedrigsten Klasse zu lösen ist, in natura, die ferneren Reisebedürfnisse für Nahrung, etwaiges Nachtquartier usw. aber nach einem sorgfältigen Kostenüberschlag bar im voraus zu gewähren. Das Gepäck, soweit es die Personen nicht bei sich tragen oder innerhalb des Freigewichts mitnehmen können, muß auf wohlfeilerem Wege befördert werden.

Schließlich wird bemerkt, daß die Maßregeln der Heimschaffung, mag diese durch Schiffsgelegenheit oder auf dem Landwege erfolgen, in der Regel nur bis zur Erreichung der jedesmal nächsten deutschen Behörde einzurichten sind, d. h. also bei einem Transport, der nicht unmittelbar nach Deutschland geht, bis zur Erreichung eines anderen deutschen Konsulats oder einer deutschen Gesandtschaft, bei direkter Beförderung nach Deutschland aber bis zur Erreichung der Grenzbehörde. Die leichtere Berechnung und Kontrollierung des Kostenbedarfs erfordert diese Beschränkung. Der jedesmal gewährte Betrag ist auf dem Reisepaß, beziehungsweise im Seefahrtsbuche zu vermerken. Die weiteren Transportmaßregeln im Innern Deutschlands, wo die inneren Behörden die weitere Beförderung übernehmen, sind ressortmäßig von aller konsularischen Verfügung ausgeschlossen.

3. Erstattung der bei der Unterstützung Hilfsbedürftiger erwachsenen Kosten.

Die den Konsulaten nach Maßgabe der vorstehenden Bestimmungen entstandenen Kosten kann der Konsul von den zur Erstattung Verpflichteten (alimentationspflichtigen Verwandten, Reedern usw.) direkt oder durch Vermittelung der betreffenden Landesregierung wieder einziehen. Doch steht es ihm auch frei, dieselben sofort bei dem Reichskanzler zur Erstattung zu liquidieren. Den desfallsigen Liquidationen ist die Angabe des vollständigen Namens sowie des Wohnorts des Unterstützten, ingleichen bei Seeleuten die Angabe des Namens, der Nationalität und des Heimathafens des Schiffs, auf welchem sie zuletzt gedient haben, endlich eine vollständige Darlegung des Sachverhältnisses beizufügen, auch sind die beschafften Beweisstücke und Belege, insbesondere bei Seeleuten die von den Konsuln erteilten Anweisungen wegen Mitnahme auf deutschen Kauffahrteischiffen, mit einzureichen. Sind in Strandungssachen durch Verkauf geretteter Gegenstände bare Geldmittel in die Hände des Konsuls gelangt, so sind sie zur Deckung seiner Ausgaben vorläufig zurückzubehalten und bei der Liquidation in Abzug zu bringen.

Zu § 27[1]). Die deutschen Konsuln haben den Schiffen der Kriegsmarine des Reichs Hilfe und Unterstützung zu gewähren, sobald eine diesfällige Requisition des Kommandanten an sie ergeht oder sobald sie sonst

[1]) Vgl. dazu auch hinten Nr. 50 S. 248 ff.

verbürgte Kunde von der hilfsbedürftigen Lage eines solchen Schiffs erhalten.

Sind Schiffe der Kriegsmarine des Reichs im Begriff, eine zum Bezirk des Konsuls gehörende Reede anzulaufen oder in Häfen des Konsulatsbezirks einzulaufen, so gibt der Konsul, wenn eine ansteckende Krankheit am Orte herrscht, dem Befehlshaber ungesäumt davon Nachricht. Er tut alle nötigen Schritte, um ein gutes Einvernehmen zwischen den kommandierenden Offizieren und den Ortsbehörden vorzubereiten und aufrecht zu erhalten.

Er unterrichtet die Befehlshaber auf deren Verlangen über die Ehrenbezeugungen, welche am Orte nach Bestimmung und Herkommen zu erweisen sind und über das Verfahren, welches die fremden Flaggen in dieser Beziehung beobachten.

Er gibt den Befehlshabern auf deren Verlangen über die zweckmäßigste Art der Beschaffung von Geld oder sonstigen Bedürfnissen Auskunft. Wahlkonsuln, welche zugleich Kaufleute sind, können in letzterer Eigenschaft die Besorgung von Geldvorschüssen und anderen Bedürfnissen selbst übernehmen. Nach der bei der Kriegsmarine des Reichs bestehenden Diensteinrichtung sind zur Erhebung von Geldern für Kriegsschiffe allein die Kassenkommissionen der Schiffe kompetent. Diese Kommissionen bestehen entweder aus dem Kommandanten, dem ersten Offizier und dem Zahlmeister resp. Verwalter, oder aus dem Kommandanten und dem Zahlmeister resp. Verwalter, sie sind für die Ermittelung des Geldbedürfnisses und für die Art der Geldbeschaffung verantwortlich und die Erstattung der ihnen geleisteten Zahlungen ist gesichert. An einzelne Offiziere oder Mannschaften der in dem Amtsbezirk des Konsuls anwesenden Schiffe der Kaiserlichen Marine sind ohne eine besondere Requisition von seiten der Kassenkommission Geldvorschüsse für Rechnung der Reichskasse nicht zu machen [1]).

Die Schiffe der Reichsmarine sind verpflichtet, vor dem Auslaufen aus Häfen für die pünktliche Bezahlung aller eingenommenen Bedürfnisse aus der Schiffskasse zu sorgen. Sollte dies unter besonderen Verhältnissen nicht möglich sein, so wird die Kassenkommission die konsularische Vermittlung, welche alsdann tunlichst zu gewähren ist, schriftlich in Anspruch nehmen. Die Erstattung der hierbei erwachsenen konsularischen Auslagen ist unter Einreichung der Requisition der Kassenkommission bei dem Reichskanzler nachzusuchen. Falls etwa nach dem Abgange von Kriegsschiffen noch Forderungen an dieselben bei dem Konsul zur Sprache kommen sollten, so ist darüber an den Reichskanzler zu berichten.

Wenn ein Schiff der Kaiserlichen Marine beim Abgange aus dem Amtsbezirk des Konsuls Offiziere oder Mannschaften wegen Krankheit oder aus anderen Ursachen

---

[1]) Durch das Schiffskassenreglement vom 2. Juli 1885 sind die Grundsätze über die Geldbeschaffung noch näher festgestellt worden. Vgl. v. König, S. 455 f.

zurückzulassen genötigt ist, so hat der Konsul für dieselben im Einvernehmen mit dem Schiffskommando Sorge zu tragen. Letzteres ist verpflichtet, den Umfang der Geldkompetenzen dieser Personen dem Konsul schriftlich mitzuteilen, die für die Unterbringung oder Rücksendung nach der Heimat erforderlichen Maßregeln mit demselben zu verabreden und ihn wegen der Art und Weise, in welcher die Wiedereinziehung der zu erstattenden Auslagen zu erfolgen hat, mit besonderer Ermächtigung zu versehen. Der Konsul fügt einem hierüber an den Reichskanzler zu erstattenden Berichte die Requisition des Schiffskommandos bei. Wenn es infolge besonderer Umstände nicht zu vermeiden ist, ohne eine solche Vereinbarung mit dem Schiffskommando, einzelnen Offizieren oder Mannschaften von Konsulats wegen Hilfe zu gewähren, so hat der Konsul die notwendigsten Mittel zum Unterhalt und zur etwaigen Weiterbeförderung vorzuschießen und seine Auslagen dem Reichskanzler behufs der Erstattung anzuzeigen. Zur Berichtigung angeblicher Besoldungskompetenzen an solche Offiziere oder Mannschaften ist der Konsul nicht ermächtigt.

2. Bezüglich der offiziellen Besuche zwischen den Geschwaderkommandanten, sowie den Befehlshabern einzelner Schiffe der Reichsmarine einerseits und den Konsuln andererseits sind nachstehende Bestimmungen maßgebend[1]).

[1]) An die Stelle der Bestimmungen der ADI. ist die durch Allerhöchste Order vom 29. Oktober 1904 genehmigte

Zu § 28[1]). Wenn Mannschaften von Schiffen der Kaiserlichen Marine desertieren, so wird der Kommandant des betreffenden Schiffs den Konsul unter Mitteilung des Nationale und der Umstände, unter welchen die Desertion erfolgt ist, um seine Mitwirkung zur Wiederhabhaftwerdung des Deserteurs ersuchen. Der Konsul beantragt demnächst bei der kompetenten Lokalbehörde die durch die Verhältnisse gebotenen Maßregeln. Wird der Deserteur ergriffen und verweigert die Lokalbehörde seine Auslieferung, so berichtet der Konsul an den Reichskanzler. Erfolgt die Auslieferung, so veranlaßt der Konsul, daß der Deserteur an Bord des Schiffes zurückgeführt wird. Sollte das Schiff bereits abgegangen und auch kein anderes Schiff der Reichsmarine anwesend sein, so verfährt der Konsul nach den ihm von dem Schiffskommandanten zurückgelassenen Weisungen. In Ermangelung solcher sendet er den Deserteur auf möglichst wenig kostspieligem Wege an die Marinebehörde desjenigen Kriegshafens, zu welchem das betreffende Schiff gehört, oder an die nächste Grenzpolizeibehörde des Bundesgebiets mit dem Ersuchen um Weiterbeförderung an die eben genannte Stelle.

Zu § 29[2]). Die Befehlshaber von Schiffen der

„Flaggen-, Salut- und Besuchsordnung für die Kaiserl. Marine" getreten, die den Konsularämtern durch Runderlaß vom 17. Februar 1905 I 737 mitgeteilt worden ist. (Vgl. v. König S. 459.)

[1]) Vgl. hierzu auch Nr. 50 S. 248.

[2]) Vgl. hierzu S. 254 ff., insbes. S. 263.

Reichsmarine haben die Weisung, den Konsuln des Deutschen Reichs allen tunlichen Beistand zur Erfüllung ihrer Dienstaufgaben zu gewähren. Dieselben werden namentlich, soweit es der Raum und die Rücksichten des Dienstes gestatten, bereit sein, auf die schriftliche Requisition des Konsuls hilfsbedürftigen Reichsangehörigen, welche in Gemäßheit der zu § 26 des Gesetzes ergangenen Bestimmungen nach der Heimat zu befördern sind, die Passage auf ihrem Schiffe zu bewilligen, auch den Transport von Reichsangehörigen zu übernehmen, welche wegen verübter Verbrechen an den heimischen Richter abgeliefert werden sollen. Letzteres darf übrigens nur auf vorherige Anweisung des Reichskanzlers oder einer Bundesregierung geschehen. (Vgl. die Instruktion zu § 33.) Bevor der Konsul eine Requisition der gedachten Art an den Schiffskommandanten richtet, hat er sich durch eine Anfrage bei demselben über die Höhe der von der Marineverwaltung zu liquidierenden Kosten zu vergewissern, daß die Beförderung nicht auf andere Weise billiger zu bewirken ist.

Zu § 30. Die Vorschriften über Führung der Reichsflagge sind in dem zum Reichsgesetze erklärten Bundesgesetze vom 25. Oktober 1867 über die Nationalität der Kauffahrteischiffe und ihre Befugnis zur Führung der Bundesflagge[1]) enthalten. Nach Inhalt dieses Gesetzes haben die zum Erwerb durch die Seefahrt bestimmten

---

[1]) Jetzt Gesetze vom 22. Juni 1899 (RGBl. S. 319) und vom 29. Mai 1901 (RGBl. S. 184) und Verordnung vom 1. März 1900 (RGBl. S. 41), Nr. 51 S. 264, Nr. 53 S. 289.

deutschen Schiffe als Nationalflagge ausschließlich die Reichsflagge zu führen. Die Reichsflagge bildet ein längliches Rechteck, bestehend aus drei gleich breiten horizontalen Streifen, von welchen der obere schwarz, der mittlere weiß und der untere rot ist. Das Verhältnis der Höhe der Flagge zur Länge ist wie zwei zu drei. Die Reichsflagge wird von den Schiffen an einem Flaggstock am Heck oder am hintern Maste — und zwar in der Regel an der Gaffel dieses Mastes, in Ermangelung einer solchen aber am Top oder im Want — geführt.

Als Lotsenflagge, d. h. als diejenige Flagge, deren Aufhissen bedeutet, daß ein Lotse gebraucht wird, bedienen sich die Kauffahrteischiffe der Reichsflagge in kleinerem Format, umgeben von einem weißen Streifen, welcher die Breite eines der übrigen Streifen erhält.

Wenn der Konsul in Erfahrung bringt, daß ein Kauffahrteischiff eines Bundesstaates als Nationalflagge eine andere als die vorgeschriebene Flagge — auch besondere Abzeichen in der Flagge sind unzulässig — oder einen Wimpel ähnlich demjenigen der Reichsmarine führt, so begibt er sich an Bord und fordert den Schiffer auf, die vorschriftswidrige Flagge oder den unzulässigen Wimpel herunterzuholen und ihm zu übergeben. Er nimmt über den Hergang ein von dem Schiffer zu unterzeichnendes Protokoll auf, welches er demnächst mit einer genauen Beschreibung der vorschriftswidrigen Flagge usw. der Regierung desjenigen Staates, welchem das Schiff angehört, einreicht. Durch Befestigung des Konsulatssiegels und des Siegels des Schiffers oder in sonst an=

gemessener Weise ist die Identität der Flagge usw. sicherzustellen. Ist der Konsul verhindert, sich selbst an Bord des Schiffes zu begeben, so sendet er einen gehörig legitimierten Bevollmächtigten. Weigert sich der Schiffer, der Aufforderung des Konsuls oder seines Bevollmächtigten Folge zu geben, so ist die Hilfe der Lokalpolizeibehörde zu requirieren. Lehnt letztere ihre Mitwirkung ab, so hat der Konsul dem Schiffer schriftlich zu eröffnen, daß sein Schiff, solange es die Nationalflagge nicht führt, als ein deutsches nicht angesehen werden könne, also weder des Schutzes seitens des Konsulats, noch der Rechte werde teilhaftig werden, welche die Verträge mit dem Auslande den deutschen Schiffern einräumen.

Kommt es zur Kenntnis des Konsuls, daß ein nach den Bestimmungen des Gesetzes vom 25. Oktober 1867[1]) zur Führung der Reichsflagge nicht berechtigtes Schiff diese Flagge in einem Hafen seines Amtsbezirks führt, so hat er durch Vermittelung der Lokalpolizeibehörde oder des betreffenden fremden Konsulats die erforderlichen Schritte zu tun, um solchen Mißbrauch zu verhindern. Die in §§ 13 ff. des Gesetzes vom 25. Oktober 1867[2]) dem Führer eines unberechtigterweise unter Reichsflagge fahrenden Schiffes angedrohten Strafen hat nicht der Konsul festzusetzen, vielmehr entscheiden darüber die kompetenten Gerichte.

---

[1]) Siehe S. 95 Anm. 1.

[2]) Jetzt § 18 f. d. Ges. v. 22. Juni 1899.

Nach § 16 des Gesetzes vom 25. Oktober 1867[1]) und § 37 des Konsulargesetzes haben die Konsuln des Deutschen Reichs das Recht, an Schiffe, welche in ihrem Bezirke durch den Übergang in das Eigentum eines Reichsangehörigen die Befugnis zur Führung der Reichsflagge erlangen, Atteste zu erteilen, welche für die Dauer eines Jahres die Eintragung in das Schiffsregister und das Zertifikat ersetzen.

Vor Ausstellung eines solchen Attestes hat sich der Konsul durch Einsicht der Dokumente, auf welchen der Eigentumsübergang beruht, sowie durch sonstige glaubhafte Nachweise, welche durch eine schriftliche Erklärung an Eidesstatt seitens des Reeders oder des Kapitäns zu bekräftigen sind, zu überzeugen, daß das Schiff sich wirklich fortan in dem ausschließlichen Eigentum von Personen, denen das Indigenat in einem Bundesstaate zusteht oder einer der im § 2 des Gesetzes vom 25. Oktober 1867[2]) bezeichneten Gesellschaften oder Genossenschaften befindet. Als Beweis für die Nationalität des neuen Erwerbes kann unter Umständen auch die Notorietät genügen. Das Attest ist nach dem hier folgenden Formulare[3]) auszustellen.

---

[1]) Jetzt § 12 des Gesetzes vom 22. Juni 1899.

[2]) Jetzt § 2 des Gesetzes vom 22. Juni 1899.

[3]) An die Stelle des in der ADJ. gegebenen ist das durch die Bekanntmachung vom 10. November 1899 betr. Ausführungsbestimmungen zu § 25 des Gesetzes vom 22. Juni 1899 (CBl. S. 380) vorgeschriebene Muster getreten, dasselbe siehe S. 287.

Das vorstehende Formular ergibt, daß dem Konsul auch die Identitätsmerkmale des Schiffs in glaubhafter Weise (durch Vermessungsatteste, schriftliche, erforderlichenfalls eidesstattliche Zeugnisse usw.) nachgewiesen werden müssen.

In Kriegszeiten ist bei der Erteilung von Flaggenattesten mit besonderer Vorsicht zu Werke zu gehen. Namentlich sind solche Atteste nicht an Schiffe zu erteilen, welche bis zum Eigentumsübergang auf einen Reichsangehörigen einer der im Kriege befindlichen Nationen angehört haben. Auch ist das Attest zu verweigern, wenn gegründeter Verdacht vorhanden ist, daß das Geschäft ein simuliertes sei.

Von der Erteilung jeden Flaggenattestes gibt der Konsul unverweilt der Regierung desjenigen Bundesstaates Kenntnis, welchem der neue Schiffseigentümer angehört, oder in welchem der von dem neuen Schiffseigentümer gewählte Heimatshafen liegt.

Zu § 31[1]). Abs. 6. Der Konsul hat die Verpflichtung, die ihm von dem Schiffer vorgelegten Papiere zu prüfen und, wenn er sie richtig befindet, dies auf Verlangen des Schiffers zu bescheinigen. Ohne einen ausdrücklichen Antrag des Schiffers hat der Konsul eine

---

[1]) Die Bestimmungen des Abs. 1 bis 5, 7, 9, teilweise 10 sind ersetzt durch das Gesetz vom 25. März 1880 (RGBl. S. 181) und die Verordnung vom 28. Juli 1880 (RGBl. S. 183) betr. die Schiffsmeldungen bei den Konsulaten des Deutschen Reiches. Siehe Nr. 56 und 57.

solche Bescheinigung nicht auszustellen. Sind die Papiere nicht in Ordnung, so kann der Konsul zwar die Abreise des Schiffs nicht hindern, er hat aber den Schiffer darauf aufmerksam zu machen, daß dieser keine Vertretung Seitens des Reiches zu erwarten habe, wenn durch den Mangel ordnungsmäßiger Papiere Verwickelungen oder Verluste hervorgerufen werden.

Abs. 8. Der Konsul verzeichnet die Angaben des Schiffsführers[1]) in ein zu diesem Behufe zu führendes Aktenheft (Journal) und nimmt demnächst in die nach der Instruktion zu § 3 einzureichende Schiffsliste das Erforderliche davon auf[2]).

Abs. 10. . . . Er erteilt auf Verlangen des letzteren eine Bescheinigung über die erfolgte An- und Abmeldung.

Abs. 11. Unterläßt ein Schiffer die vorgeschriebene Meldung, so hat der Konsul unverweilt an den Reichskanzler zu berichten, damit dieser wegen Einleitung des Strafverfahrens gegen denselben das Erforderliche veranlassen kann.

Zu § 32. Über die Musterung (Anmusterung, Abmusterung) enthalten die §§ 10—22 der Seemannsordnung[3]) nähere Bestimmungen.

Danach besteht die Anmusterung darin, daß der

---

[1]) Bei der Anmeldung und der Abmeldung (vgl. unten Nr. 56 S. 291).

[2]) Siehe Anm. 1 auf S. 43.

[3]) Jetzt §§ 12—26.

Schiffer[1]) oder dessen Vertreter die Schiffsmannschaft dem Konsul vorstellt und beide vor dem letzteren den zwischen ihnen abgeschlossenen Heuervertrag verlautbaren. Die hierüber aufzunehmende Verhandlung wird von dem Konsul als Musterrolle ausgefertigt. Wenn die zur Schiffsmannschaft eines Schiffes gehörigen Personen nicht gleichzeitig mittels einer Verhandlung angemustert werden, so erfolgt die Ausfertigung auf Grund der ersten Verhandlung. Wird ein Schiffsmann erst nach Ausfertigung der Musterrolle angemustert, so hat der Konsul eine solche Musterung in die Musterrolle einzutragen.

Bei der Anmusterung hat der Konsul die Bestimmungen des Heuervertrages vollständig zu Protokoll zu nehmen. Das Protokoll ist vom Schiffer oder dessen Vertreter und von jedem Schiffsmann zu unterzeichnen. Jeder Schiffsmann hat sich in Gemäßheit der §§ 5—8 der Seemannsordnung[2]) über seine Personalverhältnisse auszuweisen und zwar, soweit er sich bereits früher in einem inländischen Hafen verheuert hat, durch das Seefahrtsbuch, welches ihm bestimmungsmäßig von den inländischen Seemannsämtern ausgefertigt wird[3]). Insofern nach den bestehenden Vorschriften der Nachweis

---

[1]) Die neue Seemannsordnung vom 2. Juni 1902 hat die Bezeichnung „Schiffer" durch „Kapitän" ersetzt.

[2]) Jetzt §§ 7—10.

[3]) Durch Erlaß des Reichskanzlers vom 18. November 1907 (nicht veröffentlicht) ist den Konsularbehörden in Schanghai, Singapore und Hongkong die Ermächtigung erteilt worden, auf entsprechenden Antrag künftighin Seeleuten im deutschen Schiffsdienst neue

einer besonderen Befähigung zu dem übernommenen Schiffsdienst erforderlich ist, muß auch dieser Nachweis geführt werden. Wird diesen Bestimmungen nicht genügt, kann insbesondere z. B. der Schiffsmann die Beendigung des früheren Dienstverhältnisses nicht glaubhaft nachweisen, oder findet der Konsul sonst in Ansehung der Gültigkeit des Heuervertrages im allgemeinen oder rücksichtlich einzelner darin enthaltener Bestimmungen wesentliche Erinnerungen, so hat er seine Mitwirkung bei der Anmusterung bis zur Beseitigung der Anstände zu versagen. Dasselbe gilt, wenn der Konsul bei der von ihm zu bewirkenden Prüfung ermittelt, daß der Schiffer nicht die vorgeschriebene Befähigung besitzt, oder daß der Anheuerung die Vorschriften über die Militärdienstpflicht entgegenstehen[1]). In letzerer Beziehung ist

---

Seefahrtsbücher an Stelle vollgeschriebener auszustellen. Diese Ermächtigung erstreckt sich nicht auf den Ersatz verloren gegangener Seefahrtsbücher oder auf die Ausstellung von Seefahrtsbüchern für solche Schiffsleute, die zum erstenmal in Dienst treten (v. König S. 519).

[1]) Eine Zusammenstellung der Bestimmungen, die z. B. in bezug auf die Militärverhältnisse Anzumusternder zu beachten sind, Wehrordnung §§ 22, 2; 29; 33, 9; 100, 3; 107; 108, 4; 109, 4b u. c; 111, 2, 10, 14; 113, 1, findet sich als Anl. 4 zu § 106 der deutschen Wehrordnung vom 28. September 1875/22. November 1888 (Neuabdruck von 1904). Eine Zusammenstellung der Bestimmungen über die Militärverhältnisse der seemännischen und halbseemännischen Bevölkerung ist in den Seefahrtsbüchern im Anhang unter Nr. 3 abgedruckt.

dasjenige zu vergleichen, was oben zu § 25 der Dienstinstruktion bei Gelegenheit der Paßerteilung gesagt ist. Der Konsul darf bei Anmusterung von Schiffsleuten nicht mitwirken, welche nach den dort erwähnten Bestimmungen bereits dienstpflichtig sind oder in kurzem dienstpflichtig werden, wenn sie nicht durch Atteste nachweisen, daß sie von der Militärpflicht entbunden sind, oder einen Aufschub zur Ableistung derselben erhalten haben. Findet die Verheuerung für ein Schiff statt, welches nach einem deutschen Hafen bestimmt ist, so können auch im dienstpflichtigen Alter stehende Personen angemustert werden, weil denselben dadurch Gelegenheit gegeben wird, in die Heimat zurückzukehren und dort ihre Militärverhältnisse zu ordnen. Wenn Seeleute, welche sich verheuert haben, erst in längerer Zeit in das militärpflichtige Alter treten, dieser Zeitpunkt aber doch noch in die Dauer des eingegangenen Dienstverhältnisses fällt, so dürfen die Konsuln zwar bei der Anmusterung mitwirken, sie haben jedoch hiervon dem Auswärtigen Amte unter Angabe des vollständigen Namens, des Alters und der Heimat der Betreffenden, sowie der Dauer der Anmusterung behufs Herbeiführung der Listenberichtigung Anzeige zu machen [1]).

Diejenigen Personen, welche ihrer aktiven Dienstpflicht

---

[1]) Nach § 10 der Wehrordnung dürfen Seeleute in diesen Fällen nur angemustert werden, wenn sie eine Bescheinigung des Zivilvorsitzenden der Ersatzkommission ihres Gestellungsortes darüber beibringen, daß ihrer Abwesenheit für die beabsichtigte Dauer gesetzliche Hindernisse nicht entgegenstehen. Damit ist die im Text vorgesehene Berichterstattung hinfällig geworden.

im deutschen Heere oder in der Reichs-Kriegsmarine genügt haben, treten in den Beurlaubtenstand über. Dieselben sind während der Beurlaubung in der Wahl ihres Aufenthaltes im In- und Auslande nicht beschränkt, bleiben jedoch der Kontrolle ihres heimatlichen Landwehrbezirkskommandos unterworfen [1]). Um den Militärbehörden diese Kontrolle zu erleichtern, sind die Seemannsämter nach einem Allerhöchsten Erlasse vom 25. Februar 1872, welcher den meisten Konsuln mit der Militärersatzinstruktion vom 26. März 1868 und der Verordnung über die Organisation der Landwehrbehörden vom 5. September 1867 mitgeteilt worden ist [2]), zu einer wesentlichen Mitwirkung bei dieser Kontrolle berufen. Die Konsuln haben danach von jeder Anmusterung von Mannschaften des Beurlaubtenstandes dem Landwehrbezirkskommando, in dessen Kontrolle der Betreffende ausweislich seines Militärpasses steht, Mitteilung zu machen und dabei außer dem Namen, dem Heimatshafen und der Bestimmung des Schiffes, die Dauer der Anmusterung anzugeben. Mannschaften, welche zur Disposition ihrer Truppenteile, bzw. der Marineteile beurlaubt sind, dürfen nicht angemustert werden [3]). Im Falle einer Mobilmachung, bzw. Kriegsausrüstung der Flotte, haben sich sowohl die im militärpflichtigen Alter stehenden Seeleute, als auch die Mannschaften des Beurlaubten-

---

[1]) Vgl. hierzu S. 74 ff.

[2]) Jetzt deutsche Wehrordnung; s. Anm. 2 zu S. 75.

[3]) Sofern sie nicht die Genehmigung des zuständigen Bezirkskommandos beibringen (Wehrordnung § 111, 10).

standes, unaufgefordert so schnell als möglich nach Deutschland zurückzubegeben und sich zum Dienst zu melden. Die Konsuln haben diese Bestimmungen bei Anmusterungen zu beachten und überhaupt bei Verlautbarung der Heuerverträge dafür Sorge zu tragen, daß Individuen, welche dem Beurlaubtenstande der Landarmee oder der Marine angehören, nicht Verpflichtungen eingehen, welche mit den in ihren Militärpapieren enthaltenen Weisungen in Widerspruch stehen.

Was den Nachweis besonderer Befähigung zum Schiffsdienst betrifft, so sind die „Vorschriften über den Nachweis der Befähigung als Seeschiffer und Seesteuermann auf deutschen Kauffahrteischiffen" vom 25. September 1869 (BGBl. S. 660) und die „Anordnungen über das Prüfungsverfahren und über die Zusammensetzung der Prüfungskommissionen" vom 30. Mai 1870 (BGBl. S. 314) zu vergleichen [1]).

Die Musterrolle, folglich auch die Verlautbarungsverhandlung, muß enthalten: Namen und Nationalität des Schiffs, Namen und Wohnort des Schiffers, Namen, Wohnort und dienstliche Stellung jedes Schiffsmanns [2]), und die Bestimmungen des Heuervertrages, einschließlich etwaiger besonderer Verabredungen. Insbesondere muß aus der Musterrolle erhellen, was dem Schiffsmann für

---

[1]) Diese Vorschriften sind inzwischen durch neuere ersetzt. S. Anm. 1 zu § 4 der Seemannsordnung, S. 296.

[2]) Ferner noch im Hafen der Ausreise (§ 14 Abs. 2 der Seemannsordnung).

den Tag an Speise und Trank gebührt. Das im Anhange abgedruckte, dafür vorgeschriebene Formular ergibt das Nähere [1]).

Die geschehene Anmusterung und die Zeit des Dienstantritts wird von dem Konsul in dem Seefahrtsbuch des Schiffsmanns vermerkt, wenn dasselbe zu diesem Zwecke vorgelegt wird.

Nach der Beendigung des Dienstverhältnisses erfolgt die Abmusterung der Schiffsmannschaft, und zwar, wenn nicht ein anderes vereinbart wird, vor dem Konsul desjenigen Hafens, in welchem das Schiff liegt, und nach Verlust des Schiffes vor demjenigen Konsul, welcher zuerst angegangen werden kann. Die Abmusterung besteht in der Verlautbarung der Beendigung des Dienstverhältnisses seitens des Schiffers und der aus diesem Verhältnis ausscheidenden Mannschaft. Vor der Abmusterung hat der Schiffer dem abzumusternden Schiffsmann im Seefahrtsbuch die bisherigen Rang- und Dienstverhältnisse und die Dauer der Dienstzeit zu bescheinigen, auf Verlangen auch ein Führungszeugnis zu erteilen. Das letztere darf in das Seefahrtsbuch nicht eingetragen werden. Die Unterschriften des Schiffers unter der Bescheinigung und dem Zeugnis werden von dem Konsul, vor welchem die Abmusterung stattfindet, kostenfrei beglaubigt. Verweigert der Schiffer die Aus-

---

[1]) Gemäß Bekanntmachung vom 20. März 1903 (CBl. S. 120) sind durch Beschluß des Bundesrats für das Seefahrtsbuch und die Musterrolle neue Formulare vorgeschrieben, dieselben s. S. 358 ff.

stellung des Zeugnisses, oder enthält dasselbe Beschuldigungen, deren Richtigkeit der Schiffsmann bestreitet, so hat auf Antrag des letzteren der Konsul den Sachverhalt zu untersuchen und das Ergebnis der Untersuchung dem Schiffsmann zu bescheinigen.

Die erfolgte Abmusterung wird vom Konsul in dem Seefahrtsbuche des abgemusterten Seemanns und in der Musterrolle vermerkt.

Die Musterrolle ist nach Beendigung derjenigen Reise oder derjenigen Zeit, auf welche die als Musterrolle ausgefertigte Ausmusterungsverhandlung sich bezieht, dem Konsul, vor welchem abgemustert wird, zu überliefern. Letzterer übersendet dieselbe dem Seemannsamt des Heimatshafens, und zwar in der Regel, wenn nicht besondere Umstände eine Berichterstattung an das Auswärtige Amt erheischen, mittelst direkter Korrespondenz.

Zu § 33. Über die Frage, welcher Polizeigewalt die Kauffahrteischiffe in fremden Häfen unterworfen sind, herrscht keine übereinstimmende Auffassung. Manche Regierungen nehmen an, daß fremde Handelsschiffe, welche in die Häfen des Landes kommen, ebenso wie die Mannschaften derselben ausschließlich der dortigen Schiffspolizei und Gerichtsbarkeit unterworfen sind. Andere Regierungen erkennen zwar im allgemeinen an, daß ein fremdes Kauffahrteischiff den Polizeigesetzen des Hafens unterworfen ist und daß die Schiffsmannschaft für strafbare Handlungen, welche sie am Lande oder, wenn an Bord, gegen die Sicherheit des Staats oder gegen nicht zur Besatzung gehörige Personen begeht, bei den Ortsgerichten zu belangen ist. Dagegen halten sie die Ortsgerichte nicht für kompetent, wenn strafbare Handlungen vorliegen, welche an Bord eines fremden Schiffes von einem Manne der Besatzung gegen einen anderen oder gegen einen Matrosen eines Schiffes derselben Flagge verübt sind. In einem solchen Falle kann nach dieser anderen Auffassung die Lokalbehörde nur einschreiten, wenn sie ausdrücklich darum ersucht wird, oder wenn die öffentliche Ordnung gefährdet ist.

Das Konsulatsgesetz, indem es im § 33 den deutschen Konsuln die Befugnis zur Ausübung der Polizeigewalt einräumt, hat in bezug auf diese völkerrechtliche Frage eine Entscheidung zu treffen nicht beabsichtigt. Vielmehr wird auch hier in Gemäßheit des § 1 vorausgesetzt, daß die Gesetze und Gewohnheiten des Konsulatsbezirks dem Konsul die Ausübung der Polizei gestatten. Da, wo dies der Fall ist, hat sich der Konsul die nachstehenden Bestimmungen zur Richtschnur dienen zu lassen

Die Schiffsleute sind nach §§ 72 ff.[1]) der Seemannsordnung der Disziplin des Schiffes unterworfen.

Kommen hiernach im Hafen des Konsuls an Bord von Schiffen der deutschen Handelsmarine Gewalttätigkeiten, Meutereien usw. vor, bei welchen die Lokalbehörden nicht von Amts wegen einschreiten, so hat der Konsul nötigenfalls durch ausdrückliche Requisition der

---

[1]) Jetzt §§ 84 ff.

Ortspolizei alles zu tun, was erforderlich ist, um die Disziplinargewalt des Schiffers zur Geltung zu bringen.

Ebenso hat er, wenn der Schiffer sich einer strafbaren Handlung schuldig machen sollte (§§ 96 ff.[1]) der Seemannsordnung) die nötigen Maßregeln zu treffen, um nachteilige Folgen abzuwenden und die Feststellung des Tatbestandes zu sichern. Der Konsul kann hierbei nötigenfalls bis zur Absetzung des Schiffers und zur Einsetzung eines neuen Schiffsführers gehen (vgl. die Instruktion zu § 35).

Abs. 6 ff.[2]).

Abs. 16. Wird dem Konsul von Begehung einer der in den §§ 81—99[3]) der Seemannsordnung aufgeführten strafbaren Handlungen, insbesondere von Desertionen Anzeige gemacht und schreitet derselbe nicht selbst ein, sei es, weil er zur Entscheidung der Sache nicht befugt, sei es weil z. B. der Angeschuldigte nicht aufzufinden ist, so hat er dem Seemannsamte des Heimatshafens des betreffenden Schiffes, unter Angabe des Tages der Ankunft des letzteren, sofort davon Mitteilung zu machen.

Schreiten bei einer an Bord eines deutschen Schiffes vorgekommenen strafbaren Handlung die Landesbehörden ein, so hat der Konsul darauf zu achten, daß dem An=

---

[1]) Jetzt §§ 111 ff.

[2]) Die nachfolgenden Bestimmungen der Absätze 6—15 der ADJ. zu § 33 sind aufgehoben und ersetzt durch die „Dienstanweisung betr. das Strafverfahren vor den Kaiserl. Konsulaten als Seemannsämtern vom 30. Mai 1903" (CBl. S. 604), s. Nr. 63 S. 380.

[3]) Jetzt §§ 93—119.

geschuldigten prompte und unparteiische Justiz zuteil wird. Ist ihm hierbei die Kompetenz der Landesbehörden oder die Rechtmäßigkeit des Verfahrens zweifelhaft, so berichtet er an den Reichskanzler.

Enthalten sich dagegen die Lokalbehörden des Einschreitens und ist nach dem Vorhergesagten der Konsul auch nicht selbst zur Untersuchung und Entscheidung befugt, so richtet sich das weitere Verfahren nach der Beschaffenheit des Falles. Gewähren die Umstände dem Konsul die Überzeugung, daß der Schiffer nur ein Verbrechen des Schiffsmanns vorschützt, um sich desselben zu entledigen, so hat der Konsul bei dem Widerspruche des Schiffsmanns seine Genehmigung zur Zurücklassung des letzteren zu versagen und den Kapitän zwangsweise anzuhalten, den Schiffsmann zu behalten. Erscheint aber der Schiffsmann einer strafbaren Handlung wirklich schuldig, so kommt es darauf an, ob eine der im § 57 Ziffer 3 [1]) der Seemannsordnung bezeichneten, mit schwerer Strafe bedrohten Handlungen vorliegt, oder nicht. Für den ersteren Fall bestimmt § 103 [2]) der Seemannsordnung, daß der Täter unter Mitteilung der aufgenommenen Verhandlungen an dasjenige Seemannsamt, bei welchem es zuerst geschehen kann, abzuliefern ist. Diese Bestimmung hat den Zweck, den Täter der Untersuchung und Bestrafung der heimatlichen Gerichte zuzuführen. Ist daher das zuerst angegangene Seemannsamt ein Konsulat, und schreiten die Lokalbehörden nicht von

[1]) Jetzt § 70 Ziffer 3, § 93 Abs. 2 u. 3.

[2]) Jetzt § 127 Abs. 3.

Amts wegen ein, so hat der Konsul mit Rücksicht auf den in § 9 des Strafgesetzbuchs enthaltenen Grundsatz, welcher die Überlieferung eines Deutschen an eine ausländische Regierung behufs der Verfolgung oder Bestrafung nicht gestattet, den Angeschuldigten nur behufs dessen Übermittelung an die zuständige Behörde des Heimatshafens des Schiffes zu übernehmen. Erscheint ein solcher Transport unausführbar oder wird die Übernahme durch die örtlichen Verhältnisse oder durch sonstige Umstände untunlich gemacht, so hat der Konsul dieselbe abzulehnen und den Schiffer zur weiteren Mitnahme des Schiffsmanns nötigenfalls zwangsweise anzuhalten.

Gehört die verübte strafbare Handlung nicht zu den im § 57 Ziffer 3[1]) der Seemannsordnung vorgesehenen, so sind wiederum zwei Fälle zu unterscheiden: entweder der Schiffsmann willigt in seine Entlassung vom Schiff, oder er tut dies nicht. Im letzteren Falle wird der Konsul gleichfalls seine Genehmigung zur Zurücklassung des Schiffsmanns nicht erteilen, da im allgemeinen auch der einer strafbaren Handlung beschuldigte Schiffsmann nicht wider seinen Willen im Auslande zurückgelassen werden darf, wenn er dadurch in eine hilflose Lage gerät. Ist aber der Schiffsmann selbst mit seiner Entlassung einverstanden, so hat der Konsul je nach Beschaffenheit des Falles denselben entweder seinem Schicksal zu überlassen oder auf seine Bestrafung durch das heimatliche Gericht hinzuwirken. Hält er letzteres für geboten, so hat er bei der Regierung des Bundes-

[1]) Jetzt § 70 Ziffer 3, § 93 Abs. 2 u. 3.

staates, welchem das Schiff angehört, weitere Verhaltungsmaßregeln zu beantragen. Er kann jedoch auch in diesem Falle, insbesondere wenn zu besorgen ist, daß der Schiffsmann sich der Verfolgung entziehen würde, die Genehmigung zur Zurücklassung desselben verweigern.

Deutsche Kauffahrteischiffe in fremden Häfen sind kein Asyl für flüchtige Verbrecher und die Schiffsführer sind nicht berechtigt, verfolgten Verbrechern oder Deserteuren an Bord ihres Schiffes eine Zufluchtsstätte zu gewähren. Ist dies dennoch geschehen, so haben die Hafenbehörden das Recht, die Verhaftung des Verfolgten vorzunehmen. Auch sind die Behörden befugt, Recherchen nach verbotenen Waren an Bord deutscher Schiffe vorzunehmen. Sucht die betreffende Behörde zu diesem Zwecke den Beistand des Konsuls nach, so ist die erbetene Assistenz zu gewähren. Ebenso ist, wenn es sich um fremde, auf deutsche Schiffe geflüchtete desertierte Schiffsleute handelt, dem Konsul desjenigen Landes, von dessen Schiffe der Deserteur entlaufen ist, auf Verlangen und gegen Zusicherung der Reziprozität der erforderliche Beistand zur Ergreifung des Deserteurs zu leisten.

Zu § 34. Der Schiffsführer kann nach § 29[1]) der Seemannsordnung einen Schiffsmann, welcher nach der Anmusteruug sich dem Antritt oder der Fortsetzung des Dienstes entzieht, zur Erfüllung seiner Pflicht zwangsweise anhalten lassen. Beansprucht der Führer eines deutschen Schiffes die konsularische Mitwirkung zur

---

1) Jetzt § 33.

Wiederergreifung eines desertierten Schiffsmanns und ergeben nicht etwa schon die eigenen Angaben des ersteren, daß der Schiffsmann einen gesetzlichen Grund hatte, seine Entlassung zu fordern (vgl. §§ 54 ff., 61 ff.[1]) der Seemannsordnung), so nimmt der Konsul mit dem Schiffer ein Protokoll auf, welches enthalten muß:

1. den Namen des Schiffs, des Schiffers und des Reeders;
2. Namen und Signalement des reklamierten Schiffsmanns und die Angabe, in welcher Weise bewiesen werden kann, daß derselbe zur Mannschaft des Schiffes gehört hat. Wie dieser Nachweis zu führen ist, darüber entscheiden die Landesgesetze. Meistens gelten die Schiffsregister, die Musterrolle oder andere amtliche Dokumente, wenn sie im Original oder in beglaubigter Abschrift vorgelegt werden, als genügende Beweismittel. Zuweilen muß das Auslieferungsgesuch noch durch einen Eid bekräftigt werden. Das Protokoll muß
3. die Erklärung des Schiffers enthalten, daß er alle durch das Reklamationsverfahren entstehenden Kosten tragen wolle.

Weigert sich der Schiffer, diese letztere Zusicherung zu geben, so hat sich der Konsul jedes weiteren Einschreitens zu enthalten. Erklärt sich dagegen der Schiffer zur Kostentragung bereit, so wendet sich der Konsul schriftlich an die zuständigen Ortsbehörden mit dem Ersuchen, die

[1]) Jetzt §§ 66 ff., 74 ff.

Ausmittelung, Ergreifung und Verhaftung des Deserteurs zu bewirken[1]).

Nach völkerrechtlichen, in Staatsverträgen meist ausdrücklich anerkannten Grundsätzen werden Deserteure, welche Angehörige des Landes sind, in welches sie entlaufen, nicht ausgeliefert. Ebenso wird die Auslieferung eines Deserteurs von den Ortsbehörden mit Recht beanstandet, wenn derselbe am Lande eine strafbare Handlung begangen haben sollte. In einem solchen Falle pflegt die Auslieferung bis dahin hinausgeschoben zu werden, daß die zuständigen Gerichte über die Sache erkannt haben und die Strafe vollstreckt ist.

Die kostenfreie Mitwirkung der Landesbehörden kann in der Regel nicht verlangt werden. Daher muß der Schiffer auf Verlangen einen Kostenvorschuß leisten, widrigenfalls die Reklamation nicht weiter betrieben wird.

Wenn der Deserteur kein Landesuntertan, aber auch kein Reichsangehöriger ist, sondern einem dritten Staate angehört, oder wenn der Deserteur sich auf das Schiff eines solchen dritten Staates geflüchtet hat, so ist erforderlichenfalls die Hilfe des betreffenden Konsuls nachzusuchen.

Wird ein reklamierter Deserteur ergriffen und dem Konsul ausgeliefert, so übergibt dieser ihn dem Schiffer

---

[1]) Das jährlich erscheinende „Handbuch für die deutsche Handelsmarine“ enthält eine Aufzählung derjenigen Staaten, mit denen das Deutsche Reich Verträge über die Auslieferung entwichener Seeleute getroffen hat.

gegen Erstattung der Kosten. Will der Schiffer den Deserteur nicht wieder annehmen, verlangt aber dennoch dessen Anhaltung und Zurücksendung in die Heimat auf Kosten der Reederei, so hat der Konsul diesem Antrag zu genügen. Ebenso tritt die Rücksendung des Deserteurs in die Heimat auf Kosten der Reederei ein, wenn der Schiffer inzwischen abgesegelt ist, ohne seine Reklamation zurückgenommen zu haben. Desgleichen, wenn der inzwischen abgesegelte Schiffer zwar die Reklamation zurückgenommen hat, der Konsul aber den Verhältnissen nach nicht mehr auf die Auslieferung verzichten kann, sondern den einmal reklamierten Deserteur von den Landesbehörden übernehmen muß.

Die Ortsbehörden halten in der Regel den ergriffenen Deserteur auf Requisition und auf Kosten des Konsuls so lange in gefänglichem Gewahrsam, bis der Konsul Gelegenheit findet, ihn fortzusenden. Doch wird verlangt, daß die Haft nicht über zwei oder drei Monate dauere; in manchen Ländern besteht eine noch kürzere Frist, nach deren Ablauf der Deserteur in Freiheit gesetzt wird, ohne daß er wegen derselben Ursache noch einmal verhaftet werden könnte.

In bezug auf die Art und Weise der Heimsendung, sowie in bezug auf die für den Transport zu bewilligende Entschädigung finden im allgemeinen die zu § 26 gegebenen Vorschriften wegen Heimschaffung hilfsbedürftiger Seeleute Anwendung, wobei jedoch in Betracht kommt, daß der Schiffsführer nach § 3 der Ziffer 2 des Gesetzes vom 27. Dezember 1872 nicht verpflichtet werden kann, wider seinen Willen einen Deserteur in die Heimat zu befördern[1]).

Von desertierten Matrosen, welche der Schiffer, obwohl im Hafen anwesend, nicht reklamiert hat, ingleichen von solchen, welche schon vor längerer Zeit irgendwo desertiert oder vagabondierend oder im fremden Schiffsdienst in den Amtsbezirk des Konsuls gekommen sind, hat der Konsul ex officio keine Notiz zu nehmen. Wird ein nicht reklamierter Deserteur von den Lokalbehörden ergriffen und dem Konsul vorgeführt, so hat letzterer zwar diejenigen Notizen über denselben, welche den inländischen Behörden interessant sein können, aufzunehmen und darüber der Regierung desjenigen Staats, welchem das Schiff angehört, Bericht zu erstatten, dessen Übernahme aber, wenn sie ihm angesonnen wird, abzulehnen, es sei denn, daß sich Gelegenheit fände, denselben unentgeltlich auf einem deutschen Schiffe unterzubringen.

Zu § 35. Der Artikel 460 Allgemeinen Deutschen Handelsgesetzbuchs[2]) erklärt den Korrespondent-Reeder für befugt, den Schiffer anzustellen und zu entlassen, und nach Artikel 483[3]) ebendaselbst muß der Schiffer, wenn er durch Krankheit oder andere Ursachen verhindert wird, das Schiff zu führen, die Anordnung des Reeders einholen und, wenn Zeit und Umstände dies gestatten,

---

[1]) Vgl. Anm. 1 zu S. 86.

[2]) Jetzt § 493 Abs. 4 HGB. v. 10. Mai 1897 (RGBl. S. 219).

[3]) Jetzt § 516 Abs. 2.

einen anderen Schiffsführer einsetzen. Sollte der Führer eines deutschen Schiffes im Konsulatsbezirke sterben, krank oder sonst zur Führung des Schiffes unfähig werden und im letzteren Falle keine Fürsorge treffen, der Korrespondent-Reeder auch nicht am Orte anwesend oder vertreten sein, so hat der Konsul auf den Antrag der Beteiligten (der Mannschaft, Befrachter, Ablader) für die Bestellung eines neuen Schiffers Sorge zu tragen. Der Konsul muß in einem solchen Falle zunächst versuchen, einen mit dem vorschriftsmäßigen Befähigungszeugnisse einer inländischen Behörde[1]) versehenen Deutschen zu gewinnen, und sich bemühen, den neuen Schiffsführer mindestens unter denselben Bedingungen wie den bisherigen Kapitän zu engagieren. Gewöhnlich wird der erste Schiffsoffizier (Steuermann) zu wählen sein. Ist ein geprüfter deutscher Schiffer nicht zu finden, so ist ein Schiffer einzusetzen, über dessen Qualifikation der Konsul sich sonst (z. B. durch eine seitens anderer, im Hafen anwesender Kapitäne abzuhaltende Prüfung) hinreichende Gewißheit verschafft hat[2]).

Von den in bezug auf die Einsetzung eines neuen Schiffers getroffenen Maßregeln ist der Reederei oder der Regierung des Staats, welchem das Schiff angehört, Kenntnis zu geben.

Zu § 36. Bei Unglücksfällen deutscher Schiffe äußert sich die amtliche Tätigkeit der Konsuln nach zwei

---

[1]) Vgl. Anm. 1 zu § 4 der Seemannsordnung, S. 296.

[2]) Siehe hierzu Nr. 61 S. 373.

Richtungen hin. Einmal haben die Konsuln tunlichst auf Abwendung oder Verminderung der nachteiligen Folgen des Unfalls hinzuarbeiten, sodann haben sie bei der Feststellung des Sachherganges und des bei Gelegenheit solcher Unfälle eingetretenen Schadens mitzuwirken.

1. Sobald es zur Kenntnis des Konsuls kommt, daß ein deutsches Schiff sich innerhalb seines Bezirks oder in der Nähe in Not befindet, so hat er sich dafür zu verwenden, daß schleunigst die zum besten des Schiffs und der Ladung nötigen Anstalten getroffen werden. In der Regel enthalten Schiffahrts- resp. Handelsverträge die Bestimmung, daß bei Strandung, Schiffbruch oder sonstiger Beschädigung eines fremden Schiffes die Landesbehörden alle Hilfe und Beistand leisten müssen. Aber auch da, wo keine solche Bestimmungen enthaltende Staatsverträge vorhanden sind, wird dem Konsul die Mitwirkung der Landesbehörden um so weniger versagt werden, als bei allen an den deutschen Küsten vorkommenden Schiffbrüchen und anderen Unglücksfällen die Lokalbehörden stets mit Rettungsanstalten und Fürsorge bei der Hand sind. Der Konsul hat dies nötigenfalls ausdrücklich hervorzuheben, auch dem Reichskanzler von etwaigen Weigerungen der Landesbehörden Anzeige zu machen. Auf eigne Hand Kosten zur Bergung eines Schiffs — soweit es sich nicht um Rettung von Menschenleben handelt — aufzuwenden, sind der Regel nach die Konsuln nicht ermächtigt.

Haben die Reeder und Befrachter Bevollmächtigte oder Korrespondenten am Orte, so fallen diesen die

Detailmaßregeln zu, und der Konsul hat ihnen nur auf Verlangen mit Rat und Tat an die Hand zu gehen.

Was die Mannschaft verunglückter deutscher Schiffe betrifft, so ist die Instruktion zu § 26 zu vergleichen.

2. Die Konstatierung des Sachherganges und des Schadens bei Schiffsunfällen ist nötig, teils um das Interesse der Reeder und Befrachter gegenüber dem Schiffer zu wahren; teils um, wenn Schiff und Ladung versichert gewesen ist, den Betrag der von dem Versicherer zu zahlenden Versicherungssumme zu ermitteln; teils endlich um beurteilen zu können, nach welchem Verhältnis der erlittene Schaden zwischen Schiff, Fracht und Ladung zu verteilen ist.

Auf letzteren Punkt bezieht sich die Lehre von der Haverei. Alle Schäden, welche dem Schiffe oder der Ladung oder beiden zum Zweck der Errettung beider aus einer gemeinsamen Gefahr von dem Schiffer oder auf dessen Geheiß vorsätzlich zugefügt werden, sowie auch die durch solche Maßregeln ferner verursachten Schäden, ingleichen die Kosten, welche zu demselben Zwecke aufgewendet werden, sind große Haverei. Alle nicht zur großen Haverei gehörigen, durch einen Unfall verursachten Schäden und Kosten, soweit letztere nicht zu den gewöhnlichen und ungewöhnlichen Unkosten der Schiffahrt (Lootsengeld, Hafengeld usw.) gehören (vgl. Artikel 622 Allgemeinen Deutschen Handelsgesetzbuchs)[1]), sind besondere Haverei (Artikel 702, 703 Allgemeinen Deutschen

[1]) Jetzt § 701 mit § 621 HGB. vom 10. Mai 1897.

Handelsgesetzbuchs)[1]. Das Nähere über die Frage, welche Schäden und Kosten bei einer großen (gemeinschaftlichen) Haverei ersetzt werden, wie dieser Schaden zu ermitteln ist, sowie darüber, nach welchem Verhältnis die einzelnen Interessenten zur gemeinschaftlichen Haverei beitragen, enthält das Allgemeine Deutsche Handelsgesetzbuch im Artikel 708 ff.[2]).

Über die Schadensfeststellung behufs Reklamierung der Versicherungssumme ergeben die Artikel 886 ff. des Handelsgesetzbuchs[3]) das Nähere.

Zum Nachweise des Unfalls selbst dient in beiden Fällen (sowohl bei der Haverei, als bezüglich der Versicherungsverhältnisse) die Verklarung und das Schiffsjournal.

Der Schiffsführer ist für das ihm anvertraute Schiff und dessen Ladung verantwortlich. Kommt Schiff oder Ladung in beschädigtem Zustande oder gar nicht an, oder hat zum Vorteil von Schiff und Ladung ein außerordentlicher Kostenaufwand gemacht werden müssen, so muß der Schiffer erforderlichenfalls die Seeunfälle, von welchen er betroffen zu sein angibt, bewahrheiten und sich darüber ausweisen, daß er den ihm obliegenden Verpflichtungen nachgekommen ist.

Es kann, der Natur der Sache nach, in den meisten Fällen keine anderen Beweismittel über den Hergang

---

[1]) Jetzt §§ 700, 701 HGB., vgl. dazu § 707 ebenda.
[2]) Jetzt §§ 706 ff. HGB.
[3]) Jetzt §§ 882 ff. HGB.

geben, als die Aussage des Schiffers und der Schiffsmannschaft. Damit diese Beweismittel nicht verloren gehen, schreibt das Handelsgesetzbuch vor, daß der Schiffer nicht nur alle Unfälle, welche dem Schiff oder der Ladung zustoßen und die Beschreibung derselben in das Schiffsjournal einzutragen hat (Artikel 487 Allgemeinen Deutschen Handelsgesetzbuchs)[1]), sondern es verordnet auch, daß der Schiffer im Bestimmungshafen, im Nothafen oder am ersten geeigneten Orte mit Zuziehung aller Personen der Schiffsbesatzung oder einer genügenden Zahl derselben eine Verklarung ablegen soll[2]).

Nach § 36 des Konsulargesetzes sind die Konsuln befugt, Verklarungen aufzunehmen. Sie haben dies aber nur auf den Antrag der Beteiligten zu tun; verlangt keiner der Interessenten die Verklarung, so ist sie nicht von Amts wegen zu veranlassen.

Dem Antrage auf Verklarung muß das Schiffsjournal und ein Verzeichnis aller Personen der Schiffsbesatzung beigefügt werden. Der Konsul setzt nach Empfang einer solchen Anmeldung einen Termin zur Aufnahme der Verklarung an. Dieser Termin wird in geeigneter Weise öffentlich bekannt gemacht, insofern die Umstände einen solchen Aufenthalt gestatten. Die Interessenten von Schiff und Ladung, sowie die etwa sonst bei dem Unfall Beteiligten (Hilfsleute, Berger, Lotsen, Angesegelte usw.) sind berechtigt, selbst oder durch ihre

---

[1]) Jetzt § 520 HGB.
[2]) Jetzt § 522 HGB.

Vertreter der Ablegung der Verklarung beizuwohnen. Sie haben die Befugnis, durch den Konsul Fragen an den Schiffer und dessen Leute richten zu lassen. Die Verklarung geschieht auf Grundlage des Schiffsjournals. Kann das geführte Journal nicht beigebracht werden oder ist ein Journal nicht geführt, so ist der Grund davon anzugeben. Die Auswahl der bei der Verklarung zu hörenden Schiffsleute steht zunächst dem Schiffer zu. Der Konsul ist aber befugt, außer den gestellten noch andere Personen der Schiffsbesatzung, deren Abhörung er angemessen findet, zu vernehmen. Der Konsul kann dem Schiffer und den Schiffsleuten zum Zweck besserer Aufklärungen geeignete Fragen vorlegen. Der Schiffer und die zugezogenen übrigen Personen der Schiffsbesatzung haben ihre Aussage zu beschwören. Das Handelsgesetzbuch[1]) verpflichtet jeden Schiffsmann ausdrücklich, auf Verlangen bei der Verklarung mitzuwirken und seine Aussage eidlich zu bestärken. Er kann dazu durch Verhaftung angehalten werden.

Der Eid ist dahin zu formulieren, „daß der Schwörende von allem, worüber er vernommen worden, nach seinem besten Wissen die reine Wahrheit gesagt und wissentlich weder etwas verschwiegen, noch hinzugefügt habe". (Wegen Eingangs- und Schlußformel vgl. oben zu § 4.)

Die über die Verklarung aufzunehmende Verhandlung ist in Urschrift aufzubewahren und jedem Be-

---

[1]) Jetzt §§ 42 und 68 der Seemannsordnung von 1902.

teiligten auf Verlangen beglaubigte Abschrift zu erteilen.

Die von den Konsuln aufgenommenen Verklarungen haben im Gebiete des Handelsgesetzbuchs volle rechtliche Wirkung. Wenn aber die Verklarung außerhalb des Gebiets des Handelsgesetzbuchs gebraucht wird, so kann es in Frage kommen, ob das von einem Konsul aufgenommene Dokument Gültigkeit hat. Um den Interessenten Weitläufigkeiten und Verluste zu ersparen, hat deshalb der Konsul dieselben darauf aufmerksam zu machen, daß die Konsulatsurkunde möglicherweise außerhalb des Reichsgebiets nicht anerkannt werden würde.

3. Die Feststellung und Verteilung der Schäden bei der großen Haverei nennt man Dispache.

Auch in Fällen besonderer Haverei bedarf es bei Partialschäden oft der Aufmachung einer Schadenberechnung (Dispache), um seitens des Versicherten den Versicherer in Anspruch nehmen zu können.

Die Dispache wird im Gebiete des Handelsgesetzbuchs durch die ein für allemal oder für den besonderen Fall bestellten Dispacheure aufgemacht.

Die Frage, von wem die Dispachen im Auslande aufgemacht werden müssen, um gültig zu sein, ist im Handelsgesetzbuch nicht entschieden.

Der § 36 des Konsulargesetzes ermächtigt die Konsuln, auf Antrag des Schiffsführers die Dispache aufzumachen. Das Handelsgesetzbuch enthält keine Bestimmungen über das Verfahren bei der Aufmachung der Dispache, es hat dieselben vielmehr ausdrücklich den Landesgesetzen vorbehalten [1]).

Wird der Konsul um Aufmachung einer Dispache angegangen, so hat er sich zunächst alle auf den Fall bezüglichen Dokumente (Verklarung, Police, Chartepartien, Konnossemente, Fakturen usw.) vorlegen zu lassen, die Interessenten zu hören und sich sonst alle erforderliche Aufklärung zu verschaffen. Das Dispachedokument selbst beginnt mit einer Darstellung des Havereifalls unter genauer Anführung der dem Konsul eingehändigten, darauf bezüglichen Papiere. Alsdann folgt die Festsetzung der Schäden und Kosten, die Bestimmung der Werte, mit welchen Schiff, Ladung resp. Fracht zu den Schäden beizutragen haben, endlich die Feststellung der Summen, welche hiernach auf Schiff, Ladung resp. Fracht fallen. Der Konsul muß bei Aufmachung der Dispachen diejenigen Grundsätze über Assekuranz- und Havereisachen zur Richtschnur nehmen, welchen die Beteiligten, sei es in einer Police, sei es auf andere Weise, gleich anfangs oder mittels späterer Vereinbarung nachweislich sich unterworfen haben oder welchen sie durch Gesetz oder Gewohnheit unterworfen sind. Es kann im einzelnen Falle sehr schwierig sein, zu beurteilen, welche Bestimmungen hiernach in Anwendung zu bringen sind.

---

[1]) Dieser in Art. 731 Abs. 3 des Allgemeinen Deutschen Handelsgesetzbuchs enthaltene ausdrückliche Vorbehalt findet sich im HGB. von 1897 nicht (vgl. § 729), vgl. aber §§ 835 und 837 HGB.

Daher wird dem Konsul empfohlen, im Zweifel Sachverständige zu Rate zu ziehen.

Zu § 37. Der § 37 verweist in betreff mehrerer Befugnisse und Obliegenheiten der Konsuln auf die bezüglichen Vorschriften des Allgemeinen Deutschen Handelsgesetzbuches. Von diesen sind die Art. 537 und 547 aufgehoben und durch die betreffenden Bestimmungen der Seemannsordnung ersetzt [1]).

1. Zu den Rechtsgeschäften, welche der Schiffer kraft seiner Anstellung außerhalb des Heimathafens für den Reeder vorzunehmen befugt ist, gehört nach Art. 499 [2]) des Handelsgesetzbuches auch der Verkauf des Schiffes, aber nur im Falle dringender Notwendigkeit. Vor dem Verkauf, der übrigens öffentlich geschehen muß, hat der Schiffer feststellen zu lassen, daß dringende Notwendigkeit obwaltet. Diese Feststellung muß in der Regel durch das Ortsgericht nach Anhörung von Sachverständigen und mit Zuziehung des Konsuls erfolgen. Die Konsuln haben in solchen Fällen einerseits dem Schiffer allen Beistand zu leisten zur Herbeiführung einer prompten Entscheidung des Ortsgerichts, andererseits darauf hinzuwirken, daß sachgemäß und den Interessen des Reeders entsprechend entschieden wird. Ist die Feststellung durch das Ortsgericht oder durch eine andere Behörde im Konsulatsbezirk nicht zu verlangen, so ist der Konsul verpflichtet, sich selbst der Untersuchung zu unterziehen,

---

[1]) Siehe S. 30 Anm. 1.

[2]) Jetzt § 530.

und, wenn er nach Anhörung von Sachverständigen die Überzeugung gewinnt, daß ein Fall dringender Notwendigkeit vorliege, darüber dem Schiffer ein schriftliches Zeugnis in beweisender Form (oben § 15) auszustellen.

2. Ist der Schiffer zur Eingehung von Bodmereigeschäften genötigt, so bedarf er nach Artikel 686[1]) des Handelsgesetzbuches einer urkundlichen Bezeugung der Notwendigkeit. In diesem Falle ist aber der Konsul in erster Stelle zur Untersuchung des Falles und Ausstellung des Zeugnisses berufen; nur wo kein zuständiges Konsulat erreichbar ist, darf der Schiffer sich an das Gericht oder die sonst zuständige Behörde des Aufenthaltsortes wenden. Der Konsul darf also in den Fällen des Art. 686[1]) den Schiffer niemals an eine andere Behörde verweisen. Vor der Ausstellung des Zeugnisses hat der Schiffer sorgfältig und gewissenhaft zu prüfen, ob die Verbodmung nach den Vorschriften der Art. 680 und 681[2]) des Handelsgesetzbuches zulässig und im Sinne derselben notwendig sei.

3. Die Vorschriften in den §§ 46, 47, 64, 66, 71, 104 und 105[3]) der Seemannsordnung regeln das Verhalten der Konsuln bei Streitigkeiten zwischen dem Schiffer und den Schiffsleuten. Nach § 104[4]) ist zunächst der Konsul verpflichtet, die gütliche Ausgleichung der zu seiner Kenntnis gebrachten, zwischen

[1]) Jetzt § 685.
[2]) Jetzt §§ 679, 680.
[3]) Jetzt §§ 57, 58, 77, 79, 83, 128, 129.
[4]) Jetzt § 128.

dem Schiffer und dem Schiffsmann bestehenden Streitigkeiten zu versuchen. Insbesondere hat der Konsul, vor welchem die Abmusterung des Schiffsmanns erfolgt, hinsichtlich solcher Streitigkeiten einen Güteversuch zu veranstalten. Der § 105 [1]) betrifft speziell die Ansprüche des Schiffsmanns gegen den Schiffer während der Dauer des Dienstverhältnisses. Wegen derselben darf der Schiffsmann zur Vermeidung der im § 105 [1]) angedrohten Nachteile den Schiffer vor einem fremden Gerichte nicht belangen; er kann dagegen in Fällen, die keinen Aufschub leiden, die vorläufige Entscheidung des Konsuls nachsuchen, welche bis zu anderweiter Entscheidung der nach Beendigung der Reise in der Sache zuständigen Behörde beide Teile bindet. Der Schiffer, welcher dem Schiffsmann ohne dringenden Grund die Gelegenheit versagt, die Entscheidung des Konsuls nachzusuchen, verfällt in Strafe (vgl. die Instruktion zu § 33). Durch § 46 [2]) wird ferner dem Konsul, vor welchem abgemustert wird, die Befugnis eingeräumt, über den Anspruch des Schiffsmanns auf Vergütung wegen einer vom Schiffer angeordneten Kürzung der Rationen usw. unter Vorbehalt des Rechtsweges zu entscheiden. Nach § 64 [3]) darf der Schiffsmann, welcher sich für berechtigt hält, die ihm vom Schiffer versagte Entlassung zu fordern, außerhalb des Deutschen Reiches, abgesehen von dem Falle eines Flaggenwechsels, den

[1]) Jetzt § 129.
[2]) Jetzt § 57.
[3]) Jetzt § 77.

Dienst nicht ohne Genehmigung des zuständigen Konsuls verlassen. Das Zuwiderhandeln gegen diese Vorschrift ist nach § 83[1]) mit Strafe bedroht. Umgekehrt darf der Schiffer nach § 71[2]) einen Schiffsmann im Auslande nicht ohne Genehmigung des Konsuls zurücklassen. Nach § 66[3]) ist die Genehmigung des Konsuls erforderlich, wenn der dem Schiffsmann zustehende Anspruch auf freie Zurückbeförderung durch Nachweisung eines entsprechenden Schiffsdienstes als erfüllt angesehen werden soll[4]).

Bei der Entscheidung derartiger Streitigkeiten haben die Konsuln, abgesehen von den in Betracht kommenden tatsächlichen Verhältnissen, zunächst die von den Parteien schriftlich (z. B. in der Musterrolle) oder mündlich getroffenen Verabredungen, soweit dieselben gesetzlich verbindlich sind, demnächst aber die maßgebenden Rechtsvorschriften, insbesondere die Vorschriften der Seemannsordnung zu beachten. In den Fällen der §§ 46 und 105[5]) der Seemannsordnung haben die Konsuln ihre Entscheidung unter Angabe der Gründe schriftlich abzufassen und jeder Partei eine Ausfertigung unter ihrem Siegel und ihrer Unterschrift zuzustellen, sofern darauf nicht verzichtet wird; in den Fällen der §§ 64, 66, 71[6])

[1]) Jetzt § 95.
[2]) Jetzt § 83.
[3]) Jetzt § 79.
[4]) Weitere Fälle, in denen der Konsul zur Entscheidung berufen ist, enthalten § 43 Abs. 4, § 59 Abs. 4, 5, 6, §§ 61, 62, 66, 69, 72, 73, § 74 Ziffer 5.
[5]) Jetzt §§ 57, 129.
[6]) Jetzt §§ 77, 79, 83.

bedarf es dagegen der Ausfertigung einer schriftlichen Genehmigung nur auf besonderes Verlangen des einen oder des andern Teils.

Endlich gehört hierher noch die Vorschrift des § 47 [1]) der Seemannsordnung. Danach hat, wenn ein Schiffsoffizier oder nicht weniger als drei Schiffsleute Beschwerde darüber erheben, daß das Schiff, für welches sie angemustert sind, nicht seetüchtig ist, oder daß die Vorräte, welche das Schiff für den Bedarf der Mannschaft an Speisen und Getränken mit sich führt, ungenügend oder verdorben sind, der Konsul eine Untersuchung des Schiffs, bzw. der Vorräte zu veranlassen und deren Ergebnis in das Schiffsjournal einzutragen, auch, falls die Beschwerde sich als begründet erweist, für die geeignete Abhilfe Sorge zu tragen. Um eine mißbräuchliche Anwendung des der Schiffsmannschaft durch diese Bestimmung eingeräumten Beschwerderechts und die daraus der Reederei und den sonst Beteiligten erwachsenden Schäden zu verhüten, haben die Konsuln bei der Ausführung des § 47 [1]) folgende, im Einvernehmen mit den betreffenden Ausschüssen des Bundesrats aufgestellte Vorschriften auf das sorgfältigste zu beobachten.

1. Wird bei dem Konsul von Angehörigen der Mannschaft eines Schiffes Beschwerde darüber erhoben, daß dasselbe nicht seetüchtig sei oder daß die Vorräte,

---

[1]) Jetzt § 58.

welche es für den Bedarf der Mannschaft an Speisen und Getränken mit sich führt, ungenügend oder verdorben seien, so hat der Konsul zunächst die Legitimation der Beschwerdeführer festzustellen. Insbesondere ist, wenn die Beschwerde von einem Schiffsmann unter Berufung auf seine Eigenschaft als Schiffsoffizier erhoben wird, von ihm der Nachweis zu führen, daß ihm dieselbe wirklich zusteht. Nur der Steuermann des Schiffes ist von diesem Nachweise befreit.

2. Nach Feststellung der Legitimation sind die Beschwerdeführer über ihren Antrag zu Protokoll zu vernehmen.

3. Die Vernehmung eines einzelnen Beschwerdeführers erfolgt abgesondert ohne Beisein der übrigen.

Vor der Vernehmung ist jeder derselben auf die Strafbestimmungen des § 94 [1]) der Seemannsordnung und auf die Entschädigungsansprüche hinzuweisen, welche er, falls die Beschwerde unbegründet befunden wird, zu gewärtigen hat.

4. Der Vernommene hat sich ausführlich darüber zu erklären:

a) auf welche Tatsachen er die Annahme stützt, daß das Schiff nicht seetüchtig sei oder daß die Vorräte, welche dasselbe für den Bedarf der Mannschaft an Speisen und Getränken mit sich führt, ungenügend oder verdorben seien;

---

[1]) Jetzt § 108.

b) durch welche Beweismittel die Feststellung dieser Tatsachen zu bewirken ist.

5. Nach dem Abschluß der Vernehmungen hat der Konsul zu prüfen:

a) ob die tatsächlichen Angaben der Beschwerdeführer, wenn sie durch die Beweisaufnahme bestätigt werden sollten, die Annahme rechtfertigen, daß das Schiff nicht seetüchtig sei oder daß die Vorräte desselben für den Bedarf der Mannschaft an Speisen und Getränken ungenügend oder verdorben seien;

b) ob, wenn die Beschwerde von mindestens drei Schiffsleuten erhoben ist, die tatsächlichen Angaben jedes einzelnen von ihnen im wesentlichen mit den Aussagen der anderen Beschwerdeführer übereinstimmen.

Trifft die eine oder die andere dieser beiden Voraussetzungen nicht zu, so ist die Beschwerde ohne weiteres als unbegründet, bzw. unzulässig abzuweisen.

6. Wenn dagegen der erhobenen Beschwerde nach Maßgabe der unter Nr. 5 getroffenen Bestimmungen weitere Folge zu geben ist, so hat der Konsul zunächst den Schiffer über die einzelnen Beschwerdepunkte zu hören. Findet die Angelegenheit durch dessen Erklärung nicht ihre Erledigung und ist auch durch die sonst sich darbietenden Beweismittel, insbesondere durch eine Vernehmung der übrigen Schiffsmannschaft eine genügende Aufklärung des Sachverhaltes nicht zu gewinnen, so hat

der Konsul eine Untersuchung des Schiffs, bzw. der Vorräte zu veranlassen und nach Beendigung derselben in Gemäßheit des § 47 [1]) der Seemannsordnung weiter zu verfahren.

7. Mit der Untersuchung des Schiffes oder der Vorräte sind unparteiische Sachverständige, und zwar, wenn im Hafen deutsche oder einer anderen befreundeten Nation angehörige Schiffe anwesend sind, zwei oder drei von den Führern dieser Schiffe zu betrauen.

Das Ergebnis der Untersuchung ist durch ein von den Sachverständigen zu unterzeichnendes Protokoll festzustellen.

8. Hat eine Untersuchung des Schiffes oder der Vorräte stattgefunden, so hat der Konsul unverzüglich unter abschriftlicher Einreichung der Verhandlungen sowie unter Mitteilung der getroffenen Entscheidung und der zu deren Ausführung etwa erlassenen Anordnungen dem Auswärtigen Amte eingehenden Bericht zu erstatten.

9. Über die Befugnis der Konsuln zur Ausstellung interimistischer Schiffszertifikate vgl. oben zu § 30.

5. Regulativ über die Konsulatsprüfung [2]).

§ 1. Der an das Auswärtige Amt des Deutschen Reichs zu richtenden Meldung zur Konsulatsprüfung ist ein ausführliches, in deutscher und in französische

---

[1]) Jetzt § 58.

[2]) Nicht veröffentlicht; siehe von König, S. 94.

oder englischer Sprache verfaßtes und eigenhändig geschriebenes curriculum vitae beizufügen. Dasselbe muß genaue Angaben über die persönlichen Verhältnisse, den Bildungsgang und die Lebensstellung des Bewerbers enthalten, auch mit Zeugnissen, soweit sie beschafft werden können, belegt sein.

§ 2. Wird dem Gesuche stattgegeben, so erfolgt die Prüfung durch eine Kommission, deren Zusammensetzung ich mir vorbehalte.

§ 3. Das Examen ist ein schriftliches und ein mündliches, von denen das erstere dem letzteren vorangeht, und umfaßt folgende Gegenstände:

A. Sprachen: Außer dem Deutschen, in welchem Klarheit des Ausdrucks und Gewandtheit des Stils erforderlich ist, nach Wahl des Bewerbers, Französisch, Englisch, Spanisch oder Italienisch.

B. Das Konsulatswesen: Die Entwicklung desselben im allgemeinen und der deutschen Konsulatseinrichtung im besonderen; die auf letztere bezüglichen Gesetze und Instruktionen; Rechte und Pflichten der deutschen Konsuln.

C. Geschichte in ihren allgemeinen Grundzügen mit spezieller Berücksichtigung Deutschlands.

D. Geographie und Statistik: Die Hauptländer und Völker der Erde; die Regierungsform in den einzelnen Ländern, ihre Bevölkerung, Produkte, Handel, Industrie, Finanzlage, Kolonien.

E. Jurisprudenz: Das bei den deutschen Konsulaten in Anwendung kommende Prozeß-, Zivil- und Strafrecht; genauere Kenntnis des deutschen Handels- und Wechselrechts und der Seemannsordnung.

F. Staats- und Völkerrecht; insbesondere das internationale Seerecht; die Verfassung des Deutschen Reichs; die wichtigsten internationalen Verträge Deutschlands; die Stellung der Ausländer zu dem Staate, in welchem sie ihren Wohnsitz haben (das Fremdenrecht).

G. Nationalökonomie; Entwicklung der Wissenschaft seit Adam Smith; Hauptschulen; Ausbildung des deutschen Zollwesens, Kolonialsystem.

H. Handelswissenschaft, insbesondere Warenkunde; die Absatz- und Bezugsländer des deutschen Handels und der deutschen Industrie; die wichtigsten Handelsstraßen des Weltverkehrs.

§ 4. Der schriftlichen Probearbeiten sind zwei: die eine aus dem Gebiete der praktischen konsularischen Tätigkeit, die andere wissenschaftlicher Natur, diese in deutscher, jene in französischer oder englischer Sprache.

§ 5. Jede der Arbeiten ist in der Regel binnen einer Frist von sechs Wochen unter Hinzufügung der eidesstattlichen Versicherung, daß sie ohne fremde Beihilfe angefertigt ist, abzuliefern.

§ 6. Die Arbeiten werden von der Kommission geprüft. Letztere entscheidet darüber, ob der Kandidat zum mündlichen Examen zu verstatten ist. Wird eine der Arbeiten nicht genügend befunden, so können demselben neue Arbeiten zugeteilt werden. Sind auch diese ungenügend, so kann der Bewerber zur mündlichen Prüfung nicht verstattet werden.

§ 7. Die mündliche Prüfung erfolgt teils in deutscher, teils nach der Wahl des Bewerbers in einer der oben § 3 unter A bezeichneten fremden Sprachen. Wer die mündliche Prüfung zweimal nicht bestanden hat, kann zur Prüfung nicht weiter verstattet werden.

§ 8. Das mündliche Examen kann erlassen werden, wenn nach dem Bildungsgange des Bewerbers in Verbindung mit dem Resultate der schriftlichen Prüfung seine Befähigung für den Konsulatsdienst ohne Zweifel gestellt erscheint.

II. Die persönliche Rechtsstellung der Konsularbeamten.

6. Reichsbeamtengesetz vom 18. Mai 1907 (RGBl. S. 245).

§ 16. Kein Reichsbeamter darf ohne vorgängige Genehmigung der obersten Reichsbehörde ein Nebenamt oder eine Nebenbeschäftigung, mit welcher eine fortlaufende Remuneration verbunden ist, übernehmen oder ein Gewerbe betreiben. Dieselbe Genehmigung ist zu dem Eintritt eines Reichsbeamten in den Vorstand, Verwaltungs- oder Aufsichtsrat einer jeden auf Erwerb gerichteten Gesellschaft erforderlich. Sie darf jedoch nicht erteilt werden, sofern die Stelle mittelbar oder unmittelbar mit einer Remuneration verbunden ist.

Die erteilte Genehmigung ist jederzeit widerruflich.

Auf Wahlkonsuln und einstweilen in den Ruhestand versetzte Beamte finden diese Bestimmungen keine Anwendung..

§ 19. . . . Für diejenigen Reichsbeamten, deren Wohnort außerhalb der Bundesstaaten sich befindet, kommen hinsichtlich dieser Rechtsverhältnisse vor deutschen Behörden die gesetzlichen Bestimmungen ihres Heimatsstaates (§ 21) und in Ermangelung eines solchen die Vorschriften des preußischen Rechts zur Anwendung.

§ 21. Reichsbeamte, deren dienstlicher Wohnsitz sich im Auslande befindet, behalten den ordentlichen persönlichen Gerichtsstand, welchen sie in ihrem Heimatsstaate hatten. In Ermangelung eines solchen Gerichtsstandes ist ihr ordentlicher persönlicher Gerichtsstand in der Hauptstadt des Heimatstaats und in Ermangelung eines Heimatstaats vor dem Amtsgerichte Berlin-Mitte bzw. dem Landgericht I zu Berlin begründet. Ist die Hauptstadt in mehrere Gerichtsbezirke geteilt, so wird das zuständige Gericht im Wege der Justizverwaltung durch allgemeine Anordnuug bestimmt.

Auf Wahlkonsuln finden diese Bestimmungen keine Anwendung.

§ 22. Befindet sich der dienstliche Wohnsitz des Beamten (§ 21) in einem Lande, in welchem Reichskonsulargerichtsbarkeit besteht, so wird durch die vorstehende Bestimmung nicht ausgeschlossen, daß der Beamte zugleich der Reichskonsulargerichtsbarkeit nach Maßgabe des Gesetzes vom 7. April 1900 (RGBl. S. 213) unterliegt [1]).

§ 24. Jeder Reichsbeamte kann unter Bewilligung des gesetzlichen Wartegeldes einstweilig in den Ruhestand versetzt werden, wenn das von ihm verwaltete Amt infolge einer Umbildung der Reichsbehörden aufhört.

§ 25. Außer dem im § 24 bezeichneten Falle können durch Kaiserliche Verfügung die nachbenannten Beamten jederzeit mit Gewährung des gesetzlichen Wartegeldes einstweilig in den Ruhestand versetzt werden . . ., die Vorsteher der diplomatischen Missionen und der Konsulate sowie die Legationssekretäre.

§ 40. Hat der in den Ruhestand oder in den einstweiligen Ruhestand versetzte Beamte seinen dienstlichen Wohnsitz im Auslande, so sind demselben die Kosten des Umzuges nach dem innerhalb des Reichs von ihm gewählten Wohnorte zu gewähren.

§ 51. Den Beamten, welche in außereuropäischen Ländern eine längere als einjährige Verwendung gefunden haben, wird die daselbst zugebrachte Dienstzeit bei Verwendung in Ost- und Mittelasien, Mittel- und Südamerika bei der Pensionierung doppelt in Anrechnung gebracht.

Bei Verwendung von Beamten in anderen außereuropäischen Ländern als den vorbezeichneten ist es dem

---

[1]) Siehe Nr. 68.

Beschlusse des Bundesrats vorbehalten, dem Vorstehenden entsprechende Bestimmungen zu treffen[1]).

§ 88. ... Zuständig im einzelnen Falle ist die Disziplinarkammer, in deren Bezirke der Angeschuldigte zur Zeit der Einleitung des förmlichen Disziplinarverfahrens seinen dienstlichen Wohnsitz hat, und wenn dieser Wohnsitz im Auslande sich befindet, die Disziplinarkammer in Potsdam ...

§ 114. Befindet sich der Angeschuldigte im Auslande, so hat die Disziplinarkammer die Fristen zur Anmeldung und Rechtfertigung seiner Berufung und zur Beantwortung der Berufung des Beamten der Staatsanwaltschaft mit Rücksicht auf die Entfernung des dienstlichen

---

[1]) Auf Grund dieses Absatzes ist Doppelrechnung der Dienstzeit bewilligt worden:

1. den besoldeten Konsularbeamten für die auf den Inseln der Südsee zugebrachte Dienstzeit (Bundesratsbeschluß vom 18. November 1880 (CBl. S. 773),
2. den mit konsularischen Befugnissen angestellten Kaiserlichen Beamten für die in den unter deutschem Schutz stehenden Gebiete von Togo, Kamerun und Südwestafrika (jetzt siehe auch Kolonialbeamtengesetz vom 8. Juni 1910, RGBl. S. 881 § 24) sowie in Zanzibar zugebrachte Dienstzeit (Bundesratsbeschluß vom 21. Januar 1886 CBl. S. 55),
3. den gesandtschaftlichen und besoldeten Konsularbeamten für die in den östlich des Euphrat gelegenen persischen und türkischen Gebieten, in den portugiesischen Besitzungen von Angola und Moçambique und in der Republik Liberia zugebrachte Dienstzeit (Bundesratsbeschluß vom 29. Dezember 1905, CBl. S. 121).

Wohnsitzes des Angeschuldigten von Amts wegen zu erweitern und die betreffende Verfügung gleichzeitig mit dem Urteil bzw. mit der Anmeldung der Berufung des Beamten der Staatsanwaltschaft dem Angeschuldigten zuzustellen.

7. Kaiserl. Verordnung, betreffend **die Zuständigkeit der Reichsbehörden zur Ausführung des Gesetzes vom 31. März 1873**[1]**) und die Anstellung der Reichsbeamten.** Vom 23. November 1874 (RGBl. 135).

§ 1. Die Zuständigkeit der Reichsbehörden zur Ausübung derjenigen Funktionen, welche in dem Gesetze, betreffend die Rechtsverhältnisse der Reichsbeamten, vom 31. März 1873[1]) der obersten Reichsbehörde, den höheren Reichsbehörden, den vorgesetzten Dienstbehörden und den unmittelbar vorgesetzten Behörden beigelegt sind, wird nach Maßgabe des anliegenden Verzeichnisses[2]) hierdurch festgestellt.

§ 2. Eine Kaiserliche Bestallung erhalten:

— — — — — —

2. die Konsuln (Artikel 56 der Reichsverfassung).

§ 3. Die Anstellungsurkunden der übrigen Reichsbeamten werden im Namen des Kaisers vom Reichskanzler oder von den durch denselben dazu ermächtigten Behörden erteilt.

§ 4. Die §§ 2 und 3 finden auf diejenigen Reichs-

---

[1]) Jetzt Gesetz vom 18. Mai 1907, RGBl. S. 245. Für dies Gesetz ist eine neue Ausführungsverordnung nicht erlassen.

[2]) Siehe S. 140.

beamten keine Anwendung, über deren Anstellung durch Reichsgesetz oder vertragsmäßig eine abweichende Bestimmung getroffen ist[1]).

Verzeichnis der Reichsbehörden.

I. Oberste Reichsbehörden.

(Gesetz vom 31. März 1873[2]) §§ 8, 15, 16, 33, 54, 64—66, 68, 69, 75, 81, 84, 85, 96—98, 101, 121, 122, 127, 128, 131, 139, 150, 151, 153.)

Vorbehaltlich der verfassungsmäßigen Verantwortlichkeit des Reichskanzlers sind zuständig:

. . . .

2. das Auswärtige Amt,

. . . .

II. Höhere, der obersten Reichsbehörde unmittelbar untergeordnete Reichsbehörden und Vorsteher solcher Behörden.

(Gesetz vom 31. März 1873[2]) §§ 81, 85, 139, 151, 153.)

A. Auswärtiges Amt.

. . . .

3. Die Generalkonsuln und die Berufskonsuln in Ländern, in welchen ein höherer diplomatischer Beamter nicht residiert.

. . . .

---

[1]) S. über die Konsularagenten S. 48.
[2]) Jetzt Gesetz vom 18. Mai 1907, RGBl. S. 245.

III. Vorgesetzte Dienstbehörden.
(Gesetz vom 31. März 1873[1]) §§ 7, 12, 38, 62.)

Vorbehaltlich der verfassungsmäßigen Verantwortlichkeit des Reichskanzlers sind zuständig:

A. Auswärtiges Amt.

Die unter II A. aufgeführten Behörden.

. . . . . .

IV. Unmittelbar vorgesetzte Behörden bzw. Beamte.
(Gesetz vom 31. März 1873[1]) §§ 53, 146.)

. . . . . .

C. Im übrigen gelten als unmittelbar vorgesetzte Behörden bzw. Beamte:

1. der Vorsteher jeder Behörde hinsichtlich der bei ihr angestellten Beamten;
2. jede Behörde, welcher eine andere unmittelbar untergeben ist, hinsichtlich des Vorstehers oder, wo ein solcher fehlt, hinsichtlich der Beamten der untergebenen Behörde.

8. Deutsche Wehrordnung.

Vom 28. September 1875 / 22. November 1888 in der Fassung des Neuabdrucks von 1904.

§ 111 Nr. 6: Dem Beurlaubtenstande angehörige Reichs- und Staatsbeamte, welche ihren dienstlichen Aufenthalt im Auslande haben, sind auf ihren Antrag

---

[1]) Jetzt Gesetz vom 18. Mai 1907, RGBl. S. 245.

durch die Bezirkskommandos für die Zeit des dienstlichen Aufenthalts im Auslande **allgemein** von den gewöhnlichen Friedensdienstobliegenheiten ausschließlich der Übungen zu befreien.

§ 118 Nr. 4. Reichs-, Staats- und Kommunalbeamte, sowie Angestellte der Eisenbahnen, welche der Reserve, Marinereserve, Landwehr, Seewehr, Ersatzreserve und Marineersatzreserve angehören, dürfen für den Fall einer Mobilmachung oder notwendigen Verstärkung des Heeres hinter die letzte Jahresklasse der Landwehr (Seewehr) zweiten Aufgebots zurückgestellt werden, wenn ihre Stellen selbst vorübergehend nicht offengelassen werden können und eine geeignete Vertretung nicht zu ermöglichen ist.

9. Strafprozeßordnung.

Vom 1. Februar 1877 (RGBl. S. 253 ff.)

§ 11[1]. Deutsche, welche das Recht der Exterritorialität genießen, sowie die im Auslande angestellten Beamten des Reichs oder eines Bundesstaates behalten in Ansehung des Gerichtsstandes den Wohnsitz, welchen sie in dem Heimatsstaate hatten. In Ermangelung eines solchen Wohnsitzes gilt die Hauptstadt des Heimatsstaates als ihr Wohnsitz; ist die Hauptstadt in mehrere Gerichtsbezirke geteilt, so wird der als Wohnsitz geltende Bezirk von der Landesjustizverwaltung durch allgemeine Anordnung bestimmt. Gehört ein Deutscher einem

---

[1]) In der Fassung des Art. 35 des Einführungsgesetzes zum BGB. (RGBl. 1896 S. 611).

Bundesstaate nicht an, so gilt als sein Wohnsitz die Stadt Berlin; ist die Stadt Berlin in mehrere Gerichtsbezirke geteilt, so wird der als Wohnsitz geltende Bezirk von dem Reichskanzler durch allgemeine Anordnung bestimmt.

Auf Wahlkonsuln finden diese Bestimmungen keine Anwendung.

10. Zivilprozeßordnung.

Vom 20. Mai 1898 (RGBl. S. 410) § 15[1]).

11. Gesetz über die Angelegenheiten der freiwilligen Gerichtsbarkeit. Vom 20. Mai 1898 (RGBl. S. 771).

§ 3. Soweit für die örtliche Zuständigkeit der Gerichte der Wohnsitz eines Beteiligten maßgebend ist, bestimmt sich für Deutsche, die das Recht der Exterritorialität genießen, sowie für Beamte des Reichs oder eines Bundesstaats, die im Ausland angestellt sind, der Wohnsitz nach den Vorschriften des § 15 der Zivilprozeßordnung[2]).

12. Strafgesetzbuch.

§ 353a. Ein Beamter im Dienste des Auswärtigen Amtes des Deutschen Reichs, welcher die Amtsverschwiegenheit dadurch verletzt, daß er ihm amtlich anvertraute oder zugängliche Schriftstücke oder eine ihm von seinem Vorgesetzten erteilte Anweisung oder deren Inhalt anderen widerrechtlich mitteilt, wird, sofern nicht nach anderen Bestimmungen eine schwerere Strafe verwirkt ist, mit Gefängnis oder mit Geldstrafe bis zu 5000 Mark bestraft.

---

[1]) Hat denselben Wortlaut wie § 11 StPO.

[2]) Siehe vorhergehende Nr.

Gleiche Strafe trifft einen mit einer auswärtigen Mission betrauten oder bei einer solchen beschäftigten Beamten, welcher den ihm durch seinen Vorgesetzten amtlich erteilten Anweisungen vorsätzlich zuwiderhandelt, oder welcher in der Absicht, seinen Vorgesetzten in dessen amtlichen Handlungen irre zu leiten, demselben erdichtete oder entstellte Tatsachen berichtet.

13. Kaiserl. Verordnung, betreffend den **Urlaub der gesandtschaftlichen und Konsularbeamten und deren Stellvertretung.** Vom 23. April 1879 (RGBl. S. 134).

§ 1. Anträge der gesandtschaftlichen und Konsularbeamten auf Bewilligung von Urlaub sind unter Angabe der Veranlassung und des Zwecks der unmittelbar vorgesetzten Behörde oder dem unmittelbar vorgesetzten Beamten einzureichen.

§ 2. Unseren Botschaftern, außerordentlichen Gesandten und bevollmächtigten Ministern und Ministerresidenten wird der Urlaub von Uns auf Antrag des Reichskanzlers bewilligt. Ausgenommen[1]) sind Urlaubs- bzw. Nachurlaubsgesuche, zu denen Botschafter, Gesandte und Ministerresidenten durch dringliche kurz vor dem gewünschten Urlaub bzw. Nachurlaub eingetretene Verhältnisse veranlaßt werden. In derartigen Fällen ist der Urlaub vom Reichskanzler zu erteilen und ist Uns bezügliche Mitteilung zu erstatten.

---

[1]) Die beiden folgenden Sätze sind beigefügt durch Kais. V. vom 17. August 1894 (RGBl. 518).

In allen anderen Fällen wird der Urlaub vom Reichskanzler erteilt; jedoch können die einer Gesandtschaft oder einem Konsulate vorstehenden Beamten ihren Untergebenen zu Reisen außerhalb Deutschlands Urlaub bis zur Dauer einer Woche erteilen.

§ 3. Wird ein Urlaub zu Wiederherstellung der Gesundheit nachgesucht, so ist dem Antrage eine ärztliche Bescheinigung beizufügen.

Der Reichskanzler ist berechtigt, die Beibringung einer solchen Bescheinigung ausnahmsweise zu erlassen.

§ 4. Der beurlaubte Beamte hat dafür zu sorgen, daß ihn während der Abwesenheit von seinem Amtssitze Verfügungen der vorgesetzten Behörden erreichen können.

§ 5. Bei Erteilung des Urlaubs ist gleichzeitig für die Vertretung des beurlaubten Beamten Sorge zu tragen.

§ 6. Erhält ein Gesandter Urlaub von mehr als 14 Tagen, so wird dem ihn vertretenden Geschäftsträger aus den nach den §§ 7 und 9 dieser Verordnung eintretenden Abzügen für die gesamte Dauer des Urlaubs eine Dienstaufwandsentschädigung gewährt, welche bei den Botschaften auf 15 Prozent, bei den übrigen Gesandtschaften auf 20 Prozent des auf die Urlaubszeit entfallenden Betrages der dem Gesandten zustehenden Repräsentationsgelder zu bemessen ist.

In allen anderen Fällen hängt die Gewährung und die Festsetzung der dem Vertreter des beurlaubten Beamten zu bewilligenden Dienstaufwandsentschädigung von dem Ermessen des Reichskanzlers ab.

§ 7. Bei einem Urlaube von mehr als drei bis zu sechs Monaten wird für den drei Monate übersteigenden Zeitraum die Hälfte des vollen etatsmäßigen Diensteinkommens, bei einem Urlaube von mehr als sechs Monaten für den sechs Monate übersteigenden Zeitraum das gesamte Diensteinkommen des Beurlaubten einbehalten.

Bei Berechnung dieser Fristen wird, falls der Urlaub von einem außerhalb Europas gelegenen Orte aus angetreten wird, die zur Hin- und Rückreise im Durchschnitt erforderliche, vom Reichskanzler festzusetzende Zeit in den Urlaub nicht eingerechnet.

Die Einbehaltung der Hälfte des Diensteinkommens fällt fort, wenn der Beamte in einem der im § 51 des Gesetzes, betreffend die Rechtsverhältnisse der Reichsbeamten, vom 31. März 1873 erwähnten außereuropäischen Länder angestellt ist und von dort aus den Urlaub antritt[1]).

§ 8. Gemäß § 14 des Gesetzes, betreffend die Rechtsverhältnisse der Reichsbeamten, vom 31. März 1873[2]) findet in Krankheitsfällen, sowie in den durch den Eintritt eines Beamten in den Reichstag verursachten Abwesenheitsfällen eine Einbehaltung des persönlichen Gehalts nicht statt.

Außerdem ist der Reichskanzler befugt, beurlaubte Beamte ausnahmsweise im Genusse ihres persönlichen

---

[1]) Jetzt Gesetz vom 18. Mai 1907 (RGBl. S. 245) siehe S. 137, 138.

[2]) Jetzt Gesetz vom 18. Mai 1907 (RGBl. S. 245).

Gehalts auch nach Verlauf der im § 7 bezeichneten Fristen zu belassen.

§ 9. Erhält ein Gesandter Urlaub von mehr als 14 Tagen, so werden demselben 20 Prozent der Repräsentationsgelder, auf die Zeit vom Beginn des Urlaubs bis zum Eintritt der im § 7 bestimmten Einbehaltung des halben oder gesamten Diensteinkommens berechnet, in Abzug gebracht.

In allen anderen Urlaubsfällen bestimmt der Reichskanzler, ob und in welchem Betrage, bis zum Eintritt der Einbehaltung des halben oder gesamten Diensteinkommens, der Abzug eines Teils der Ortszulage zur Deckung der Stellvertretungskosten stattzufinden hat; dieser Abzug darf 20 Prozent des auf die Zeit vom Beginn des Urlaubs bis zum Eintritt der Einbehaltung entfallenden Betrages der Ortszulage nicht übersteigen.

§ 10[1]**.** Bei Berechnung der einzubehaltenden oder in Abzug zu bringenden Beträge für Teile von Monaten werden die letzteren stets zu 30 Tagen angenommen.

§ 11. Bis zum Eintritt der im § 7 bezeichneten Einbehaltung des halben oder gesamten Diensteinkommens haben die beurlaubten Beamten alle nach den jetzt bestehenden Bestimmungen nicht erstattungsfähigen amtlichen Ausgaben der von ihnen bekleideten Stelle zu tragen.

§ 12. Die Urlaubsbewilligung kann jederzeit zurückgenommen werden, wenn das dienstliche Interesse es erheischt.

§ 13. Für den Urlaub der Wahlkonsuln bleiben

---

[1]) Aufgehoben durch Kaiserl. Verordnung vom 4. Januar 1904 (RGBl. S. 1).

an Stelle der vorstehenden Anordnungen die hierfür im § 6 der allgemeinen Dienstinstruktion für die Konsuln vom 6. Juni 1871 gegebenen Bestimmungen[1]) in Kraft.

§ 14. Gegenwärtige Verordnung findet auf alle diejenigen Beurlaubungen der Beamten Anwendung, welche nach dem 30. April d. J. ihren Anfang nehmen.

14. Kaiserl. Verordnung betreffend die **Tagegelder, die Fuhrkosten und die Umzugskosten der gesandtschaftlichen und Konsularbeamten.**

Vom 8. September 1910 (RGBl. S. 1008).

§ 1. Die etatsmäßig angestellten gesandtschaftlichen und Konsularbeamten erhalten bei Dienstreisen Tagegelder nach den folgenden Sätzen:

	innerhalb des Reichsgebits Mark	außerhalb des Reichsgebits Mark
I. die Botschafter	35	40
II. die außerordentlichen Gesandten und bevollmächtigten Minister	28	30
III. die Ministerresidenten, die ständigen Geschäftsträger, die diplomatischen Agenten, die Generalkonsuln, die ersten Botschaftssekretäre und der erste Botschaftsdragoman in Constantinopel	22	25

[1]) Siehe vorn S. 45.

	innerhalb des Reichsgebiets Mark	außerhalb des Reichsgebiets Mark
IV. die übrigen Botschaftssekretäre, die Legationssekretäre, die Konsuln, die Vizekonsuln, die zu den höheren Beamten gehörenden Dolmetscher und Dragomans, die Botschafts- und die Gesandtschaftsprediger, die Kanzleivorstände bei den Botschaften	15	20
V. die Kanzleivorstände bei den Gesandtschaften, die Botschafts- und Legationskanzlisten, die Kanzler, Kassiere, Registratoren und Sekretäre bei den Konsulaten	12	15
VI. die Unterbeamten . . .	4	6

Wird die Dienstreise an demselben Tage angetreten und beendet, so werden ermäßigte Tagegelder gewährt, und zwar:

1. wenn sie sich nur innerhalb des Reichsgebiets bewegt, bei I 23 Mark, bei II 18 Mark, bei III 15 Mark, bei IV 12 Mark, bei V 9 Mark und bei VI 3 Mark;
2. wenn sie sich innerhalb und außerhalb oder nur

außerhalb des Reichsgebiets bewegt, bei I 26 Mark, bei II 20 Mark, bei III 18 Mark, bei IV 15 Mark, bei V 12 Mark, bei VI 4,50 Mark.

Erstreckt sich die Dienstreise auf zwei Tage und wird sie innerhalb 24 Stunden beendet, so wird,

1. wenn sie sich nur innerhalb des Reichsgebiets bewegt, das Einundeinhalbfache der für das Inland geltenden Sätze,
2. wenn sie sich innerhalb und außerhalb oder nur außerhalb des Reichsgebiets bewegt, das Einundeinhalbfache der für das Ausland geltenden Sätze gewährt.

Bei Dienstreisen von mehr als 24stündiger Dauer wird für den Tag des Überganges aus dem Inland in das Ausland der höhere, für den Tag der Rückkehr in das Inland der niedrigere Tagegeldsatz gewährt.

§ 2. Etatsmäßig angestellte Beamte, welche außerhalb ihres Amtssitzes kommissarisch beschäftigt werden, erhalten für die Dauer dieser Beschäftigung neben ihrem vollen etatsmäßigen Diensteinkommen Tagegelder, deren Höhe der Reichskanzler in jedem Falle bestimmt.

Wenn gesandtschaftliche und Konsularbeamte infolge bestehender Übung oder infolge der zeitweisen Verlegung der Residenz des betreffenden fremden Hofes mit Genehmigung des Reichskanzlers vorübergehend ihren Aufenthalt außerhalb ihres Amtssitzes nehmen, so können denselben für die Dauer dieses Aufenthalts gleichfalls Tagegelder nach Festsetzung des Reichskanzlers gewährt werden.

§ 3. Bei Dienstreisen erhalten an Fuhrkosten für das Kilometer einschließlich der Kosten der Gepäckbeförderung

	innerhalb des Reichsgebiets Mark	außerhalb des Reichsgebiets Mark
1. für Wegestrecken, die auf Eisenbahnen oder Schiffen zurückgelegt werden können,		
a) die im § 1 unter I bis IV bezeichneten Beamten,		
wenn der Fahrpreis für die erste Wagenklasse bezahlt ist	0,09	0,10
wenn der Fahrpreis für die erste Schiffsklasse bezahlt ist	0,07	0,09
sonst	0,07	0,07
b) die unter V bezeichneten Beamten, wenn der Fahrpreis innerhalb des Reichsgebiets für die zweite Wagenklasse, außerhalb des Reichsgebiets für die erste Wagenklasse bezahlt ist .	0,07	0,10
wenn der Fahrpreis für die erste Schiffsklasse bezahlt ist	0,07	0,09
sonst	0,05	0,07
c) die unter VI bezeichneten Beamten	0,05	0,06

	innerhalb des Reichsgebiets Mark	außerhalb des Reichsgebiets Mark
2. für Wegestrecken, die nicht auf Eisenbahnen oder Schiffen zurückgelegt werden können,		
a) die im § 1 unter I bis III bezeichneten Beamten . .	0,60	1,00
b) die unter IV bezeichneten Beamten	0,60	0,70
c) die unter V bezeichneten Beamten	0,40	0,40
d) die unter VI bezeichneten Beamten	0,30	0,30

Der Nachweis, für welche Wa en- oder Schiffsklasse der Fahrpreis bezahlt ist, wird durch die Versicherung des Beamten geführt.

Hat in den Fällen des Abs. 1 Nr. 1 einer der im § 1 unter I und II bezeichneten Beamten einen Diener mitgenommen, so erhält er für diesen innerhalb des Reichsgebiets 0,05 Mark, außerhalb des Reichsgebiets 0,06 Mark für das Kilometer. Hat einer der unter III und IV bezeichneten Beamten in diesen Fällen einen Diener mitgenommen, so erhält er für ihn außerhalb des Reichsgebiets 0,06 Mark für das Kilometer.

Bewegt sich eine Dienstreise innerhalb und außerhalb des Reichsgebiets, so ist für die Feststellung der außerhalb des Reichsgebiets liegenden, auf volle Kilometer abzurundenden Wegestrecke die der Grenze zunächst gelegene deutsche Eisenbahnstation und bei Seereisen derjenige deutsche Hafen maßgebend, in welchem die Einschiffung oder die Ausschiffung des Beamten stattfindet.

§ 4. In den Fällen des § 3 Abs. 1 Nr. 1 erhalten für jeden Zugang und jeden Abgang am Wohnort oder an einem auswärtigen Übernachtungsorte

	innerhalb des Reichsgebiets Mark	außerhalb des Reichsgebiets Mark
die im § 1 unter I bis IV bezeichneten Beamten . . .	1,50	3,00
die unter V bezeichneten Beamten	1,00	3,00
die unter VI bezeichneten Beamten	0,50	1,00

§ 5. Die Fuhrkosten werden für die Hin- und Rückreise besonders berechnet. Hat jedoch ein Beamter Dienstgeschäfte an verschiedenen Orten unmittelbar nacheinander ausgerichtet, so ist der von Ort zu Ort wirklich zurückgelegte Weg ungeteilt der Berechnung der Fuhrkosten zugrunde zu legen.

§ 6. Für Dienstgeschäfte am Amtssitz des Beamten und für solche Dienstgeschäfte, welche Beamte, die einer Gesandtschaft oder einem Konsulate vorstehen, in geringerer Entfernung als acht Kilometer, die übrigen Beamten in geringerer Entfernung als zwei Kilometer von ihrem

Amtssitz vornehmen, werden weder Tagegelder noch Fuhrkosten gewährt.

Für einzelne Orte kann durch den Reichskanzler bestimmt werden, daß den Beamten bei den außerhalb des Dienstgebäudes vorzunehmenden Dienstgeschäften die für erforderlich gewesene Transportmittel verauslagten Kosten sowie die verauslagten Brücken- und Fährgelder zu erstatten sind.

Die Bestimmungen der Nr. 11 des Tarifs zum Gesetze, betreffend die Gebühren und Kosten bei den Konsulaten, vom 1. Juli 1872 (RGBl. S. 245) und der Nr. 35 des Tarifs zum Konsulatsgebührengesetze vom 17. Mai 1910 (RGBl. S. 847)[1]) werden durch vorstehendes nicht berührt.

§ 7. Haben an Fuhrkosten einschließlich der Auslagen für Zu- und Abgänge höhere als die bestimmungsmäßigen Beträge aufgewendet werden müssen, so sind diese zu erstatten.

Erfordert eine Dienstreise einen außergewöhnlichen Aufwand, so kann der Verwaltungschef einen Zuschuß oder eine Pauschvergütung bewilligen.

§ 8. Gewährt eine Schiffslinie, die einen Reichszuschuß erhält, bei der Beförderung von Reichsbeamten Fahrpreisvergünstigungen, so sind die verordnungsmäßigen Vergütungen um drei Viertel des der Ermäßigung des Fahrpreises gleichkommenden Betrags zu kürzen.

§ 9. Die etatsmäßig angestellten Beamten erhalten bei Neu- und Wiederanstellungen sowie bei Versetzungen

---

[1]) Siehe Nr. 89 S. 496.

eine Vergütung für allgemeine Umzugskosten einschließlich der den Gesandten und Konsuln bisher gewährten bzw. nach § 8 des Gesetzes, betreffend die Organisation der Bundeskonsulate, vom 8. November 1867 (Bundes-Gesetzbl. S. 137) zustehenden Einrichtungsgelder, und zwar in folgenden Beträgen:

Die Botschafter erhalten 100 Prozent, die übrigen einer Gesandtschaft und die einem Konsulate vorstehenden Beamten 50 Prozent des einmaligen Jahresbetrags ihres persönlichen Gehalts, alle anderen Beamten die im § 21 zu b bestimmten Sätze zuzüglich 10 Prozent dieser Sätze für jede angefangenen 1000 Kilometer Reiseweg.

Beamte ohne Familie erhalten nur die Hälfte der nach Abs. 2 festzusetzenden Vergütung. Verehelicht sich ein Beamter zwischen dem Tage der Ernennung und dem Tage des Eintreffens an dem neuen Amtssitz, so erhält er die Vergütung für allgemeine Umzugskosten nach Maßgabe der für Beamte mit Familie bestimmten Sätze.

Die Vergütung wird für diejenigen zu Vorstehern einer gesandtschaftlichen oder Konsularbehörde ernannten Beamten um ein Drittel erhöht, welche bis zu dieser Ernennung einer Gesandtschaft oder einem Konsulate noch nicht oder nur einer Gesandtschaft oder einem Konsulate von geringerem Range vorgestanden haben.

§ 10. Wird einem Gesandten oder Konsul eine Dienstwohnung mit möblierten Empfangsräumen zugewiesen, so erhält derselbe nur zwei Dritteile der im § 9 festgesetzten Vergütung.

§ 11. Die erste Hälfte der Vergütung für allgemeine

Umzugskosten wird mit dem Tage der Ernennung des Beamten, die zweite Hälfte mit dem Tage seines Eintreffens an dem neuen Amtssitz fällig.

Hat der Beamte infolge eigener Entschließung oder Schuld den Posten nicht angetreten, so ist derselbe zur Wiedererstattung der ihm etwa bereits gezahlten Hälfte der Vergütungssumme verpflichtet.

Wird dem Beamten vor dem Eintreffen auf dem ihm verliehenen Posten eine andere Stelle übertragen, so kann die ihm etwa bereits gezahlte Hälfte der Vergütungssumme auf die ihm für die neue Stellung zustehende Vergütung angerechnet werden.

§ 12. Wird ein Beamter unter Belassung an seinem bisherigen Amtssitze zum Vorsteher einer Gesandtschaft oder eines Konsulats befördert, so hat er die für das ihm übertragene höhere Amt in den §§ 9 und 10 bestimmte Vergütung abzüglich des für das bisher von ihm bekleidete Amt bezogenen Vergütungsbetrags zu beanspruchen. Derselbe Anspruch steht dem Vorsteher einer gesandtschaftlichen oder konsularischen Behörde zu, wenn sein Posten im Range erhöht wird.

§ 13. Die etatsmäßig angestellten Beamten erhalten in den im § 9 bezeichneten Fällen für den Umzug von ihrem bisherigen nach dem neuen Wohnort eine Vergütung der speziellen Umzugskosten, und zwar:

1. sämtliche Beamte für den Transport (ausschließlich Verpackung und Versicherung) der Gegenstände der häuslichen Einrichtung die wirklich gezahlten Beträge, auf Grund spezieller und belegter Liquidationen, mit

der Maßgabe, daß, falls und insoweit der Transport der Gegenstände mittels Eilfracht erfolgt ist, nur ein Dritteil der hierfür gezahlten Beträge zur Vergütung gelangt;

2. für jedes mitgenommene Familienmitglied die im § 3 festgesetzten Fuhrkosten; die im § 1 unter I—IV bezeichneten Beamten außerdem für jeden mitgenommenen Dienstboten innerhalb des Reichsgebiets 0,05 Mark, außerhalb des Reichsgebiets 0,06 Mark für das Kilometer der kürzesten benutzbaren Straßenverbindung.

Den im § 1 unter V bezeichneten Beamten mit Familie können die gleichen Fuhrkosten für einen mitgenommenen Dienstboten bewilligt werden.

Außerdem ist der Mietzins zu vergüten, welchen der versetzte Beamte für die Wohnung an seinem bisherigen Aufenthaltsorte während der Zeit von dem Verlassen des letzteren bis zu dem Zeitpunkt hat aufwenden müssen, mit welchem die Auflösung des Mietverhältnisses möglich wurde. Diese Vergütung darf jedoch längstens für den Zeitraum eines Jahres gewährt werden.

Hat der Beamte im eigenen Hause gewohnt, so kann demselben gleichfalls eine Entschädigung, und zwar höchstens bis zum Jahresbetrage des ortsüblichen Mietwerts der von ihm benutzten Wohnung gewährt werden.

§ 14. Die zur Feststellung der speziellen Umzugskostenvergütung in jedem einzelnen Falle erforderlichen Belege hat der Beamte bei Verlust seines Anspruchs auf diese Vergütung innerhalb Jahresfrist nach seinem

Eintreffen auf dem neuen Posten an das Auswärtige Amt abzusenden.

§ 15. Für die Dienstantritts- oder Versetzungsreise erhalten die zum Bezuge von Umzugskosten berechtigten Beamten Fuhrkosten nach Maßgabe der §§ 3, 4 und 7 Abs. 1 dieser Verordnung für ihre Person, sowie, wenn sie nicht während des Umzugs ihr volles etatsmäßiges Diensteinkommen beziehen, Tagegelder nach Maßgabe der §§ 1 und 7 Abs. 2 dieser Verordnung für die zur Ausführung der Umzugsreise nach Entscheidung des Reichskanzlers durchschnittlich erforderliche Zeit.

§ 16. Bei Berechnung der Entfernungen für die Feststellung sowohl der Fuhrkosten wie der speziellen Umzugskosten wird jedes angefangene Kilometer für ein volles Kilometer gerechnet.

§ 17. Für die Höhe der Tagegelder, Fuhrkosten und Umzugskosten ist nicht der persönliche Rang des Beamten, sondern das Amt, welches er etatsmäßig bekleidet, und zwar bei Neu- und Wiederanstellungen und Versetzungen nicht das Amt, aus welchem, sondern dasjenige, in welches er versetzt wird, maßgebend.

§ 18. Den Gesandtschaftsattachés stehen weder Tagegelder noch Fuhr- oder Umzugskosten zu. Nur wenn dieselben seitens des Reichskanzlers mit einem Kommissorium betraut werden, erhalten sie für die Dauer desselben Tagegelder und Fuhrkosten nach Bestimmung des Reichskanzlers.

§ 19. Die übrigen nicht etatsmäßig angestellten Beamten erhalten bei Dienstreisen sowie bei ihrer Anstellung und Versetzung und bei dienstlicher Beschäftigung außerhalb ihres Wohnorts Tagegelder und Fuhrkosten nach Bestimmung des Reichskanzlers, jedoch höchstens bis zu demjenigen Betrage, welcher nach Maßgabe dieser Verordnung den etatsmäßigen Beamten, deren Funktionen sie zu versehen bestimmt sind, zustehen. Spezielle Umzugskosten werden ihnen nicht gewährt. Allgemeine Umzugskosten können sie ausnahmsweise, jedoch in jedem Falle nur bis zum Betrage von höchstens 1500 Mark, erhalten, wenn sie in außereuropäischen Ländern Verwendung finden.

§ 20. Die Bestimmungen des § 19 finden auch auf die im inneren Dienste des Reichs oder im Dienste eines Bundesstaats etatsmäßig angestellten Beamten, welche im gesandtschaftlichen oder Konsulardienst des Reichs außeretatsmäßig verwandt werden, Anwendung. Wird ein solcher Beamter später im gesandtschaftlichen oder Konsulardienste etatsmäßig angestellt, so ist auf die ihm alsdann gemäß § 9 zustehende Vergütung für allgemeine Umzugskosten der Betrag der ihm etwa auf Grund des § 19 bereits gezahlten allgemeinen Umzugskostenvergütung anzurechnen. Der Berechnung der speziellen Umzugskosten ist alsdann die Entfernung zwischen demjenigen Orte, wo der betreffende Beamte zuletzt etatsmäßig angestellt gewesen ist, und seinem neuen Wohnorte zugrunde zu legen.

§ 21. Werden gesandtschaftliche oder Konsularbeamte in den Ruhestand oder in den einstweiligen Ruhestand versetzt, so sind ihnen gemäß § 40 des Reichsbeamtengesetzes die Kosten des Transports ihrer Einrichtungsgegenstände bis zu dem innerhalb des Reichs von ihnen gewählten Wohnort nach den wirklich gezahlten Beträgen, auf Grund spezieller und belegter Liquidationen, zu erstatten.

Daneben erhalten sie:

a) für ihre Person Fuhrkosten nach Maßgabe der §§ 3, 4 und 7 Abs. 1, sowie, wenn sie nicht während des Umzugs ihr volles etatsmäßiges Diensteinkommen beziehen, Tagegelder nach Maßgabe der §§ 1 und 7 Abs. 2 dieser Verordnung;

b) allgemeine Umzugskosten, und zwar:

die im § 1 unter I bezeichneten Beamten	2500	Mark,
die daselbst unter II bezeichneten Beamten	2000	„
die daselbst unter III bezeichneten Beamten	1200	„
die daselbst unter IV bezeichneten Beamten	600	„
die daselbst unter V bezeichneten Beamten	400	„
die daselbst unter VI bezeichneten Beamten	200	„

mit der Maßgabe, daß Beamte ohne Familie nur die Hälfte dieser Beträge erhalten;

c) die im § 13 dieser Verordnung festgesetzten Vergütungen für die Umzugsreisen der Familienmitglieder und Dienstboten, sowie die ebendort festgesetzten Mietzins- oder Mietwertsentschädigungen.

§ 22. Gesandtschaftliche und Konsularbeamte, welche, ohne ihre etatsmäßige Stellung im Ausland beizubehalten, in eine etatsmäßige Stelle des Auswärtigen Amts versetzt oder zur Beschäftigung in das Auswärtige Amt einberufen werden, erhalten für den Umzug von ihrem bisherigen Posten nach Berlin die im vorgehenden Paragraphen festgesetzten Vergütungen.

§ 23. Auf Wahlkonsuln und die von diesen angestellten Personen finden die Bestimmungen dieser Verordnung keine Anwendung.

§ 24. Der Reichskanzler bestimmt, welche Beamten des gesandtschaftlichen und Konsulardienstes den im § 1 unter I—VI genannten Beamtenklassen gleichzustellen sind.

§ 25. Diese Verordnung tritt mit dem 1. Oktober 1910 in Kraft. Für Dienst- und Versetzungsreisen, die vor diesem Tage begonnen und an diesem Tage oder später beendet werden, verbleibt es bei den bisherigen Bestimmungen.

Soweit in bestehenden Vorschriften auf Vorschriften der Verordnungen vom 23. April 1879, 7. Februar 1881 (RGBl. 1879 S. 127, 1881 S. 27) verwiesen ist, treten die entsprechenden Vorschriften des neuen Textes an die Stelle.

15. Gesetz, betreffend die Zurückbeförderung der Hinterbliebenen im Auslande angestellter Reichsbeamten und Personen des Soldatenstandes.

Vom 1. April 1888 (RGBl. S. 131).

Art. 1. Die im § 8 des Gesetzes, betreffend die Organisation der Bundeskonsulate usw., vom 8. November

1867 (Bundes-Gesetzbl. S. 137) enthaltene Bestimmung, wonach die Familien der Berufskonsuln, wenn letztere während ihrer Amtsdauer sterben, auf Bundeskosten in die Heimat zurückbefördert werden, wird auf die Hinterbliebenen sämtlicher aus der Reichskasse besoldeten pensionsberechtigten Reichsbeamten und Personen des Soldatenstandes, deren dienstlicher Wohnsitz sich im Auslande befindet, ausgedehnt.

Ausgenommen bleiben die Hinterbliebenen solcher Reichsbeamten, welche in Grenzorten oder in dem Zollgebiet angeschlossenen ausländischen Gebietsteilen angestellt sind.

Art. 2. Dieses Gesetz tritt mit dem 1. Januar 1888 in Kraft.

III. Die Tätigkeit der Konsularbeamten im einzelnen.

A. Die Matrikelführung.

16. Gesetz über die Erwerbung und den Verlust der Bundes-[1]) und Staatsangehörigkeit.

Vom 1. Juni 1870 (BGBl. S. 355).

§ 13. Die Staatsangehörigkeit geht fortan nur verloren:

. . . . . .

3. durch zehnjährigen Aufenthalt im Auslande (§ 21).

---

[1]) Siehe Anm. 3 zu Seite 19.

§ 21. Norddeutsche, welche das Bundesgebiet verlassen und sich zehn Jahre lang ununterbrochen im Auslande aufhalten, verlieren dadurch ihre Staatsangehörigkeit. Die vorbezeichnete Frist wird von dem Zeitpunkt des Austritts aus dem Bundesgebiet oder, wenn der Austretende sich im Besitz eines Reisepapiers oder Heimatscheines befindet, von dem Zeitpunkt des Ablaufs dieser Papiere an gerechnet. Sie wird unterbrochen durch die Eintragung in die Matrikel eines Bundeskonsulats. Ihr Lauf beginnt von neuem mit dem auf die Löschung in der Matrikel folgenden Tage.

17. Instruktion, betreffend die **Erteilung des von den Kaiserlich deutschen Konsularbehörden zu gewährenden Schutzes im türkischen Reiche mit Einschluß von Ägypten, Rumänien und Serbien, sowie in China und Japan.**

Vom 1. Mai 1872[1][2].

§ 1. Die Schutzgenossen zerfallen in:

1. Reichsangehörige,
2. Angehörige solcher Staaten, welchen durch Staatsverträge oder sonstige Verabredungen mit dem Deutschen Reiche oder einem der zu demselben gehörigen Staaten der Schutz der deutschen Konsularbehörden für ihre Nationalen zugesagt ist,

---

[1]) Nicht veröffentlicht; entnommen aus v. König, S. 59.

[2]) Vgl. die Dienstanweisung vom 27. Oktober 1900 zur Ausführung des Konsulargerichtsbarkeitsgesetzes Nr. 72 S. 450 zu § 2.

3. Personen, welche, ohne ein bestimmtes Anrecht auf den deutschen Schutz zu haben, denselben vergünstigungsweise erhalten (de facto-Untertanen).

§ 2. Die Reichsangehörigen, welche in dem Konsularbezirke wohnen, sind verpflichtet, unter dem deutschen Schutz zu stehen. Die im § 1 Nr. 2 und 3 bezeichneten Personen werden nur auf ihren Antrag in den Schutz aufgenommen.

§ 3. Als de facto-Untertanen können den deutschen Schutz erhalten:

1. Personen, welche einem der zu dem Reiche gehörigen Staaten angehört haben, desgleichen Abkömmlinge solcher Personen;
2. Deutsche, welche den Schutz nicht auf Grund von Staatsverträgen in Anspruch nehmen können;
3. die Dragomans, Kawassen, Jassakdschis und sonstigen Unterbeamten der Gesandtschaften und der Konsularbehörden;
4. Familien der unter Nr. 3 bezeichneten Personen, desgleichen Individuen, welche früher ein solches Amt bekleidet haben.

§ 4. Der Schutz wird in dem durch Gesetze, Verträge und Herkommen begründeten Umfange sämtlichen Schutzgenossen gleichmäßig gewährt.

Türkische usw. Untertanen, welche die deutsche Reichsangehörigkeit erworben, haben den Landesbehörden gegenüber auf den Schutz der Kaiserlichen Konsulate so lange keinen Anspruch, als sie nicht aus ihrem ursprünglichen Untertanenverbande entlassen sind.

§ 5. In jedem Konsularamte ist über sämtliche, dauernd in dem Konsularbezirk anwesenden Schutzgenossen ein Verzeichnis (Matrikel) nach dem Formular Anlage A zu führen[1]).

§ 6. Die Eintragung der Schutzgenossen in die Matrikel erfolgt unter fortlaufender Nummer. Bei jedem Schutzgenossen sind dessen im Konsularbezirke als Schutzgenossen sich aufhaltenden Eltern, Ehegatten und Kinder unter Bezugnahme auf deren besondere Nummern namhaft zu machen.

§ 7. Zur Herbeiführung der Eintragung sind die erforderlichen Legitimationspapiere (Paß, Wanderbuch, Geburtsschein, Trauschein, Naturalisationsurkunden usw.) dem Konsul zu übergeben, bezw. in einer nach den Verhältnissen zu bemessenden Frist zu beschaffen.

Bei Prüfung der Papiere ist mit der größten Vorsicht zu verfahren, um fremdartige Elemente fernzuhalten. Pässe, welche nicht von den zuständigen inländischen Behörden ausgestellt sind, sind für sich allein zur Führung der Legitimation nicht hinreichend.

§ 8. Über die erfolgte Eintragung in die Matrikel erhält der Schutzgenosse eine vom Konsul nach dem Formular Anlage B[2]) für das laufende Kalenderjahr in deutscher und französischer Sprache auszufertigende Bescheinigung (Schutzschein) gegen Entrichtung der tarifmäßigen Gebühr.

---

[1]) Siehe S. 171.
[2]) Siehe S. 172.

An Stelle der französischen kann auch eine andere Sprache angewendet werden, sofern letztere im Konsularbezirk als allgemeiner verständlich erscheint.

§ 9. Für Ehefrauen genügt deren Verzeichnung auf den Schutzscheinen ihrer Ehemänner und für minderjährige noch unter väterlicher Gewalt stehende Kinder deren Verzeichnung auf den Schutzscheinen ihrer Väter.

Die Erteilung getrennter Schutzscheine an solche Personen erfolgt nur, wenn die Verzeichnung auf den Schutzscheinen der Ehemänner, bzw. Väter, wegen Abwesenheit derselben oder aus anderen Gründen nicht herbeizuführen ist.

§ 10. Reichsangehörige, welche in dem Konsulatsbezirk ihren dauernden Wohnsitz nehmen, haben ihre Eintragung in die Matrikel innerhalb der ersten drei Monate ihres dortigen Aufenthalts zu erwirken oder unter Angabe der Gründe, aus welchen dies ausnahmsweise nicht erreichbar ist, die Ausstellung provisorischer Schutzscheine zu beantragen.

Sämtliche Schutzgenossen haben im Monat Januar jedesmal für das laufende Kalenderjahr die Erneuerung der Schutzscheine gegen Entrichtung der tarifmäßigen Gebühren zu veranlassen. Ausnahmen in betreff dieses Termins sind nur aus Gründen lokaler Verhältnisse zu gestatten.

§ 11. Den Vorschriften der §§ 7 und 10 haben für alle bevormundeten Personen deren Vormünder (Kuratoren) Genüge zu leisten.

§ 12. Wenn für gesetzlich zu bevormundende Personen noch kein Vormund (Kurator) bestellt ist, so ist der Konsul in bezug auf die Reichsangehörigen verpflichtet, in bezug auf andere Schutzgenossen befugt, von Amts wegen, allenfalls unter Zuordnung eines anderweitigen Vertreters dafür zu sorgen, daß im Interesse derselben den Vorschriften der §§ 7 und 10 Genüge geschehe.

§ 13. Die in § 3 Nr. 1 und 2 bezeichneten Personen können nur nach vorhergehender, oder, wenn Gefahr im Verzuge obwaltet, mit nachträglicher Genehmigung des diplomatischen Vertreters des Reiches in den Schutz aufgenommen werden.

Die Genehmigung ist in jedem einzelnen Falle auf den Antrag der Beteiligten von dem Konsul besonders nachzusuchen.

Bei der Aufnahme der in § 3 Nr. 1 bezeichneten Personen ist besonders darauf zu achten, ob die Aufzunehmenden in der Tat die deutsche Nationalität noch bewahrt haben, was an der Sprache, deren sie sich bedienen, und an ihren sonstigen Verhältnissen leicht zu erkennen sein wird.

Dem an die Kaiserliche Mission zu richtenden Antrag auf Genehmigung der Aufnahme sind die zur Orientierung in dieser Richtung notwendigen Notizen beizufügen.

§ 14. Die in § 3 Nr. 3 genannten Beamten genießen für ihre Person und während der Dauer ihres Amtes den deutschen Schutz, sofern ihre Anstellung, wenn sie Landesuntertanen sind, gemäß den mit der Landesregierung getroffenen Vereinbarungen erfolgt ist. Sind sie Untertanen einer anderen fremden Macht, so müssen sie seitens dieser letzteren die Genehmigung zum Eintritt in den Schutzverband beibringen.

§ 15. Soll ausnahmsweise der Schutz auf die Familie der Beamten und über die Amtsdauer hinaus erstreckt werden, so kann dies nur mit Genehmigung der Kaiserlichen Mission und unter Zustimmung der nationalen Behörde geschehen.

§ 16. Die Eintragung der Beamten in die Matrikel und ihre Fortführung in derselben erfolgt auf ihren Antrag, ohne daß es der Beibringung besonderer Dokumente bedarf.

Schutzscheine werden ihnen nur auf Verlangen und alsdann unentgeltlich ausgefertigt.

§ 17. Personen, welche nicht Reichsangehörige sind oder sich ausdrücklich unter den Schutz der Lokalbehörde gestellt haben, können, so lange dieses Verhältnis dauert, in den deutschen Schutz nicht aufgenommen werden.

Auch nach Auflösung des Verhältnisses haben sie, bevor ihre Aufnahme erfolgen kann, durch ein Attest der früheren Schutzbehörde nachzuweisen, daß sie die sämtlichen schwebenden Rechtsangelegenheiten erledigt haben.

§ 18. Die Eigenschaft als Schutzgenosse endet:

1. durch den Tod des Schutzgenossen;
2. durch Übertritt desselben zum Islam;
3. durch Verlassen des Konsularbezirks, sofern nicht anzunehmen ist, daß die Abwesenheit eine bloß vorübergehende sein soll;

4. bei einer Schutzgenossin durch Verheiratung mit einem nicht zum Schutzverbande gehörigen Mann;

5. für die in § 1 Nr. 1 und 2 aufgeführten Schutzgenossen durch Verlust ihrer Nationalität, sofern sie nicht nach § 1 Nr 3 im Schutz verbleiben;

6. für die im § 1 Nr. 2 aufgeführten Schutzgenossen durch Errichtung einer konsularischen Behörde ihres Landes;

7. für die im § 3 Nr. 3 aufgeführten Schutzgenossen durch Verlust ihres Amtes, sofern sie nicht nach § 3 Nr. 4 im Schutze verbleiben;

8. für die in § 1 Nr. 2 und 3 aufgeführten Schutzgenossen auf ihren Antrag, sofern sie nicht noch Verbindlichkeiten zu erfüllen haben, insbesondere bei schwebenden Rechtsangelegenheiten beteiligt sind;

9. Schutzgenossen, welche nicht Reichsangehörige sind, können, wenn sie durch bescholtenen, mit Vergehen oder Verbrechen befleckten Lebenswandel oder durch wiederholte Nichterfüllung ihrer Pflichten gegen die Schutzbehörde sich des Schutzes unwürdig machen, von dem Konsul der Eigenschaft als Schutzgenosse für verlustig erklärt werden. Gegen die Entscheidung des Konsuls steht dem Betroffenen innerhalb zehn Tagen der Rekurs an die Kaiserliche Mission zu. Bis deren Entscheidung erfolgt, ist der Schutz zu versagen.

§ 19. Die Löschung in der Matrikel erfolgt, sobald

das Schutzverhältnis einer Person in Gemäßheit des § 18 beendet ist[1]).

§ 20. Im Februar jeden Jahres hat der Konsul der Kaiserlichen Mission über die Führung der Matrikel Bericht zu erstatten und in demselben sämtliche in der Zwischenzeit vorgekommenen Veränderungen anzuführen. Im Fall die Aufnahme neuer Schutzgenossen stattgefunden hat, sind die Legitimationspapiere genau anzugeben, auf Grund deren dieselbe erfolgt ist.

§ 21. Personen, welche an sich zur Aufnahme in den Schutzverband geeignet erscheinen, sich aber nur vorübergehend im Konsularbezirke aufhalten, werden nicht in die Matrikel eingetragen. Es können ihnen aber auf ihr Verlangen auf die Dauer ihres Aufenthalts unter Eintragung in eine besondere Liste provisorische Schutzscheine nach dem Formular Anlage C[2]) in deutscher und französischer Sprache erteilt werden.

An Stelle der französischen kann auch eine andere Sprache angewendet werden, sofern letztere in dem Konsulargebiet allgemeiner verständlich erscheint.

§ 22. Ebenso ist der Konsul befugt, für Personen, welche die erforderlichen Legitimationspapiere noch nicht beschafft haben, dergleichen provisorische Schutzscheine auszustellen, sofern diese Personen, nach den sonst ein=

---

[1]) Der frühere Schlußsatz dieses Paragraphen ist durch einen Erlaß des Auswärtigen Amts vom 5. November 1872 gegenstandslos geworden. Vgl. S. 52 Anm. 1.

[2]) Siehe S. 173.

gezogenen Erkundigungen, ihm als zur Aufnahme in den Schutzverband voraussichtlich geeignet erscheinen.

§ 23. Personen der im § 1 Nr. 1 und 2 bezeichneten Kategorien, welche im Konsularbezirk weder wohnen noch sich aufhalten, können dennoch ihre im Konsulatsbezirke vorkommenden Angelegenheiten unter dem Schutze des Konsuls selbst oder durch Bevollmächtigte betreiben. Die Eintragung in die Matrikel, sowie die Erteilung und Erneuerung von Schutzscheinen finden in diesem Falle nicht statt.

Der Konsul hat in jedem Falle über die Zulässigkeit des verlangten Schutzes zu entscheiden.

Anlage A.

Laufende Nummer	Vor- und Zuname	Stand oder Gewerbe	Religion	Geburtszeit	Geburtsort	Wohnort	Aufenthaltsort	Staatsangehörigkeit	Nachweis der Schutzberechtigung	Angabe der			Tag der Eintragung	Tag der		Tag der Löschung		Bemerkungen
										Eltern	Ehegatten	Kinder		Erteilung des Schutzscheines	Erneuerung des Schutzscheines	Tag	Veranlassung	

Anlage B.

(Wappen.)

Nr.

Kaiserlich Deutsches { **Generalkonsulat. Konsulat. Vizekonsulat.**

Schutzschein.

Signalement.	Der
Alter:	
Statur:	
Haar:	gebürtig aus
Stirn:	
Augenbrauen:	wohnhaft zu
Augen:	
Nase:	ist in der Matrikel des Kaiserlich Deutschen Generalkonsulats (Konsulats, Vizekonsulats) als Schutzgenosse eingetragen.
Mund:	
Bart:	
Kinn:	
Gesichtsfarbe:	
Besondere Kennzeichen:	Zur Urkund dessen ist ihm der gegenwärtige Schutzschein gültig bis zum 18 erteilt worden.

Unterschrift des Inhabers:

den 18

(Siegel) Der Generalkonsul.
Der Konsul.
Der Vizekonsul.

Nr

Consulat Général / Consulat / Vice-Consulat } **de l'Empire allemand.**

Patente de Protection

Signalement.	Le Sieur
Age:	
Taille:	
Cheveux:	né à
Front:	
Sourcils:	
Yeux:	demeurant à
Nez:	
Bouche:	est inscrit comme protégé de l'Empire allemand dans la Matricul de ce Consulat Général (Consulat, Vice-Consulat).
Barbe:	
Menton:	
Teint:	
Signes particuliers	En foi de quoi la presente Patente de protection lui a été delivrée valable jusqu'a 18'

Signature du porteur:

le 18

Le Consul-Général.
Le Consul.
Le Vice-Consul.

Anlage C.

(Wappen.)

Kaiserlich Deutsches { Generalkonsulat. Konsulat. Vize-Konsulat.	Consulat Général Consulat Vice-Consulat } de l'Empire allemand.
Vorläufiger Schutzschein	**Patente de Protection provisoire.**
gültig bis zum	valable jusqu'au
für	pour
Vor- und Zuname:	Nom et prénom:
Stand und Gewerbe:	Profession:
Alter:	Age:
Statur:	Taille:
Haar:	Cheveux:
Stirn:	Front:
Augenbrauen:	Sourcils:
Augen:	Yeux:
Nase:	Nez:
Mund:	Bouche:
Bart:	Barbe:
Kinn:	Menton:
Gesichtsfarbe:	Teint:
Besondere Kennzeichen:	Signes particuliers:
Unterschrift des Inhabers:	Signature du porteur!
den 18	le 18
Der Generalkonsul.	Le Consul-Général.
(Siegel) Der Konsul.	Le Consul.
Der Vizekonsul.	Le Vice-Consul.

B. Die standesamtliche Tätigkeit.

18. Gesetz, betreffend die **Eheschließung und die Beurkundung des Personenstandes von Bundesangehörigen**[1]) **im Auslande.** Vom 4. Mai 1870 (BGBl. S. 599).

I. Allgemeine Bestimmungen.

§ 1. Der Bundeskanzler kann einem diplomatischen Vertreter des Bundes für das ganze Gebiet des Staates, bei dessen Hofe oder Regierung derselbe beglaubigt ist, und einem Bundeskonsul für dessen Amtsbezirk die allgemeine Ermächtigung erteilen, bürgerlich gültige Eheschließungen von Bundesangehörigen vorzunehmen, und die Geburten, Heiraten und Sterbefälle von Bundesangehörigen zu beurkunden[2])[3]).

---

[1]) Siehe Anm. 3 auf S. 19.

[2]) Gesetz über die Beurkundung des Personenstandes und die Eheschließung. Vom 6. Februar 1875 (RGBl. S. 23) § 85: „Durch dieses Gesetz werden die Bestimmungen des Gesetzes vom 4. Mai 1870, betreffend die Eheschließung und die Beurkundung des Personenstandes von Reichsangehörigen im Auslande, nicht berührt.

Der Reichskanzler kann einem Konsul des Deutschen Reichs die allgemeine Ermächtigung zur Vornahme von Eheschließungen und zur Beurkundung der Geburten, Heiraten und Sterbefälle, wie für Reichsangehörige, so auch für Schutzgenossen erteilen. Diese Vorschrift tritt mit dem 1. März 1875 in Kraft."

[3]) Die Konsulate, die z. Z. mit Konsuln besetzt sind, denen auf Grund des § 1 die Berechtigung zur Vornahme standesamtlicher Handlungen erteilt ist, sind in Abschnitt VI angegeben; s. S. 528.

§ 2. Die zur Eheschließung und zur Beurkundung des Personenstandes ermächtigten Beamten (§ 1) haben über die Beurkundung der Geburten, Heiraten und Sterbefälle getrennte Register zu führen. Die vorkommenden Fälle sind in protokollarischer Form unter fortlaufender Nummer in die Register einzutragen. Jedes Register wird in zwei gleichlautenden Originalen nach einem Formulare geführt, welches von dem Bundeskanzler vorgeschrieben wird. Das Formular soll für alle Beamten ein übereinstimmendes sein.

Am Jahresschlusse hat der Beamte die Register abzuschließen und das eine Exemplar derselben dem Bundeskanzler einzusenden[1]). Gleichzeitig hat er den Regierungen der einzelnen Bundesstaaten aus den Registern einen Auszug der Fälle mitzuteilen, welche Angehörige derselben betreffen.

Wenn im Laufe des Jahres in ein Register eine Eintragung nicht erfolgt ist, so hat der Beamte eine amtliche Bescheinigung hierüber am Jahresschlusse dem Bundeskanzler einzusenden.

II. Eheschließung und Beurkundung derselben.

§ 3. Der Schließung der Ehe soll[2]) das Aufgebot vorangehen. Vor Beginn desselben sind dem Beamten die zur Eingehung einer Ehe nach den Gesetzen der

---

[1]) Siehe hierzu Nr. 21, 22 S. 201 ff.

[2]) Gemäß der aus Art. 40 d. EG. z. BGB. sich ergebenden Fassung.

Heimat der Verlobten notwendigen Erfordernisse als vorhanden nachzuweisen. Insbesondere haben die Verlobten in beglaubigter Form beizubringen:

1. ihre Geburtsurkunden;
2. die zustimmende Erklärung derjenigen Personen, deren Einwilligung nach den Gesetzen der Heimat der Verlobten erforderlich ist.

Der Beamte kann die Beibringung dieser Urkunden erlassen, wenn ihm die Tatsachen, welche durch dieselben festgestellt werden sollen, persönlich bekannt oder auf andere Weise glaubhaft nachgewiesen sind.

Auch kann er von unbedeutenden Abweichungen in den Urkunden, beispielsweise von einer verschiedenen Schreibart der Namen, oder einer Verschiedenheit der Vornamen absehen, wenn in anderer Weise die Identität der Beteiligten festgestellt wird.

Der Beamte ist berechtigt, den Verlobten die eidesstattliche Versicherung über die Richtigkeit der Tatsachen abzunehmen, welche durch die vorliegenden Urkunden oder die sonst beigebrachten Beweismittel ihm nicht als hinreichend festgestellt erscheinen.

§ 4. Das Aufgebot geschieht durch eine Bekanntmachung des Beamten, welche die Vornamen, die Familiennamen, das Alter, den Stand oder das Gewerbe und den Wohnort der Verlobten und ihrer Eltern enthalten muß. Diese Bekanntmachung muß an der Türe oder an einer in die Augen fallenden Stelle vor oder in der Kanzlei des Beamten eine Woche hindurch ausgehängt bleiben. Erscheint an dem Amtssitze des Beamten eine Zeitung, so ist die Bekanntmachung außerdem einmal darin einzurücken, und die Eheschließung nicht vor Ablauf des dritten Tages von dem Tage an zulässig, an welchem das die Bekanntmachung enthaltende Blatt ausgegeben ist. Unter mehreren an dem bezeichneten Orte erscheinenden Zeitungen hat der Beamte die Wahl.

§ 5. Wenn eine der aufzubietenden Personen innerhalb der letzten sechs Monate ihren Wohnsitz außerhalb des Amtsbereichs (§ 1) des Beamten gehabt hat, so muß die Bekanntmachung des Aufgebots auch an dem früheren Wohnsitze nach den dort geltenden Vorschriften erfolgen, oder ein gehörig beglaubigtes Zeugnis der Obrigkeit des früheren Wohnortes darüber beigebracht werden, daß daselbst Ehehindernisse in betreff der einzugehenden Ehe nicht bekannt seien.

§ 6. Der Beamte kann aus besonders dringenden Gründen von dem Aufgebote (§§ 4 und 5) ganz dispensieren.

§ 7[1]. Die Ehe wird dadurch geschlossen, daß die Verlobten vor dem Beamten persönlich und bei gleichzeitiger Anwesenheit erklären, die Ehe miteinander eingehen zu wollen. Der Beamte muß zur Entgegennahme der Erklärungen bereit sein.

Die Erklärungen können nicht unter einer Bedingung oder einer Zeitbestimmung abgegeben werden.

§ 7a[1]. Der Beamte soll bei der Eheschließung in

---

[1]) Die §§ 7, 7a, 8, 8a in der aus Art. 40 EG. z. BGB. sich ergebenden Fassung.

Gegenwart von zwei Zeugen an die Verlobten einzeln und nacheinander die Frage richten, ob sie die Ehe miteinander eingehen wollen, und, nachdem die Verlobten die Frage bejaht haben, aussprechen, daß sie kraft dieses Gesetzes nunmehr rechtmäßig verbundene Eheleute seien.

Als Zeugen sollen Personen, die der bürgerlichen Ehrenrechte für verlustig erklärt sind, während der Zeit, für welche die Aberkennung der Ehrenrechte erfolgt ist, sowie Minderjährige nicht zugezogen werden. Personen, die mit einem der Verlobten, mit dem Beamten oder miteinander verwandt oder verschwägert sind, dürfen als Zeugen zugezogen werden.

§ 8[1]. Als zur Eheschließung ermächtigter Beamter (§ 1) gilt auch derjenige, welcher, ohne ein solcher Beamter zu sein, das Amt eines solchen öffentlich ausübt, es sei denn, daß die Verlobten den Mangel der amtlichen Befugnis bei der Eheschließung kennen.

§ 8a[1]. Eine Ehe, die vor einem zur Eheschließung ermächtigten Beamten (§ 1) oder vor einer im § 8 einem solchen Beamten gleichgestellten Person geschlossen wird, ist wegen Formmangels nur dann nichtig, wenn bei der Eheschließung die im § 7 vorgeschriebene Form nicht beobachtet worden ist.

Ist die Ehe in das Heiratsregister eingetragen worden und haben die Ehegatten nach der Eheschließung zehn Jahre oder, falls einer von ihnen vorher gestorben

---

[1]) Siehe Anm. 1 auf S. 177.

ist, bis zu dessen Tode, jedoch mindestens drei Jahre als Ehegatten miteinander gelebt, so ist die Ehe als von Anfang an gültig anzusehen. Diese Vorschrift findet keine Anwendung, wenn bei dem Ablaufe der zehn Jahre oder zur Zeit des Todes des einen Ehegatten die Nichtigkeitsklage erhoben ist.

§ 9. Die über die geschlossene Ehe in die Register einzutragende Urkunde (Heiratsurkunde) soll[1]) enthalten:

1. Vor- und Familiennamen, Staatsangehörigkeit, Alter, Stand oder Gewerbe, Geburts- und Wohnort der die Ehe eingehenden Personen;
2. Vor- und Familiennamen, Alter, Stand oder Gewerbe und Wohnort ihrer Eltern;
3. Vor- und Familiennamen, Alter, Stand oder Gewerbe und Wohnort der zugezogenen Zeugen;
4. die auf Befragen des Beamten abgegebene Erklärung der Verlobten, sowie die erfolgte Verkündigung ihrer Verbindung;
5. die Unterschrift der anwesenden Personen.

§ 10. Die vorstehenden Bestimmungen über die Eheschließung (§§ 3—9) finden auch Anwendung, wenn nicht beide Verlobte, sondern nur einer derselben ein Bundesangehöriger ist[2]).

---

[1]) Siehe vorn Anm. 2 auf S. 175.

[2]) In Italien ist die Befugnis der Konsuln zur Vornahme von Eheschließungen vertraglich auf diejenigen Fälle beschränkt, in denen beide Verlobte Reichsangehörige sind. Vertrag vom 4. Mai 1891 (RGBl. S. 113).

III. Geburtsurkunden.

§ 11. Die Eintragung der Geburt eines Kindes in die Register kann von dem Beamten nur vorgenommen werden, nachdem sich derselbe durch Vernehmung des Vaters des Kindes oder anderer Personen die Überzeugung von der Richtigkeit der einzutragenden Tatsachen verschafft hat.

Diese Eintragung soll[1]) enthalten:

1. den Ort, den Tag und die Stunde der Geburt;
2. das Geschlecht des Kindes;
3. die ihm beigelegten Vornamen;
4. Vor= und Familiennamen, Staatsangehörigkeit, Stand oder Gewerbe, sowie den Wohnort der Eltern und zweier bei der Eintragung zuzuziehender Zeugen;
5. die Unterschrift des Vaters, wenn er anwesend ist, und der vorgedachten Zeugen.

IV. Urkunden über Sterbefälle.

§ 12. Die Eintragung eines Todesfalles in die Register erfolgt auf Grund der Erklärung zweier Zeugen. Sie soll[1]) enthalten:

1. Vor= und Familiennamen des Verstorbenen, dessen Staatsangehörigkeit, Alter, Stand oder Gewerbe, Wohn= und Geburtsort;
2. Vor= und Familiennamen seines Ehegatten;
3. Vor= und Familiennamen, Staatsangehörigkeit, Stand

---

[1]) Siehe vorn Anm. 2 auf S. 175.

oder Gewerbe und Wohnort der Eltern des Verstorbenen;
4. Ort, Tag und Stunde des erfolgten Todes, soweit diese Verhältnisse bekannt sind;
5. Vor- und Familiennamen, Alter, Stand oder Gewerbe und Wohnort der Zeugen, welche die Erklärung abgeben, und, wenn es Verwandte des Verstorbenen sind, den Grad ihrer Verwandtschaft;
6. Unterschrift der Zeugen.

V. Schlußbestimmungen.

§ 13. Insoweit durch die Gesetze eines Bundesstaates den diplomatischen Vertretern und Konsuln in Ansehung der Eheschließungen sowie der Beurkundung der Geburten, Heiraten und Sterbefälle der Angehörigen dieses Staates von einer besonderen Ermächtigung nicht abhängige oder ausgedehntere Befugnisse, als die im gegenwärtigen Gesetze bestimmten, beigelegt sind oder künftig beigelegt werden, stehen diese Befugnisse für die bezeichneten Angehörigen auch den diplomatischen Vertretern des Bundes und den Bundeskonsuln zu [1]).

§ 14. Auf die Gebühren, welche für die durch das gegenwärtige Gesetz den Beamten des Bundes überwiesenen Geschäfte und insbesondere für die Ausfertigungen und Abschriften aus den Personenstandsregistern zu erheben sind, findet der § 38 des Bundesgesetzes, betreffend die Organisation der Bundeskonsulate sowie die Amtsrechte und -pflichten der Bundeskonsuln, vom 8. November 1867 (BGBl. S. 137) Anwendung.

---

[1]) Der § 13 ist jetzt gegenstandslos.

19. Abkommen zur **Regelung des Geltungsbereichs der Gesetze auf dem Gebiete der Eheschließung.** Vom 12. Juni 1902 (RGBl. 1904 S. 221)[1].

Art. 1. Das Recht zur Eingehung der Ehe bestimmt sich in Ansehung eines jeden der Verlobten nach dem Gesetze des Staates, dem er angehört (Gesetz des Heimatstaats), soweit nicht eine Vorschrift dieses Gesetzes ausdrücklich auf ein anderes Gesetz verweist.

Art. 2. Das Gesetz des Ortes der Eheschließung kann die Ehe von Ausländern untersagen, wenn sie verstoßen würde gegen seine Vorschriften über

1. die Grade der Verwandtschaft und Schwägerschaft, für die ein absolutes Eheverbot besteht;
2. das absolute Verbot der Eheschließung zwischen den des Ehebruchs Schuldigen, wenn auf Grund dieses Ehebruchs die Ehe eines von ihnen aufgelöst worden ist;
3. das absolute Verbot der Eheschließung zwischen Personen, die wegen gemeinsamer Nachstellung nach dem Leben des Ehegatten eines von ihnen verurteilt worden sind.

Ist die Ehe ungeachtet eines der vorstehend aufgeführten Verbote geschlossen, so kann sie nicht als nichtig behandelt werden, falls sie nach dem im Artikel 1 bezeichneten Gesetze gültig ist.

---

[1]) Das Abkommen ist geschlossen von dem Deutschen Reiche, Belgien, Frankreich, Italien, Luxemburg, den Niederlanden, Portugal, Rumänien, Schweden, der Schweiz, Österreich-Ungarn und Spanien, von den beiden letztgenannten Staaten jedoch bisher nicht ratifiziert.

Unbeschadet der Bestimmungen des Artikel 6 Abs. 1 dieses Abkommens ist kein Vertragsstaat verpflichtet, eine Ehe schließen zu lassen, die mit Rücksicht auf eine vormalige Ehe oder auf ein Hindernis religiöser Natur gegen seine Gesetze verstoßen würde. Die Verletzung eines derartigen Ehehindernisses kann jedoch die Nichtigkeit der Ehe in einem anderen Lande als in dem, wo die Ehe geschlossen wurde, nicht zur Folge haben.

Art. 3. Das Gesetz des Ortes der Eheschließung kann ungeachtet der Verbote des im Artikel 1 bezeichneten Gesetzes die Ehe von Ausländern gestatten, wenn diese Verbote ausschließlich auf Gründen religiöser Natur beruhen.

Die anderen Staaten sind berechtigt, einer unter solchen Umständen geschlossenen Ehe die Anerkennung als einer gültigen Ehe zu versagen.

Art. 4. Die Ausländer müssen zum Zwecke ihrer Eheschließung nachweisen, daß sie den Bedingungen genügen, die nach dem im Artikel 1 bezeichneten Gesetz erforderlich sind.

Dieser Nachweis kann durch ein Zeugnis der diplomatischen oder konsularischen Vertreter des Staates, dem die Verlobten angehören, oder durch irgendein anderes Beweismittel geführt werden, je nachdem die Staatsverträge oder die Behörden des Landes, in welchem die Ehe geschlossen wird, den Nachweis als genügend anerkennen.

Art. 5. In Ansehung der Form ist die Ehe überall

als gültig anzuerkennen, wenn die Eheschließung dem Gesetze des Landes, in welchem sie erfolgt ist, entspricht.

Doch brauchen die Länder, deren Gesetzgebung eine religiöse Trauung vorschreibt, die von ihren Angehörigen unter Nichtbeachtung dieser Vorschrift im Ausland eingegangenen Ehen nicht als gültig anzuerkennen.

Die Vorschriften des Gesetzes des Heimatstaats über das Aufgebot müssen beachtet werden; doch kann das Unterlassen dieses Aufgebots die Nichtigkeit der Ehe nur in dem Lande zur Folge haben, dessen Gesetz übertreten worden ist.

Eine beglaubigte Abschrift der Eheschließungsurkunde ist den Behörden des Heimatlandes eines jeden der Ehegatten zu übersenden.

Art. 6. In Ansehung der Form ist die Ehe überall als gültig anzuerkennen, wenn sie vor einem diplomatischen oder konsularischen Vertreter gemäß seiner Gesetzgebung geschlossen wird, vorausgesetzt, daß keiner der Verlobten dem Staate, wo die Ehe geschlossen wird, angehört und dieser Staat der Eheschließung nicht widerspricht. Ein solcher Widerspruch kann nicht erhoben werden, wenn es sich um eine Ehe handelt, die mit Rücksicht auf eine vormalige Ehe oder ein Hindernis religiöser Natur gegen seine Gesetze verstoßen würde.

Der Vorbehalt des Artikel 5 Abs. 2 findet auf die diplomatischen oder konsularischen Eheschließungen Anwendung.

Art. 7. Eine Ehe, die in dem Lande, in welchem sie geschlossen wurde, in Ansehung der Form nichtig ist, kann gleichwohl in den anderen Ländern als gültig anerkannt werden, wenn die durch das Gesetz des Heimatstaats eines jeden der Verlobten vorgeschriebene Form beobachtet worden ist.

Art. 8. Dieses Abkommen findet nur auf solche Ehen Anwendung, welche im Gebiete der Vertragsstaaten zwischen Personen geschlossen sind, von denen mindestens eine Angehöriger eines dieser Staaten ist.

Kein Staat verpflichtet sich durch dieses Abkommen zur Anwendung eines Gesetzes, welches nicht dasjenige eines Vertragsstaats ist.

Art. 9. Dieses Abkommen, das nur auf die europäischen Gebiete der Vertragsstaaten Anwendung findet, soll ratifiziert und die Ratifikationsurkunden sollen im Haag hinterlegt werden, sobald die Mehrzahl der Hohen vertragschließenden Teile hierzu in der Lage ist.

Über die Hinterlegung soll ein Protokoll aufgenommen werden; von diesem soll eine beglaubigte Abschrift auf diplomatischem Wege einem jeden der Vertragsstaaten mitgeteilt werden.

Art. 10 usw.

20. Instruktion des Reichskanzlers vom 1. März 1871 zu dem Gesetze vom 4. Mai 1870, betreffend die Eheschließung und die Beurkundung des Personenstandes von Bundesangehörigen im Auslande [1]).

Diejenigen diplomatischen Vertreter und Konsuln des Deutschen Reiches, welchen auf Grund des hier ange-

[1]) v. König, 2. Aufl. S. 509—516.

schlossenen Gesetzes vom 4. Mai 1870 (BGBl. S. 599) die Befugnis zur Abschließung von Ehen, sowie zur Beurkundung von Geburten, Heiraten und Sterbefällen Bundesangehöriger übertragen wird, sowie die in Abwesenheits- oder sonstigen Verhinderungsfällen zu ihrer Stellvertretung berufenen Personen haben sich, neben den Vorschriften des gedachten Gesetzes, die nachfolgenden Bestimmungen zur Richtschnur zu nehmen.

I. Allgemeine Bestimmungen.

§ 1. Jeder zur Eheschließung und zur Beurkundung des Personenstandes ermächtigte Beamte hat drei fest gebundene Register von starkem Papier, das eine für die Heirats-, das andere für die Geburts-, das dritte für die Sterbefälle anzuschaffen. Dieselben sind, bevor sie in Gebrauch genommen werden, zu foliieren, auf der letzten Seite mit einem Attest über die Zahl der Folien unter Siegel und Unterschrift des Amts zu versehen und in dem Amtslokale an einem besonders gesicherten Orte zu verwahren. In den Registern darf nichts radiert oder zwischen die Zeilen eingeschaltet werden.

Das nach § 2 Alinea 2 des Gesetzes dem Reichskanzler jährlich einzureichende zweite Exemplar ist auf dünnerem Papier und auf einzelnen Bogen zu führen. Ist ein Bogen vollgeschrieben, so wird ein zweiter, dritter usw. mittels eines durch das Amtssiegel zu befestigenden Fadens angeheftet.

§ 2. Der Beamte hat sich zu vergewissern, daß die Personen, deren Geburt oder Sterbefall zu beurkunden ist, Bundesangehörige sind; bei Eheschließungen genügt es nach § 10 des Gesetzes, daß auch nur einer der Verlobten die Eigenschaft als Bundesangehöriger besitzt[1]). Der Nachweis der Bundesangehörigkeit ist durch schriftliche Urkunden, namentlich durch noch nicht abgelaufene, von der kompetenten Heimatsbehörde ausgestellte Pässe, Heimatscheine usw., durch konsularische Schutzscheine, Patente usw. zu führen.

§ 3. Die Eintragungen in die Register erfolgen nach der Zeitfolge hintereinander, ohne daß ein Zwischenraum zwischen der vorhergehenden und der unmittelbar darauf folgenden Eintragung gelassen werden darf.

Der Tag der Eintragung selbst sowie der Tag der Geburt oder des Todesfalles, um den es sich handelt, sind mit Worten, die Namen mit besonders großen, in die Augen fallenden Buchstaben zu schreiben.

§ 4. Da es wesentlich darauf ankommt, daß die Eintragungen in den Registern besonders deutlich und leserlich geschrieben werden, so kann der Beamte die Eintragung unter seiner unmittelbaren Aufsicht durch eine Person, die sich durch eine gute Handschrift auszeichnet, bewerkstelligen lassen; es muß aber jede Eintragung von dem Beamten, von den Zeugen und allen Beteiligten eigenhändig unterschrieben werden. Sind unter den letzteren Personen, welche nicht schreiben können, so ist deren Handzeichen oder, wenn sie auch ein solches zu machen nicht imstande sind, der Grund hiervon dem Beamten besonders zu beglaubigen.

---

[1]) Siehe jedoch Anm. 2 zu S. 179.

Als Zeugen dürfen in der Regel nur unbescholtene großjährige Personen zugelassen werden.

§ 5. Die Eintragung in die Register ist nicht als ein bloßer Vermerk über die zu beurkundende Tatsache (Heirat-, Geburts- oder Sterbefall), sondern in Form eines über den ganzen Hergang aufgenommenen vollständigen Protokolls, in der Regel in deutscher Sprache zu bewirken.

Wenn Personen bei der Handlung sich beteiligen, welche der deutschen Sprache überhaupt nicht oder nicht vollkommen mächtig sind, so hat der Beamte dafür zu sorgen, daß denselben der Inhalt der Verhandlung vollständig zur Kenntnis gebracht werde; es ist in dem Protokoll zu vermerken, daß und in welcher Weise dies geschehen ist.

Unter besonderen Umständen und namentlich wenn der Beamte der deutschen Sprache selbst nicht recht mächtig ist, soll es demselben gestattet sein, sich auch einer anderen Sprache zu bedienen; es ist jedoch in einem solchen Falle dafür zu sorgen, daß diejenigen Personen, welche nicht der gewählten Sprache mächtig sind, von dem Inhalt der Verhandlung vollständig Kenntnis erhalten.

§ 6. Die den Parteien auf ihr Verlangen auszuhändigende Urkunde über die geschlossene Ehe, den Geburts- oder Todesfall ist durch die Ausfertigung der in das betreffende Register eingetragenen bezüglichen Verhandlung unter Siegel und Unterschrift des Beamten in nachstehender Form zu erteilen:

Nachstehende Verhandlung, welche Blatt .... Band .... des bei der deutschen Gesandtschaft (dem deutschen Konsulate usw.) zu ...... in Gemäßheit des Bundesgesetzes vom 4. Mai 1870 geführten Registers über Eheschließungen (Geburten, Sterbefälle) eingetragen ist, und welche wörtlich, wie folgt lautet:

...... (hier ist das betreffende Protokoll einzurücken)

wird hiermit zu öffentlichem Glauben unter Siegel und Unterschrift der Gesandtschaft (des Konsulats usw.) zu ...... ausgefertigt.

N. N., den .. ten ...... 19 ..

(Amtscharakter und Unterschrift des Beamten.)

(Siegel.)

Gebühr

....

II. Besondere Bestimmungen.

1. Für Eheschließungen.

§ 7. Wenn die Schließung einer Ehe vor dem Beamten beantragt wird, so hat derselbe die Identität und Dispositionsfähigkeit der Interessenten festzustellen und zu prüfen, ob die zur bürgerlichen Gültigkeit einer Ehe nach den Gesetzen der Heimat der Verlobten vorgeschriebenen Bedingungen vorhanden sind.

Eine Übersicht über die in dieser Beziehung hauptsächlich in Betracht kommenden Gesetze findet sich in der Anlage[1]).

Von der Beibringung der im § 3 des Gesetzes bezeichneten Papiere kann nur unter den im Gesetze erwähnten Umständen abgesehen werden.

Behauptet ein Interessent den Tod der im § 3 des Gesetzes Alinea I unter Nr. 2 bezeichneten Personen, so sind die Totenscheine derselben in beglaubigter Form beizubringen; doch ist es unter besonderen Umständen gestattet, von der Beibringung dieser Papiere ebenfalls abzusehen, wenn der Beamte anderweitig genügende Überzeugung von der Richtigkeit der Behauptung gewonnen hat.

§ 8. Über den Antrag auf Schließung der Ehe und die angestellten Erörterungen (§ 7) ist eine Verhandlung aufzunehmen.

Hat der Beamte hiernach die Überzeugung gewonnen, daß der bürgerlichen Gültigkeit der beabsichtigten Ehe keine Hindernisse entgegenstehen, so ist unter Beachtung des § 5 des Gesetzes das Aufgebot durch eine Bekanntmachung des Beamten in der deutschen und in der Landessprache nach dem hier folgenden Formular zu bewirken:

Es wird hiermit bekannt gemacht, daß

der N. N. (Vorname und Familienname), seines Standes (Gewerbes) . . . ., geboren in N.,

---

[1]) Nicht abgedruckt. Für Reichsangehörige gelten lediglich die Vorschriften des BGB. über die bürgerliche Ehe (§§ 1297—1588).

. . Jahre alt, wohnhaft in N., Sohn des N. und der N. in N.

und

die N. N. (Vorname und Familienname), geboren in N., . . Jahre alt, wohnhaft in N., Tochter des N. und der N. in N.

beabsichtigen, sich miteinander zu verheiraten, und diese Ehe in Gemäßheit des Bundesgesetzes vom 4. Mai 1870 vor dem unterzeichneten Beamten abzuschließen.

N. N., den . . ten . . . . . 19 . .

(Amtscharakter und Unterschrift des Beamten.)

(Siegel.)

Affigiert den . . . . . .

Refigiert und zu den Akten den . . . . .

Diese Bekanntmachung muß eine Woche an der Tür oder an einer in die Augen fallenden Stelle vor oder in der Amtskanzlei aushängen, nach Ablauf dieser Frist aber, mit dem Affiktions- und Refiktionsvermerk versehen, zu der oben bezeichneten Verhandlung genommen werden. Wegen Bekanntmachung in einer Zeitung sind die Bestimmungen des Gesetzes zu beachten.

§ 9. Wohnen die Brautleute in verschiedenen Amtsbereichen, so steht es ihnen frei, darauf anzutragen, daß der Beamte, an welchen sie sich zuerst gewendet haben, nach erlassenem Aufgebote die betreffende Verhandlung mit den dazugehörigen Urkunden urschriftlich an den Beamten, in dessen Bereich der andere Teil seinen

Wohnsitz hat, übersendet. Letzterer hat alsdann auch seinerseits zu prüfen, ob die zur bürgerlichen Gültigkeit der Ehe gesetzlich notwendigen Erfordernisse vorhanden sind. Findet er hiergegen nichts zu erinnern, so ist das Aufgebot zu veranlassen.

Nach Ablauf der im § 4 des Gesetzes bestimmten Frist hat er den zuerst gedachten Beamten unter Wiederbeifügung der ihm übersandten Verhandlung mit ihren Anlagen zu benachrichtigen, daß das Aufgebot erfolgt und Einspruch nicht erhoben worden ist. Der Zurückbehaltung einer Abschrift der Verhandlung bedarf es nicht; vielmehr genügt es, wenn über den ganzen Hergang ein Vermerk zu den Akten gebracht wird, aus welchem das Datum der Verhandlung und der Beamte, der sie aufgenommen hat, hervorgehen.

Ein ähnliches Verfahren findet statt, wenn der frühere Wohnsitz einer der aufzubietenden Personen, an welchem nach § 5 des Gesetzes das Aufgebot zu erfolgen hat, zu dem Amtsbereiche eines anderen Beamten gehört.

§ 10. Eine Dispensation von dem Aufgebote darf nur in besonders dringenden Fällen erfolgen, namentlich bei eintretender plötzlicher Todesgefahr eines der beiden Verlobten, oder wenn dieselben den Bereich des Beamten zu verlassen beabsichtigen und eine Verzögerung der Abreise um die Dauer der Aufgebotsfrist sehr wesentliche Nachteile für sie herbeiführen würde.

§ 11. Sämtliche in einem Jahre vorkommende

Eheanmeldungs- und Aufgebotsverhandlungen sind, chronologisch geordnet, aktenmäßig zu sammeln und neben den drei Registern aufzubewahren.

§ 12. Werden auf Grund des Aufgebots gegen die beabsichtigte Eheschließung Einwendungen erhoben, so können sich dieselben entweder auf ein dem Beamten bis dahin nicht bekannt gewordenes gesetzliches Ehehindernis oder auf Privatansprüche seitens einer dritten Person [1]) gründen. Im ersteren Falle ist, wenn das Hindernis bescheinigt oder unter Beweis gestellt wird, die Eheschließung so lange zu versagen, bis der Beamte das Hindernis nach genauer Prüfung für nicht erwiesen befindet, oder bis das Hindernis gehoben ist. Einsprüche dritter Personen finden überhaupt nur Berücksichtigung, wenn sie sich auf ein älteres förmliches Ehegelöbnis oder auf eine glaubhaft nachgewiesene, unter dem Versprechen der Ehe erfolgte Schwängerung gründen. Gelingt es den Parteien nicht, den Widersprechenden zur Zurücknahme des Widerspruchs — allenfalls gegen Bestellung einer Sicherheit für etwaige im Wege Rechtens zu erstreitende Entschädigung — zu bewegen, oder den Beamten von der Unwirksamkeit des Ehegelöbnisses, bzw. von dem Nichtvorhandensein einer Schwängerung zu überzeugen, so ist die Eheschließung auszusetzen und an den Reichskanzler unter ausführlicher Darlegung des Sachverhältnisses behufs Erteilung weiterer Weisung zu berichten[1]).

Sind keine Einwendungen erhoben, oder geben die erhobenen zu keinem Aufschub Veranlassung, so ist mit der Eheschließung zu verfahren.

---

[1]) Für Reichsdeutsche außer Geltung. Siehe Anm. 1 zu S. 190.

Die Brautleute müssen persönlich vor dem Beamten erscheinen, welcher zu der Eheschließung ein der Würde der Handlung angemessenes Lokal im Amtsgebäude zu bestimmen hat.

Die Eheschließung selbst erfolgt in der im § 7[1]) des Gesetzes vorgeschriebenen Weise.

Über den ganzen Hergang ist in dem Register für Heiraten ein Protokoll nach dem folgenden Formular[2]) aufzunehmen . . . . .

Verhandelt zu N. N. den ersten (zweiten usw.) Neunzehnhundert . . . .

Vor mir, dem unterzeichneten Beamten, erschienen heute im Amtslokale, bekannt und verfügungsfähig:

1. Der Kgl. preußische, hamburgische usw.) Staatsangehörige (Vorname und Familienname), seines Standes (Gewerbes) . . . ., . . . Jahre alt, aus . . . gebürtig, wohnhaft in . . ., Sohn des . . . und der . . . . in . . . (Vor- und Familiename, Alter, Stand oder Gewerbe und Wohnort der Eltern);
2. die . . . . Staatsangehörige (Vor- und Familienname), ... Jahre alt, aus . . . . gebürtig, wohnhaft in . . . ., Tochter des . . . . und der . . . . in . . . . (wie zu 1);
3. der N. N. (Vor- und Familienname), ..., Jahre alt, seines Standes (Gewerbes) . . . .

---

[1]) und 7a.

[2]) Abgedruckt in der durch Runderlaß vom 22. Dezember 1899 (III 44256) angeordneten Fassung (v. König, S. 241).

aus .... gebürtig, wohnhaft in ..., als erster Zeuge;

4. der N. N. usw. (wie zu 3), als zweiter Zeuge;

5. | 6. | usw. } die sonst noch anwesenden Personen.

Die beiden unter Nr. 1 und 2 aufgeführten Personen, nämlich der N. N. und die N. N. erklärten, daß es ihre Absicht sei, eine Ehe miteinander einzugehen und sie in der durch das Gesetz vom 4. Mai 1870 vorgeschriebenen Form abzuschließen.

Da die in diesem Gesetze angeordneten Förmlichkeiten erfüllt sind, so richtete ich, der unterzeichnete Beamte, in Gemäßheit des § 7a des genannten Gesetzes sowohl an den N. N. als auch an die N. N. einzeln die Frage, ob es ihre ernstliche und gewisse Absicht sei, mit dem gegenwärtigen anderen Teile eine Ehe einzugehen, und forderte sie auf, wenn dies der Fall sei, diese ihre Absicht durch ein lautes und deutliches „Ja" zu bekunden.

Nachdem von beiden Teilen die Bejahung dieser Frage in einer der Aufforderung entsprechenden Weise erfolgt war, so erklärte ich, der unterzeichnete Beamte, daß der N. N. und die N. N. kraft dieses Gesetzes nunmehr rechtmäßig verbundene Eheleute seien.

Diese Verhandlung ist hierauf den Eheleuten, den beiden Zeugen, sowie den übrigen Anwesenden vorgelesen, von denselben genehmigt und eigenhändig unterschrieben worden (mit Ausnahme des des Schreibens unkundigen N. N., welcher die Verhandlung unterkreuzt hat — mit Ausnahme des N. N., welcher wie hiermit bezeugt wird, an den Händen gelähmt ist und deshalb nicht unterschreiben konnte).

Geschlossen wie oben

(Unterschriften.)

(Amtscharakter und Unterschrift des Beamten.)

2. Bei Geburten.

§ 13. Die Eintragung der Geburt eines Kindes in das Register für Geburtsfälle erfolgt auf den Antrag des Vaters, oder bei unehelichen Kindern auf den Antrag der Mutter oder ihrer Angehörigen, unter Beachtung der in § 11 des Gesetzes enthaltenen Bestimmungen nach dem folgenden Formular[1]):

Verhandelt zu .... den ersten (zweiten usw.) .... Achtzehnhundert ....

Vor mir, dem unterzeichneten Beamten, erschien heute im Amtslokale bekannt und verfügungsfähig:

Der (die usw.) ... welcher (welche) mir erklärte, daß am ersten usw. .... Achtzehnhundert und .... um ... Uhr vormittags (nachmittags) dem preußischen (sächsischen usw.) Untertan .... (Stand oder Gewerbe) N.N. (Vor- und Familienname), wohnhaft in N., von seiner Ehefrau, der

---

[1]) Ergänzt durch Erlaß vom 11. Dezember 1885 (siehe v. König S. 282).

früheren mecklenburgischen (sachsen-altenburgischen usw.) Staatsangehörigen N. N. (Vor- und Familien namen), wohnhaft in N., in seiner Wohnung zu N. (oder ein sonstiger den Umständen entsprechender Vermerk bezüglich des Ortes der Geburt) ein Kind .... Geschlechts geboren und diesem Kinde d .. Name .... beigelegt worden sei. (Ist die erklärende Person nicht der Vater oder die Mutter, so ist noch eine Angabe über die Basis der Anzeige, z. B. Auftrag der Eltern, hinzuzufügen.)

Diese von mir aufgenommene Erklärung ist geschehen in Anwesenheit der beiden Zeugen, nämlich:

1. N. N. (Vor- und Familienname, Staatsangehörigkeit, Stand oder Gewerbe, Wohnort.)
2. N. N. (wie ad 1).

Gegenwärtige Urkunde ist den Erschienenen vorgelesen und von denselben unterzeichnet worden.

Geschlossen wie oben.

(Unterschriften.)

(Amtscharakter und Unterschrift des Beamten.)

§ 14. Als Zeugen sind, wenn sonst keine Bedenken entgegenstehen, womöglich solche Personen zuzuziehen, welche der Geburt des Kindes, um welches es sich handelt, persönlich beigewohnt haben, und ist in diesem Falle weniger auf Geschlecht und Nationalität der Zeugen, wohl aber unbedingt auf Unbescholtenheit derselben zu sehen.

§ 15. Entstehen Bedenken über die Richtigkeit der Angaben des die Geburt Anmeldenden oder ist die Anzeige länger als drei Tage[1]) nach der Geburt verzögert worden, so hat der Beamte durch Vernehmung des Geburtshelfers, der Hebamme oder anderer Personen, welche Auskunft zu erteilen vermögen, anderweiten Beweis zu erheben, und bis dies geschehen, die Eintragung in das Register auszusetzen.

Die Eintragung ist auch dann auszusetzen, wenn dem Kinde zur Zeit der Anmeldung ein Vorname noch nicht gegeben worden ist.

§ 16. In allen Fällen, wo die Eintragung einer Geburt in das Register ausgesetzt werden muß, ist über die Anmeldung und über die sich an dieselbe knüpfenden weiteren Erörterungen eine Verhandlung aufzunehmen und auf dieselbe bei der später wirklich erfolgenden Eintragung in das Register kurz zu verweisen.

Diese Verhandlungen sind, nach Jahrgängen chronologisch geordnet, aktenmäßig zusammenzufassen und neben den drei Registern aufzubewahren.

3. Für Todesfälle.

§ 17. Die Eintragung eines Todesfalles in das Register für Sterbefälle erfolgt nach folgendem Formular:

Verhandelt zu . . . . den ersten (zweiten usw.) . . . .
Achtzehnhundert und . . . .

---

[1]) Durch Erlasse vom 26. Juli 1882 und 23. Februar 1888 ist die Frist auf drei Monate verlängert (v. König S. 253).

Vor mir, dem unterzeichneten Beamten, erschienen heute im Amtslokale

1. der } ... (Vor- und Familienname, Alter, Stand,
2. der } oder Gewerbe und Wohnort der beiden Zeugen, und wenn es Verwandte des Verstorbenen sind, Grad ihrer Verwandtschaft),

welche beide übereinstimmend erklärten, daß am .. ten ..... Achtzehnhundert ..... um .. Uhr nachmittags (nachts usw.) in N. N. verstorben sei:

Der (die) ..... (Vor- und Familiennamen des Verstorbenen, dessen Staatsangehörigkeit, Alter, Stand oder Gewerbe, Wohn- und Geburtsort), Ehemann (Ehefrau) der (des) ..... (Vor- und Familiennamen des Ehegatten), Sohn (Tochter) des ..... (Vor- und Familiennamen, Staatsangehörigkeit, Stand oder Gewerbe und Wohnort der Eltern des Verstorbenen),

worüber gegenwärtige Verhandlung aufgesetzt und nach Vorlesung von den Anzeigenden unterschrieben wurde.

Geschlossen wie oben.

(Unterschriften der Deklaranten.)

(Amtscharakter und Unterschrift des Beamten.)

Hat der Verstorbene Abkömmlinge hinterlassen, so sind deren Namen, Alter usw. in das Protokoll aufzunehmen.

§ 18. Als Zeugen sind womöglich solche Personen

zuzuziehen, welche entweder dem Hinscheiden des Verstorbenen beigewohnt oder von dessen Tode zuverlässige Kenntnis erhalten haben.

§ 19. Entstehen Bedenken über die Richtigkeit der Angaben der Zeugen, oder kann nach den besonderen Umständen des Falles der Tod durch Zeugenaussagen nicht füglich festgestellt werden, so bleibt es dem pflichtmäßigen Ermessen der Beamten überlassen, noch anderweitige Erörterungen, namentlich die Vernehmung eines Arztes, welcher den angeblich Verstorbenen in der letzten Krankheit behandelt hat, zu veranlassen oder die Vermittlung der Lokalbehörden anzurufen.

§ 20. In allen Fällen, in welchen die Eintragung des Todesfalls nicht streng nach Vorschrift des § 12 des Gesetzes oder sofort nach der Anmeldung des Todesfalls hat bewirkt werden können, ist eine Verhandlung aufzunehmen, aus welcher die stattgehabten Erörterungen und namentlich die Notwendigkeit der Abweichung von der gesetzlichen Regel zu erkennen sind. Alle derartige Verhandlungen sind, chronologisch geordnet, in ein besonderes Aktenstück für jedes Jahr zusammenzufassen und neben den drei Registern aufzubewahren.

§ 21[1]).

---

[1]) Betrifft: Provisorische Festsetzung der Gebühren für die auf Grund des Gesetzes vom 4. Mai 1870 und der obigen Instruktion vorgenommenen Verrichtungen. Ersetzt durch das Konsulatsgebührengesetz vom 17. Mai 1910 (RGBl. S. 847) siehe S. 496.

21. Erlaß vom 11. Dezember 1885 zur Ausführung des Gesetzes vom 4. Mai 1870[1]).

Der Abschluß der Register, welcher am Jahresschluß zu bewirken ist, darf nicht mit Rücksicht darauf, daß schon angemeldete Geburts- und Todesfälle noch nicht zur Eintragung gelangen konnten, oder aus sonstigen Gründen hinausgeschoben werden, doch kann der Abschluß nur durch einen auf Grund des § 1 G. vom 4. Mai 1870 ermächtigten Beamten erfolgen. Für den Vermerk, mit welchem die Register abgeschlossen werden, empfiehlt sich nachstehende Fassung:

Abgeschlossen für das Jahr Eintausendneunhundertund ...... mit einer (zwei usw.) Eintragung (Eintragungen).

N., den .... 19 . .

(Siegel.)

Der Kaiserliche (Generalkonsul, Konsul usw.).

Haben keine Eintragungen stattgefunden, so hat der Vermerk in dem bei dem Beamten verbleibenden Exemplare (dem gebundenen Register) — ein zweites Exemplar ist in solchem Falle nicht entstanden — ebenso wie vorstehend zu lauten, nur mit der Änderung, daß es statt „mit einer (zwei usw.) Eintragung (Eintragungen) heißt: „ohne Eintragung". Der Vermerk ist von dem Tage zu datieren, an welchem er durch die Unterschrift des Beamten tatsächlich vollzogen wird. Dem Reichskanzler ist in diesem Falle nicht eine Abschrift des Abschluß-

---

1) Nicht veröffentlicht; entnommen v. König S. 234.

vermerks einzureichen, sondern lediglich die im § 2 Abs. 3 G. vom 4. Mai 1870 vorgeschriebene amtliche Bescheinigung (Fehlanzeige), für die sich folgende Fassung empfiehlt:

Ich bescheinige hierdurch amtlich, daß in das bei dem K. Generalkonsulat (Konsulat) zu . . . . geführte . . . . . . Register im Jahre Eintausendneunhundertund . . . . . . eine Eintragung nicht erfolgt ist.

N. N., den . . . . 19 . .

(Siegel.)

Der Kaiserliche (Generalkonsul, Konsul usw.).

Eine solche Bescheinigung ist getrennt für jedes der drei Register, in welchem keine Eintragung statt hatte, einzureichen.

Die Einsendung von Registerauszügen (beglaubigten Abschriften der betreffenden Eintragungen) an die Bundesregierungen hat für Preußen an die Oberpräsidien der betreffenden Provinzen, für die Hansestädte an den betreffenden Senat zu erfolgen. Sind bei Eheschließungen beide Verlobte Reichsangehörige oder Angehörige verschiedener Bundesstaaten, so ist ein Auszug an jede der betreffenden Bundesregierungen (Oberpräsidien) zu schicken.

22. Runderlaß vom 14. April 1890 zur Ausführung des Gesetzes vom 4. Mai 1870[1]).

In dem Berichte, womit das zweite Exemplar beim Jahresschluß nach Berlin eingereicht wird, ist zu bemerken, an welche Bundesregierungen (Operpräsidien) die Ein-

[1]) Nicht veröffentlicht; entnommen v. König S. 235.

sendung der die einzelnen Fälle betreffenden Auszüge erfolgt ist. In den Bericht sind ferner, da die Geburtsurkunden meist keine Angabe über den letzten inländischen Wohnort oder den Geburtsort der Eltern des Kindes enthalten, hierauf bezügliche Angaben zwecks Ermittelung der zuständigen Standesämter aufzunehmen.

23. Runderlaß vom 28. März 1894 zur Ausführung des Gesetzes vom 4. Mai 1870[1]).

Sind beide Nupturienten nur vorübergehend in dem Konsularbezirk anwesend, so liegt die Möglichkeit vor, daß die Betreffenden sich nur ins Ausland begeben haben, um den ihrer Eheschließung im Inland entgegenstehenden Schwierigkeiten aus dem Wege zu gehen. Derartige Bedenken werden regelmäßig als beseitigt anzusehen sein, wenn unbeschadet des in den §§ 3 ff. des G. vom 4. Mai 1870 vorgeschriebenen Aufgebotes auch der nach § 42 des Personenstandsgesetzes vom 6. Februar 1875 (RGBl. S. 23) zuständige inländische Standesbeamte (d. h. derjenige, in dessen Bezirk einer der Verlobten seinen Wohnsitz hat oder sich gewöhnlich aufhält) ein Aufgebot angeordnet und darauf gemäß § 43 a. a. O. den betreffenden Vertreter im Auslande zur Vornahme der Eheschließung schriftlich ermächtigt hat. Sollte der inländische Standesbeamte, der hierzu allerdings nicht genötigt werden kann, seine Mitwirkung versagen, so wird es sich in zweifelhaften Fällen empfehlen, wenigstens

[1]) Nicht veröffentlicht; entnommen v. König S. 239.

das im § 5 des G. vom 4. Mai 1870 vorgesehene Zeugnis der Obrigkeit des Wohnortes der Verlobten zu erfordern.

C. Legalisation von Urkunden.

24. Zivilprozeßordnung.

§ 438. Ob eine Urkunde, welche als von einer ausländischen Behörde oder von einer mit öffentlichem Glauben versehenen Person des Auslandes errichtet sich darstellt, ohne näheren Nachweis als echt anzusehen sei, hat das Gericht nach den Umständen des Falles zu ermessen.

Zum Beweise der Echtheit einer solchen Urkunde genügt die Legalisation durch einen Konsul oder Gesandten des Reichs.

25. Gesetz, betreffend die Beglaubigung öffentlicher Urkunden. Vom 1. Mai 1878 (RGBl. S. 89).

§ 2. Zur Annahme der Echtheit einer Urkunde, welche als von einer ausländischen öffentlichen Behörde oder von einer mit öffentlichem Glauben versehenen Person des Auslandes ausgestellt oder aufgenommen sich darstellt, genügt die Legalisation durch einen Konsul oder Gesandten des Reichs.

26. Vertrag zwischen dem Deutschen Reiche und der Schweiz über die Beglaubigung öffentlicher Urkunden. Vom 14. Februar 1907 (RGBl. S. 411).

Art. 1. Die von den Gerichten des einen Teils, mit Einschluß der Konsulargerichte aufgenommenen, ausgestellten oder beglaubigten Urkunden bedürfen, wenn sie mit dem Siegel oder Stempel des Gerichts versehen sind, zum Gebrauch in dem Gebiete des andern Teiles einer Beglaubigung (Legalisation).

Zu den bezeichneten Urkunden gehören auch die von dem Gerichtsschreiber unterschriebenen Urkunden, sofern diese Unterschrift nach den Gesetzen des Teiles genügt, dem das Gericht angehört.

D. Erteilung von Pässen und sonstigen schriftlichen Zeugnissen.

27. Gesetz über das **Paßwesen.** Vom 12. Oktober 1867 (BGBl. S. 33).

§ 6. Zur Erteilung von Pässen an Bundesangehörige zum Eintritt in das Bundesgebiet sind befugt:

1. die Bundesgesandten und Bundeskonsuln; . . . .

§ 8. Für Pässe und sonstige Reisepapiere darf an Stempelabgaben und Ausfertigungsgebühren zusammen nicht mehr als höchstens Ein Taler erhoben werden.

Die Gesandten und Konsuln sind befugt, Pässe stempel- und kostenfrei auszustellen. In welchen Fällen dies außerdem statthaft ist, bleibt der Bestimmung der einzelnen Regierungen vorbehalten.

28. **Deutsche Wehrordnung** vom 28. September 1875 und 22. November 1888 in der Fassung des Neudrucks von 1904.

§ 33 Ziff. 10. Die Zurückstellung der im Auslande lebenden Militärpflichtigen darf bis zum 25. September des dritten Militärpflichtjahres ausgedehnt werden.

Sie darf erfolgen

. . . .

für die im Auslande lebenden Militärpflichtigen: durch die Berufskonsuln und, soweit die Militärpflichtigen nicht im Amtsbezirk eines solchen leben, durch die Gesandten des Reichs. Der Reichskanzler kann diese Befugnis auch einem Wahlkonsul oder einer besondern Kommission, die auf seine Anordnung am Amtssitze eines Konsuls oder eines Beamten des Reichs gebildet ist, übertragen[1]).

Von jeder Zurückstellung ist die heimatliche Ersatzkommission (§ 25, 4) zu benachrichtigen.

§ 42. Endgültige Entscheidungen über Militärpflichtige im Auslande.

1. Über Militärpflichtige, welche ihren dauernden Aufenthalt im Auslande haben, darf durch die Ober-Ersatzkommissionen in folgenden Fällen endgültig entschieden werden, ohne daß ihr persönliches Erscheinen vor den Ersatzbehörden erforderlich ist:
   a) wenn sie durch glaubhafte ärztliche Zeugnisse nachweisen, daß sie dauernd untauglich sind (§ 38, 1);
   b) wenn sie durch glaubhafte ärztliche Zeugnisse nachweisen, daß sie nur bedingt tauglich sind (§§ 39, 1a und b; 40, 2b und c);
   c) wenn sie römisch-katholischer Konfession sind, die Subdiakonatsweihe empfangen haben und durch glaubhafte ärztliche Zeugnisse nachweisen, daß sie tauglich sind (§ 40, 3a);
   d) wenn sie durch glaubhafte obrigkeitliche Zeugnisse

---

[1]) Die Konsulate, denen das Recht zur Zurückstellung Militärpflichtiger übertragen ist, siehe in Abschnitt VI S. 528.

nachweisen, daß ihnen einer der im § 32, 2a bis e aufgeführten Reklamationsgründe zur Seite steht;

e) wenn sie durch ein von dem zuständigen Konsul, in den deutschen Schutzgebieten von dem Gouverneur oder Landeshauptmann ausgestelltes oder hinsichtlich der Richtigkeit bescheinigtes Zeugnis nachweisen, daß sie an einem der nachstehenden Fehler oder Gebrechen leiden: Gemütskrankheit, Blödsinn, allgemeine Körperverkrüppelung, Verlust größerer Gliedmaßen, Verlust der Augen, der Nase oder auffallendes Mindermaß.

3. Auf den nach Ziff. 1 vorzulegenden Zeugnissen ist seitens desjenigen Konsuls des Deutschen Reiches, welcher den Militärpflichtigen in seiner Matrikel führt oder in dessen Bezirk der Ort liegt, an welchem die ärztliche Untersuchung stattgefunden hat, die Identität zu bescheinigen.

In den ärztlichen Zeugnissen (Ziff. 1a bis c) ist außerdem von genanntem Konsul anzugeben, daß die ärztliche Untersuchung in Gegenwart eines Konsularbeamten stattgefunden hat.

29. Runderlaß vom 1. August 1898 über die Ausstellung von Gesundheitspässen[1]).

Während in den früheren Kontrollvorschriften[2]) an die Beibringung eines reinen Gesundheitspasses besondere Vorteile geknüpft waren, sind die Gesundheitspässe in

---

[1]) Nicht veröffentlicht; entnommen v. König S. 271.

[2]) D. h. den Vorschriften über die gesundheitliche Kontrolle der Seeschiffe in deutschen Häfen.

den jetzigen Bestimmungen[1]) überhaupt nicht erwähnt. Dieses beruht darauf, daß man im Laufe der Zeit mehr und mehr davon abgekommen ist, dem Gesundheitspaß eine erhebliche Bedeutung beizulegen. Demgemäß werden jetzt in den deutschen Seehäfen von den ankommenden Schiffen keine Gesundheitspässe mehr gefordert, sondern der Hafenarzt hat nach Maßgabe der bestehenden Vorschriften unter Würdigung aller für eine eventuelle Gefährlichkeit des Schiffes in Betracht kommenden Umstände und insbesondere nach Prüfung des Gesundheitszustandes an Bord während der Reise und im Zeitpunkt der Ankunft ohne Rücksicht auf den Wortlaut eines etwa beigebrachten Gesundheitspasses über die erforderlichen Sicherungsmaßregeln Bestimmung zu treffen.

Es wird hiernach wohl angenommen werden können, daß für die Versegelung nach deutschen Häfen die Anträge auf Ausstellung von Gesundheitspässen bei den Konsulaten in Zukunft sich vermindern werden. Soweit derartige Anträge künftig noch, sei es von deutschen Schiffen, sei es von nichtdeutschen Schiffen, gestellt werden sollten, wird anheimgestellt, die Antragsteller darauf aufmerksam zu machen, daß für die deutschen Seehäfen kein Gesundheitspaß vorgeschrieben ist und daß die Beibringung eines solchen keinerlei Rechte und Erleichterungen hinsichtlich der gesundheitspolizeilichen Behandlung der Schiffe gewährt. Wenn die Antragsteller indessen

[1]) Vorschriften des Bundesrats über die gesundheitliche Behandlung der Seeschiffe in den deutschen Häfen (RGBl. 1907 S. 563).

die Ausfertigung eines Gesundheitspasses wünschen, ist ihnen derselbe zu erteilen.

Außer dem Fall der Versegelung nach einem deutschen Hafen kann es unter Umständen vorkommen, daß von den Konsulaten die Ausfertigung eines Gesundheitspasses zum Gebrauch in einem nichtdeutschen Hafen gewünscht wird, da von den auswärtigen Staaten noch verschiedene wie bisher an der Einrichtung der Gesundheitspässe festhalten und in manchen fremden Häfen die deutschen konsularischeu Gesundheitspässe gewisse Erleichterungen gewähren. Liegt ein solcher Antrag vor, so ist der Gesundheitspaß von den Konsulaten deutschen Schiffen stets, nichtdeutschen Schiffen aber nur dann zu erteilen, wenn an dem Hafenplatze weder eine zur Ausstellung derartiger Pässe befugte Gesundheitsbehörde, noch ein Vertreter des Landes, dessen Flagge das Schiff führt, sich befindet.

Was die Form der Gesundheitspässe betrifft, so wird in den deutschen Seeuferstaaten für die von deutschen Häfen ausgehenden Schiffe, die einen Gesundheitspaß ausgestellt haben wollen, das nachstehend[1]) abgedruckte Formular in Anwendung gebracht, dessen Wortlaut mit Absicht ziemlich weit gefaßt ist. Jedoch haben die zur Ausstellung zuständigen Behörden die Ermächtigung erhalten, den Pässen, weil von einzelnen Hafenbehörden des Auslandes eingehendere Gesundheitspässe verlangt werden, auf Wunsch der Kapitäne einen von dem Formular abweichenden Inhalt zu geben bzw. auch dem

---

[1]) Siehe S. 210.

Gesundheitspaß eine Übersetzung beizufügen. Es erscheint erwünscht, daß die Konsularbehörden, soweit sie künftig in die Lage kommen, Gesundheitspässe auszustellen, möglichst das gleiche Formular benutzen, nach welchem vom Auswärtigen Amt Gesundheitspässe wie bisher gegen Erstattung der Kosten bezogen werden können. Doch gilt die vorher bezüglich der deutschen Hafenbehörden erwähnte Ermächtigung auch für die Konsulate, und letzteren bleibt es daher unbenommen, auf Wunsch der Kapitäne oder wenn die Lokalverhältnisse oder sonstige Umstände es erfordern, den Pässen einen andern Inhalt zu geben, sofern derselbe den tatsächlichen Verhältnissen entspricht und sie mit einer englischen oder anderssprachigen Übersetzung zu versehen.

Die Gesundheitspässe sind von den Kaiserlichen Konsuln unter Beifügung ihres Amtscharakters zu unterzeichnen und mit Siegel zu versehen.

Die Gebühren für Ausstellung eines Gesundheitspasses berechnen sich nach Nr. 18 des Tarifs vom 1. Juli 1872[1]).

Gesundheitspaß.

Die Polizeibehörde (der Senat der freien [und] Hansestadt) zu . . . . . . bescheinigt hiermit auf Ansuchen von . . . . . . Kapitän des . . . . . . Schiffes, genannt . . . . . . besetzt mit . . . Mann (einschließlich des Kapitäns) und mit . . . Reisenden, beladen mit . . . . bestimmt von hier

---

[1]) Jetzt Nr. 18 des Tarifs vom 17. Mai 1910, (RGBl. S. 853), unten S. 507.

nach . . . . . . abzugehen, daß am hiesigen Platze und in dem zugehörigen Hafen gegenwärtig keine ungewöhnliche ansteckende Krankheit epidemisch herrscht.

. . . . . . den . . . . . . 19 . .

Die Polizeibehörde.

(Der Senat.)

30. Eisenbahn-Verkehrsordnung. Vom 23. Dezember 1908 (RGBl. 1909 S. 93).

Beförderung von Leichen.

§ 44 Abs. 4. Bei der Aufgabe ist der Eisenbahn ein Leichenpaß nach dem Muster der Anlage A zu übergeben, der bei Auslieferung der Leiche dem Empfänger ausgefolgt wird. Bei Leichensendungen aus ausländischen Staaten, mit denen eine Vereinbarung wegen gegenseitiger Anerkennung der Leichenpässe abgeschlossen ist, genügt ein Leichenpaß der zuständigen ausländischen Behörde. Die zur Ausstellung von Leichenpässen befugten in- und ausländischen Behörden werden besonders bekannt gemacht[1]). Der Leichenpaß gilt für den ganzen Beförderungsweg.

Leichenpaß.

Die nach Vorschrift eingesargte Leiche de . am . . ten . . . . . . 19 . . in . . . . . . (Ort) an

---

[1]) Bekanntmachung des Reichskanzlers vom 10. Januar 1910, betr. die vom 1. Januar 1910 ab zur Ausstellung von Leichenpässen ermächtigten Kaiserlichen Vertretungen (ZBl. S. 14). Die danach zur Ausstellung von Leichenpässen ermächtigten Konsulate siehe in Abschnitt VI S. 528.

...... (Todesursache) verstorbenen (Alter) ... jährigen .... (Stand, Vor- und Zuname des Verstorbenen, bei Kindern Stand der Eltern) soll mit der Eisenbahn von ..... über ..... nach ...... zur Bestattung befördert werden. Nachdem diese Überführung der Leiche genehmigt worden ist, werden sämtliche Behörden, deren Bezirke durch den Transport berührt wird, ersucht, ihn ungehindert und ohne Aufenthalt weitergehen zu lassen.

...... den ...... 19 . .

(Siegel) (Unterschrift)

31. Vorschriften für die **Beförderung von Leichen auf dem Seewege**[1]) (Ministerialblatt der Kgl. Preuß. Handels- und Gewerbeverwaltung 1907 S. 3).

1. Für die Beförderung einer Leiche zwischen den Seehäfen des Deutschen Reichs und seiner Schutzgebiete und zwischen einem dieser Häfen und einem ausländischen Hafen ist ein nach anliegendem Muster ausgefertigter Leichenpaß beizubringen, welchen der Schiffskapitän für die Dauer der Fahrt in Verwahrung nimmt.

2. Die Ausstellung der Leichenpässe liegt im Auslande den dazu ermächtigten Gesandten und Konsuln des Reiches ob[2]). Für Leichen von Personen, welche an Cholera, Fleckfieber, Pest oder Pocken verstorben sind,

---

[1]) Von den Bundesstaaten vereinbart. In Preußen bekannt gegeben durch Erlaß vom 24. Dezember 1906.

[2]) S. Anm. 1 auf S. 211.

dürfen solche Pässe erst dann ausgestellt werden, wenn mindestens ein Jahr nach dem Tode verflossen ist.

3. Dem Gesuch um Erteilung eines Leichenpasses sind in Urschrift oder beglaubigter Abschrift beizufügen:

a) eine vorschriftsmäßig ausgefertigte Sterbeurkunde, welche Namen, Stand, Alter und Todestag des Verstorbenen enthält;

b) eine tunlichst auf Grund einer Äußerung des Arztes, welcher den Verstorbenen behandelt hat, ausgestellte Bescheinigung über die Todesursache. Kommt die Leiche aus einem Ort, an dem Cholera, Fleckfieber, Pest oder Pocken herrschen, so ist gleichzeitig zu bescheinigen, daß der Beförderung der Leiche gesundheitliche Bedenken nicht entgegenstehen;

c) eine Bescheinigung des bei der Einsargung zugegen gewesenen Sachverständigen (§ 2 Abs. 1) darüber, daß die Einsargung vorschriftsmäßig erfolgt ist.

4. Bei Leichen von Angehörigen der Armee und der Marine genügen die von der zuständigen Militärbehörde oder Dienststelle ausgefertigten Nachweise zu Abs. 3 a—c. Im Auslande kann auf die zu b vorgesehene Bescheinigung verzichtet werden, wenn dem zur Ausstellung des Leichenpasses zuständigen Gesandten oder Konsul des Reichs die zu bescheinigenden Tatsachen bekannt sind.

5. Bei Leichen aus solchen ausländischen Staaten, mit welchen eine Vereinbarung wegen wechselseitiger Anerkennung der Leichenpässe abgeschlossen ist, genügt die Beibringung eines der Vereinbarung entsprechenden Leichenpasses.

Leichenpaß [1]).

Die nach Vorschrift eingesargte Leiche d.. am .. ten ..... 19 .. in (Ort) .... an (Todesursache) .... verstorbenen ..... (Alter)jährigen .... (Stand, Vor- und Zuname des Verstorbenen, bei Kindern Stand der Eltern) .... soll $\frac{\text{mit der Eisenbahn}}{\text{auf dem Seewege}}$ von .... über .... nach .... und $\frac{\text{auf dem Seewege}}{\text{mit der Eisenbahn}}$ von .... über .... nach ..... zur Bestattung befördert werden. Nachdem diese Überführung der Leiche genehmigt worden ist, werden sämtliche Behörden, deren Bezirke durch den Transport berührt werden, ersucht, ihn ungehindert und ohne Aufenthalt weitergehen zu lassen.

......., den ...... 19 ..

(Dienststempel) (Unterschrift)

32. Reichsschuldbuchgesetz. Vom 31. Mai 1910 (RGBl. S. 840).

§ 15. Zum Antrag auf Eintragung einer Forderung sowie zur gleichzeitigen Erteilung einer Vollmacht, ferner zum Antrag auf gleichzeitige Eintragung einer zweiten Person gemäß § 7 Abs. 1 oder einer Beschränkung des Gläubigers in bezug auf Kapital oder Zinsen genügt schriftliche Form. Dasselbe gilt für Anträge auf Löschung der im § 7 Abs. 1 und im § 18 Abs. 2, 3 erwähnten Vermerke.

---

[1]) Neues Formular, eingeführt am 1. Jan. 1910 auf Grund Bundesratsbeschlusses vom 1. Juli 1909.

In allen andern Fällen soll der Antrag im Geltungsgebiete des Bürgerlichen Gesetzbuchs gemäß § 129 daselbst öffentlich beglaubigt sein. Der öffentlichen Beglaubigung steht gleich die Aufnahme des Antrags durch das Reichsschuldbuchbureau oder durch eine vom Reichskanzler bezeichnete Kasse. Außerhalb des Geltungsgebiets des Bürgerlichen Gesetzbuchs soll der Antrag gerichtlich oder notariell oder von einem Konsul des Deutschen Reichs aufgenommen oder beglaubigt sein. Die Reichsschuldenverwaltung kann in besonderen Fällen von der Beobachtung dieser Formvorschriften absehen. Bei der Beglaubigung bedarf es weder der Zuziehung von Zeugen noch der Aufnahme eines Protokolls.

Sind seit der Eintragung Änderungen in der Person des Gläubigers (Verheiratung einer Frau, Änderung des Gewerbes, Standes, Namens, Wohnorts) eingetreten, so kann verlangt werden, daß die Identität durch eine öffentliche Urkunde dargetan wird.

§ 16. Rechtsnachfolger von Todes wegen haben sich durch einen Erbschein oder durch eine Bescheinigung darüber, daß sie über die eingetragene Forderung zu verfügen befugt sind, auszuweisen.

Beruht die Rechtsnachfolge auf einer Verfügung von Todes wegen, die in einer öffentlichen Urkunde enthalten ist, so kann nach dem Ermessen der Reichsschuldenverwaltung von der Beibringung des Erbscheins oder der Bescheinigung abgesehen werden, wenn an deren Stelle die Verfügung und das Protokoll über die Eröffnung der Verfügung vorgelegt wird.

Das Bestehen der fortgesetzten Gütergemeinschaft sowie die Befugnis eines Testamentsvollstreckers zur Verfügung über eine zum Nachlaß gehörige Forderung ist entweder durch die in den §§ 1507, 2368 des Bürgerlichen Gesetzbuchs vorgesehenen Zeugnisse oder durch eine Bescheinigung darüber, daß der überlebende Ehegatte oder der Testamentsvollstrecker zur Verfügung über die eingetragene Forderung befugt ist, nachzuweisen. Auf den Nachweis der Befugnis des Testamentsvollstreckers findet die Vorschrift des Abs. 2 entsprechende Anwendung.

Zur Ausstellung der in den Abs. 1 und 3 erwähnten Bescheinigung ist das Nachlaßgericht und, falls der Erblasser zur Zeit des Erbfalls im Inland weder Wohnsitz noch Aufenthalt hatte, auch derjenige Konsul des Reichs zuständig, in dessen Amtsbezirke der Erblasser zur Zeit des Erbfalls seinen Wohnsitz oder seinen gewöhnlichen Aufenthalt hatte, sofern dem Konsul von dem Reichskanzler die Ermächtigung zur Ausstellung solcher Bescheinigungen erteilt ist.

Unberührt bleiben die landesgesetzlichen Vorschriften, nach welchen zur Ausstellung der Bescheinigung statt der Gerichte andere Behörden oder Notare zuständig sind. Die Zuständigkeit ist von dem im Abs. 4 bezeichneten Gericht auf der Bescheinigung zu bestätigen.

33. Preußisches Staatsschuldbuchgesetz. Vom 27. Mai 1910 (PrGS. S. 55).

Das Gesetz enthält wörtlich die in Nr. 32 abgedruckten Bestimmungen des Reichsschuldbuchgesetzes. Nur ist zu setzen an Stelle von Reichsschuldbuchbureau: Staatsschuldbuchbureau, an Stelle von Reichsschuldenverwaltung: Hauptverwaltung der Staatsschulden, an Stelle von Reichskanzler: Finanzminister. Außerdem fehlt der Abs. 5 in § 16.

34. Tabaksteuergesetz. Vom 15. Juli 1909 (RGBl. S. 793).

§ 6. Bezieht der Verarbeiter Tabakblätter von einem ausländischen Verkäufer, so ist die der Wertanmeldung beizufügende Rechnung von der Kaiserlichen Konsulatsbehörde des Bezirks, in dem der ausländische Verkäufer seine Geschäftsniederlassung oder in Ermangelung einer solchen seinen Wohnsitz hat, mit dem Vermerk zu beglaubigen, daß der in der Rechnung angegebene Preis nach Ausweis der Bücher und Schriftstücke des Verkäufers sowie sonstiger zur Verfügung stehender Beweisstücke zutreffend erscheint. Das Fehlen dieser Beglaubigung hat die im § 4 letzter Absatz vorgesehene Folge[1])[2]).

35. Verordnung des Bundesrats über den **internationalen Verkehr mit Kraftfahrzeugen** (RGBl. 1910 S. 640).

§ 10. Für die Zulassung und Kennzeichnung der aus dem Auslande zu vorübergehendem Aufenthalt in das Gebiet des Deutschen Reichs gelangenden außer-

[1]) Ermittelung des für den Zollzuschlag maßgebenden Wertes durch Erhöhung des angemeldeten Wertes um fünfzig vom Hundert.

[2]) In betreff der Gebührenfreiheit dieser Bescheinigungen s. Nr. 90 S. 517.

deutschen Kraftfahrzeuge und für die Zulassung der Führer solcher Fahrzeuge gelten, wenn ein internationaler Fahrausweis gemäß Art. 3 des Internationalen Abkommens[1]) nicht vorgelegt werden kann, folgende besondere Bestimmungen:

a) Die Vorschriften über die Zulassung von Kraftfahrzeugen zum Verkehr auf öffentlichen Wegen und Plätzen in den §§ 5, 6 der Verordnung vom 3. Februar 1910[2]) finden auf diese Kraftfahrzeuge keine Anwendung, sofern der Führer durch eine Bescheinigung der zuständigen Behörde oder einer hierzu behördlich ermächtigten Stelle des Auslandes nachweisen kann, daß das Fahrzeug den an dem betreffenden Orte gültigen polizeilichen Vorschriften entspricht; Bescheinigungen dieser Art müssen den Namen und Wohnort des Eigentümers, die Firma, die das Fahrgestell hergestellt hat, die Fabriknummer des Fahrgestells, die Art der Kraftquelle, die Anzahl der Pferdestärken der Maschine oder des Motors, das Eigengewicht des Fahrzeugs und die zulässige Belastung (Kilogramm oder Personenzahl einschließlich Führer) angeben und mit dem Anerkennungsvermerk einer deutschen Behörde versehen sein.

b) . . . . .

c) Die durch § 14 Abs. 3 der Verordnung vom 3. Fe-

---

[1]) Internationales Abkommen über den Verkehr mit Kraftfahrzeugen vom 11. Oktober 1909 (RGBl. 1910 S. 603).

[2]) Nicht abgedruckt.

bruar 1910 vorgeschriebenen Führerscheine können für die Führer außerdeutscher Kraftfahrzeuge durch entsprechende ausländische Zeugnisse ersetzt werden, sofern diese von einer deutschen Behörde mit einem Anerkennungsvermerk versehen sind.

Als „deutsche Behörde", deren Anerkennungsvermerk nach Abs. 1 unter a und c die ausländischen Bescheinigungen und Zeugnisse tragen müssen, gilt der zuständige deutsche Konsul. Sind die Schriftstücke nicht in deutscher Sprache abgefaßt, so muß ihr Inhalt aus dem Anerkennungsvermerk ersichtlich sein.

E. Errichtung von Rechtsgeschäften.

36. Runderlaß, betr. die **Ausführung des Reichserbschaftssteuergesetzes** und der dazu vom Bundesrat erlassenen Ausführungsbestimmungen vom 26. November 1906[1]).

Der § 31 der vom Bundesrat am 16. Juli 1906 erlassenen Ausführungsbestimmungen zum Reichserbschaftssteuergesetz (Centralblatt für das Deutsche Reich S. 829)[2]) ist neben dem § 40 des Reichserbschaftssteuergesetzes vom 3. Juni 1906 (RGBl. S. 654)[3]) auch von den Kaiserlichen Konsularbehörden bei Ausübung der ihnen nach § 16 des Gesetzes vom 8. November 1867 (BGBl. S. 137) zustehenden notariellen Befugnisse zu

---

[1]) Nicht veröffentlicht; entnommen v. König S. 305.
[2]) S. Nr. 38 S. 223.
[3]) S. Nr. 37 S. 221.

befolgen. Demgemäß haben die Konsularbehörden die beglaubigten Abschriften der von ihnen beurkundeten Schenkungen unter Lebenden dem zuständigen Erbschaftssteueramte mitzuteilen. Das Übersendungsschreiben, womit diese Mitteilung geschieht, hat zugleich die nach § 31 Abs. 2 der Ausführungsbestimmungen etwa erforderlich werdenden Angaben und nötigenfalls weitere Angaben über die Staatsangehörigkeit des Schenkers und den Wohnort des Schenkers und des Beschenkten zu enthalten. Das Übersendungsschreiben ist an „Das Erbschaftssteueramt in . . . ." zu richten und nebst Anlagen in einem Umschlage mit gleicher Adresse unter fliegendem Siegel dem Auswärtigen Amt einzureichen. Die Einreichung hat ohne Begleitbericht lediglich mittels Umschlagbogens zu erfolgen, worauf die Amtsbezeichnung der absendenden Konsularbehörde sowie die Zahl und die Art der Anlagen anzugeben sind. Für die Angabe von Zahl und Art der Anlagen würde etwa folgende Form gewählt werden können:

(Zahl der) Anlagen:

Schreiben an das Erbschaftssteueramt in . . . vom (Datum) zur Übersendung von (Bezeichnung der übersandten Schriftstücke).

Das Auswärtige Amt wird für die Weitergabe an das zuständige Erbschaftssteueramt Sorge tragen. Der Amtssitz des zuständigen Erbschaftssteueramts ist, sofern er der Kaiserlichen Konsularbehörde nicht ohne weiteres bekannt ist, in der Adresse des Übersendungsschreibens wie auf dem Umschlagbogen offen zu lassen und wird alsdann vom Auswärtigen Amte hinzugefügt werden. In dem nach § 31 Abs. 1, 2 der Ausführungsbestimmungen auf die Urschriften der beurkundeten Schenkungen zu setzenden Vermerke würde in solchem Falle nur ersichtlich zu machen sein, daß und wann die Übersendung „An das zuständige Erbschaftssteueramt durch Vermittelung des Auswärtigen Amtes" geschehen ist.

Die zur Ausübung der Gerichtsbarkeit ermächtigten Kaiserlichen Konsularbehörden haben die Weisungen dieses Erlasses auch dann in Anwendung zu bringen, wenn sie eine Schenkung nicht kraft notarieller Befugnis, sondern in gerichtlicher Eigenschaft beurkunden.

37. Reichserbschaftssteuergesetz. Vom 3. Juli 1906 (RGBl. S. 654).

§ 40. Den Erbschaftssteuerämtern sind seitens der nachbenannten Behörden und Beamten die folgenden Mitteilungen zu machen:

1. seitens der Standesämter
   von den eingetretenen Sterbefällen,
2. seitens der Gerichte
   von den ergangenen Todeserklärungen,
3. seitens der Gerichte und Notare
   von den von ihnen beurkundeten Schenkungen und den von ihnen eröffneten Verfügungen von Todes wegen,
4. seitens der Gerichte und Verwaltungsbehörden
   von den zu ihrer Kenntnis gelangenden Zuwiderhandlungen gegen die Vorschriften dieses Gesetzes.

38. Ausführungsbestimmungen des Bundesrats zum Reichserbschaftssteuergesetz vom 3. Juni 1906. Vom 16. Juli 1906 (CBl. S. 829).

§ 4. Die Gerichte und die Notare haben dem zuständigen Erbschaftssteueramte die von ihnen eröffneten Verfügungen von Todes wegen in Urschrift oder beglaubigter Abschrift alsbald nach der Eröffnung zu übersenden. Hat das Gericht oder der Notar die Verfügung nach der Eröffnung an das Nachlaßgericht abgeliefert, so liegt die Übersendung dem Nachlaßgericht ob; sie hat alsbald nach Eingang der eröffneten Verfügung bei dem Nachlaßgerichte zu erfolgen.

Im Falle der Eröffnung eines gemeinschaftlichen Testaments oder eines Erbvertrags ist nur Abschrift desjenigen Teiles zu übersenden, welcher verkündet worden ist.

Die Gerichte und die Notare haben bei der Übersendung diejenigen für die Erbschaftssteuererhebung erheblichen Umstände mitzuteilen, welche ihnen bei Gelegenheit der Eröffnung bekannt geworden sind. Als solche Umstände kommen in Betracht:

1. Veränderungen in der Person der Erben oder der Vermächtnisnehmer sowie der Testamentsvollstrecker, insbesondere das Ableben dieser Personen, Änderungen des Namens, Berufs oder Wohnorts;
2. die Wohnung der zu 1 bezeichneten Personen;
3. Angaben über den Betrag des Nachlasses; wird eine Gerichtsgebühr nach dem Werte des Nachlasses berechnet, so genügt die Angabe des Wertes, welcher der Gebührenberechnung zugrunde gelegt wird.

Sind derartige Angaben in der Eröffnungsverhandlung enthalten, so kann die Mitteilung durch Übersendung eines Auszugs aus der Eröffnungsverhandlung erfolgen. Enthält die Verhandlung Angaben, die für die Beurteilung der Rechtsgültigkeit eines eigenhändigen Testaments und, sofern nach früherem Erbrechte privatschriftlich errichtete Nachzettel eröffnet sind, für die Beurteilung der Rechtsgültigkeit dieser Nachzettel von Bedeutung sind, so ist sie insoweit auszugsweise mitzuteilen. Einer Mitteilung von Angaben, die dem Gericht oder dem Notar erst nach Abgang des Übersendungsschreibens bekannt geworden sind, bedarf es nicht.

Die Übersendungsschreiben an die Erbschaftssteuerämter haben zu enthalten:

die Bezeichnung der Verfügung von Todes wegen,
den Namen und Stand des Erblassers,
seinen Wohnort und Sterbetag,
die Bezeichnung des Standesamts, bei welchem der Tod des Erblassers eingetragen ist, sowie die Nummer des Sterberegisters,
den Tag der Eröffnung.

§ 31. Die Gerichte und die Notare haben dem zuständigen Erbschaftssteueramte beglaubigte Abschriften der von ihnen beurkundeten Schenkungen unter Lebenden alsbald nach der Beurkundung zu übersenden. Auf den Urschriften ist zu vermerken, wann und an welches Erbschaftssteueramt die Übersendung geschehen ist.

Ergibt der Urkundeninhalt nicht das Verwandtschaftsverhältnis zwischen dem Schenker und dem Beschenkten und den Wert der Schenkung, so ist der Schenker hierüber zu befragen. Dessen Angaben sind dem Erbschaftssteueramt ebenfalls mitzuteilen.

F. Regelung von Verlassenschaften[1]) und Vormundschaften.

39. Zirkularerlaß des Reichskanzlers an die Wahlkonsuln vom 6. Dezember 1875 betreffend die **Tätigkeit in Verlassenschaften.** (CBl. S. 817.)

Nach § 18 des Konsulatsgesetzes vom 8. November 1867 sind die Kaiserlichen Konsuln unter gewissen Voraussetzungen berufen, über Gelder, die im Nachlasse eines in ihrem Amtsbezirke verstorbenen Reichsangehörigen vorgefunden sind, zu verfügen.

Aus dieser Bestimmung ist mehrfach eine Berechtigung der Konsuln hergeleitet worden, überhaupt für Rechnung und auf Antrag von Privatpersonen Gelder einzuziehen und anzunehmen.

Eine solche Erweiterung der konsularischen Befugnisse entspricht aber weder der Absicht des Gesetzes, noch kann sie wegen der damit verknüpften Folgen als zulässig erachtet werden.

Ew. Wohlgeboren wollen sich daher stets gegenwärtig halten, daß die Kaiserlichen Konsuln in dieser ihrer amtlichen Eigenschaft nicht berechtigt sind, in anderen als den im Gesetze, insbesondere in dem oben in Bezug ge-

[1]) Wegen der Seemannsnachlässe vgl. § 65 der Seemannsordnung S. 325.

nommenen § 18 vorgesehenen Fällen, Gelder für Privatpersonen zu erheben oder in Verwahrung zu nehmen, es sei denn, daß sie vom Auswärtigen Amt oder von der ihnen unmittelbar vorgesetzten Dienstbehörde ausdrücklich Auftrag dazu erhalten. Liegt ein solcher Auftrag nicht vor, und wird Ew. Wohlgeboren Vermittlung von anderer Seite in der gedachten Weise in Anspruch genommen, so wollen Sie die Antragsteller gefälligst darauf aufmerksam machen, daß Sie Ihre Mitwirkung nicht in amtlicher Eigenschaft, sondern nur privatim eintreten lassen können.

40. Runderlaß vom 27. Dezember 1906 betreffend die **Durchführung des Reichserbschaftssteuergesetzes** vom 3. Juni 1906 (RGBl. S. 654)[1].

Die Vorschrift des § 40 Nr. 4 des Reichserbschaftssteuergesetzes vom 3. Juni 1906 (RGBl. S. 654)[2]) ist für die Kaiserlichen Konsularbehörden in ihrer Eigenschaft als Verwaltungsbehörden insoweit maßgebend, als ihnen das Reichsgesetzblatt zugeht oder das Gesetz besonders mitgeteilt wird. In das Schreiben, mit dem die vorgeschriebene Mitteilung dem in Betracht kommenden Erbschaftssteueramte gemacht wird, sind die für dessen Zuständigkeit entscheidenden Angaben aufzunehmen. Das Schreiben ist an „das Erbschaftssteueramt in . . ." zu richten und in einem Umschlage mit gleicher Adresse

---

[1]) Nichtveröffentlicht; entnommen v. König S. 316.
[2]) Siehe oben S. 221.

unter fliegendem Siegel dem Auswärtigen Amt einzureichen. Die Einreichung hat ohne Begleitbericht, lediglich mittels Umschlagbogens zu erfolgen, worauf die Amtsbezeichnung der absendenden Konsularbehörde sowie die Zahl und die Art der Anlagen anzugeben ist. Für die Angabe von Zahl und Art würde etwa folgende Form gewählt werden können:

(Zahl der) Anlagen

Schreiben an das Erbschaftssteueramt in . . . . vom (Datum) zur Mitteilung einer Zuwiderhandlung gegen die Vorschriften des Erbschaftssteuergesetzes, begangen durch (Name und Wohnort des Zuwiderhandelnden.)

Das Auswärtige Amt wird für die Weitergabe an das zuständige Erbschaftssteueramt Sorge tragen. Der Amtssitz des zuständigen Erbschaftssteueramts ist, sofern er der Kaiserlichen Konsularbehörde nicht ohne weiteres bekannt ist, in der Adresse des Schreibens wie auf dem Umschlagbogen offen zu lassen und wird alsdann vom Auswärtigen Amt hinzugefügt werden.

Die zur Ausübung der Gerichtsbarkeit ermächtigten Kaiserlichen Konsularbehörden haben die Weisungen dieses Erlasses auch dann in Anwendung zu bringen, wenn eine Zuwiderhandlung gegen die Vorschriften des Erbschaftssteuergesetzes nicht bei der von ihnen geführten Verwaltung, sondern bei ihrer gerichtlichen Tätigkeit zu ihrer Kenntnis gelangt.

41. Abkommen zur Regelung der **Vormundschaft über Minderjährige** vom 12. Juni 1902 (RGBl. 1904 S. 240ff.)[1].

Art. 1. Die Vormundschaft über einen Minderjährigen bestimmt sich nach dem Gesetze des Staates, dem er angehört (Gesetz des Heimatstaats).

Art. 2. Sieht das Gesetz des Heimatstaats für den Fall, daß der Minderjährige seinen gewöhnlichen Aufenthalt im Auslande hat, die Anordnung einer Vormundschaft im Heimatlande nicht vor, so kann der von dem Heimatstaate des Minderjährigen ermächtigte diplomatische oder konsularische Vertreter gemäß dem Gesetze dieses Staates die Fürsorge übernehmen, sofern der Staat, in dessen Gebiete der Minderjährige seinen gewöhnlichen Aufenthalt hat, dem nicht widerspricht.

Art. 3. Falls eine Vormundschaft gemäß den Bestimmungen des Art. 1 oder des Art. 2 nicht angeordnet ist oder nicht angeordnet werden kann, so ist für die Anordnung und die Führung der Vormundschaft über einen Minderjährigen, der seinen gewöhnlichen Aufenthalt im Auslande hat, das Gesetz des Aufenthaltsorts maßgebend.

Art. 4. Ist die Vormundschaft gemäß der Bestimmung des Art. 3 angeordnet, so kann gleichwohl eine neue Vormundschaft auf Grund des Art. 1 oder des Art. 2 angeordnet werden.

Hiervon ist der Regierung des Staates, in welchem die Vormundschaft zuerst angeordnet wurde, so bald wie

---

[1]) Bez. der Ratifikation siehe Anm. 1 auf S. 182.

möglich Nachricht zu geben. Diese Regierung hat davon entweder die Behörde, welche die Vormundschaft angeordnet hat, oder in Ermangelung einer solchen Behörde den Vormund selbst zu benachrichtigen.

In dem Falle, den dieser Artikel vorsieht, bestimmt sich der Zeitpunkt, in welchem die ältere Vormundschaft endigt, nach der Gesetzgebung des Staates, in dessen Gebiete diese Vormundschaft angeordnet war.

Art. 5. In allen Fällen bestimmen sich der Zeitpunkt und die Gründe für den Beginn sowie für die Beendigung der Vormundschaft nach dem Gesetze des Heimatstaats des Minderjährigen.

Art. 6. Die vormundschaftliche Verwaltung erstreckt sich auf die Person sowie auf das gesamte Vermögen des Minderjährigen, gleichviel an welchem Orte sich die Vermögensgegenstände befinden.

Von dieser Regel sind Ausnahmen zulässig in Ansehung solcher Grundstücke, welche nach dem Gesetze der belegenen Sache einer besonderen Güterordnung unterliegen.

Art. 7. Solange die Vormundschaft nicht angeordnet ist, sowie in allen dringenden Fällen können die zuständigen Ortsbehörden die Maßregeln treffen, die zum Schutze der Person und der Interessen eines minderjährigen Ausländers erforderlich sind.

Art. 8. Liegt Anlaß vor, für einen minderjährigen Ausländer die Vormundschaft anzuordnen, so haben die Behörden des Staates, in dessen Gebiet er sich befindet, von dem Sachverhalte, sobald dieser ihnen bekannt wird, die Behörden des Staates zu benachrichtigen, dem der Minderjährige angehört.

Die in solcher Art benachrichtigten Behörden sollen den Behörden, die ihnen die Mitteilung gemacht haben, sobald wie möglich Kenntnis geben, ob die Vormundschaft angeordnet ist oder angeordnet werden wird.

Art. 9. Dieses Abkommen findet nur Anwendung auf die Vormundschaft über Minderjährige, die Angehörige eines der Vertragsstaaten sind und ihren gewöhnlichen Aufenthalt im Gebiet eines dieser Staaten haben.

Die Art. 7 und 8 dieses Abkommens finden jedoch auf alle Minderjährige Anwendung, die Angehörige eines Vertragsstaats sind.

Art. 10 usw.

G. Gewährung von Rechtshilfe.

42. Zivilprozeßordnung (RGBl. 1898 S. 410).

§ 199. Eine im Auslande zu bewirkende Zustellung erfolgt mittels Ersuchens der zuständigen Behörde des fremden Staates oder des in diesem Staate residierenden Konsuls oder Gesandten des Reichs.

§ 200 Absatz 2. Zustellungen an die Vorsteher der Reichskonsulate erfolgen mittels Ersuchens des Reichskanzlers.

§ 363. Soll die Beweisaufnahme im Ausland erfolgen, so hat der Vorsitzende die zuständige Behörde um Aufnahme des Beweises zu ersuchen.

Kann die Beweisaufnahme durch einen Reichskonsul erfolgen, so ist das Ersuchen an diesen zu richten.

§ 791. Soll die Zwangsvollstreckung in einem ausländischen Staate erfolgen, dessen Behörden im Wege der Rechtshilfe die Urteile deutscher Gerichte vollstrecken, so hat auf Antrag des Gläubigers das Prozeßgericht erster Instanz die zuständige Behörde des Auslandes um die Zwangsvollstreckung zu ersuchen.

Kann die Vollstreckung durch einen Reichskonsul erfolgen, so ist das Ersuchen an diesen zu richten.

43. Strafprozeßordnung.

§ 37. Auf das Verfahren bei Zustellungen finden die Vorschriften der Zivilprozeßordnung über Zustellungen entsprechende Anwendung.

44. Abkommen über den **Zivilprozeß.** Vom 17. Juli 1905 (RGBl. 1909 S. 410 ff.)[1][2][3].

I. Mitteilung gerichtlicher und außergerichtlicher Urkunden.

Art. 1. In Zivil- oder Handelssachen erfolgt die Zustellung von Schriftstücken, die für eine im Auslande

---

[1]) Das Abkommen ist geschlossen von dem Deutschen Reich, Österreich-Ungarn, Belgien, Dänemark, Spanien, Frankreich, Italien, Luxemburg, Norwegen, den Niederlanden, Portugal, Rumänien, Rußland, Schweden und der Schweiz. Ratifiziert ist es nicht von Luxemburg.

[2]) Siehe dazu Nr. 91 S. 517.

[3]) Im Anschluß an dies Abkommen sind Vereinbarungen zur weiteren Vereinfachung des Rechtshilfe-

befindliche Person bestimmt sind, innerhalb der Vertragsstaaten auf einen Antrag, der vom Konsul des ersuchenden Staates an die von dem ersuchten Staate zu bezeichnende Behörde gerichtet wird. Der Antrag hat die Behörde, von der das übermittelte Schriftstück ausgeht, den Namen und die Stellung der Parteien, die Adresse des Empfängers sowie die Art des in Rede stehenden Schriftstücks anzugeben und muß in der Sprache der ersuchten Behörde abgefaßt sein. Diese Behörde hat dem Konsul die Urkunde zu übersenden, welche die Zustellung nachweist oder den die Zustellung hindernden Umstand ergibt.

Alle Schwierigkeiten, die etwa aus Anlaß des Antrags des Konsuls entstehen, werden auf diplomatischem Wege geregelt.

Jeder Vertragsstaat kann in einer an die anderen Vertragsstaaten gerichteten Mitteilung das Verlangen ausdrücken, daß der Antrag auf eine in seinem Gebiete zu bewirkende Zustellung, der die im Abs. 1 bezeichneten Angaben zu enthalten hat, auf diplomatischem Wege an ihn gerichtet werde.

Die vorstehenden Bestimmungen hindern nicht, daß sich zwei Vertragsstaaten über die Zulassung des unmittelbaren Verkehrs zwischen ihren beiderseitigen Behörden verständigen.

---

verkehrs getroffen worden mit Schweden (RGBl. 1910 S. 455), mit der Schweiz (RGBl. 1910 S. 674), mit Österreich (RGBl. 1910 S. 872) und mit Dänemark (RGBl. 1910 S. 873).

Art. 2. Für die Zustellung hat die zuständige Behörde des ersuchten Staates Sorge zu tragen. Diese Behörde kann sich, abgesehen von den im Artikel 3 vorgesehenen Fällen, darauf beschränken, die Zustellung durch Übergabe des Schriftstücks an den Empfänger zu bewirken, sofern er zur Annahme bereit ist.

Art. 3. Ist das zuzustellende Schriftstück in der Sprache der ersuchten Behörde oder in der zwischen den beiden beteiligten Staaten vereinbarten Sprache abgefaßt oder ist es von einer Übersetzung in eine dieser Sprachen begleitet, so läßt die ersuchte Behörde, falls in dem Antrag ein dahingehender Wunsch ausgesprochen ist, das Schriftstück in der durch ihre innere Gesetzgebung für die Bewirkung gleichartiger Zustellungen vorgeschriebenen Form oder in einer besonderen Form, sofern diese ihrer Gesetzgebung nicht zuwiderläuft, zustellen. Ist ein solcher Wunsch nicht ausgesprochen, so wird die ersuchte Behörde zunächst die Übergabe nach den Vorschriften des Artikel 2 zu bewirken suchen.

Vorbehaltlich anderweitiger Übereinkunft ist die im vorstehenden Absatze vorgesehene Übersetzung von dem diplomatischen oder konsularischen Vertreter des ersuchenden Staates oder von einem beeidigten Dolmetscher des ersuchten Staates zu beglaubigen.

Art. 4. Die Ausführung der in den Artikeln 1, 2, 3 vorgesehenen Zustellung kann nur abgelehnt werden, wenn der Staat, in dessen Gebiete sie erfolgen soll, sie für geeignet hält, seine Hoheitsrechte oder seine Sicherheit zu gefährden.

Art. 5. Der Nachweis der Zustellung erfolgt entweder durch ein mit Datum versehenes und beglaubigtes Empfangsbekenntnis des Empfängers oder durch ein Zeugnis der Behörde des ersuchten Staates, aus dem sich die Tatsache, die Form und die Zeit der Zustellung ergibt.

Ist das zuzustellende Schriftstück in zwei gleichen Stücken übermittelt worden, so ist das Empfangsbekenntnis oder das Zeugnis auf eins der beiden Stücke zu setzen oder damit zu verbinden.

Art. 6. Die Bestimmungen der vorstehenden Artikel lassen unberührt:

1. die Befugnis, den im Ausland befindlichen Beteiligten Schriftstücke unmittelbar auf dem Postwege zuzusenden;
2. die Befugnis der Beteiligten, die Zustellungen unmittelbar durch die zuständigen Vollziehungsbeamten oder sonst zuständigen Beamten des Bestimmungslandes bewirken zu lassen;
3. die Befugnis jedes Staates, Zustellungen an die im Auslande befindlichen Personen unmittelbar durch seine diplomatischen oder konsularischen Vertreter bewirken zu lassen.

In jedem dieser Fälle besteht die vorgesehene Befugnis nur dann, wenn Abkommen zwischen den beteiligten Staaten sie einräumen oder wenn in Ermangelung von Abkommen der Staat, in dessen Gebiete die Zustellung zu erfolgen hat, nicht widerspricht. Dieser

Staat kann nicht widersprechen, wenn im Falle des Abs. 1 Nr. 3 das Schriftstück ohne Anwendung von Zwang einem Angehörigen des ersuchenden Staates zugestellt werden soll.

Art. 7. Für Zustellungen dürfen Gebühren oder Auslagen irgendwelcher Art nicht erhoben werden.

Jedoch ist, vorbehaltlich anderweitiger Übereinkunft, der ersuchte Staat berechtigt, von dem ersuchenden Staate die Erstattung der Auslagen zu verlangen, die durch die Mitwirkung eines Vollziehungsbeamten oder durch die Anwendung einer besonderen Form in den Fällen des Artikel 3 entstanden sind.

II. Ersuchungsschreiben.

Art. 8. In Zivil- oder Handelssachen kann sich die Gerichtsbehörde eines Vertragsstaats gemäß den Vorschriften ihrer Gesetzgebung mittels Ersuchens an die zuständige Behörde eines andern Vertragsstaats wenden, um die Vornahme einer Prozeßhandlung oder anderer gerichtlicher Handlungen innerhalb des Geschäftskreises dieser Behörde nachzusuchen.

Art. 9. Die Ersuchungsschreiben werden durch den Konsul des ersuchenden Staates der von dem ersuchten Staate zu bezeichnenden Behörde übermittelt. Diese Behörde hat dem Konsul die Urkunde zu übersenden, aus der sich die Erledigung des Ersuchens oder der die Erledigung hindernde Umstand ergibt.

Alle Schwierigkeiten, die etwa aus Anlaß dieser Übermittelung entstehen, werden auf diplomatischem Wege geregelt.

Jeder Vertragsstaat kann in einer an die anderen Vertragsstaaten gerichteten Mitteilung das Verlangen ausdrücken, daß ihm die in seinem Gebiete zu erledigenden Ersuchungsschreiben auf diplomatischem Wege übermittelt werden.

Die vorstehenden Bestimmungen schließen nicht aus, daß sich zwei Vertragsstaaten über die Zulassung der unmittelbaren Übermittelung von Ersuchungsschreiben zwischen ihren beiderseitigen Behörden verständigen.

Art. 10. Vorbehaltlich anderweitiger Übereinkunft muß das Ersuchungsschreiben in der Sprache der ersuchten Behörde oder in der zwischen den beiden beteiligten Staaten vereinbarten Sprache abgefaßt oder doch von einer Übersetzung in eine dieser Sprachen begleitet sein, die durch einen diplomatischen oder konsularischen Vertreter des ersuchenden Staates oder einen beeidigten Dolmetscher des ersuchten Staates beglaubigt ist.

Art. 11 usw.

Art. 15. Nicht ausgeschlossen wird durch die Bestimmungen der vorstehenden Artikel die Befugnis jedes Staates, die Ersuchen unmittelbar durch seine diplomatischen oder konsularischen Vertreter erledigen zu lassen, wenn Abkommen zwischen den beteiligten Staaten dies zulassen oder wenn der Staat, in dessen Gebiete das Ersuchen erledigt werden soll, nicht widerspricht.

Art. 16 usw.

III. Sicherheitsleistung für die Prozeßkosten.

Art. 17 usw.

IV. Armenrecht.

Art. 20. Die Angehörigen eines jeden der Vertragsstaaten werden zur Wohltat des Armenrechts in allen anderen Vertragsstaaten ebenso wie die eigenen Staatsangehörigen zugelassen, sofern sie sich nach der Gesetzgebung des Staates richten, wo das Armenrecht nachgesucht wird.

Art. 21. In allen Fällen muß die Bescheinigung oder die Erklärung des Unvermögens von den Behörden des gewöhnlichen Aufenthaltsorts des Ausländers oder, in Ermangelung eines solchen, von den Behörden seines derzeitigen Aufenthaltsorts ausgestellt oder entgegengenommen sein. Gehören diese Behörden keinem Vertragsstaat an und werden von ihnen solche Bescheinigungen oder Erklärungen nicht ausgestellt oder entgegengenommen, so genügt die Ausstellung oder Entgegennahme der Bescheinigung oder der Erklärung durch einen diplomatischen oder konsularischen Vertreter des Landes, dem der Ausländer angehört.

Hält der Antragsteller sich nicht in dem Lande auf, wo das Armenrecht nachgesucht wird, so ist die Bescheinigung oder die Erklärung des Unvermögens kostenfrei von einem diplomatischen oder konsularischen Vertreter des Landes, wo die Urkunde vorgelegt werden soll, zu beglaubigen.

Art. 22. Die zur Ausstellung der Bescheinigung

oder zur Entgegennahme der Erklärung über das Unvermögen zuständige Behörde kann bei den Behörden der anderen Vertragsstaaten Auskünfte über die Vermögenslage des Antragstellers einziehen.

Die Behörde, die über den Antrag auf Bewilligung des Armenrechts zu entscheiden hat, behält in den Grenzen ihrer Amtsbefugnisse das Recht, die ihr vorgelegten Bescheinigungen, Erklärungen und Auskünfte einer Nachprüfung zu unterziehen.

Art. 23. Ist die Wohltat des Armenrechts dem Angehörigen eines der Vertragsstaaten bewilligt worden, so werden für Zustellungen, die sich auf denselben Prozeß beziehen und die in einem anderen dieser Staaten zu bewirken sind, von dem ersuchenden Staate dem ersuchten Staate nur die Auslagen erstattet, die durch die Anwendung einer besonderen Form auf Grund des Artikel 3 entstanden sind.

In demselben Falle werden für die Erledigung von Ersuchen dem ersuchten Staate von dem ersuchenden Staate nur die an Zeugen oder Sachverständige gezahlten Entschädigungen sowie die durch die etwaige Anwendung des Artikel 14 Abs. 2 erforderlich gewordenen Auslagen erstattet.

V. Personalhaft.

Art. 24 usw.

VI. Schlußbestimmungen.

Art. 25 usw.

Art. 26. Dieses Abkommen findet auf die europäischen Gebiete der Vertragsstaaten ohne weiteres Anwendung.

Wünscht ein Vertragsstaat die Inkraftsetzung des Abkommens in seinen außereuropäischen Gebieten, Besitzungen oder Kolonien oder in seinen Konsulargerichtsbezirken, so hat er seine hierauf gerichtete Absicht in einer Urkunde kundzugeben, die im Archive der Regierung der Niederlande hinterlegt wird [1]). Diese wird eine beglaubigte Abschrift davon einem jeden der Vertragsstaaten auf diplomatischem Wege übersenden. Das Abkommen tritt in Kraft für die Beziehungen zwischen den Staaten, die auf diese Kundgebung mit einer zustimmenden Erklärung antworten, und den außereuropäischen Gebieten, Besitzungen oder Kolonien, sowie den Konsulargerichtsbezirken, für welche die Kundgebung erfolgt ist. Die zustimmende Erklärung wird gleichfalls im Archive der Regierung der Niederlande hinterlegt, die eine beglaubigte Abschrift davon einem jeden der Vertragsstaaten auf diplomatischem Wege übersenden wird.

Art. 27 usw.

45. Gesetz, betreffend die **Untersuchung von Seeunfällen.** Vom 27. Juli 1877 (RGBl. S. 549).

§ 14. Die für die Aufnahme der Verklarungen zuständigen Gerichte, die Hafenbehörden, die Strandbehörden, die Seemannsämter und die Schiffsregisterbehörden sind

---

[1]) **Bisher nicht geschehen.**

verpflichtet, von den zu ihrer Kenntnis gelangenden Seeunfällen einem zuständigen Seeamt (§ 5) ungesäumt Anzeige zu machen.

§ 15. Die deutschen Seemannsämter im Auslande (Konsulate) haben, sobald sie von einem Seeunfalle Kenntnis erlangen, zur vorläufigen Feststellung des Tatbestandes diejenigen Ermittelungen und Beweiserhebungen vorzunehmen, welche keinen Aufschub dulden.

§ 20. Anträgen des Seeamts sind die Gerichte und die in § 14 genannten Behörden innerhalb ihrer Zuständigkeit zu entsprechen verpflichtet.

§ 28. Eine im Auslande zu bewirkende Zustellung des Urteils erfolgt mittels Ersuchens eines deutschen Seemannsamts. Die Einlegung und Rechtfertigung der Beschwerde kann alsdann bei demselben Seemannsamt geschehen. Dasselbe kann dem Schiffer oder Steuermann auf Antrag die Frist für Rechtfertigung der Beschwerde verlängern und der Einlegung der Beschwerde aufschiebende Wirkung bis spätestens zur Ankunft des Beschwerdeführers in einem deutschen Hafen einräumen.

§ 30. Das Oberseeamt kann eine Ergänzung oder Wiederholung der Beweisaufnahme vornehmen oder anordnen. Die in §§ 18—24 enthaltenen Bestimmungen über das Verfahren bei den Seeämtern finden auf das Oberseeamt Anwendung.

Der Vorsitzende kann ein Mitglied des Oberseeamts mit der Darstellung der bisherigen Verhandlungen und Ermittelungen beauftragen.

46. Verordnung des Reichskanzlers v. 23. November 1877, betr. **Zeugenvernehmungen der Konsuln bei Seeunfällen** (CBl. S. 634).

Mit dem 1. Januar 1878 tritt das Reichsgesetz vom 27. Juli d. J. (s. RGBl. Nr. 33 S. 549) in Wirksamkeit, wonach Seeunfälle deutscher Kauffahrteischiffe und unter gewissen Voraussetzungen auch die Unfälle ausländischer Handelsfahrzeuge vor deutschen Seeämtern zur Untersuchung gezogen werden sollen.

Aus §§ 14, 15, 20 und in Verbindung hiermit aus § 30 sowie ferner aus § 28 ergibt sich, in welchen Beziehungen bei der Ausführung des Gesetzes den Kaiserlichen Konsulaten in ihrer Eigenschaft als deutsche Seemannsämter im Auslande eine Mitwirkung zufällt.

Hierbei ist folgendes zu beachten:

1. Die nach § 14 zu erstattenden Anzeigen über Seeunfälle deutscher Kauffahrteischiffe im Auslande, ebenso wie die aufgenommenen Verhandlungen über die nach § 15 angestellten Ermittelungen und Beweiserhebungen sind in jedem einzelnen Falle ohne Verzug an das Auswärtige Amt einzureichen, von wo aus dieselben ihrer weiteren Bestimmung zugeführt werden.

2. Bei den in Gemäßheit von § 15 vorkommenden Ermittelungen und Beweiserhebungen sind die Konsuln befugt, die vernommenen Zeugen und Sachverständigen zu vereidigen, auch wenn der betreffende Konsul im übrigen die in § 20 des Gesetzes über die Organisation der Konsulate vom 8. November 1867 vorgesehene Er=

mächtigung zur Abhörung von Zeugen und zur Abnahme von Eiden nicht besitzt.

Der Schiffer und der Steuermann und der Maschinist[1]) des Schiffs, dessen Unfall den Gegenstand der konsularischen Ermittelung bildet, dürfen nicht vereidigt werden[2]).

3. Wenn den Konsulaten nach § 28 die Befugnis zusteht, unter Umständen der Beschwerde des Schiffers oder Steuermanns oder Maschinisten[1]), welcher durch das Urteil eines Seeamtes des Befähigungszeugnisses für verlustig erklärt ist, aufschiebende Wirkung bis spätestens zur Ankunft des Beschwerdeführers in einem deutschen Hafen einzuräumen, so ist dies auf solche Fälle zu beziehen, wo anderenfalls, in Ermangelung eines geeigneten Ersatzes, das Schiff ohne Schiffer und Steuermann und Maschinisten[1]) seine Reise fortsetzen oder seine Rückreise antreten müßte.

Über die getroffene Verfügung ist dem Schiffer oder Steuermann oder Maschinisten[1]) zu seiner Legitimation eine Bescheinigung zu erteilen.

4. In den Fällen, wo bei den Konsulaten nach § 28 eine Beschwerde gegen das Urteil eines Seeamts eingelegt oder gerechtfertigt, oder wo dem Schiffer oder

---

[1]) Gemäß Gesetz betr. den Gewerbebetrieb auf Seedampfschiffen vom 11. Juni 1878 (RGBl. S. 109).

[2]) Dagegen haben sie bei Untersuchungen auf Grund des § 68 des Seeunfallversicherungsgesetzes eine eidesstattliche Versicherung abzugeben (§ 69 Abs. 1 a. a. O.). Siehe unten S. 407.

Steuermann oder **Maschinisten**[1]) die Frist zur Rechtfertigung der Beschwerde verlängert worden ist, sind die bezüglichen Schriftstücke ohne Verzug an das Auswärtige Amt einzureichen.

47. Gewerbeunfallversicherungsgesetz (RGBl. 1900 S. 585)[2]).

§ 94. Das Recht auf Bezug der Rente ruht:

3. solange der berechtigte Inländer im Auslande sich aufhält und es unterläßt, der Berufsgenossenschaft seinen Aufenthalt mitzuteilen.

Das Reichsversicherungsamt hat über die Mitteilung des Aufenthaltsorts nähere Vorschriften zu erlassen und darin anzuordnen, daß der Rentenberechtigte sich von Zeit zu Zeit bei einem deutschen Konsul persönlich vorzustellen hat[3]).

Weist der Entschädigungsberechtigte nach, daß er der Vorstellungspflicht ohne sein Verschulden nicht hat genügen können, so lebt insoweit das Recht auf den Bezug der Rente wieder auf.

---

[1]) Siehe Anm. 1 auf S. 241.

[2]) Der § 94 GUVG. entspricht wörtlich dem **§ 100 des Unfallversicherungsgesetzes für Land- und Forstwirtschaft** (RGBl. 1900 S. 641), durch **§ 37 Abs. 1 des Bauunfallversicherungsgesetzes** (RGBl. 1900 S. 698) ist er für den Geltungsbereich dieses Gesetzes in Kraft gesetzt; siehe ferner **Seeunfallversicherungsgesetz § 98** hinten S. 410.

[3]) Siehe Nr. 48 S. 243.

§ 144[1]). Die öffentlichen Behörden sind verpflichtet, den im Vollzuge dieses Gesetzes an sie ergehenden Ersuchen des Reichsversicherungsamts, der Landesversicherungsämter, der Schiedsgerichte, anderer öffentlicher Behörden sowie der Genossenschafts- und Sektionsvorstände zu entsprechen und den Organen der Berufsgenossenschaften auch unaufgefordert alle Mitteilungen zukommen zu lassen, welche für deren Geschäftsbetrieb von Wichtigkeit sind ...... Die Verpflichtung der Behörden erstreckt sich insbesondere auch auf die Vollstreckung rechtskräftiger Bescheide und Erkenntnisse.

Die durch die Erfüllung dieser Verpflichtungen entstehenden Kosten sind von den Genossenschaften als eigene Verwaltungskosten (§ 29) insoweit zu erstatten, als sie in Tagegeldern und Reisekosten sowie in Gebühren für Zeugen und Sachverständige oder in sonstigen baren Auslagen bestehen.

48. Vorschriften des Reichsversicherungsamts über die **Verpflichtungen von unfallrentenberechtigten Inländern, welche im Auslande sich aufhalten,** vom 5. Juli 1901 (MinBl. d. Preuß. Handels- u. Gewerbeverwaltung S. 214).

§ 5. Auf Erfordern der die Rente zahlenden Berufsgenossenschaft haben die rentenberechtigten Verletzten

---

[1]) In Kraft im Bereiche des **Bauunfallversicherungsgesetzes** gemäß **§ 45 Abs. 2** ebenda; gleichlautend **§ 154 Unfallversicherungsgesetzes für Land- und Forstwirtschaft** und **§ 141 des Seeunfallversicherungsgesetzes.**

sich von Zeit zu Zeit bei dem örtlich zuständigen deutschen Konsul oder einer ihnen zu bezeichnenden andern deutschen Behörde persönlich vorzustellen.

Die Vorstellung darf, sofern nicht zwischen der Berufsgenossenschaft und dem Rentenberechtigten über einen kürzeren Zeitraum ausdrückliches Einverständnis erzielt ist,

1. innerhalb der ersten zwei Jahre von der Rechtskraft des Bescheides oder der Entscheidung ab, durch welche die Entschädigung zuerst endgültig festgestellt worden ist,
   a) von den am Sitze der Behörde wohnenden oder dort regelmäßig beschäftigten Verletzten nur in Zeiträumen von mindestens sechs Monaten;
   b) von andern Verletzten nur in Zeiträumen von mindestens neun Monaten;
2. in allen übrigen Fällen nur in Zeiträumen von mindestens einem Jahre verlangt werden.

H. Unterstützung Hilfsbedürftiger[1][2].

49. Verordnung des Reichskanzlers betr. die von den Kaiserlichen Konsuln zu gewährenden Unterstützungen. Vom 1. April 1882 (CBl. S. 218).

Zu wiederholten Malen ist das Unterstützungswesen der besonderen Aufmerksamkeit der Kaiserlichen Konsuln anempfohlen, und ihnen aufgegeben worden, Geldbeihilfen

---

[1]) Siehe auch S. 79.

[2]) Wegen der Unterstützung von Seeleuten vgl. S. 81 und Nr. 59 S. 369.

nur in dringenden Fällen zu gewähren. Die Erlasse haben indes ihren Zweck so wenig erreicht, daß die Reichskasse nicht allein nicht entlastet, sondern im Gegenteil in immer stärkerem Maße durch solche Ausgaben in Anspruch genommen ist.

Der Grund liegt zum Teil darin, daß die in der Allgemeinen Dienstinstruktion sowie in besonderen Erlassen enthaltenen Vorschriften nicht genügend beachtet sind, hauptsächlich aber darin, daß der Charakter der staatlichen Unterstützung immer mehr verkannt worden ist. Während eine Beihilfe aus öffentlichen Fonds nur in Fällen wirklicher und unverschuldeter Not, bei Krankheit, Arbeitsunfähigkeit usw. gewährt werden soll, und vor allem nur an Personen, die der Unterstützung nicht nur bedürftig, sondern auch würdig sind, wird hiervon seitens der Konsuln vielfach in dem Maße abgesehen, daß ihre Beihilfe sich allmählich zu einem Almosengeben gestaltet und dem Bettelunwesen Vorschub geleistet hat.

Es ist bekannt und ein Gegenstand lauter Klage, daß von Deutschland aus die benachbarten Länder von Scharen arbeitsscheuer, aller Mittel entblößter Menschen überzogen werden, die lediglich vom Bettel leben. Es sind zumeist diese Vagabonden, welche als „arme deutsche Reisende" die Konsulate brandschatzen, und von der Privatwohltätigkeit Almosen erpressen. Fast alle Unterstützungen, die im Betrage von einigen Mark von den Kaiserlichen Konsulaten gegeben und dem Auswärtigen Amt in Rechnung gestellt werden, an einzelnen Orten an Hunderte von Personen im Jahr, sind solche Almosen, die bei Festhaltung der oben bezeichneten Gesichtspunkte nicht gewährt werden durften. Der Bettel, welcher gesetzlich mit Strafe bedroht ist, wird auf diese Weise gefördert, das Vagabondentum, welches der Staat zu unterdrücken sich bemüht, und das unserer Nation zur Unehre gereicht, staatlich unterstützt.

Wenn es auch nach Lage der Gesetzgebung nicht möglich ist, die wanderlustigen deutschen Abenteurer an dem Besuch fremder Länder zu verhindern, so haben die staatlichen Organe doch die Aufgabe, dem Unwesen nach Kräften zu steuern, und vor allen Dingen die Pflicht, sich jeder Förderung desselben zu enthalten.

Im nachstehenden sind die Regeln bezeichnet, nach welchen, abgesehen von den bereits bestehenden Vorschriften, die Kaiserlichen Konsuln bezüglich der Unterstützung Hilfsbedürftiger künftig zu verfahren haben, und deren strenge Befolgung ich ihnen im Interesse des vorgedachten Zweckes hiermit besonders zur Pflicht mache.

1. Geldunterstützungen dürfen nur an Personen gegeben werden, welche sich durch vollgültige Legitimationspapiere als Reichsangehörige ausweisen.
2. Sie sind nur in Fällen wirklicher und unverschuldeter Not, insbesondere bei Krankheit oder Arbeitsunfähigkeit, und nur dann zu gewähren, wenn an dem Orte keine Behörden, Anstalten, Vereine usw. vorhanden sind, denen die Unterstützungsbedürftigen zugewiesen werden können.
3. Aus der Konsulatskasse dürfen keine Gelder an Arbeitsfähige gezahlt und überhaupt keine Unter-

stützungen gewährt werden, welche den Charakter von Almosen haben. Bettler sind der Polizeibehörde des Orts, oder den Zwangsarbeitsanstalten, wo solche existieren, zuzuführen.

Durch Aushang oder Anschlag vor der Kanzlei ist diese Bestimmung zur öffentlichen Kenntnis zu bringen.

4. Bedürftigen sind Reiseunterstützungen nur behufs der Rückkehr nach Deutschland, niemals zur Reise in entgegengesetzter Richtung zu gewähren; ebenso dürfen ihnen Reiselegitimationen nur zu dem ersteren Zwecke ausgestellt oder visiert werden.

   Ausnahmen sind nur zulässig, wenn der Reisende glaubhaft nachweist, daß er im Auslande seinen festen Wohnsitz hat.

5. Auf den Legitimationspapieren ist der Betrag der gewährten Unterstützung, sowie ihr Grund und Zweck zu vermerken.

6. Die aus der Konsulatskasse verabreichten Unterstützungen sind in besondere Verzeichnisse nach dem anliegenden Formular [1]) einzutragen, und Abschrift der letzteren nebst den vorschriftsmäßigen Quittungen der Empfänger dem Auswärtigen Amt mit der amtlichen Liquidation einzureichen.

7. Die Kaiserlichen Konsuln haben den in demselben Lande und den an der Grenze des Nachbarlandes bestehenden deutschen Konsulaten in kurzen Fristen

---

[1]) Siehe Seite 249.

Listen derjenigen Personen mitzuteilen, welche der Landstreicherei verdächtig sind, und Reiseunterstützungen, Erteilung von Pässen, Visas usw. erbeten haben.

8. Die von den Konsuln verausgabten Unterstützungsgelder werden ihnen aus der Legationskasse nur erstattet, wenn die früher und vorstehend gegebenen Vorschriften befolgt sind. Auch sind die Konsuln verantwortlich für alle Folgen, die eine Vernachlässigung dieser Bestimmungen nach sich zieht.

I. Verkehr mit der Kriegsmarine.

50. Bestimmungen für den Dienst an Bord.
Vom 21. November 1903 [1]).

§ 15 Ziff. 2 B. Fahnenflucht [2]).

Im Auslande:

a) der zuständige deutsche Konsul ist zu ersuchen, die zur Verfolgung des der Fahnenflucht Verdächtigen erforderlichen Maßregeln zu veranlassen;

b) falls ein deutscher Konsul nicht am Orte ist, ist die einheimische Ortspolizeibehörde gegebenenfalls unter Zusicherung einer Fangprämie gemäß der Friedl. Besoldungsvorschrift § 117 Abs. 4 um Nachforschungen nach dem Verbleib des der Fahnenflucht Verdächtigen sowie um seine Ergreifung und Zurückführung zu ersuchen;

---

[1]) Berlin, E. S. Mittler & Sohn.

[2]) Vgl. ADJ. zu § 28 S. 94.

Verzeichnis

der im . . . . Vierteljahr 18 . . von dem Kaiserlichen (General-, Vize-) Konsulat zu . . . . an hilfsbedürftige Deutsche gewährten Unterstützungen.

Nr.	Datum	Name und Vorname (ev. auch der Familienmitglieder)	Stand oder Gewerbe	Heimatsort bzw. Unterstützungswohnsitz	kommt von:	geht nach:	Legitimation	Grund, Zweck und Betrag der Unterstützung	Bemerkungen.

. . . den . . . ten . . . . 18 . .

Der Kaiserliche Konsul.
(Unterschrift.)

c) bevor das Schiff den Ort, an welchem die Fahnenflucht begangen ist, verläßt, ist den nach Abs. a und b ersuchten Behörden mitzuteilen, wohin im Falle der Ergreifung der Fahnenflüchtige zu befördern ist;

d) falls der .... Verdächtige sich an Bord eines deutschen Kauffahrteischiffes geflüchtet hat, ist er, falls der Kapitän des Handelsschiffes damit einverstanden ist, ohne weiteres an Bord jenes Schiffes festzunehmen und an Bord des Kriegsschiffes zu transportieren. Andernfalls ist die Vermittelung des deutschen Konsuls in Anspruch zu nehmen. Hat sich jedoch der Betreffende auf ein Handelsschiff eines fremden Staates geflüchtet, so bedarf es zu seiner Festnahme der Mitwirkung der zuständigen fremden Behörde, wenn angängig, durch die Vermittelung des deutschen Konsuls.

e) f) ......

§ 21. Politische Tätigkeit. Asylgewährung durch S. M. Schiffe.

1. S. M. Schiffe repräsentieren im Auslande die bewaffnete Macht Seiner Majestät des Kaisers, nicht aber die souveräne Staatsgewalt als solche. Letztere wird in Friedenszeiten repräsentiert durch die diplomatischen Vertreter (Botschafter, Gesandte, bevollmächtigte Minister, Ministerresidenten, Geschäftsträger, Generalkonsuln mit diplomatischem Range).

2. Im Einvernehmen mit den Kaiserlichen Vertretern (den diplomatischen Vertretern, den Generalkonsuln ohne diplomatischen Rang, den Konsuln, Vizekonsuln und

Konsularagenten) hat der Kommandant den Angehörigen des Deutschen Reiches und der deutschen Schiffahrt erforderlichenfalls Schutz zu gewähren und Hilfe zu leisten.

4. Aufnahme der Verbindung mit den Kaiserlichen Vertretern oder der Kaiserlichen Behörde am Ort des Schiffes. Der Kommandant hat bei Besuchen fremder Häfen und solcher in den deutschen Schutzgebieten möglichst bald mit der am Ort befindlichen Kaiserlichen Vertretung oder Kaiserlichen Behörde (Gouvernement, Bezirksamt) in Verbindung zu treten und derselben über Zweck und mutmaßliche Dauer des Aufenthalts Mitteilung zu machen. Wegen der auszutauschenden Besuche siehe Flaggen- und Salutordnung.

Sofern ein höherer Seebefehlshaber am Ort ist, fällt diesem, soweit es sich um politische Angelegenheiten handelt, der Verkehr mit der Kaiserlichen Vertretung allein zu.

5. Aufnahme der Verbindung mit dem Kaiserlichen Vertreter in der Landeshauptstadt. An die Kaiserliche Vertretung in der Landeshauptstadt hat der Kommandant bei der jedesmaligen ersten Anwesenheit in dem betreffenden Lande über Ankunft, Zweck und mutmaßliche Dauer des Aufenthalts in allen denjenigen Fällen Mitteilung zu machen, in denen es sich nicht lediglich um kurze Anwesenheit zur Ergänzung von Vorräten usw. handelt, sondern ein längerer Aufenthalt, die Lösung bestimmter Aufgaben oder die Inanspruchnahme der Hilfe oder des Beistandes fremder Behörden in Betracht kommt, auch wenn ein Requisitionsverhältnis zwischen der Kaiser-

lichen Vertretung und dem Schiffskommando nicht beabsichtigt wird.

Verläßt das Schiff wiederum die Gewässer des Landes, so ist dem Kaiserlichen Vertreter hiervon so zeitig Mitteilung zu machen, daß er erforderlichenfalls noch vorher mit dem Kommandanten in Verbindung treten kann.

Die Gouverneure und Reichsvertreter sowie Beamten der Kolonialverwaltung in folgenden Orten sind über die Bewegungen S. M. Schiffe innerhalb des Stationsgebietes möglichst unterrichtet zu halten:

a) Ostasiatische Station:

Tokio, Peking, Tsingtau, Schanghai, Batavia.

b) Australische Station:

Sydney, Batavia, Yap.

c) Ostafrikanische Station:

Daressalam, Zanzibar, Lorenzo Marques, Kapstadt.

d) Westafrikanische Station:

Duala, Swakopmund, Kapstadt.

e) Ostamerikanische Station:

New York, Havana, St. Thomas, Rio de Janeiro, Buenos Aires.

f) Westamerikanische Station:

St. Franzisko, Lima, Valparaiso.

6. Ein „Verzeichnis der Kaiserlich Deutschen Konsulate" mit Angabe des Sitzes der Konsularbehörden, Namen

und Amtscharakters des Beamten wie des Amtsbezirks befindet sich in der Schiffsbücherkiste.

7. Verkehr mit Konsuln des Deutschen Reiches. Als Richtschnur für den Verkehr mit den deutschen konsularischen Vertretern dient die Allgemeine Dienstinstruktion für die Konsuln des Deutschen Reiches vom 6. Juni 1871 und 22. Februar 1873. (In der Schiffsbücherkiste.)

8. Im Verkehr mit Wahlkonsuln ist zu beachten, daß ihre Ernennung hauptsächlich durch Rücksichten auf unsere Handels- und Verkehrsinteressen bestimmt wird. Es muß infolgedessen darauf Rücksicht genommen werden, daß Fragen in politischen und auf den Krieg bezüglichen Angelegenheiten sowie in Rechtsangelegenheiten von Wahlkonsuln nicht ohne weiteres völlig zuverlässig beantwortet werden können.

10. Vorstellung und Meldung bei fremden Staatsoberhäuptern und Verkehr mit fremden Behörden. Die Seebefehlshaber S. M. Schiffe im Auslande haben sich aus Anlaß einer Vorstellung bei fremden Staatsoberhäuptern und im Verkehr mit Behörden fremder Staaten an Orten, an welchen sich eine Kaiserliche diplomatische Vertretung oder ein Berufskonsulat befindet, der Vermittlung der letzteren zu bedienen. An Plätzen mit einem Wahlkonsul steht ihnen dieses frei.

11. Sind die Kaiserlichen Vertreter durch Krankheit oder andere Gründe verhindert, ihren Dienstpflichten

nachzukommen, so fällt die in § 21 Abs. 10 erwähnte Vermittelung weg.

12. Ehrenbezeugungen für die Kaiserlichen Vertreter. Da es im Interesse des Deutschen Reiches liegt, daß die Kaiserlichen Vertreter im Ausland und in den Schutzgebieten möglichst hoch im Ansehen stehen, so ist es Pflicht der Befehlshaber S. M. Schiffe, ihnen die zustehenden Ehren in würdiger Form zu gewähren.

13. Politische Tätigkeit. Die Kommandanten sind im Auslande verpflichtet, sich über die militär-maritimen und politischen Verhältnisse der von ihnen angelaufenen Länder unterrichtet zu halten.

14. Jeder Einmischung in die politischen Beziehungen zum Ausland und in die Verhandlungen der diplomatischen und konsularischen Vertreter des Reiches mit fremden Mächten oder Behörden hat sich der Kommandant zu enthalten, wenn er nicht hierzu besondere Befehle von Seiner Majestät dem Kaiser erhalten hat.

17. Wenn ein Kommandant in irgend einen Konflikt mit Behörden eines fremden Staates geraten ist, hat er die weitere Verfolgung der Angelegenheit dem Kaiserlichen Vertreter zu übergeben, gleichzeitig aber sofort seiner vorgesetzten Behörde zu berichten. Ausnahmen s. § 21 Abs. 27.

Verhältnis zwischen den Kommandanten und den Kaiserlichen Vertretern sowie gegenseitige Requisitionen.

19. Zwischen den Kommandanten und den Kaiserlichen Vertretern besteht nur ein Requisitionsverhältnis.

Ebensowenig wie die Kommandanten den Kaiserlichen Vertretern Aufträge, Anweisungen oder Befehle erteilen können, darf dies seitens der Kaiserlichen Vertreter den Kommandanten gegenüber geschehen. Die Kommandanten stehen ausschließlich unter den Befehlen ihrer Vorgesetzten oder unter den direkten Befehlen Seiner Majestät des Kaisers, dessen Repräsentanten sie in allen militärischen Angelegenheiten sind.

20. Die Kommandanten sind aber verpflichtet, den Requisitionen der Kaiserlichen Vertreter auf Schutz deutscher Untertanen, deutschen Staats- und Privateigentums, deutschen Handels und deutscher Schiffahrt sowie des deutschen Ansehens im allgemeinen möglichst Folge zu geben. (Wegen Schutz der Untertanen befreundeter Mächte vgl. § 21 Abs. 33.)

21. Läßt sich die Requisition nicht mit den sonstigen Aufgaben des Kriegsschiffes vereinigen, und können Befehle des Vorgesetzten nicht telegraphisch eingeholt werden, so hat der Kommandant die Bedeutung und Dringlichkeit der Requisition gegen seine militärischen Aufgaben genau abzuwägen und selbständig so zu entscheiden, wie er es für das Wohl und das Ansehen des Deutschen Reiches am besten hält. Für die Folgen der Abweichung von den ihm erteilten militärischen Befehlen bleibt er verantwortlich.

22. Ein Eingehen auf die Requisition der Kaiserlichen Vertreter hat zur Voraussetzung, daß diese Requisitionen schriftlich oder telegraphisch gestellt werden, das Ziel der Forderung genau bezeichnen und, soweit erforderlich und

tunlich, Aufschluß über die materielle Ausführbarkeit der Requisition geben (§ 21 Abs. 24 und 25).

Die Requisitionen der Kommandanten an die Kaiserlichen Vertreter sind in derselben Weise zu stellen.

23. In den Fällen, wo die Vorsteher Kaiserlicher Konsularämter um Begleitung auf der Fahrt von den Kommandanten oder Geschwaderchefs angegangen werden, ist es ersteren vorgeschrieben, den Kommandanten oder Geschwaderchefs anheimzugeben, sich hierüber mit dem zuständigen diplomatischen Vertreter zu benehmen oder, wenn es im Einzelfalle nach Lage der Umstände angezeigt erscheint, ihrerseits die geeigneten Schritte zu tun, um sich des Einverständnisses des diplomatischen Vertreters zu vergewissern[1]).

Verantwortlichkeit für militärisches Einschreiten infolge der Requisition eines Kaiserlichen Vertreters.

24. Für die Folgen eines militärischen Einschreitens der Kaiserlichen Marine, welches ein Kaiserlicher Vertreter durch seine Requisition herbeigeführt hat, trifft den Kommandanten weder eine rechtliche noch eine politische Verantwortung in den Fällen, in welchen der Kaiserliche Vertreter entweder:

a) eine Ermächtigung zu der Requisition durch Auftrag oder Instruktion des Auswärtigen Amtes nachweist oder

---

[1]) Runderlaß vom 12. März 1892, s. v. König S. 458.

b) bei Requisitionen zum Schutze des Lebens, der Freiheit und des Eigentums deutscher Reichsangehöriger dem Kommandanten ausreichenden Nachweis dahin liefert, daß alle friedlichen Mittel zur Verhütung einer Gefahr für das Leben, die Freiheit und das Eigentum von Reichsangehörigen erschöpft sind oder, daß nach Lage der Verhältnisse nur durch Anwendung von Gewaltmitteln einer Rechtsverletzung vorgebeugt, oder für einen erlittenen Schaden Ersatz oder für Beleidigung der deutschen Flagge Genugtuung erwirkt werden kann.

25. Werden die Vorbedingungen unter § 21 Abs. 24 nicht erfüllt, so ist der Kommandant auch seinerseits zur Prüfung der rechtlichen und politischen Seite der Requisition verpflichtet und befugt, je nach dem Ergebnis seiner Prüfung, sie anzunehmen oder abzulehnen. Für die Folgen der Ablehnung trägt in solchem Falle der Kommandant die Verantwortung in politischer und rechtlicher Beziehung. Will jedoch der Kommandant danach eine von einer Kaiserlichen Botschaft oder Gesandtschaft gestellte Requisition aus andern als militärischen Gründen ablehnen, so hat er zuvor, soweit möglich, die Entscheidung seines nächsten militärischen Vorgesetzten bzw. des Chefs des Admiralstabes der Marine einzuholen.

26. Der Kommandant trägt in jedem Falle die volle militärische Verantwortung für die Durchführung einer angenommenen Requisition.

Er hat daher jede Requisition, gleichgültig ob sie im Auftrage des Auswärtigen Amts oder aus der Initiative des Kaiserlichen Vertreters gestellt wird, auf ihre materielle Ausführbarkeit sowie daraufhin zu prüfen, ob die verfügbaren Kräfte ausreichen. Je nach dem Ausfalle dieser Untersuchung ist der Kommandant befugt, die Requisition anzunehmen oder abzulehnen.

Jede Gelegenheit zu einer erfolgreichen Tätigkeit muß indessen entschlossen wahrgenommen werden.

Im Falle der Ablehnung ist der vorgesetzten Behörde und dem Chef des Admiralstabes sofort Meldung zu erstatten.

27. Militärisches Einschreiten ohne Vollmacht oder ohne Requisition. Zu einem militärischen Einschreiten ohne Vollmacht oder ohne Requisition seitens eines Kaiserlichen Vertreters ist der Kommandant nur dann berechtigt, wenn es sich um Abwendung einer bestehenden Gefahr für Leben, Freiheit oder Eigentum von Reichsangehörigen oder dem deutschen Schutz unterstellten Personen handelt, sowie wenn für eine Beleidigung der Flagge in anderer Weise Genugtuung nicht erwirkt werden kann. Vorbedingung ist, daß der Staat, in welchem das militärische Einschreiten stattfinden soll, entweder zugestandenermaßen oder tatsächlich nicht willens oder außerstande ist, die Angelegenheit ordnungsmäßig zu erledigen.

28. Für die Folgen eines derartigen Vorgehens trägt der Kommandant die volle Verantwortung. Er hat daher vor dem Einschreiten sorgfältig zu prüfen, ob die Vorbedingungen erfüllt sind, und ob eine anderweitige Regelung ohne Schädigung des Ansehens des Deutschen Reiches nicht möglich ist.

31. Die Kaiserlichen Vertreter sind in militärischen Angelegenheiten nicht mitbestimmend zu beteiligen, sie sind nur zur Führung der Verhandlungen mit den fremden Landesbehörden berufen.

32. **Handelt es sich um Leistung einer Genugtuung für Beleidigung der Flagge**, welche an Bord S. M. Schiffe oder Boote wehte, so hat der Kommandant, falls eine sofortige Sühne durch Anwendung von Gewalt nicht notwendig gewesen ist, diejenigen Forderungen selbständig zu stellen, welche seiner Ansicht nach der Schwere der Beleidigung entsprechen; er hat den Kaiserlichen Vertreter zu ersuchen, die Übermittlung der Forderung zu übernehmen. Der Kommandant hat in einem solchen Falle das Maß oder die Art der zu fordernden Genugtuung selbständig aufzustellen und auch selbst zu entscheiden, wo und wieweit er nachlassen kann, wenn der Kaiserliche Vertreter im Hinblick auf die besondere politische Lage eine Ermäßigung der Forderungen empfiehlt. Die Zustimmung des Vertreters — soweit diese überhaupt zu erreichen ist — würde nur erforderlich sein, wenn es sich um Erzwingung der Genugtuung durch Gewaltmaßregeln handelt. Glaubt der Vertreter, die fraglichen Forderungen in ihrem Umfang nicht stellen zu können, oder lehnt er die Übermittlung derselben ab, oder ist seine Zustimmung für die notwendig erachtete Genugtuung nicht zu erlangen, so hat der Kommandant sofort telegraphisch zu berichten und, wo dies nicht möglich ist, allein nach seinem Ermessen und auf seine Verantwortung vorzugehen.

33. **Requisitionen für Untertanen befreundeter Mächte.** Jeder Kommandant darf Requisitionen für Untertanen befreundeter Mächte unter den gleichen Voraussetzungen, wie für Angehörige des Deutschen Reiches annehmen, wenn ein Kriegsschiff dieser Macht nicht anwesend ist und die Requisition durch einen Kaiserlichen Vertreter gestellt wird.

Auch ohne eine derartige Requisition ist der Kommandant verpflichtet, durch Elementarereignisse bedrohten oder geschädigten Personen Hilfe und Asyl zu gewähren, soweit dies mit den dem Schiffe gestellten Aufgaben und seinen Mitteln vereinbar ist.

Asylgewährung durch S. M. Schiffe.

34. **Schutz von Personen durch Aufnahme an Bord.** Personen, die sich an Bord eines deutschen Kriegsschiffes geflüchtet haben, befinden sich auf deutschem Gebiet und unterstehen den deutschen Gesetzen.

Nach dem Grundsatze, daß sich keine fremde Staatsgewalt in die Vorgänge an Bord einmischen darf, ist eine Verfolgung des Flüchtlings an Bord völkerrechtswidrig, und hat sie der Kommandant zurückzuweisen, gleichgültig ob die betreffende Person ein gemeiner Verbrecher oder ein politischer Flüchtling ist.

Da es aber dem Kommandanten nicht zukommt, Verbrecher unter den Schutz der deutschen Flagge zu stellen, so wird er einen solchen Menschen, wofern nicht aus besonderen Gründen eine andere Behandlung angezeigt erscheint, zurückzuweisen haben.

35. In Ausnahmefällen kann der Kommandant während politischer Unruhen oder während des Verlaufs von Aufständen Personen, welche einer unmittelbar drohenden persönlichen Gefahr entfliehen, eine Zuflucht an Bord gewähren. Derartige Flüchtlinge dürfen aber von Bord aus keinen Verkehr mit ihren Parteigenossen unterhalten. Es muß die erste Gelegenheit benutzt werden, um sie an einen sicheren Ort zu bringen.

Eine politische Parteinahme darf unter keinen Umständen der Handlungsweise des Kommandanten zugrunde liegen, auch nicht aus ihr hergeleitet werden können.

Personen, die sich ohne Wissen des Kommandanten oder gegen seinen Willen an Bord eingeschlichen oder die Aufnahme unter falschen Angaben erbeten haben, gehen eines Anspruchs auf Schutz verloren.

Flüchtlinge fremder kriegführender Staaten sind zu entwaffnen. Bezüglich ihrer Unterbringung und Verpflegung sind sie wie Kriegsgefangene zu behandeln.

Vor der Asylgewährung hat der Kommandant, wenn irgend möglich, mit dem Kaiserlichen Vertreter in Verbindung zu treten. Ist dies nicht möglich, so hat er ihm möglichst bald nachher Mitteilung zu machen.

36. Schutz deutscher Reichsangehöriger durch Aufnahme an Bord. Jeder Kommandant ist berechtigt, soweit dadurch nicht die Rechte des fremden Staates beeinträchtigt werden, deutschen Reichsangehörigen im Ausland ein Asyl an Bord zu gewähren, ihnen auch das Anbordkommen zu ermöglichen, um sie einer offen=

baren Gefahr für ihr Leben oder ihre Freiheit zu entziehen.

Zu einer Landung mit bewaffneter Macht zu diesem Zweck darf jedoch nur dann geschritten werden, wenn die betreffenden Personen sich nicht eines gemeinen Verbrechens schuldig gemacht haben und die Behörden am Lande nicht willens oder außerstande sind, ausreichenden Schutz zu gewähren.

In solchen Fällen hat der Kommandant sofort an den Geschwaderchef oder ältesten Offizier der Station, wenn angängig telegraphisch, zu berichten und der Kaiserlichen Vertretung Mitteilung zu machen.

Fährt das Schiff allein oder steht es nicht in unmittelbarer Verbindung mit den genannten Personen, so ist dem Chef des Admiralstabes auf dem kürzesten Wege zu berichten.

37. Behandlung an Bord geflüchteter Sklaven. Der Kommandant ist innerhalb der durch den Art. XXI der Generalakte der Brüsseler Antisklavereikonferenz vom 2. Juli 1890 festgesetzten Zone verpflichtet, jeden Sklaven, welcher sich an Bord eines deutschen Kriegsschiffes geflüchtet hat, ohne Vorbehalt durch Ausstellung eines Freibriefes zu befreien. Der Sklave kann hierdurch aber nicht der Gerichtsbarkeit der zuständigen Territorial- oder einheimischen Behörden entzogen werden, falls er ein Verbrechen oder Vergehen im Sinne des gemeinen Rechts begangen hat. Der Sklave mit Freibrief soll indes grundsätzlich nur dann gelandet oder der Gerichtsbarkeit übergeben werden, wenn seine Freiheit gesichert ist.

Die befreiten Sklaven sind bei ihrer Entlassung von Bord mit Freibrief im deutschen Schutzgebiet den Bezirksämtern, an anderen Orten den deutschen Konsulaten zu übergeben, oder — falls solche nicht am Ort vorhanden — direkt an die Territorialbehörde.

Vgl. Kapitel III, Art. XXVIII der Generalakte der Brüsseler Antisklavereikonferenz vom 2. Juli 1890 sowie Erläuterungen und Ausführungsbestimmungen hierzu vom 19. Januar 1895 (MVBl. 1892 S. 177, Nr. 177, Anlage, und 1895, S. 46, Nr. 41, Anlage).

38. Die Mitnahme hilfsbedürftiger unbemittelter Reichsangehöriger nach einem deutschen Hafen darf nicht ohne schriftliche konsularische Requisition[1]) erfolgen, wenn nicht etwa die Anbordnahme durch marinedienstliche Interessen geboten wird.

Fehlt am Ort ein konsularischer Vertreter, so hat der Kommandant selbständig über die Zulassung der Mitnahme des Hilfsbedürftigen zu entscheiden. Soweit möglich, hat er sich vor der Anbordnahme darüber Gewißheit zu verschaffen, daß der Betreffende tatsächlich deutscher Reichsangehöriger ist.

39. Behandlung freiwillig sich stellender Verbrecher. Es ist eingehend zu prüfen, ob die Angaben des sich Meldenden glaubhaft sind. In dem über die Aufnahme des Verbrechers vorzulegenden Bericht ist besonders hervorzuheben, welche Erwägungen dazu geführt haben, den Angaben des sich Meldenden Glauben beizumessen.

---

[1]) Vgl. ADJ. zu § 29 S. 94.

Ob der Betreffende mit einem S. M. Schiffe oder mit einem Ablösungstransport in die Heimat zu senden, ist lediglich von der pflichtmäßigen Beurteilung des Einzelfalls durch den Befehlshaber zu entscheiden. Steht die Heimsendung innerhalb zweier Monate auf diese Weise nicht in Aussicht, so ist es gestattet, die Heimsendung durch den nächsten, zur sicheren Überführung geeigneten und zur Übernahme bereiten deutschen Dampfer zu veranlassen.

Ist das begangene Verbrechen kein militärisches, so ist wegen der weiteren Behandlung und Heimsendung mit dem konsularischen Vertreter des Deutschen Reiches in Verbindung zu treten.

K. Tätigkeit im Interesse der Handelsflotte.

51. Gesetz betreffend das Flaggenrecht der Kauffahrteischiffe. Vom 22. Juni 1899 (RGBl. S. 319).

§ 1. Die zum Erwerbe durch die Seefahrt bestimmten Schiffe (Kauffahrteischiffe) mit Einschluß der Lotsen-, Hochseefischerei-, Bergungs- und Schleppfahrzeuge haben als Nationalflagge ausschließlich die Reichsflagge (Art. 55 der Reichsverfassung) zu führen.

Die Form der Reichsflagge und die Art ihrer Führung wird durch Kaiserliche Verordnung bestimmt[1]).

§ 2. Zur Führung der Reichsflagge sind die Kauffahrteischiffe nur dann berechtigt, wenn sie im ausschließlichen Eigentume von Reichsangehörigen stehen.

---

[1]) Siehe Nr. 55 S. 290.

Den Reichsangehörigen werden gleichgeachtet offene Handelsgesellschaften und Kommanditgesellschaften, wenn die persönlich haftenden Gesellschafter sämtlich Reichsangehörige sind; andere Handelsgesellschaften, eingetragene Genossenschaften und juristische Personen, wenn sie im Inland ihren Sitz haben, Kommanditgesellschaften auf Aktien jedoch nur dann, wenn die persönlich haftenden Gesellschafter sämtlich Reichsangehörige sind.

§ 3. Verliert der Eigentümer einer Schiffspart die Reichsangehörigkeit oder geht eine im Eigentum eines Reichsangehörigen stehende Schiffspart in anderer Weise als durch Veräußerung (Handelsgesetzbuch § 503) auf einen Ausländer über, so behält das Schiff noch bis zum Ablauf eines Jahres das Recht zur Führung der Reichsflagge.

Sind seit dem im Abs. 1 bezeichneten Ereignisse sechs Monate verstrichen, so hat das Registergericht die übrigen Mitreeder auf ihren Antrag zu ermächtigen, die Schiffspart für Rechnung des Eigentümers öffentlich versteigern zu lassen; über die Stellung des Antrags beschließen die übrigen Mitreeder nach Stimmenmehrheit; die Stimmen werden nach der Größe der Schiffsparten berechnet. Bei der Versteigerung der Schiffspart können die Antragsteller mitbieten. Der Zuschlag darf nur einem Inländer erteilt werden.

Diese Vorschriften kommen nur zur Anwendung, wenn die Schiffsparten der übrigen Mitreeder wenigstens zwei Dritteile des Schiffes umfassen.

§ 4. Für die zur Führung der Reichsflagge befugten

Kauffahrteischiffe sind in den an der See oder an Seeschiffahrtsstraßen belegenen Gebieten Schiffsregister zu führen.

Die Schiffsregister werden von den Amtsgerichten geführt. Durch Anordnung der Landesjustizverwaltung kann die Führung des Registers für mehrere Amtsgerichtsbezirke einem Amtsgericht übertragen werden.

§ 5. Das Schiffsregister ist öffentlich; die Einsicht desselben ist jedem gestattet. Von den Eintragungen können gegen Erlegung der Kosten Abschriften gefordert werden, die auf Verlangen zu beglaubigen sind.

§ 6. Ein Schiff kann nur in das Schiffsregister des Hafens eingetragen werden, von welchem aus, als dem Heimatshafen, die Seefahrt mit dem Schiffe betrieben werden soll.

Soll die Seefahrt von einem ausländischen Hafen oder von einem Hafen eines Schutzgebiets oder eines Konsulargerichtsbezirkes aus betrieben werden oder fehlt es an einem bestimmten Heimatshafen, so steht dem Reeder die Wahl des inländischen Registers frei. Hat der Reeder weder seinen Wohnsitz noch seine gewerbliche Niederlassung im Bezirke des Registergerichts, so ist er verpflichtet, einen im Bezirke des Registergerichts wohnhaften Vertreter zu bestellen, welcher die nach diesem Gesetze für den Reeder begründeten Rechte und Pflichten gegenüber dem Registergerichte wahrzunehmen hat. Die Verpflichtung zur Bestellung eines Vertreters fällt weg, wenn das Registergericht seinen Sitz und der Reeder seinen Wohnsitz oder seine gewerbliche Niederlassung im Reichsgebiete hat.

§ 7. Die Eintragung in das Schiffsregister hat zu enthalten:

1. den Namen und die Gattung des Schiffes sowie das Unterscheidungssignal;
2. die Ergebnisse der amtlichen Vermessung;
3. die Zeit und den Ort der Erbauung, soweit sie festzustellen sind;
4. den Heimatshafen;
5. den Namen und die nähere Bezeichnung des Reeders;
   bei einer Reederei den Namen und die nähere Bezeichnung sämtlicher Mitreeder und des Korrespondentreeders sowie die Größe der den einzelnen Mitreedern gehörenden Schiffsparten;
   bei Handelsgesellschaften, eingetragenen Genossenschaften und juristischen Personen die Firma oder den Namen und den Ort, an welchem sie ihren Sitz haben, bei offenen Handelsgesellschaften außerdem den Namen und die nähere Bezeichnung sämtlicher Gesellschafter, bei Kommanditgesellschaften und Kommanditgesellschaften auf Aktien den Namen und die nähere Bezeichnung sämtlicher persönlich haftenden Gesellschafter;
6. die Angabe, daß in Ansehung der Reichsangehörigkeit der Beteiligten die gesetzlichen Anforderungen erfüllt sind;
7. den Rechtsgrund, auf welchem die Erwerbung des Schiffes oder der einzelnen Schiffsparten beruht;

8. den Tag der Eintragung;
9. die Ordnungsnummer, unter der das Schiff eingetragen ist.

§ 8. Die Eintragung in das Schiffsregister darf erst geschehen, nachdem das Recht des Schiffes zur Führung der Reichsflagge sowie alle im § 7 bezeichneten Tatsachen und Rechtsverhältnisse glaubhaft gemacht sind.

Solange die amtliche Vermessung im Inlande noch nicht hat stattfinden können, dürfen die Ergebnisse der Vermessung auf Grund der Vermessungsurkunde einer ausländischen Behörde oder eines sonstigen glaubhaften Nachweises eingetragen werden.

§ 9. Ist der Reeder zugleich Angehöriger eines fremden Staates, so hat er auf Verlangen des Registergerichts glaubhaft zu machen, daß das Schiff nicht in ein Schiffsregister dieses Staates eingetragen ist. Wird festgestellt, daß eine solche Eintragung besteht, so darf das Schiff nicht in ein inländisches Schiffsregister eingetragen werden.

§ 10. Über die Eintragung des Schiffes in das Schiffsregister wird von dem Registergericht eine mit dem Inhalte der Eintragung übereinstimmende Urkunde (Schiffszertifikat) ausgestellt.

Das Schiffs-Zertifikat hat außerdem zu bezeugen, daß die nach § 8 erforderlichen Nachweise geführt sind und daß das Schiff zur Führung der Reichsflagge befugt ist.

§ 11. Durch das Schiffszertifikat wird das Recht des Schiffes zur Führung der Reichsflagge nachgewiesen.

Das Recht zur Führung der Reichsflagge darf vor

der Erteilung des Schiffszertifikats nicht ausgeübt werden.

Das Schiffszertifikat oder ein von dem Registergerichte beglaubigter Auszug aus dem Zertifikat ist während der Reise stets an Bord des Schiffes mitzuführen.

§ 12. Erlangt ein im Auslande befindliches Schiff dadurch, daß es in das Eigentum eines Reichsangehörigen gelangt, das Recht zur Führung der Reichsflagge, so kann das Schiffszertifikat durch eine Bescheinigung ersetzt werden, die der Konsul, in dessen Bezirke das Schiff sich zur Zeit des Eigentumsüberganges befindet, über das Recht zur Führung der Reichsflagge erteilt (Flaggenzeugnis). Das Flaggenzeugnis hat nur für die Dauer eines Jahres seit dem Tage der Ausstellung, darüber hinaus nur für die Dauer einer durch höhere Gewalt verlängerten Reise Gültigkeit.

Ein Flaggenzeugnis kann auch behufs der ersten Überführung eines neuen Schiffes in einen anderen Hafen von dem Registergerichte des deutschen Erbauungshafens ausgestellt werden. Dieses Zeugnis hat nur für die Dauer der Überführung Gültigkeit.

Von der Ausstellung des Flaggenzeugnisses hat die ausstellende Behörde, wenn ein deutscher Hafen zum Heimatshafen des Schiffes bestimmt ist, dem Registergerichte dieses Hafens Anzeige zu machen.

§ 13. Treten in den eingetragenen Tatsachen oder Rechtsverhältnissen Veränderungen ein, so sind sie in das Schiffsregister einzutragen. Jede Eintragung ist baldtunlichst auf dem Schiffszertifikate zu vermerken. Die

Änderung des Namens des Schiffes bedarf der Genehmigung des Reichskanzlers.

Geht das Schiff unter oder wird es als reparaturunfähig kondemniert oder verliert es das Recht zur Führung der Reichsflagge, so ist es in dem Schiffsregister zu löschen und das Schiffszertifikat von dem Registergericht unbrauchbar zu machen. Das gleiche gilt, wenn der Reeder zugleich Angehöriger eines fremden Staates ist, und sich ergibt, daß das Schiff in ein Schiffsregister dieses Staates eingetragen ist.

Im Falle der Verlegung des Heimatshafens aus dem Registerbezirke hat das Registergericht nach Vollziehung der Eintragung das Schiffszertifikat mit einer beglaubigten Abschrift des Registerinhalts dem neuen Registergerichte zur Bewirkung der Eintragung zu übersenden.

§ 14. Die Tatsachen und Rechtsverhältnisse, welche gemäß § 13 eine Eintragung oder die Löschung im Schiffsregister erforderlich machen, sind dem Registergericht anzuzeigen und glaubhaft zu machen.

Verpflichtet hierzu sind:

alle Personen, deren Namen nach § 7 Nr. 5 in das Schiffsregister einzutragen sind,

bei juristischen Personen, eingetragenen Genossenschaften und solchen Handelsgesellschaften, welche keine persönlich haftenden Gesellschafter haben, die gesetzlichen Vertreter,

in dem Falle des § 6 Abs. 2 Satz 2 statt des Reeders dessen Vertreter, in dem Falle eines Eigentumswechsels, durch den das Recht des Schiffes zur Führung der Reichsflagge nicht berührt wird, auch der neue Erwerber des Schiffes oder der Schiffspart.

Die Anzeige ist von dem Verpflichteten binnen sechs Wochen nach dem Ablaufe des Tages zu bewirken, an welchem er von der einzutragenden Tatsache Kenntnis erlangt hat.

Sind mehrere Verpflichtete vorhanden, so genügt die Anzeige durch einen von ihnen.

§ 15. Ist eine Eintragung oder die Löschung im Schiffsregister erforderlich, so ist das Schiffszertifikat, und wenn der Inhalt eines von dem Registergericht erteilten Auszugs aus dem Schiffszertifikate berührt wird, auch dieser dem Gericht einzureichen. Zur Einreichung verpflichtet ist außer der im § 14 bezeichneten Personen auch der Schiffer, sobald sich das Schiff in dem Hafen befindet, in dessen Register es eingetragen ist.

Das Gericht hat die Beteiligten zur Einreichung der Urkunden durch Ordnungsstrafen anzuhalten. Auf das Verfahren finden die Vorschriften der §§ 132—139 des Gesetzes über die Angelegenheiten der freiwilligen Gerichtsbarkeit (RGBl. 1898 S. 771) entsprechende Anwendung.

Befindet sich das Schiff im Auslande, so hat auf Antrag das Registergericht ein neues Schiffszertifikat auszustellen und es dem Schiffer gegen Rückgabe der nach Abs. 1 einzureichenden Urkunden durch Vermittlung einer deutschen Behörde aushändigen zu lassen.

§ 16. Schiffe von nicht mehr als 50 Kubikmeter Brutto-Raumgehalt sind auch ohne Eintragung in das Schiffsregister und Erteilung des Schiffszertifikats befugt, das Recht zur Führung der Reichsflagge auszuüben.

§ 17. Ein in das Schiffsregister eingetragenes Schiff muß seinen Namen an jeder Seite des Bugs und seinen Namen sowie den Namen des Heimatshafens am Heck in gut sichtbaren und fest angebrachten Schriftzeichen führen.

§ 18. Führt ein Schiff die Reichsflagge, ohne hierzu nach den Vorschriften der §§ 2, 3 berechtigt zu sein, so wird der Schiffer mit Geldstrafe bis zu fünfzehnhundert Mark oder mit Gefängnis bis zu sechs Monaten bestraft. Auch kann auf Einziehung des Schiffes erkannt werden, ohne Unterschied, ob es dem Verurteilten gehört oder nicht; der § 42 des Strafgesetzbuchs findet entsprechende Anwendung.

§ 19. Führt ein Schiff den Vorschriften der §§ 11, 12 zuwider die Reichsflagge, so wird der Schiffer mit Geldstrafe bis zu dreihundert Mark oder mit Haft bestraft.

§ 20. Wer die ihm nach § 14 obliegende Verpflichtung nicht erfüllt, wird mit Geldstrafe bis zu dreihundert Mark oder mit Haft bestraft.

Wer gemäß Abs. 1 verurteilt ist und seiner Verpflichtung nicht binnen sechs Wochen nach dem Eintritte der Rechtskraft des Urteils genügt, wird mit Geldstrafe bis zu sechshundert Mark oder mit Gefängnis bis zu zwei Monaten bestraft. Die gleiche Strafe tritt ein, wenn im Falle einer weiteren Verurteilung die Verpflichtung nicht binnen der bezeichneten Frist erfüllt wird.

§ 21. Befindet sich der Vorschrift des § 11 Abs. 3 zuwider weder das Schiffszertifikat noch ein beglaubigter Auszug aus dem Zertifikat an Bord des Schiffes oder ist das Schiff nicht gemäß § 17 bezeichnet, so wird der Schiffer mit Geldstrafe bis zu einhundertundfünfzig Mark oder mit Haft bestraft.

§ 22. Werden die von dem Kaiser erlassenen Bestimmungen über die Verpflichtung der Kauffahrteischiffe, die Flagge vor Kriegsschiffen und Küstenbefestigungen oder bei dem Einlaufen in deutsche Häfen zu zeigen[1]), nicht beobachtet, so wird der Schiffer mit Geldstrafe bis zu einhundertundfünfzig Mark oder mit Haft bestraft.

§ 23. Straflos bleibt in den Fällen der §§ 18 bis 22 derjenige, bezüglich dessen festgestellt wird, daß die Handlung oder Unterlassung ohne sein Verschulden erfolgt ist.

§ 24. Die in den §§ 18, 19, 21 bezeichneten Handlungen sind auch dann strafbar, wenn sie im Ausland oder auf offener See begangen werden.

Das gleiche gilt von Zuwiderhandlungen gegen die im § 22 vorgesehenen Bestimmungen, sofern die Zuwiderhandlung auf einem deutschen Kauffahrteischiff erfolgt.

§ 25. Der Bundesrat bestimmt[2]):

---

[1]) Kaiserl. Verordnung vom 21. August 1900 betr. Zeigen der Nationalflagge durch Kauffahrteischiffe (RGBl. S. 807).

[2]) Verordnung vom 10. Nov. 1899 Nr. 52 S. 275.

1. die Grenzen der Seefahrt im Sinne dieses Gesetzes (§ 1),
2. den Umfang, in welchem die Ergebnisse der amtlichen Vermessung in das Schiffsregister einzutragen sind (§ 7 Nr. 2),
3. die Einrichtung des Schiffszertifikats (§ 10), des beglaubigten Auszugs aus dem Schiffszertifikat (§ 11) und der Flaggenzeugnisse (§ 12),
4. die Art, wie die Anbringung der Namen am Schiffe auszuführen ist (§ 17).

§ 26[1]). Die Vorschriften dieses Gesetzes finden auch Anwendung auf seegehende Lustyachten, auf ausschließlich zur Ausbildung von Seeleuten bestimmte Seefahrzeuge (Schulschiffe) sowie auf solche Seefahrzeuge, welche für Rechnung von auswärtigen Staaten oder deren Angehörigen im Inland erbaut sind. Machen solche Fahrzeuge von dem Rechte zur Führung der Reichsflagge Gebrauch, so unterliegen sie den für Kauffahrteischiffe geltenden Vorschriften.

Durch Kaiserliche Verordnung mit Zustimmung des Bundesrats kann die Geltung der im Abs. 1 bezeichneten Vorschriften auch auf andere nicht zum Erwerbe durch die Seefahrt bestimmte Seefahrzeuge erstreckt werden.

§ 26a[1]). Durch Kaiserliche Verordnung mit Zustimmung des Bundesrats kann bestimmt werden, daß

---

[1]) §§ 26 und 26a in der Fassung, die sie durch das Gesetz zur Abänderung des Gesetzes, betreffend das Flaggenrecht der Kauffahrteischiffe vom 20. Mai 1901 (RGBl. S. 184) erhalten haben.

die Vorschriften dieses Gesetzes auch auf Binnenschiffe, die ausschließlich auf ausländischen Gewässern verkehren, Anwendung finden. Die Schiffsregister für solche Schiffe werden bei den durch den Reichskanzler bestimmten deutschen Konsulaten geführt[1]).

§ 27. Unberührt bleiben die landesgesetzlichen Vorschriften, nach welchen die Schiffsregister von anderen Behörden als den Gerichten geführt werden.

§ 28. Unberührt bleiben die Vorschriften des § 7 des Gesetzes, betreffend die Rechtsverhältnisse der deutschen Schutzgebiete (RGBl. 1888 S. 75)[2]).

§ 29. Soweit in anderen Gesetzen auf Vorschriften des Gesetzes, betreffend die Nationalität der Kauffahrteischiffe und ihre Befugnis zur Führung der Bundesflagge, vom 25. Oktober 1867 verwiesen ist, treten die entsprechenden Vorschriften dieses Gesetzes an deren Stelle.

Der § 74 Nr. 2 des Gerichtsverfassungsgesetzes (RGBl. 1898 S. 371) wird aufgehoben.

§ 30. Dieses Gesetz tritt am 1. Januar 1900 in Kraft.

52. Bekanntmachung, betr. **Ausführungsbestimmungen zu § 25 des Flaggengesetzes vom 22. Juni 1899.**

Vom 10. November 1899 (CBl. S. 380).

Auf Grund des § 25 des Gesetzes, betreffend das Flaggenrecht der Kauffahrteischiffe, vom. 22 Juni 1899

---

1) Siehe Nr. 53 und 54 S. 289.

2) Jetzt: § 10 des Schutzgebietsgesetzes vom 10. September 1900 (RGBl. S. 812).

(RGBl. S. 319) hat der Bundesrat die folgenden Bestimmungen erlassen:

Seefahrt.

§ 1. Als Seefahrt im Sinne des § 1 des Gesetzes vom 22. Juni 1899 ist in den nachstehend aufgeführten Revieren die Fahrt anzusehen:

1. bei Memel
   außerhalb der Mündung des Kurischen Haffs,
2. bei Pillau
   außerhalb des Pillauer Tiefs,
3. bei Neufahrwasser
   außerhalb der Mündung der Weichsel,
4. in der Putziger Wiek
   außerhalb Rewa und Heisterneſt,
5. bei Dievenow, Swinemünde und Peenemünde
   außerhalb der Mündung der Dievenow und Swine sowie außerhalb der nördlichen Spitze der Insel Usedom und der Insel Ruden,
6. bei Rügen
   östlich:
   außerhalb der Insel Ruden und dem Thiessower Höft,
   westlich:
   außerhalb Wittower Posthaus und der nördlichen Spitze von Hiddens-Oe sowie außerhalb des Bock bei Barhöft,
7. bei Wismar
   außerhalb Jackelsbergs-Riff, Hannibal-Grund,

Schweinskötel und Lieps, sowie außerhalb Tarnewitz,

8. auf der Kieler Föhrde
außerhalb Stein bei Labö und Bülk,

9. auf der Eckern Föhrde
außerhalb Nienhof und Bocknis,

10. bei Flensburg, Sonderburg und Apenrade
außerhalb Birknakke und Kekenis-Leuchtturm sowie außerhalb Tundtoft-Nakke und Kundshoved,

11. bei Hadersleben
außerhalb Raadhoved, Insel Aarö, Insel Linderum und Orbyhage,

12. bei Husum
außerhalb Nordstrand,

13. auf der Eider
außerhalb Vollerwiek und Hundeknoll,

14. auf der Elbe
außerhalb der westlichen Spitze des hohen Ufers (Diekfand) und der Kugelbake bei Döse,

15. auf der Weser
außerhalb Cappel und Langwarden,

16. auf der Jade
außerhalb Langwarden und Schillingshörn,

17. auf der Ems
außerhalb der westlichen Spitze der Westermarsch (Utlands-Hörn) und Ostpolder Siel.

Für die Schutzgebiete bleibt die Bestimmung der Grenzen der Seefahrt dem Reichskanzler oder den von ihm hierzu ermächtigten Beamten überlassen.

Ergebnisse der amtlichen Vermessung.

§ 2. Als Ergebnisse der amtlichen Vermessung sind in das Schiffsregister einzutragen:

1. die nach § 25 der Schiffsvermessungsordnung vom 1. März 1895 aufgenommenen Hauptmaße;
2. der Raumgehalt des Schiffes, und zwar der Bruttoraumgehalt und der Nettoraumgehalt, jeder in Kubikmetern und Registertons nach folgendem Muster:

Die Vermessung ist auf Grund der Schiffsvermessungsordnung vom 1. März 1895 (RGBl. 1895 S. 161) nach dem

....

Verfahren erfolgt, und es beträgt:

	Kubikmeter	Registertons
a) der Bruttoraumgehalt des Schiffes . . .	....	....
b) der Nettoraumgehalt des Schiffes . . .	....	....

zu b) in Worten: .... Kubikmeter,

gleich .... Registertons.

Hat die Vermessung im Inlande noch nicht stattfinden können, so ist dies im Schiffsregister zu vermerken. Es sind alsdann diejenigen Angaben über Raumgehalt oder Ladungsfähigkeit einzutragen, welche sich aus den anderweitig, insbesondere durch eine ausländische Vermessungsurkunde, glaubhaft geführten Nachweisen ergeben. Die

Art des Nachweises ist im Register zu vermerken. Eine Umrechnung in Kubikmeter und Registertons findet, wenn die Nachweise sich auf andere Maße beziehen, nicht statt (vgl. den Vermerk im § 3 Abs. 3).

Wird das Schiff demnächst einer amtlichen Vermessung im Inland unterzogen, so ist deren Ergebnis gemäß Abs. 1 einzutragen.

Schiffszertifikat.

§ 3. Die Einrichtung des Schiffszertifikats erfolgt nach dem beiliegenden Muster (Anlage A)[1]. Die Ausfertigung ist mit der Unterschrift und dem Siegel der ausstellenden Behörde zu versehen.

Die Eintragung der Vermessungsergebnisse in das Schiffszertifikat erfolgt gemäß § 2 mit folgenden Maßgaben:

Ist das Schiff noch nicht im Inlande vermessen, so ist an Stelle der nach § 2 vorgeschriebenen Eintragung neben dem für diese bestimmten Platze das Folgende zu vermerken:

> Das Schiff ist im Inlande noch nicht vermessen. Der/Die .... (gegebenenfalls durch die Bezeichnung der ausländischen Vermessungsurkunde auszufüllen) glaubhaft gemachte Raumgehalt/Ladungsfähigkeit beträgt .... (einzutragen die nach-

---

[1]) S. 282 ff.

gewiesenen Angaben, soweit möglich nach Brutto- und Nettoraumgehalt; das fremdländische Maß ist genau zu bezeichnen).

Wird ein Schiff im Inlande neu vermessen, so sind die Ergebnisse dieser Vermessung gemäß Abs. 2 unter der Rubrik „Veränderungen in den eingetragenen Tatsachen" einzutragen. An der im Abs. 3 bezeichneten Stelle ist in diesem Falle zu vermerken:

Das Schiff ist neu vermessen. (Vgl. S. .... dieses Zertifikats.)

Auszug aus dem Schiffszertifikate.

§ 4. Ein beglaubigter Auszug aus dem Schiffszertifikate wird auf Antrag des Reeders oder des Schiffers von der Registerbehörde, welche das Schiffszertifikat ausgestellt hat, erteilt. In den Auszug sind die Eintragungen bei den ersten sechs Nummern des Schiffszertifikats und die Bezeugung des Flaggenrechts aufzunehmen; er wird nach dem beiliegenden Muster (Anlage B)[1] unter Unterschrift und Siegel der Behörde ausgefertigt. Die Eintragungen erfolgen nach dem jeweilig geltenden Inhalte des Schiffszertifikats. Veränderungen, welche nach der Ausfertigung eintreten, dürfen in den Auszug nicht eingetragen werden. Der nach § 15 Abs. 1 des Gesetzes vom 22. Juni 1899 in solchem Falle der Registerbehörde einzureichende Auszug ist zurückzubehalten und zu vernichten. Auf Antrag des Reeders oder des Schiffers ist

---

[1]) S. 285 f.

ein neuer, den veränderten Eintragungen im Schiffszertifikat entsprechender Auszug zu erteilen.

Flaggenzeugnisse.

§ 5. Die Flaggenzeugnisse werden nach den beiliegenden Mustern Anlage C (§ 12 Abs. 1 des Gesetzes vom 22. Juni 1899)[1]) und Anlage D (§ 12 Abs. 2 a. a. O.)[2]) unter Unterschrift und Siegel der Behörde ausgefertigt.

Namen.

§ 6. Die nach § 17 des Gesetzes vom 22. Juni 1899 vom Schiffe zu führenden Namen sind in lateinischer Druckschrift von solcher Größe deutlich erkennbar anzubringen, daß

1. die Höhe der kleinsten Buchstaben mindestens zehn Zentimeter,
2. die Breite der die Buchstaben bildenden Grundstriche mindestens $^1/_5$ der Höhe der Buchstaben beträgt.

Der Antrag auf Änderung des Namens eines in das Schiffsregister eingetragenen Schiffes ist an die Registerbehörde zu richten, welche den Antrag mit begutachtendem Berichte dem Reichskanzler (Reichsamt des Innern) vorlegt.

---

[1]) S. 287.
[2]) S. 288.

Anlage A.

Deutsches Reich.

Schiffszertifikat.

Es wird hierdurch bezeugt, daß in das von der unterzeichneten Behörde kraft gesetzlicher Anordnung geführte Schiffsregister

das Schiff ....

unter Nr. .... auf Grund glaubhafter Nachweisungen am .... 1 .... eingetragen ist, wie folgt:

1. Name des Schiffes: ....
2. Gattung: ....
3. Unterscheidungssignal: ....
4. Ergebnisse der amtlichen Vermessung: Die nach § 25 Nr. ...... der Schiffsvermessungsordnung aufgenommenen Hauptmaße sind: Länge = ... Meter; Breite = ... Meter; Tiefe = ... Meter; größte Länge des Maschinenraums = ... Meter.

   Die Vermessung ist auf Grund der Schiffsvermessungsordnung vom 1. März 1895 (RGBl. 1895 S. 161) nach dem .... Verfahren erfolgt und es beträgt:

	Kubikmeter	Registertons
a) der Bruttoraumgehalt des Schiffes . . .	....	....
b) der Nettoraumgehalt des Schiffes . . .	....	....

   zu b) in Worten: .... Kubikmeter, gleich .... Registertons.
5. Zeit und Ort der Erbauung: ....
6. Heimatshafen:

(Noch Anlage A.)

7. Eigentumsverhältnisse.

Fortlaufende Nummer	Namen, nähere Bezeichnung und Nationalität der Reeder	Schiffsparten	Erwerbsgrund

Über vorstehende Eintragung wird dieses Zertifikat erteilt. Zugleich wird bezeugt, daß dem Schiffe .... nach dem Gesetze vom 22. Juni 1899 (RGBl. S. 319) das Recht, die Reichsflagge zu führen, nebst allen Rechten, Eigenschaften und Privilegien eines deutschen Schiffes zusteht.

................, den .... 1..........

....

....

(Noch Anlage A.)

Zu Nummer	Veränderungen in den eingetragenen Tatsachen

Pfandrechte.

Laufende Nummer	Betrag	Eintragungen	Veränderungen	Löschungen

Anlage B.

Amtlich beglaubigter

Auszug aus dem Schiffszertifikate

des

deutschen .... Schiffes

....

von

....

(Noch Anlage B.)

Es wird hierdurch bezeugt, daß in das von der unterzeichneten Behörde kraft gesetzlicher Anordnung geführte Schiffsregister

das Schiff ....

unter Nr. .... auf Grund glaubhafter Nachweisungen am .... 1...... eingetragen ist, wie folgt:

1. Name des Schiffes: ....
2. Gattung: ....
3. Unterscheidungssignal: ....
4. Ergebnisse der amtlichen Vermessung: Die nach § 25 Nr. .... der Schiffsvermessungsordnung aufgenommenen Hauptmaße sind: Länge = ... Meter; Breite = ... Meter; Tiefe = ... Meter; größte Länge des Maschinenraums = ... Meter.

   Die Vermessung ist auf Grund der Schiffsvermessungsordnung vom 1. März 1895 (RGBl. 1895 S. 161) nach dem .... Verfahren erfolgt und es beträgt:

	Kubikmeter	Registertons
a) der Bruttoraumgehalt des Schiffes . . .	....	....
b) der Nettoraumgehalt des Schiffes . . .	....	....

   zu b) in Worten: .... Kubikmeter gleich .... Registertons.
5. Zeit und Ort der Erbauung: ....
6. Heimatshafen: ....

Zugleich wird bezeugt, daß dem Schiffe .... nach dem Gesetze vom 22. Juni 1899 (RGBl. S. 319) das Recht, die Reichsflagge zu führen, nebst allen Rechten, Eigenschaften und Privilegien eines deutschen Schiffes zusteht.

Beglaubigt ...., den .... 1......

....

....

Anlage C.

Flaggenzeugnis.

Der unterzeichnete (General-, Vize-) Konsul des Deutschen Reiches zu N. N. bezeugt hierdurch, daß das im Jahre .... in .... aus .... erbaute, bisher unter .... Flagge gestandene Schiff „..............." von .... während der Anwesenheit im Konsularbezirke mittels Vertrags vom .... in das ausschließliche Eigentum de.................... zu .... gelangt ist, welche.... nachgewiesen hat, die / de....en Sitz sich in*) .... Staatsangehörigkeit in**) .... zu besitzen. / .... befindet.

Hiernach hat das vorgenannte Schiff, als dessen Heimathafen .... angegeben ist, auf Grund des Gesetzes vom 22. Juni 1899 (RGBl. S. 319) das Recht zur Führung der deutschen Reichsflagge erlangt. Hierüber wird das gegenwärtige Zeugnis erteilt, welches für die Dauer eines Jahres von heute ab, darüber hinaus aber nur für die Dauer einer durch höhere Gewalt verlängerten Reise Gültigkeit hat.

...., den .... 1.......

Der (General-, Vize-) Konsul des Deutschen Reiches.

(Siegel.) (Unterschrift.)

---

*) Name des Orts, gegebenenfalls auch des Bundesstaates oder Schutzgebietes.

**) Name des Bundesstaates.

Anlage D.

Flaggenzeugnis.

Es wird hierdurch bezeugt, daß das im Jahre ....
in .... aus .... neu erbaute ....
Schiff „.................“ von .... im
ausschließlichen Eigentume de................................ zu
.... steht, welche.... nachgewiesen hat, die Staatsangehörigkeit in**) .... zu besitzen.
de...en Sitz sich in*) .... befindet.

Hiernach besitzt das vorgenannte Schiff, als dessen Heimatshafen .... angegeben ist, auf Grund des Gesetzes vom 22. Juni 1899 (RGBl. S. 319) das Recht zur Führung der deutschen Reichsflagge.

Hierüber wird das gegenwärtige Zeugnis erteilt, welches nur für die Dauer der Überführung nach .... Gültigkeit hat.

...., den .... 1......

(Siegel, Firma und Unterschrift des Registergerichts.)

---

*) Name des Ortes und gegebenenfalls auch des Bundesstaates oder Schutzgebietes.

**) Name des Bundesstaates.

53. Kaiserl. Verordnung, betreffend **das Flaggenrecht deutscher Binnenschiffe, die ausschließlich auf ausländischen Gewässern verkehren.**

Vom 1. März 1900 (RGBl. S. 41).

§ 1. Die Vorschriften des Gesetzes, betreffend das Flaggenrecht der Kauffahrteischiffe vom 22. Juni 1899 (RGBl. S. 319) finden auf Binnenschiffe, welche ausschließlich auf der unteren Donau oder in Ostasien auf dem Westflusse (Si-kiang), dem Yangtze-kiang und dem Pai-ho sowie auf deren Zu- und Nebenflüssen verkehren, Anwendung.

§ 2. Über die Einrichtung der Schiffsregister und deren Führung bei den von ihm bezeichneten Konsulaten hat der Reichskanzler nähere Bestimmungen zu treffen[1]).

54. Bekanntmachung, betreffend **das Flaggenrecht deutscher Binnenschiffe, die ausschließlich auf ausländischen Gewässern verkehren.**

Vom 11. April 1900 (CBl. S. 270).

Auf Grund des § 2 der Kaiserlichen Verordnung vom 1. März 1900, betreffend das Flaggenrecht deutscher Binnenschiffe, die ausschließlich auf ausländischen Gewässern verkehren (RGBl. S. 41), ist den Kaiserlichen Konsularämtern in

Galatz für das Gebiet der unteren Donau,

Kanton für das Gebiet des Westflusses,

---

[1]) Siehe die folgende Nr. 54.

Schanghai und Hankau } für das Gebiet des Yangtze-kiang,

Tientsin für das Gebiet des Pai-ho

die Führung der Schiffsregister übertragen worden.

Für die äußere Einrichtung und die Führung der Schiffsregister findet die im preußischen Justizministerialblatt abgedruckte allgemeine Verfügung des Königlich Preußischen Herrn Justizministers vom 11. Dezember 1899 über die Führung des Schiffsregisters (Nr. 46 S. 753 ff.)[1]) entsprechende Anwendung.

55. Verordnung, betreffend die **Bundesflagge**[2]) **für Kauffahrteischiffe.** Vom 25. Oktober 1867 (BGBl. S. 39).

Die Bundesflagge, welche von den Kauffahrteischiffen der Bundesstaaten fortan als Nationalflagge ausschließlich zu führen ist (§ 1 des Gesetzes, betreffend die Nationalität der Kauffahrteischiffe und ihre Befugnis zur Führung der Bundesflagge, vom heutigen Tage),[3]) bildet ein längliches Rechteck, bestehend aus drei gleich breiten horizontalen Streifen, von welchen der obere schwarz, der mittlere weiß und der untere rot ist. Das Verhältnis der Höhe der Flagge zur Länge ist wie zwei zu drei. Die Bundesflagge wird von den Schiffen am Heck oder am hinteren Maste — und zwar in der Regel an

---

[1]) Nicht abgedruckt.

[2]) Siehe Anm. 8 auf S. 19.

[3]) Jetzt Gesetz vom 22. Juni 1899 (RGBl. S. 319) S. 264 ff.

der Gaffel dieses Mastes, in Ermangelung einer solchen aber am Topp oder im Want — geführt.

Ein besonderes Abzeichen in der Bundesflagge oder einen Wimpel zu führen, ähnlich demjenigen der Kriegsmarine des Norddeutschen Bundes, ist den Kauffahrteischiffen nicht gestattet[1]).

56. Gesetz, betreffend die **Schiffsmeldungen bei den Konsulaten des Deutschen Reichs.** Vom 25. März 1880 (RGBl. S. 181).

§ 1. Der Führer eines deutschen Kauffahrteischiffes ist verpflichtet, die Ankunft des Schiffes in einem zu dem Amtsbezirke eines deutschen Konsulats gehörigen Hafen und den Abgang des Schiffes aus einem solchen Hafen dem Konsul mündlich oder schriftlich zu melden.

Die Meldung der Ankunft hat innerhalb der beiden nächstfolgenden Tage, die Meldung des Abgangs vor der Abfahrt des Schiffes zu geschehen.

§ 2. Die Meldungen sind nicht erforderlich, wenn das Schiff den Hafen nur angelaufen hat, um

---

[1]) Führern von Seehandelsschiffen, die Offiziere des Beurlaubtenstandes der kaiserl. Marine sind oder derselben früher angehört haben und mit der Erlaubnis zum Tragen der Uniform verabschiedet sind, kann die Berechtigung verliehen werden, in der Handelsflagge das eiserne Kreuz zu führen. Kaiserl. Erlasse vom 1. Juli 1896 (RGBl. S. 181) und 7. Februar 1903 (RGBl. S. 199), Ausführungsbestimmungen vom 16. August 1896 (CBl. S. 461) und vom 26. März 1903 (CBl. S. 143).

1. auf Wind oder Gezeit zu warten,
2. den Bedarf an Proviant, Wasser oder Ausrüstungsmaterial zu ergänzen,
3. Lotsen einzunehmen oder abzusetzen,
4. Personen oder Ladung einzunehmen oder abzusetzen, sofern der hiermit verbundene Aufenthalt nicht länger als 48 Stunden währt,
5. Briefe oder Orders in Empfang zu nehmen oder abzusenden,
6. etwaigen Polizei-, Zoll- oder anderen am Orte bestehenden Vorschriften nachzukommen.

§ 3. Die näheren Bestimmungen zur Ausführung dieses Gesetzes werden durch Kaiserliche Verordnung erlassen. Die Verordnung bestimmt insbesondere die Punkte, über welche der Schiffsführer dem Konsul bei der Meldung Auskunft zu erteilen hat.

§ 4. Der Schiffsführer, welcher den Vorschriften dieses Gesetzes zuwider es unterläßt, die Ankunft oder den Abgang des Schiffes rechtzeitig zu melden, wird mit Geldstrafe bis zu zweihundert Mark bestraft.

Die gleiche Strafe trifft den Schiffsführer, welcher eine den Bestimmungen der Kaiserlichen Verordnung (§ 3) nicht entsprechende Meldung der Aufforderung des Konsuls ungeachtet zu vervollständigen unterläßt.

57. Kaiserl. Verordnung, betr. die **Schiffsmeldungen bei den Konsulaten des Deutschen Reichs.**

Vom 28. Juli 1880 (RGBl. S. 183).

§ 1. Bei der dem Schiffsführer eines deutschen Kauffahrteischiffes nach der Ankunft des Schiffes in einem außerdeutschen Hafen obliegenden Meldung ist dem zuständigen deutschen Konsul anzuzeigen:

1. der Name, das Unterscheidungssignal, der Heimatshafen, die Gattung und der Nettoraumgehalt des Schiffes,
2. der Name und der Wohnort des Eigentümers oder des Korrespondentreeders des Schiffes,
3. der Ort und der Tag der Ausfertigung des Schiffszertifikats oder des Flaggenattestes des Schiffes,
4. der Ort und der Tag der Ausfertigung der Musterrolle, sofern dieselbe nicht vorgelegt wird, sowie die Zahl der Schiffsmannschaft,
5. die Zahl der mit dem Schiffe angekommenen Passagiere,
6. ob das Schiff mit Ballast oder mit Ladung angekommen ist, letzterenfalls unter summarischer Bezeichnung der Ladungsgegenstände,
7. der Ort und der Tag des Reiseantritts und der Tag der Ankunft im Hafen,
8. ob bzw. welche Häfen von dem Schiffe während der Reise angelaufen worden sind,
9. die Adresse desjenigen, welcher die Klarierungsgeschäfte des Schiffes am Orte besorgt.

Den unter 1 bis 3 geforderten Anzeigen kann auch durch Vorlegung des Schiffszertifikats oder des Flaggenattestes genügt werden.

§ 2. Hat der Konsul in dem Hafen, welchen das Schiff besucht, seinen Wohnsitz, so ist bei der Anmeldung auch die Musterrolle der Mannschaft des Schiffes vorzulegen. Dieselbe wird von dem Konsul aufbewahrt.

§ 3. Bei der Abmeldung ist anzuzeigen:

1. der Bestimmungsort des Schiffes,
2. ob das Schiff mit Ballast oder mit Ladung abgeht, letzterenfalls unter summarischer Bezeichnung der Ladungsgegenstände,
3. der Tag der Ausklarierung.

§ 4. Erfolgt die Meldung schriftlich, so ist dieselbe von dem Führer des Schiffes zu unterschreiben.

§ 5. Genügt der Inhalt der Meldung dem Konsul nicht, so hat der Schiffsführer dieselbe auf ergangene Aufforderung nach Maßgabe der obigen Bestimmungen baldtunlichst zu vervollständigen.

58. **Seemannsordnung.** Vom 2. Juni 1902 (RGBl. S. 175).

Erster Abschnitt.
Einleitende Vorschriften.

§ 1. Die Vorschriften dieses Gesetzes finden auf alle Kauffahrteischiffe (Gesetz vom 22. Juni 1899 § 1, RGBl. 1899 S. 319, RGBl. 1901 S. 184) Anwendung, welche das Recht, die Reichsflagge zu führen, ausüben dürfen.

Sie sind der Abänderung durch Vertrag entzogen, soweit nicht eine anderweitige Vereinbarung ausdrücklich zugelassen ist.

Durch Kaiserliche Verordnung mit Zustimmung des Bundesrats kann bestimmt werden, inwieweit die Vorschriften dieses Gesetzes auf Binnenschiffe Anwendung finden, welche das Recht, die Reichsflagge zu führen, ausüben dürfen (Gesetz vom 22. Juni 1899 § 26a).

§ 2. Kapitän im Sinne dieses Gesetzes ist der Führer des Schiffes (Schiffer), in dessen Ermangelung oder Verhinderung sein Stellvertreter.

Schiffsoffiziere im Sinne dieses Gesetzes sind diejenigen zur Unterstützung des Kapitäns in der Führung des Schiffes bestimmten Angestellten, welche zur Ausübung ihres Dienstes eines staatlichen Befähigungsnachweises bedürfen. Außerdem gelten als Schiffsoffiziere die Ärzte, Proviant- und Zahlmeister.

Schiffsmann im Sinne dieses Gesetzes ist jede sonstige zum Dienste auf dem Schiffe während der Fahrt für Rechnung des Reeders angestellte Person, ohne Unterschied, ob die Anmusterung (§ 13) erfolgt ist oder nicht. Auch die weibliche Angestellte hat die Rechte und Pflichten des Schiffsmanns. Der Lotse gilt nicht als Schiffsmann. Die Gesamtheit der Schiffsleute bildet die Schiffsmannschaft.

§ 3. Der Kapitän ist der Dienstvorgesetzte der Schiffsoffiziere und Schiffsleute. Seine Stellvertretung liegt, soweit nicht vom Reeder oder vom Kapitän hinsichtlich der Vertretung in einzelnen Dienstzweigen anderweitige Anordnung getroffen ist, dem Steuermann, in Ermangelung eines solchen dem Bestmann ob.

Die Schiffsoffiziere sind Vorgesetzte sämtlicher Schiffsleute. Auf die Schiffsoffiziere finden die für die Schiffsmannschaft oder den Schiffsmann geltenden Vorschriften, soweit nicht ausdrücklich ein anderes festgesetzt ist, Anwendung.

Das dienstliche Verhältnis der Schiffsoffiziere untereinander, insbesondere das Verhältnis zwischen Offizieren verschiedener Dienstzweige, bestimmt sich nach den vom Reeder oder vom Kapitän getroffenen besonderen Festsetzungen. Auf Dampfschiffen ist jedoch während der Ausübung des Wachtdienstes der wachthabende Maschinist dem wachthabenden Steuermann insofern untergeordnet, als er die von diesem nach der Maschine gegebenen Befehle auszuführen hat.

Die außer den Schiffsoffizieren in den einzelnen Dienstzweigen als Vorgesetzte geltenden Schiffsleute werden vom Kapitän bestimmt und sind der Schiffsmannschaft durch Aushang bekannt zu geben.

§ 4. Der Bundesrat erläßt Bestimmungen über Zahl und Art der Schiffsoffiziere, mit welchen die Schiffe zu besetzen sind, sowie über den Grad des Befähigungszeugnisses, das der Kapitän und die Schiffsoffiziere besitzen müssen. Die Bestimmungen sind dem Reichstage bei seinem nächsten Zusammentritte zur Kenntnisnahme vorzulegen.[1])

---

[1]) Auf Grund des § 31 der Gewerbeordnung und dieses Paragraphen sind vom Bundesrat erlassen:

1. Bekanntmachung, betr. den Befähigungsnachweis und die Prüfung der Seeschiffer und Seesteuerleute auf deutschen Kauffahrteischiffen vom 16. Januar 1904 (RGBl. S. 3) mit Änderungen vom 14. März 1906 (RGBl. S. 427), vom 24. Juli 1909 (RGBl. S. 892)

§ 5. Seemannsämter mit den durch dieses Gesetz ihnen zugewiesenen Befugnissen und Obliegenheiten sind im Reichsgebiete die landesrechtlich, in den Schutzgebieten die vom Reichskanzler bestellten Behörden, im Auslande die Konsulate des Reichs für Hafenplätze.

Die Einrichtung der Seemannsämter im Reichsgebiete steht den Landesregierungen nach Maßgabe der Landesgesetze zu. Ihre Geschäftsführung unterliegt der Oberaufsicht des Reichs. Bei der Entscheidung in den im § 122 bezeichneten Fällen müssen die Seemannsämter innerhalb des Reichsgebiets mit einem Vorsitzenden und zwei schiffahrtskundigen Beisitzern besetzt sein.

Ist ein Konsul Mitinhaber oder Agent der Reederei

---

und vom 3. Juni 1910 (RGBl. S. 867) Formulare zu den Prüfungsnachweisungen siehe CBl. 1904 S. 125.

2. Bekanntmachung, betr. die Untersuchung der Seeleute auf Seh- und Farbenunterscheidungsvermögen vom 9. Mai 1904 (CBl. S. 142).
3. Bekanntmachung, betr. die Besetzung der Kauffahrteischiffe mit Kapitänen und Schiffsoffizieren vom 16. Juni 1903 (RGBl. S. 247) mit Änderungen vom 7. Januar und 21. Mai 1909 (RGBl. S. 247 u. 445).
4. Bekanntmachung, betr. Befähigungsnachweis und die Prüfung der Maschinisten auf Seedampfern der deutschen Handelsflotte vom 7. Januar 1909 (RGBl. S. 210 und 320). Neue Formulare zu Prüfungszeugnissen und Befähigungsnachweisen (CBl. 1910 S. 107 Beilage zu Nr. 15 und S. 415.)
5. Bekanntmachung, betr. die Besetzung der Seefischereifahrzeuge mit Schiffsführern und Maschinisten vom 5. Mai 1904 (RGBl. S. 163), Formulare CBl. 1904, S. 254.

des Schiffes, so ist er von der Wahrnehmung der im § 58 bezeichneten Geschäfte eines Seemannsamts in bezug auf dieses Schiff ausgeschlossen, wenn von dem beschwerdeführenden Schiffsoffizier oder der Mehrzahl der beschwerdeführenden Schiffsleute gegen seine Mitwirkung Widerspruch erhoben wird.

§ 6. Die Schutzgebiete gelten im Sinne dieses Gesetzes als Inland.

Deutsche Häfen im Sinne dieses Gesetzes sind nur die Häfen des Reichsgebietes.

Zweiter Abschnitt.

Seefahrtsbücher und Musterung.

§ 7. Niemand darf im Reichsgebiet als Schiffsmann in Dienst treten, bevor er sich über Namen, Geburtsort und Alter vor einem Seemannsamt ausgewiesen und von demselben ein Seefahrtsbuch ausgefertigt erhalten hat.

Ist der Schiffsmann ein Deutscher, so darf er vor vollendetem vierzehnten Lebensjahre zur Übernahme von Schiffsdiensten nicht zugelassen werden; auch hat er sich über seine Militärverhältnisse sowie, wenn er noch minderjährig ist, darüber auszuweisen, daß er von seinem gesetzlichen Vertreter zur Übernahme von Schiffsdiensten ermächtigt worden ist. Der Genehmigung des Vormundschaftsgerichts bedarf es nicht.

Mit dem Seefahrtsbuch ist dem Schiffsmanne zugleich ein Abdruck der Seemannsordnung, des Gesetzes, betreffend die Verpflichtung der Kauffahrteischiffe zur Mitnahme heimzuschaffender Seeleute, des Gesetzes, betreffend die Stellenvermittlung für Schiffsleute, und einer amtlichen Zusammenstellung der Bestimmungen über die Militärverhältnisse der seemännischen und halbseemännischen Bevölkerung auszuhändigen.

Der Bundesrat bestimmt, inwieweit als Schiffsleute nur solche Personen angemustert werden dürfen, welche nach Untersuchung ihres körperlichen Zustandes für den zu übernehmenden Dienst geeignet sind[1]).

§ 8. Die für einen einzelnen Fall erteilte Ermächtigung des gesetzlichen Vertreters (§ 7) gilt im Zweifel als ein für allemal erteilt.

Kraft derselben ist der Minderjährige für solche Rechtsgeschäfte unbeschränkt geschäftsfähig, welche die Eingehung oder Aufhebung von Heuerverträgen oder die Erfüllung der sich aus einem solchen Vertrag ergebenden Verpflichtungen betreffen.

§ 9. Wer bereits ein Seefahrtsbuch ausgefertigt erhalten hat, muß behufs Erlangung eines neuen Seefahrtsbuchs das ältere vorlegen oder dessen Verlust glaubhaft machen. Daß dies geschehen, wird von dem Seemannsamt in dem neuen Seefahrtsbuche vermerkt.

Wird der Verlust glaubhaft gemacht, so ist diesem Vermerke zugleich eine Bescheinigung des Seemannsamts über die früheren Rang- und Dienstverhältnisse sowie über die Dauer der Dienstzeit und über die dem Schiffsmann anzurechnenden Beitragswochen für die Invaliden-

---

[1]) Bekanntmachung, betr. die Untersuchung der Schiffsleute auf Tauglichkeit zum Schiffsdienste. Vom 1. Juli 1905 (RGBl. S. 561).

versicherung, soweit derselbe sich hierüber genügend ausweist, beizufügen.

§ 10. Wer nach Inhalt seines Seefahrtsbuchs angemustert ist, darf nicht von neuem angemustert werden, bevor er sich über die Beendigung des früheren Dienstverhältnisses durch den in das Seefahrtsbuch einzutragenden Vermerk (§§ 22, 25) ausgewiesen hat. Kann nach dem Ermessen des Seemannsamts ein solcher Vermerk nicht beigebracht werden, so dient statt desselben, sobald die Beendigung des Dienstverhältnisses auf andere Art glaubhaft gemacht ist, ein vom Seemannsamte hierüber einzutragender Vermerk im Seefahrtsbuche.

§ 11. Einrichtung und Preis des Seefahrtsbuchs bestimmt der Bundesrat[1]). Die Ausfertigung erfolgt kosten- und stempelfrei.

Das Seefahrtsbuch muß über die Militärverhältnisse und die Invalidenversicherung des Inhabers Auskunft geben.

§ 12. Der Kapitän hat die Musterung (Anmusterung, Abmusterung) der Schiffsmannschaft nach Maßgabe der folgenden Bestimmungen (§§ 13 bis 26) zu veranlassen.

Der Kapitän oder ein zum Abschlusse von Heuerverträgen bevollmächtigter Vertreter der Reederei und der Schiffsmann müssen bei der Musterung zugegen sein; gewerbsmäßige Stellenvermittler für Schiffsleute dürfen als Vertreter nicht bestellt werden.

---

[1]) Die gemäß Bekanntmachung, vom 20. März 1903 (CBl. S. 120) vom Bundesrat festgesetzten Formulare für Seefahrtsbuch und Musterrolle siehe S. 358 ff.

§ 13. Die Anmusterung besteht in der Verlautbarung des mit dem Schiffsmanne geschlossenen Heuervertrags vor einem Seemannsamte. Sie muß vor Antritt oder Fortsetzung der Reise, wenn dies aber ohne Verzögerung der Reise unausführbar ist, sobald ein Seemannsamt angegangen werden kann, erfolgen; die Gründe für die Verzögerung oder Unterlassung der Anmusterung sind in das Schiffstagebuch einzutragen. Geschieht die Anmusterung innerhalb des Reichsgebiets, so ist dabei das Seefahrtsbuch vorzulegen.

§ 14. Die Anmusterungsverhandlung wird vom Seemannsamt als Musterrolle ausgefertigt. Wenn die gesamte Schiffmannschaft nicht gleichzeitig mittels einer Verhandlung angemustert wird, so erfolgt die Ausfertigung auf Grund der ersten Verhandlung.

Die Musterrolle muß enthalten: Namen und Nationalität des Schiffes, Namen und Wohnort des Kapitäns, Namen, Wohnort und dienstliche Stellung jedes Schiffsmanns, den Hafen der Ausreise, die Bestimmungen des Heuervertrags, namentlich auch den Überstundenlohnsatz (§ 35 Abs. 3, § 37 Abs. 3) und etwaige besondere Verabredungen. Insbesondere muß aus der Musterrolle erhellen, was dem Schiffsmanne für den Tag an Speise und Trank gebührt. Bei besonderen Verabredungen mit Schiffsoffizieren kann die Eintragung auf die Wiedergabe des wesentlichen Inhalts beschränkt werden. Abreden, welche nach § 1 Abs. 2 unzulässig sind, dürfen nicht aufgenommen werden.

Im übrigen wird die Einrichtung der Musterrolle vom Bundesrate bestimmt[1]).

Die Musterrolle muß sich während der Reise an Bord befinden; auf Erfordern ist sie dem Seemannsamte vorzulegen.

§ 15. Wird ein Schiffsmann erst nach Ausfertigung der Musterrolle angemustert, so hat das Seemannsamt eine solche Musterung in die Musterrolle einzutragen.

§ 16. Bei jeder innerhalb des Reichsgebiets erfolgenden Anmusterung wird vom Seemannsamte hierüber und über die Zeit des Dienstantritts in das Seefahrtsbuch jedes Schiffsmanns ein Vermerk eingetragen, welcher zugleich als Ausgangs- oder Seepaß dient. Außerhalb des Reichsgebiets erfolgt eine solche Eintragung nur, wenn das Seefahrtsbuch zu diesem Zwecke vorgelegt wird.

Das Seefahrtsbuch ist demnächst vom Kapitän für die Dauer des Dienstverhältnisses in Verwahrung zu nehmen.

§ 17. Wird ein angemusterter Schiffsmann durch ein unabwendbares Hindernis außerstand gesetzt, den Dienst anzutreten, so hat er sich hierüber sobald wie möglich gegen den Kapitän und das Seemannsamt, vor welchem die Anmusterung erfolgt ist, auszuweisen. Der Kapitän hat das Seefahrtsbuch dem Schiffsmann oder dem Seemannsamte, vor welchem die Anmusterung erfolgt ist, sobald als tunlich zu übersenden.

---

[1]) Siehe Anm. 1 auf S. 300 und S. 358 ff.

§ 18. Die Abmusterung besteht in der Verlautbarung der Beendigung des Dienstverhältnisses seitens des Kapitäns und der aus diesem Verhältnis ausscheidenden Mannschaft vor einem Seemannsamte. Sie muß, sobald das Dienstverhältnis beendigt ist, erfolgen, und zwar, wenn nicht ein anderes vereinbart wird, vor dem Seemannsamte desjenigen Hafens, wo das Schiff liegt, und nach Verlust des Schiffes vor demjenigen Seemannsamte, welches zuerst angegangen werden kann.

§ 19. Vor der Abmusterung hat der Kapitän dem abzumusternden Schiffsmann im Seefahrtsbuche die bisherigen Rang- und Dienstverhältnisse und die Dauer der Dienstzeit zu bescheinigen, auf Verlangen auch ein Führungszeugnis zu erteilen. Das Zeugnis darf in das Seefahrtsbuch nicht eingetragen werden. Dasselbe ist kosten- und stempelfrei.

§ 20. Die Unterschriften des Kapitäns unter der Bescheinigung und dem Zeugnisse (§ 19) werden von dem Seemannsamte, vor welchem die Abmusterung stattfindet, kosten- und stempelfrei beglaubigt.

§ 21. Verweigert der Kapitän die Ausstellung des Zeugnisses (§ 19), oder enthält dieses oder die Bescheinigung im Seefahrtsbuche (§ 19) Angaben, deren Richtigkeit der Schiffsmann bestreitet, so hat auf dessen Antrag das Seemannsamt den Sachverhalt zu untersuchen und das Ergebnis der Untersuchung dem Schiffsmanne zu bescheinigen.

§ 22. Die erfolgte Abmusterung wird vom Seemannsamt in dem Seefahrtsbuche des abgemusterten Schiffsmanns und in der Musterrolle vermerkt.

§ 23. Sind seit der Ausfertigung der Musterrolle mindestens zwei Jahre verflossen, so ist auf Antrag des Kapitäns diesem vom Seemannsamt ein dem gegenwärtigen Bestande der Schiffsmannschaft entsprechender beglaubigter Auszug aus der Musterrolle zu erteilen, welcher fernerhin als Musterrolle zu benutzen ist.

§ 24. Die Musterrolle sowie der etwa nach § 23 erteilte Auszug sind nach Beendigung derjenigen Reise oder derjenigen Zeit, auf welche die als Musterrolle ausgefertigte Anmusterungsverhandlung (§ 14) sich bezieht, dem Seemannsamte, vor welchem abgemustert wird, zu überliefern.

Letzteres übersendet die Schriftstücke dem Seemannsamte des Heimatshafens und in Ermangelung eines solchen dem Seemannsamte des Registerhafens.

§ 25. Erfährt der Bestand der Mannschaft Änderungen, bei welchen eine Musterung (§ 12) nach Maßgabe vorstehender Bestimmungen ohne Verzögerung der Reise unausführbar ist, so hat der Kapitän, sobald ein Seemannsamt angegangen werden kann, bei demselben unter Darlegung der Hinderungsgründe die Musterung nachzuholen, oder, sofern auch diese nachträgliche Musterung nicht mehr möglich ist, den Sachverhalt anzuzeigen. Ein Vermerk über die Anzeige ist vom Seemannsamt in die Musterrolle und in die Seefahrtsbücher der beteiligten Schiffsleute einzutragen.

§ 26. Die Kosten der Musterungsverhandlungen,

einschließlich der Ausfertigung der Musterrolle, fallen dem Reeder zur Last.

Die Bestimmungen über die in gleicher Höhe für alle Seemannsämter innerhalb des Reichsgebiets festzustellenden Kosten erfolgen durch den Bundesrat.

Dritter Abschnitt.
Vertragsverhältnis.

§ 27. Die Gültigkeit des Heuervertrags ist durch schriftliche Abfassung und durch den nachfolgenden Vollzug der Anmusterung nicht bedingt. Jedoch ist dem Schiffsmanne bei der Anheuerung ein von dem Kapitän oder dem Vertreter der Reederei (§ 12 Abs. 2) unterschriebener Ausweis (Heuerschein) zu geben, welcher enthält:

Namen des Schiffes,
Angabe der Dienststellung,
Angabe der Reise oder Dauer des Vertrags,
Höhe der Heuer,
Zeit und Ort der Anmusterung.

Aufkündigungsfristen und sonstige die Lösung des Heuervertrags betreffende Zeitbestimmungen sollen für beide vertragschließende Teile gleich sein. Bei entgegenstehender Vereinbarung kann der Schiffsmann die dem anderen Teile zugestandene Frist oder Zeitbestimmung für sich in Anspruch nehmen.

§ 28. Der Heuervertrag kann für eine Reise oder auf Zeit abgeschlossen werden.

Ist bei der Anheuerung für eine Reise deren Endziel

nicht angegeben, so läuft in Ermangelung anderweitiger Vereinbarung, unbeschadet der Vorschrift des § 69, der Heuervertrag bis zur Rückkehr in den Hafen der Ausreise (§ 14).

Bei Anheuerung auf unbestimmte Zeit soll im Heuervertrag eine Kündigungsfrist angegeben oder in anderer Weise über die Beendigung des Dienstverhältnisses Bestimmung getroffen werden. Ist dies nicht geschehen, so kann jeder Teil in jedem Hafen, welchen das Schiff zum Löschen oder Laden anläuft, vom Vertrag unter Einhaltung einer Kündigungsfrist von vierundzwanzig Stunden zurücktreten.

§ 29. Ist bei dem Abschlusse des Heuervertrags die Vereinbarung über den Betrag der Heuer nicht durch ausdrückliche Erklärung getroffen worden, so wird im Zweifel die Heuer als vereinbart angesehen, die das Seemannsamt des Hafens, in welchem der Schiffsmann angemustert wird, für die daselbst zur Zeit der Anmusterung übliche erklärt.

§ 30. Hat ein Schiffsmann sich durch mehrere Verträge für ein und dieselbe Zeit verheuert, so geht, falls auf Grund eines der Verträge eine Anmusterung stattgefunden hat, dieser, sonst der zuerst abgeschlossene Vertrag vor.

§ 31. Wird ein Schiffsmann erst nach Anfertigung der Musterrolle geheuert, so gelten für ihn in Ermangelung anderer Vertragsbestimmungen die nach Inhalt der Musterrolle mit der übrigen Schiffsmannschaft getroffenen Abreden.

§ 32. Die Verpflichtung des Schiffsmanns, sich mit seinen Sachen an Bord einzufinden und Schiffsdienste zu leisten, beginnt, wenn nicht ein anderes bedungen ist, mit der Anmusterung. Der Zeitpunkt, zu welchem der Dienstantritt erfolgen soll, ist dem Schiffsmanne bei der Anheuerung, der Liegeplatz oder ein Meldeort ist ihm bei der Anmusterung anzugeben.

Wenn der Schiffsmann den Dienstantritt länger als vierundzwanzig Stunden verzögert, ist der Kapitän oder der Reeder zum Rücktritte von dem Heuervertrage befugt. Die Ansprüche wegen etwaiger Mehrausgaben für einen Ersatzmann und wegen sonstiger aus der Verzögerung erwachsener Schäden werden hierdurch nicht berührt.

§ 33. Der Schiffsmann, welcher nach der Anmusterung ohne einen genügenden Entschuldigungsgrund dem Antritt oder der Fortsetzung des Dienstes sich entzieht, kann auf Antrag des Kapitäns vom Seemannsamte, wo aber ein solches nicht vorhanden ist, von der Ortspolizeibehörde zwangsweise zur Erfüllung seiner Pflicht angehalten werden.

Die daraus erwachsenden Kosten hat der Schiffsmann zu ersetzen.

§ 34. Der Schiffsmann ist verpflichtet, in Ansehung des Schiffsdienstes den Anordnungen des Kapitäns, der Schiffsoffiziere und seiner sonstigen Dienstvorgesetzten unweigerlich Gehorsam zu leisten und zu jeder Zeit alle für Schiff und Ladung ihm übertragenen Arbeiten zu verrichten.

Er hat diese Verpflichtung zu erfüllen, sowohl an

Bord des Schiffes und in dessen Booten, als auch in den Leichterfahrzeugen und auf dem Lande, sowohl unter gewöhnlichen Umständen, als auch unter Havarie.

Ohne Erlaubnis des Kapitäns oder eines Schiffsoffiziers darf er das Schiff bis zur Abmusterung nicht verlassen, doch darf ihm in einem Hafen des Reichsgebiets in seiner dienstfreien Zeit, wenn nicht triftige Gründe vorliegen, die Erlaubnis nicht verweigert werden. Ist ihm eine solche Erlaubnis erteilt, so muß er zur festgesetzten Zeit zurückkehren.

§ 35. Liegt das Schiff im Hafen oder auf der Reede, so ist der Schiffsmann nur in dringenden Fällen schuldig, länger als zehn Stunden täglich zu arbeiten. In den Tropen wird diese Zeit, soweit es sich nicht ausschließlich um Aufsichtsdienst oder Arbeiten zur Verpflegung und Bedienung der an Bord befindlichen Personen handelt, auf acht Stunden beschränkt. Bei Berechnung dieser Arbeitsdauer ist der Wachtdienst in Rechnung zu bringen.

Die Vorschriften des Abs. 1 finden auf Schiffsoffiziere keine Anwendung. Den Schiffsoffizieren ist im Hafen oder auf der Reede eine Ruhezeit von mindestens acht Stunden innerhalb jeder vierundzwanzig Stunden zu gewähren.

Arbeit, welche über die im Abs. 1 bestimmte Dauer von zehn oder acht Stunden geleistet wird, ist als Überstundenarbeit zu vergüten, soweit sie nicht zur Verpflegung und Bedienung der an Bord befindlichen Personen oder zur Sicherung des Schiffes in dringender Gefahr erforderlich ist.

§ 36. Auf See geht die Mannschaft des Decks- und Maschinendienstes Wache um Wache. Die abgelöste Wache darf nur in dringenden Fällen zu Schiffsdiensten verwendet werden. Auf Dampfschiffen ist die ablösende Maschinenwache verpflichtet, das vor der Ablösung erforderliche Aschehieven zu besorgen. Diese Vorschriften gelten nicht für Fahrten von nicht mehr als zehnstündiger Dauer.

Auf Dampfschiffen in transatlantischer Fahrt wird für das Maschinenpersonal der Dienst in drei Wachen eingeteilt.

Unter welchen Umständen im übrigen eine Mannschaft in mehr als zwei Wachen zu gehen hat, bestimmt der Bundesrat[1]).

§ 37. An Sonn- und Festtagen dürfen, solange das Schiff im Hafen oder auf der Reede liegt, Arbeiten, einschließlich des Wachtdienstes, nur gefordert werden, soweit sie unumgänglich oder unaufschieblich oder durch den Personenverkehr bedingt sind.

Mit Löschen und Laden dürfen, solange das Schiff innerhalb des Reichsgebiets im Hafen oder auf der Reede liegt, die zur Schiffsmannschaft gehörigen Personen an Sonn- und Festtagen nicht beschäftigt werden. Diese Vorschrift gilt nicht für die Ladung derjenigen Dampfschiffe, welche in regelmäßigem Fahrplane die Kaiserlich deutsche Post befördern, und für die zum Löschen und

---

[1]) Auf Grund dieses Paragraphen erging die Bekanntmachung, betr. die Dreiteilung des Wachdienstes auf Kauffahrteischiffen vom 16. Juni 1903 (RGBl. S. 251).

Laden dieser Dampfschiffe dienenden Fahrzeuge sowie für das Gepäck der Reisenden und für leicht verderbende Güter. Außerdem können von einer durch die Zentralbehörde des Bundesstaats zu bestimmenden Behörde in Notfällen Ausnahmen von dieser Vorschrift auf jedesmaligen Antrag gestattet werden.

Sonn- und Festtagsarbeit (Abs. 1, 2) ist als Überstundenarbeit zu vergüten, soweit sie nicht zur Verpflegung und Bedienung der an Bord befindlichen Personen oder zur Sicherung des Schiffes in dringender Gefahr erforderlich ist.

Soweit nicht dringende Gründe entgegenstehen, ist an Sonn- und Festtagen im Hafen und auf der Reede der Schiffsmannschaft Gelegenheit zur Teilnahme am Gottesdienste ihrer Konfession zu geben und der hierzu erforderliche Urlaub zu erteilen.

§ 38. Auf See darf an Sonn und Festtagen über das hinaus, was zur Sicherheit und zur Fahrt des Schiffes, zur Bedienung der Maschine, zum Segeltrocknen, Bootsdienst und zur Verpflegung und Bedienung der an Bord befindlichen Personen unbedingt erforderlich ist, der Schiffsmannschaft Arbeit nur in dringenden Fällen auferlegt werden.

Die Vorschrift des § 37 Abs. 4 findet auf See entsprechende Anwendung. Auch ist dem Schiffsmanne, der es verlangt, die Teilnahme an gemeinschaftlichen Andachten seiner Konfession zu gestatten.

§ 39. Als Festtage im Sinne der §§ 37, 38 gelten im Inlande die von der Landesregierung des Liegeorts bestimmten Tage, im Ausland und auf See die Festtage des inländischen Heimatshafens; in Ermangelung eines solchen werden die Festtage durch Anordnung des Reichskanzlers bestimmt. Im Sinne des § 37 Abs. 4 gelten als Festtage im Ausland auch die kirchlich gebotenen Festtage des Liegeorts.

§ 40. Die Vorschriften des § 35 Abs. 3 und des § 37 Abs. 3 finden auf Schiffsoffiziere keine Anwendung, sofern nicht ein anderes vereinbart ist.

§ 41. Bei Seegefahr, besonders bei drohendem Schiffbruche, sowie bei Gewalt und Angriff gegen Schiff oder Ladung hat der Schiffsmann alle befohlene Hilfe zur Erhaltung von Schiff und Ladung unweigerlich zu leisten und darf ohne Einwilligung des Kapitäns, solange dieser selbst an Bord bleibt, das Schiff nicht verlassen.

Er bleibt verbunden, bei Schiffbruch für Rettung der Personen und ihrer Sachen sowie für Sicherstellung der Schiffsteile, der Gerätschaften und der Ladung, den Anordnungen des Kapitäns gemäß, nach besten Kräften zu sorgen und bei der Bergung gegen Fortbezug der Heuer und der Verpflegung Hilfe zu leisten.

§ 42. Der Schiffsmann ist, auch wenn der Heuervertrag infolge eines Verlustes des Schiffes beendigt ist (§ 69), verpflichtet, auf Verlangen bei der Verklarung mitzuwirken und seine Aussage eidlich zu bestärken.

Dieser Verpflichtung hat er gegen Zahlung der etwa erwachsenden Versäumnis-, Reise- und Verpflegungskosten, deren Höhe im Streitfalle die Verklarungsbehörde, im Auslande der Konsul, festzusetzen hat, nachzukommen.

Auf Verlangen des Schiffsmanns ist ihm für die Versäumnis-, Reise- und Verpflegungskosten ein angemessener Vorschuß zu zahlen.

§ 43. Stellt sich nach Antritt der Reise heraus, daß der Schiffsmann zu dem Dienste, zu welchem er sich verheuert hat, untauglich ist, so ist der Kapitän befugt, ihn im Range herabzusetzen und seine Heuer verhältnismäßig zu verringern. Diese Befugnis besteht nicht gegenüber Schiffsoffizieren.

Wird von dieser Befugnis Gebrauch gemacht, so hat der Kapitän die getroffene Anordnung und die die Anordnung begründenden Tatsachen, sobald tunlich, in das Schiffstagebuch einzutragen, die Eintragung dem Schiffsmanne vorzulesen und in dem Tagebuche zu vermerken, daß und wann dies geschehen ist. Vor der Eröffnung und Eintragung tritt die Verringerung der Heuer nicht in Wirksamkeit.

Dem Schiffsmann ist auf Verlangen eine vom Kapitän unterzeichnete Abschrift der Eintragung auszuhändigen.

Gegen die getroffene Anordnung kann der Schiffsmann die Entscheidung des Seemannsamts anrufen, welches zuerst angegangen werden kann. Erst nach Entscheidung des Seemannsamts, falls aber ein solches nicht angerufen ist, bei der Abmusterung, dürfen Eintragungen über den Sachverhalt in das Seefahrtsbuch, und zwar nur durch das Seemannsamt, vorgenommen werden.

§ 44. Die Heuer ist vom Tage der Anmusterung, falls diese dem Dienstantritte vorangeht, sonst vom Tage des Dienstantritts an zu zahlen.

Als Dienstzeit gilt auch die zur Erreichung des Meldeorts (§ 32) erforderliche Reisezeit.

§ 45. Die Heuer hat der Schiffsmann, sofern keine andere Vereinbarung getroffen ist, erst nach Beendigung der Reise oder des Dienstverhältnisses zu beanspruchen.

Der Schiffsmann kann jedoch in einem Hafen, in welchem das Schiff ganz oder zum größeren Teil entlöscht wird, die Auszahlung der Hälfte der bis dahin verdienten Heuer (§ 80) verlangen, sofern bereits drei Monate seit der Anmusterung verflossen sind. In gleicher Weise ist der Schiffsmann bei Ablauf je weiterer drei Monate nach der früheren Auszahlung wiederum die Auszahlung der Hälfte der seit der letzten Auszahlung verdienten Heuer zu fordern berechtigt.

Ist die Anheuerung auf Zeit erfolgt (§ 28), so kann der Schiffsmann bei Rückkehr in den Hafen der Ausreise die bis dahin verdiente Heuer beanspruchen.

§ 46. Die Auszahlung des dem Schiffsmanne bei der Beendigung des Dienstverhältnisses zustehenden Heuerguthabens muß an ihn persönlich und, soweit nicht im Auslande die dortigen Gesetze eine andere Behörde bestimmen, vor dem abmusternden Seemannsamt oder durch dessen Vermittelung geschehen und von diesem in der Abmusterungsverhandlung bescheinigt werden. Bei Verhinderung des Schiffsmanns ist mit dessen Zustimmung die Auszahlung an ein Familienmitglied zulässig. In einer Gast- oder Schankwirtschaft darf die Auszahlung nicht vorgenommen werden.

Von der Mitwirkung des Seemannsamts darf abgesehen werden, wenn sie ohne Verzögerung der Reise nicht herbeigeführt werden kann.

Das Seemannsamt ist verpflichtet, bei der Abmusterung die dem Schiffsmann auszuzahlende Heuer auf dessen Antrag ganz oder teilweise in Empfang zu nehmen und nach Angabe des Schiffsmanns an auswärts wohnende Angehörige desselben oder an Sparkassen oder sonstige Verwahrungsstellen gebührenfrei zu übermitteln[1]. Die durch die Übermittelung entstehenden baren Auslagen werden, sofern der Schiffsmann ein Deutscher ist, von dem Reeder getragen.

§ 47. Inwieweit vor dem Antritte der Reise Vorschußzahlungen auf die Heuer zu leisten oder Handgelder zu zahlen sind, bestimmt in Ermangelung einer Vereinbarung der Ortsgebrauch des Hafens, in welchem der Schiffsmann angemustert wird.

§ 48. Alle Zahlungen an Schiffsleute müssen nach Wahl derselben, Vorschußzahlungen jedoch nach Wahl des Kapitäns, entweder in bar oder mittels einer auf den Reeder ausgestellten Anweisung geleistet werden. Die Zahlbarkeit der Anweisungen darf bei Vorschußzahlungen an die Bedingung geknüpft werden, daß der Schiffsmann sich bei der Abfahrt des Schiffes an Bord befindet.

---

[1] Nähere Anweisung enthält der Erlaß vom 15. Juni 1877, der für die Berufskonsuln durch Runderlaß vom 10. Juli 1902 ergänzt worden ist. (Beide Erlasse sind nicht veröffentlicht, inhaltlich sind sie wiedergegeben bei v. König S. 604ff.)

Im übrigen muß die Anweisung unbedingt und auf Sicht gestellt sein.

§ 49. Vor Antritt der Reise ist ein Abrechnungsbuch anzulegen, in welchem die verdiente Heuer und der verdiente Überstundenlohn in regelmäßigen Zeitabschnitten zu berechnen sowie alle auf die Heuer geleisteten Vorschuß- und Abschlagszahlungen und die etwa gegebenen Handgelder, bei Zahlung in fremder Währung auch der zugrunde gelegte Kurs, einzutragen sind. In dem Abrechnungsbuch ist von dem Schiffsmann über den Empfang jeder Zahlung zu quittieren. Die Zahl der geleisteten Überstunden sowie der danach verdiente Überstundenlohn ist wöchentlich und spätestens am Tage nach dem jedesmaligen Verlassen eines Hafens in dem Abrechnungsbuche zu vermerken; sodann ist dieser Vermerk dem Schiffsmanne zur unterschriftlichen Anerkennung vorzulegen. Verweigert er die Anerkennung, so ist auch dies und der hierfür angegebene Grund im Abrechnungsbuche zu vermerken

Ferner ist jedem Schiffsmanne, der es verlangt, noch ein besonderes Heuerbuch zu übergeben und darin ebenfalls die verdiente Heuer, der verdiente Überstundenlohn sowie jede auf die Heuer des Inhabers geleistete Zahlung, bei Zahlung in fremder Währung auch der zugrunde gelegte Kurs, einzutragen. Vor der Abmusterung ist dem Schiffsmann in diesem Heuerbuche sein Gesamtguthaben zu berechnen.

§ 50. Wenn die Zahl der Mannschaft des Decks- oder Maschinendienstes sich während der Reise vermindert und der weitere Verlauf der Reise eine Verminderung der Arbeitsanforderungen nicht in Aussicht stellt, so muß der Kapitän die Mannschaft ergänzen, soweit die Umstände es gestatten. Solange eine Ergänzung nicht erfolgt, sind die während der Fahrt ersparten Heuergelder unter diejenigen Schiffsleute desselben Dienstzweigs, welchen dadurch eine Mehrarbeit erwachsen ist, nach Verhältnis dieser und der Heuer zu verteilen. Ein Anspruch auf die Verteilung findet jedoch nicht statt, wenn die Verminderung der Mannschaft durch Entweichung herbeigeführt ist und die Sachen des entwichenen Schiffsmanns nicht an Bord zurückgeblieben sind.

§ 51. Wird ein Schiffsmann bei Abfahrt des Schiffes vermißt, so hat der Kapitän demjenigen Seemannsamt, in dessen Bezirke zuerst diese Wahrnehmung gemacht wird, behufs Ermittelung sobald als tunlich Anzeige zu erstatten und das Seefahrtsbuch des Vermißten zu übermitteln.

§ 52. In allen Fällen, in welchen ein Schiff mehr als zwei Jahre auswärts verweilt, tritt für den seit zwei Jahren im Dienste befindlichen Schiffsmann eine Erhöhung der Heuer ein, wenn diese nach Zeit bedungen ist.

Diese Erhöhung wird, wie folgt, bestimmt:

1. der Schiffsjunge tritt mit Beginn des dritten Jahres in die in der Musterrolle bestimmte oder aus derselben als Durchschnittsbetrag sich ergebende Heuer der Leichtmatrosen und mit Beginn des vierten Jahres in die in der Musterrolle bestimmte Heuer der Vollmatrosen ein;

2. der Leichtmatrose erhält mit Beginn des dritten[1]) Jahres die in der Musterrolle bestimmte Heuer der Vollmatrosen und mit Beginn des vierten Jahres ein Fünftel derselben mehr an Heuer;
3. für die übrige Schiffsmannschaft steigt die in der Musterrolle angegebene Heuer mit Beginn des dritten Jahres um ein Fünftel und mit Beginn des vierten Jahres um ein ferneres Fünftel ihres ursprünglichen Betrags.

In den Fällen des Abs. 2 Nr. 1, 2 tritt der Schiffsmann mit der Erhöhung der Heuer zugleich in die entsprechende Rangklasse ein.

§ 53. Die aus den Dienst- und Heuerverträgen herrührenden Forderungen des Kapitäns und der zur Schiffsmannschaft gehörigen Personen, welche auf einem nach den §§ 862, 863 des Handelsgesetzbuchs als verschollen anzusehenden Schiffe sich befunden haben, werden fällig mit Ablauf der Verschollenheitsfrist. Das Dienstverhältnis gilt sodann einen halben Monat nach dem Tage für beendet, bis zu welchem die letzte Nachricht über das Schiff reicht.

Der Betrag der Forderungen ist dem Seemannsamte des Heimatshafens und in Ermangelung eines solchen dem Seemannsamte des Registerhafens zu übergeben. Das Seemannsamt hat die Aushändigung an die Empfangsberechtigten zu vermitteln.

§ 54. Dem Schiffsmanne gebührt Beköstigung für

---

[1]) Gemäß Gesetz zur Abänderung der Seemannsordnung vom 23. März 1903 (RGBl. S. 57).

Rechnung des Schiffes von dem Zeitpunkte des Dienstantritts an bis zur Abmusterung, jedoch wenn diese ohne Verzögerung der Reise unausführbar ist, bis zur Beendigung des Dienstverhältnisses. Er darf die verabreichten Speisen und Getränke nur zu seinem eigenen Bedarfe verwenden und nichts davon veräußern, vergeuden oder sonst beiseite bringen. Anstatt der Beköstigung kann auf Grund besonderer Abrede eine entsprechende Geldentschädigung gewährt werden.

§ 55. Die Schiffsmannschaft hat an Bord des Schiffes vom Zeitpunkte des Dienstantritts an bis zur Abmusterung, jedoch wenn diese ohne Verzögerung der Reise unausführbar ist, bis zur Beendigung des Dienstverhältnisses Anspruch auf einen, ihrer Zahl und der Größe des Schiffes entsprechenden, nur für sie und ihre Sachen bestimmten wohlverwahrten und genügend zu lüftenden Logisraum.

Kann dem Schiffsmann infolge eines Unfalls oder aus anderen Gründen zeitweilig ein Unterkommen auf dem Schiffe nicht gewährt werden, so ist ihm ein anderweitiges angemessenes Unterkommen zu verschaffen.

§ 56. Die dem Schiffsmanne für den Tag mindestens zu verabreichenden Speisen und Getränke (§ 54) bestimmen sich, soweit nicht ein anderes vereinbart ist, nach dem örtlichen Rechte des Registerhafens. Der Erlaß näherer Bestimmungen steht den Landesregierungen im Verordnungswege und, sofern es an einem inländischen Heimatshafen oder Registerhafen fehlt, dem Reichskanzler zu.

Über Größe und Einrichtung des Logisraums (§ 55), über die Einrichtung von Wasch- und Baderäumen und Aborten an Bord der Schiffe und die mindestens mitzunehmenden Heilmittel beschließt der Bundesrat[1])[2]). Die Beschlüsse des Bundesrats sind dem Reichstage bei seinem nächsten Zusammentritte zur Kenntnisnahme vorzulegen.

§ 57. Der Kapitän ist berechtigt, bei ungewöhnlich langer Dauer der Reise oder wegen eingetretener Unfälle, eine Kürzung der Rationen oder eine Änderung hinsichtlich der Wahl der Speisen und Getränke eintreten zu lassen.

Er hat im Schiffstagebuche zu vermerken, wann, aus welchem Grunde und in welcher Weise eine Kürzung oder Änderung eingetreten ist.

Dem Schiffsmanne gebührt eine den erlittenen Entbehrungen entsprechende Vergütung. Über diesen Anspruch entscheidet unter Vorbehalt des Rechtswegs das Seemannsamt, vor welchem abgemustert wird.

§ 58. Wenn ein Schiffsoffizier oder nicht weniger als drei Schiffsleute bei einem Seemannsamte Beschwerde darüber erheben, daß das Schiff, für welches sie angemustert sind, nicht seetüchtig ist, oder daß die Vor-

---

[1]) Bekanntmachung, betr. die Logis-, Wasch- und Baderäume sowie die Aborte auf Kauffahrteischiffen vom 2. Juli 1905 (RGBl. S. 563).

[2]) Bekanntmachung, betr. die Krankenfürsorge auf Kauffahrteischiffen vom 3. Juli 1905 (RGBl. S. 568) mit Änderung vom 21. Mai 1909 (RGBl. S. 446).

räte, welche das Schiff für den Bedarf der Mannschaft an Speisen und Getränken mit sich führt, ungenügend oder verdorben sind, so hat das Seemannsamt mit möglichster Beschleunigung unter Hinzuziehung von erreichbaren Sachverständigen und der ortsanwesenden Beschwerdeführer eine Untersuchung des Schiffes oder der Vorräte zu veranlassen und das Ergebnis in das Schiffstagebuch einzutragen. Auch hat das Seemannsamt, falls die Beschwerde sich als begründet erweist, für die geeignete Abhilfe Sorge zu tragen.

Kommt der Kapitän den zu diesem Behufe getroffenen Anordnungen nicht nach, so kann jeder Schiffsoffizier und jeder Schiffsmann seine Entlassung mit der für den Fall des § 74 Nr. 1 vorgesehenen Wirkung (§ 76) fordern.

§ 59[1]). Falls der Schiffsmann nach Antritt des Dienstes oder nach der Anmusterung erkrankt oder eine Verletzung erleidet, trägt der Reeder die Kosten der Verpflegung und Heilbehandlung. Vorbehaltlich der Vorschrift im Abs. 2 erstreckt sich diese Verpflichtung:

1. wenn der Schiffsmann wegen der Krankheit oder Verletzung die Reise nicht antritt, bis zum Ablaufe von sechsundzwanzig Wochen seit der Erkrankung oder Verletzung;
2. wenn er die Reise angetreten hat, bis zum Ablaufe von sechsundzwanzig Wochen nach dem Verlassen des Schiffes.

---

[1]) In der durch das Gesetz, betreffend Abänderung der Seemannsordnung und des Handelsgesetzbuchs vom 12. Mai 1904 (RGBl. S. 167) hergestellten Fassung.

Bei Verletzung infolge eines Betriebsunfalls werden die Fristen im Abs. 1 auf dreizehn Wochen beschränkt, im Falle der Nr. 2 jedoch nur, wenn der Schiffsmann das Schiff in einem deutschen Hafen verläßt oder wenn er aus einem außerdeutschen Hafen in die Krankenanstalt eines deutschen Hafens überführt wird. Die Verpflichtung des Reeders hört dem Verletzten gegenüber auf, sobald und soweit die Berufsgenossenschaft die Fürsorge übernimmt.

Der Reeder ist berechtigt, die Verpflegung und Heilbehandlung dem Schiffsmann in einer Krankenanstalt zu gewähren.

Ein Schiffsmann, der wegen Krankheit oder Verletzung außerhalb des Reichsgebiets zurückgeblieben ist, kann mit seiner Einwilligung und der des behandelnden Arztes oder des Seemannsamts nach einem deutschen Hafen in eine Krankenanstalt überführt werden. Ist der Schiffsmann außerstande, die Zustimmung zu erteilen, oder verweigert er sie ohne berechtigten Grund, so kann sie nach Anhörung eines Arztes durch dasjenige Seemannsamt ersetzt werden, in dessen Bezirke der Schiffsmann sich zurzeit befindet.

Der Schiffsmann, welcher sich der Heilbehandlung ohne berechtigten Grund entzieht und hierdurch nach ärztlichem Gutachten die Heilung vereitelt oder wesentlich erschwert hat, verliert den Anspruch auf kostenfreie Verpflegung und Heilbehandlung. Über die Berechtigung des Grundes sowie über Beginn und Dauer des Verlustes entscheidet vorläufig das Seemannsamt.

Dem Schiffsmanne gebührt, falls er nicht mit dem Schiffe nach dem Hafen der Ausreise (§ 14) zurückkehrt, freie Zurückbeförderung (§§ 78, 79) nach diesem Hafen oder nach Wahl des Kapitäns eine entsprechende, im Streitfalle vom Seemannsamte vorläufig festzusetzende Vergütung.

§ 60. Liegt der Hafen der Ausreise außerhalb des Reichsgebiets, so kann der in einem deutschen Hafen geheuerte Schiffsmann in den Fällen des § 59 Abs. 6, des § 66 Abs. 3 und der §§ 69, 71, 72, 79 die Rückbeförderung auch nach dem Hafen, an welchem er geheuert ist, verlangen. Im übrigen kann vereinbart werden, daß für die dem Schiffsmann in den vorbezeichneten Fällen zustehenden Rückbeförderungsansprüche an Stelle des Hafens der Ausreise ein anderer Hafen, insbesondere derjenige, an welchem die Heuerung oder die Anmusterung stattgefunden hat, treten soll.

Unterläßt es der Reeder oder sein Vertreter, dem Anspruche des Schiffsmanns auf freie Zurückbeförderung innerhalb einer vom Seemannsamte gestellten Frist zu genügen, oder befindet sich der Reeder oder sein Vertreter wegen Abwesenheit nicht in der Lage, entsprechende Vorkehrungen zu treffen, so kann das Seemannsamt, sofern dadurch dem Reeder keine höheren Kosten erwachsen, auf Antrag des Schiffsmanns anordnen, daß an die Stelle des gesetzlich oder vertragsmäßig bestimmten Rückbeförderungshafens ein anderer, vom Seemannsamte zu bezeichnender Hafen tritt.

§ 61 [1]. Die Heuer bezieht der erkrankte oder verletzte Schiffsmann:

1. wenn er die Reise nicht antritt, bis zur Einstellung des Dienstes;
2. wenn er die Reise angetreten hat, bis zu dem Tage, an welchem er das Schiff verläßt.

Für die Dauer des Aufenthalts in einer Krankenanstalt gebührt dem Schiffsmanne keine Heuer. Hat er aber Angehörige, deren Unterhalt er bisher ganz oder überwiegend aus seinem Arbeitsverdienst als Schiffsmann bestritten hat, so ist ein Viertel der Heuer zu zahlen. Für Schiffsleute, die zur Verpflegung und Bedienung der an Bord befindlichen Personen angenommen sind, tritt in diesem Falle, sofern es für den Schiffsmann günstiger ist, an Stelle der vertragsmäßigen Monatsheuer der gemäß § 10 des Seeunfallversicherungsgesetzes vom Reichskanzler festgesetzte Durchschnittsbetrag des Monatslohns ohne Hinzurechnung des Wertes der gewährten Beköstigung. Die Zahlung kann unmittelbar an die Angehörigen erfolgen.

Ist der Schiffsmann bei der Verteidigung des Schiffes zu Schaden gekommen, so hat er auf eine angemessene, im Streitfalle vom Seemannsamte vorläufig festzusetzende Belohnung Anspruch.

§ 62. Auf den Schiffsmann, welcher die Krankheit oder Verletzung durch eine strafbare Handlung sich zugezogen oder den Dienst ohne einen ihn nach § 74 dazu

---

[1]) Siehe Anm. 1 zu S. 320.

berechtigenden Grund verlassen hat, finden die §§ 59 bis 61 keine Anwendung.

Ob die Voraussetzungen des Abs. 1 vorliegen, entscheidet vorläufig das Seemannsamt.

§ 63. Muß der Schiffsmann wegen Erkrankung oder Verletzung am Lande zurückgelassen werden, so hat, soweit der Schiffsmann nicht ein anderes bestimmt, der Kapitän die Sachen und das Heuerguthaben des Schiffsmanns behufs Fürsorge für deren Aufbewahrung dem am Orte der Zurücklassung befindlichen Seemannsamte zu überliefern. Mit Genehmigung dieses Seemannsamts kann die Überlieferung an eine andere geeignete Stelle, insbesondere an die Verwaltung der Krankenanstalt, in welche der Schiffsmann aufgenommen ist, erfolgen. Das gleiche gilt, wenn sich am Orte der Zurücklassung kein Seemannsamt befindet. In diesem Falle hat der Kapitän dem Seemannsamt, in dessen Bezirke die Zurücklassung erfolgt, von dem Sachverhalt Anzeige zu machen.

Der Kapitän hat bei Überlieferung der Sachen eine von ihm und einem Schiffsoffizier, in Ermangelung eines solchen von einem Schiffsmanne, zu unterschreibende Aufzeichnung der Sachen und des Betrags des Heuerguthabens beizufügen und ein zweites Exemplar der Aufzeichnung unter Vermerk der Aufbewahrungsstelle dem Schiffsmanne zu übergeben.

Bei Erkrankung oder Verletzung des Kapitäns hat der Stellvertreter mit den Sachen des Kapitäns nach den Vorschriften der Abs. 1, 2 zu verfahren.

§ 64. Stirbt der Schiffsmann nach Antritt des Dienstes, so hat der Reeder die bis zum Todestage verdiente Heuer (§ 80) zu zahlen und, sofern der Tod innerhalb der Zeit der Fürsorgepflicht des Reeders (§ 59) erfolgt, die Bestattungskosten zu tragen.

Ist anzunehmen, daß das Schiff innerhalb vierundzwanzig Stunden einen Hafen erreicht, so ist, falls nicht gesundheitliche Bedenken entgegenstehen, die Leiche mitzunehmen und für deren Bestattung am Lande Sorge zu tragen.

Die Art der Bestattung auf See muß den Seegebräuchen entsprechen.

Wird der Schiffsmann bei Verteidigung des Schiffes getötet, so hat der Reeder eine angemessene, erforderlichenfalles von dem Richter zu bestimmende Belohnung zu entrichten.

§ 65. Der auf dem Schiffe während der Reise eintretende Tod des Kapitäns oder eines Schiffsmanns ist gemäß §§ 61 bis 64 des Gesetzes über die Beurkundung des Personenstandes und die Eheschließung vom 6. Februar 1875 (RGBl. S. 23) bei Vermeidung der im § 68 daselbst angedrohten Strafe zu beurkunden.

Soweit der Nachlaß eines verstorbenen Schiffsmanns sich an Bord befindet, hat der Kapitän für die Aufzeichnung und sorgfältige Aufbewahrung sowie erforderlichenfalles für den Verkauf des Nachlasses im Wege der Versteigerung Sorge zu tragen. Die Aufzeichnung ist unter Zuziehung von zwei Schiffsoffizieren oder anderen glaubhaften Personen vorzunehmen.

Die Nachlaßgegenstände selbst, der etwaige Erlös aus denselben sowie das etwaige Heuerguthaben sind nebst der erwähnten Aufzeichnung und dem Nachweis über den Todesfall demjenigen Seemannsamte, bei dem es zuerst geschehen kann, oder mit dessen Genehmigung dem Seemannsamte des Ausreise- oder des Heimatshafens zu übergeben[1]).

Für den Nachlaß des während der Reise verstorbenen Kapitäns hat der Stellvertreter nach Maßgabe der Vorschriften der Abs. 2, 3 Sorge zu tragen.

§ 66. Der für eine Reise geheuerte Schiffsmann ist verpflichtet, während der ganzen Reise, einschließlich etwaiger Zwischenreisen, bis zur Beendigung der Rückreise im Dienste zu verbleiben, wenn in dem Heuervertrage nicht ein anderes bestimmt ist.

Unter Rückreise im Sinne des Abs. 1 ist die Reise nach dem Hafen zu verstehen, von welchem das Schiff seine Ausreise angetreten hat. Wenn jedoch das Schiff von einem nicht europäischen Hafen (§ 82) kommt und seine Ausreise von einem deutschen Hafen angetreten hat, so gilt auch jede Reise nach einem Hafen Groß-

---

[1]) Wegen der weiteren Behandlung der Nachlaßsachen sind ergangen die (nicht veröffentlichten) Runderlasse vom 31. Dezember 1882 und vom 29. Mai 1893. Außerdem bestehen Abkommen über die Ausantwortung von Seemannsnachlässen mit Großbritannien vom 16. Febr./21. März 1907, Frankreich vom 10. April 1885 (CBl. S. 148) und den Niederlanden. Siehe v. König S. 319ff.

britanniens, des Kanals, der Nordsee, des Kattegats, des Sundes oder der Ostsee als Rückreise, falls die Reise tatsächlich in dem betreffenden Hafen endet und dies der Schiffsmannschaft spätestens alsbald nach der Ankunft vom Kapitän erklärt wird.

Endet die Rückreise nicht in dem Hafen der Ausreise, so hat der Schiffsmann Anspruch auf freie Rückbeförderung (§§ 78, 79) nach diesem Hafen oder nach Wahl des Kapitäns auf eine entsprechende, im Streitfalle vom Seemannsamte vorläufig festzusetzende Vergütung; außerdem gebührt ihm neben der verdienten Heuer die Heuer für die Dauer der Zurückbeförderung (§ 73).

§ 67. Der für eine bestimmte Zeit geheuerte Schiffsmann ist, sofern keine andere Vereinbarung getroffen ist, verpflichtet, bis zum Ablaufe dieser Zeit im Dienste zu verbleiben.

Läuft die Dienstzeit während einer Reise ab, so kann in Ermangelung einer anderen Vereinbarung der Schiffsmann seine Entlassung erst im nächsten Hafen, welchen das Schiff zum Löschen oder Laden anläuft, verlangen. Ist es nach Bescheinigung des Seemannsamts oder in Ermangelung eines solchen der örtlichen Behörde dem Kapitän nicht möglich, in dem Hafen einen Ersatzmann anzuheuern, so ist der Schiffsmann verpflichtet, gegen eine Erhöhung der Heuer um ein Viertel, den Dienst bis zu einem Hafen, in welchem der Ersatz möglich ist, längstens aber noch drei Monate hindurch fortzusetzen. Ist der Schiffsmann in einem deutschen Hafen geheuert, so muß auf sein Verlangen das Dienstverhältnis unter den bisherigen Bedingungen bis zur Rückkehr nach einem deutschen Hafen, längstens aber noch drei Monate hindurch fortgesetzt werden.

§ 68. Nach beendigter Reise kann der Schiffsmann seine Entlassung nicht früher verlangen, als bis die Ladung gelöscht, das Schiff gereinigt und im Hafen oder an einem anderen Orte festgemacht, auch die etwa erforderliche Verklarung abgelegt ist.

§ 69. Der Heuervertrag endet, wenn das Schiff durch einen Zufall dem Reeder verloren geht, insbesondere

1. wenn es verunglückt;
2. wenn es als reparaturunfähig oder reparaturunwürdig kondemniert (§ 479 des Handelsgesetzbuchs) und in dem letzteren Falle ohne Verzug öffentlich verkauft wird;
3. wenn es geraubt wird;
4. wenn es aufgebracht oder angehalten und für gute Prise erklärt wird.

Der Schiffsmann hat alsdann Anspruch auf freie Zurückbeförderung (§§ 78, 79) nach dem Hafen der Ausreise oder nach Wahl des Kapitäns auf eine entsprechende, im Streitfalle vom Seemannsamte vorläufig festzusetzende Vergütung; außerdem ist ihm neben der verdienten Heuer noch der Betrag der halben Heuer für die Dauer der Zurückbeförderung (§ 73) zu gewähren.

§ 70. Der Kapitän kann den Schiffsmann vor Ablauf der Dienstzeit entlassen:

1. solange die Reise noch nicht angetreten ist, wenn der Schiffsmann zu dem Dienste, zu welchem er sich verheuert hat, untauglich ist;
2. wenn der Schiffsmann eines groben Dienstvergehens, insbesondere wiederholten Ungehorsams, fortgesetzter Widerspenstigkeit, wiederholter Trunkenheit im Dienste oder der Schmuggelei sich schuldig macht;
3. wenn der Schiffsmann des Vergehens des Diebstahls, Betrugs, der Untreue, Unterschlagung, Hehlerei oder Urkundenfälschung oder einer mit Todesstrafe oder mit Zuchthaus bedrohten Handlung sich schuldig macht;
4. wenn der Schiffsmann durch eine strafbare Handlung eine Krankheit oder Verletzung sich zuzieht, welche ihn arbeitsunfähig macht;
5. wenn der Schiffsmann mit einer geschlechtlichen Krankheit behaftet ist, die den übrigen an Bord befindlichen Personen Gefahr bringen kann. Ob dies der Fall ist, bestimmt sich, sofern ein Arzt zu erlangen ist, nach dessen Gutachten;
6. wenn die Reise, für welche der Schiffsmann geheuert war, wegen Krieg, Embargo oder Blockade, wegen eines Ausfuhr- oder Einfuhrverbots oder wegen eines anderen, Schiff oder Ladung betreffenden Zufalls nicht angetreten oder fortgesetzt werden kann.

Der Kapitän muß die Entlassung sowie deren Grund, sobald es geschehen kann, dem Schiffsmanne mitteilen und in den Fällen des Abs. 1 Nr. 2 bis 5 spätestens, bevor dieser das Schiff verläßt, in das Schiffstagebuch eintragen. Dem Schiffsmann ist auf Verlangen eine vom Kapitän unterzeichnete Abschrift der Eintragung auszuhändigen.

§ 71. Dem Schiffsmanne gebührt in den Fällen des § 70 Nr. 1 bis 4 nicht mehr als die verdiente Heuer (§ 80).

Im Falle der Nr. 5 bestimmen sich die Ansprüche des Schiffsmanns nach den Vorschriften der §§ 59 bis 61. Dies gilt für Angehörige eines auswärtigen Staates nur insoweit, als nach einer im Reichsgesetzblatt enthaltenen Bekanntmachnng Deutschen, die zum Dienste auf einem Schiffe dieses Staates angestellt sind, durch die dortige Gesetzgebung oder durch Staatsvertrag eine entsprechende Fürsorge gewährleistet ist.

In den Fällen der Nr. 6 stehen dem Schiffsmanne, wenn die Entlassung nach Antritt der Reise erfolgt, die im § 69 Abs. 2 bezeichneten Ansprüche zu.

§ 72. Der für eine Reise geheuerte Schiffsmann, welcher aus anderen als aus den im § 70 erwähnten Gründen vor Ablauf des Heuervertrags entlassen wird, erhält als Entschädigung die Heuer für einen Monat unter Anrechnung der etwa empfangenen Hand- und Vorschußgelder.

Ist die Entlassung erst nach Antritt der Reise erfolgt, so hat er außerdem Anspruch auf freie Zurückbeförderung (§§ 78, 79) nach dem Hafen der Ausreise oder nach Wahl des Kapitäns auf eine entsprechende, im Streitfalle von dem Seemannsamte vorläufig festzusetzende Vergütung. Auch erhält er außer der im Abs. 1 vorgesehenen und der verdienten Heuer (§ 80) die Heuer für die nach

§ 73 zu berechnende voraussichtliche Dauer seiner Reise nach dem Rückbeförderungshafen.

§ 73. Ist der Rückbeförderungshafen ein deutscher, so wird in Fällen vorzeitiger Entlassung nach Antritt der Reise (§ 72 Abs. 2) behufs Ermittelung der dem Schiffsmanne für die Rückreise gebührenden Heuer die Dauer der Reise unter Zugrundelegung von Dampfschiffsbeförderung, wie folgt, gerechnet:

bei Entlassung:	zu:
a) in einem Hafen der Nordsee oder des Englischen Kanals, der Ostsee oder der an diese angrenzenden Gewässer . .	½ Monat,
b) in einem sonstigen europäischen Hafen (§ 82)	1 „
c) in einem außereuropäischen Hafen, mit Ausnahme der unter d genannten . .	1½ „
d) in einem Hafen des Großen Ozeans oder Australiens	2 „ .

Muß die Rückbeförderung ganz oder teilweise mittels Segelschiffs stattfinden, so ist für die mittels Segelschiffs zurückzulegende Strecke das Doppelte der Dauer der Dampfschiffsbeförderung zu rechnen.

Erfolgt in den Fällen a und b des Abs. 1 die Rückbeförderung unter ausschließlicher Benutzung der Eisenbahn, so wird die Dauer der Reise nicht in Ansatz gebracht.

Die Dauer der Rückreise wird nach Maßgabe des Vorstehenden, bei Rückbeförderung nach einem außerdeutschen Hafen unter angemessener Berücksichtigung der

Sätze a bis d, im Streitfalle vom Seemannsamte vorläufig festgesetzt.

§ 74. Der Schiffsmann kann seine Entlassung fordern:

1. wenn sich der Kapitän einer schweren Verletzung seiner Pflichten gegen den Schiffsmann, insbesondere durch Mißhandlung oder durch Duldung solcher seitens anderer Personen der Schiffsbesatzung, durch grundlose Vorenthaltung von Speise und Trank oder durch Verabreichung verdorbenen Proviants schuldig macht;
2. wenn das Schiff die Flagge wechselt;
3. wenn nach Beendigung der Ausreise eine Zwischenreise beschlossen oder wenn eine Zwischenreise beendigt ist, sofern seit dem Dienstantritt ein oder einundeinhalbes Jahr, je nachdem das Schiff in einem europäischen (§ 82) oder in einem nicht europäischen Hafen sich befindet, verflossen ist;
4. wenn das Schiff nach einem Hafen bestimmt ist oder einen Hafen anlaufen soll, der schon zur Zeit der Anmusterung durch Pest, Cholera oder Gelbfieber verseucht war, sofern nicht dem Schiffsmanne bei der Anmusterung dieser Hafen und die Verseuchung mitgeteilt worden ist. Als verseucht im Sinne dieser Vorschrift gilt ein Hafen, in dem ein Pest-, Cholera- oder Gelbfieberherd vorhanden ist. Der Anspruch auf Entlassung fällt fort, sobald die Verseuchung aufgehört hat;
5. wenn der Schiffsmann beabsichtigt, sich für die Maschinisten-, Steuermanns- oder Schifferprüfung

vorzubereiten oder eine ihm nachweislich angebotene Stellung als Kapitän anzunehmen, sofern er einen geeigneten Ersatzmann stellt und durch den Wechsel dem Schiffe kein Aufenthalt entsteht. Ob der vorgeschlagene Ersatzmann geeignet ist, entscheidet im Streitfalle das nächste Seemannsamt.

Der Wechsel des Reeders oder Kapitäns gibt dem Schiffsmanne kein Recht, die Entlassung zn fordern.

§ 75. Im Falle des § 74 Nr. 3 kann die Entlassung nicht gefordert werden:

1. wenn der Schiffsmann für eine längere als die daselbst angegebene Zeit sich verheuert hat. Die Verheuerung auf unbestimmte Zeit oder mit der allgemeinen Bestimmung, daß nach Beendigung der Ausreise der Dienst für alle Reisen, welche noch beschlossen werden möchten, fortzusetzen sei, wird als Verheuerung auf solche Zeit nicht angesehen;
2. sobald die Rückreise angeordnet ist.

§ 76. Der Schiffsmann hat in den Fällen des § 74 Nr. 1, 2 dieselben Ansprüche, welche für den Fall des § 72 bestimmt sind.

In den Fällen des § 74 Nr. 3—5 gebührt ihm nicht mehr als die verdiente Heuer. Jedoch hat er im Falle der Nr. 4 die im § 72 bestimmten Ansprüche, sofern bei der Anmusterung im Heimatshafen der Reeder, sein Vertreter (§ 12 Abs. 2) oder der Kapitän, bei der Anmusterung in einem anderen Hafen der Kapitän von der Verseuchung Kenntnis hatte.

§ 77. Im Auslande darf der Schiffsmann, welcher seine Entlassung fordert, außer in dem Falle eines Flaggenwechsels gegen den Willen des Kapitäns erst auf Grund einer vorläufigen Entscheidung des Seemannsamts (§ 129) den Dienst verlassen.

§ 78. Ist nach den Bestimmungen dieses Gesetzes ein Anspruch auf freie Zurückbeförderung begründet, so umfaßt er auch den Unterhalt während der Reise sowie die Beförderung der Sachen des Schiffsmanns. Den Schiffsoffizieren ist die Zurückbeförderung und der Unterhalt in der Kajüte zu gewähren.

Im Streitfall entscheidet über die Art der Zurückbeförderung vorläufig das abmusternde Seemannsamt.

§ 79. Dem Anspruch auf freie Zurückbeförderung und auf Fortbezug von Heuer für die Dauer der Zurückbeförderung wird genügt, wenn dem Schiffsmanne, welcher arbeitsfähig ist, mit Genehmigung des Seemannsamts ein seiner früheren Stellung entsprechender und durch angemessene Heuer zu vergütender Dienst auf einem deutschen Kauffahrteischiffe nachgewiesen wird, welches nach dem Rückbeförderungshafen oder einem demselben nahe belegenen Hafen geht; im letzteren Falle gebührt dem Schiffsmann eine entsprechende Vergütung für die weitere freie Zurückbeförderung (§ 78) bis zu dem zuerst bezeichneten Hafen.

Ist der Schiffsmann kein Deutscher, so wird ein Schiff seiner Nationalität einem deutschen Schiffe gleichgeachtet.

§ 80. In den Fällen der §§ 45, 53, 61, 64, 69,

71, 72, 76 wird die verdiente Heuer, sofern die Heuer nicht zeitweise, sondern in Bausch und Bogen für die ganze Reise bedungen ist, mit Rücksicht auf den vollen Heuerbetrag nach Verhältnis der geleisteten Dienste sowie des etwa zurückgelegten Teiles der Reise bestimmt. Zur Ermittelung der in den §§ 72, 73 erwähnten Heuer für einzelne Monate wird die durchschnittliche Dauer der Reise, einschließlich der Ladungs- und Löschungszeit, unter Berücksichtigung der Beschaffenheit des Schiffes in Ansatz gebracht und danach die Heuer für die einzelnen Monate berechnet. Bei Berechnung der Heuer für einzelne Tage wird der Monat zu dreißig Tagen gerechnet.

§ 81. Der dem Schiffsmann als Lohn zugestandene Anteil an der Fracht oder am Gewinne wird als Heuer im Sinne dieses Gesetzes nicht angesehen.

§ 82. In den Fällen der §§ 66, 73, 74 sind die nicht europäischen Häfen des Mittelländischen und des Schwarzen Meeres den europäischen Häfen gleichzustellen.

§ 83. Der Kapitän darf einen Schiffsmann außerhalb des Reichsgebiets nicht ohne Genehmigung des Seemannsamts zurücklassen. Wenn für den Fall der Zurücklassung eine Hilfsbedürftigkeit des Schiffsmanns zu besorgen ist, so kann die Erteilung der Genehmigung davon abhängig gemacht werden, daß der Kapitän gegen den Eintritt der Hilfsbedürftigkeit für einen Zeitraum bis zu drei Monaten Sicherstellung leistet.

Ist der Schiffsmann mit der Zurücklassung einverstanden und befindet sich kein Seemannsamt am Platze und läßt sich auch die Genehmigung eines anderen Seemannsamts ohne Verzögerung der Reise nicht einholen, so ist der Kapitän befugt, den Schiffsmann ohne Genehmigung zurückzulassen. Der Reeder bleibt in diesem Falle für die aus einer etwaigen Hilfsbedürftigkeit des Schiffsmanns während der nächsten drei Monate erwachsenden Kosten haftbar.

Die Bestimmungen des § 127 werden hierdurch nicht berührt.

Vierter Abschnitt.

Disziplinarvorschriften.

§ 84. Der Schiffsmann ist der Disziplinargewalt des Kapitäns unterworfen. Die Ausübung der Disziplinargewalt des Kapitäns kann nur auf den ersten Offizier des Deckdienstes und den ersten Offizier des Maschinendienstes innerhalb ihres Dienstbereichs übertragen werden. Dieselben haben jeden Fall der Ausübung der Disziplinargewalt binnen vierundzwanzig Stunden dem Kapitän anzuzeigen.

§ 85. Der Schiffsmann ist verpflichtet, sich stets nüchtern zu halten und gegen jedermann ein angemessenes und friedfertiges Betragen zu beobachten.

Dem Kapitän, den Schiffsoffizieren und seinen sonstigen Vorgesetzten hat er mit Achtung zu begegnen und ihren dienstlichen Befehlen unweigerlich Folge zu leisten.

§ 86. Der Schiffsmann hat dem Kapitän auf Verlangen wahrheitsgemäß und vollständig mitzuteilen, was ihm über die den Schiffsdienst betreffenden Angelegenheiten bekannt ist.

§ 87. Der Schiffsmann darf ohne Erlaubnis des Kapitäns keine Güter an Bord bringen oder bringen lassen. Für die gegen dieses Verbot beförderten eigenen oder fremden Güter muß er die höchste am Abladungsorte zur Abladungszeit für solche Reisen und Güter bedungene Fracht erstatten, unbeschadet die Verpflichtung zum Ersatz eines erweislich höheren Schadens.

Der Kapitän ist auch befugt, solche Güter über Bord zu werfen, wenn ihr Verbleib an Bord Schiff oder Ladung oder die Gesundheit der an Bord befindlichen Personen gefährden oder das Einschreiten einer Behörde zur Folge haben kann.

§ 88. Die Vorschriften des § 87 finden auch Anwendung, wenn der Schiffsmann ohne Erlaubnis des Kapitäns Waffen oder Munition, Branntwein oder andere geistige Getränke oder mehr an Tabak und Tabakswaren, als er zu seinem Gebrauch auf der beabsichtigten Reise bedarf, an Bord bringt oder bringen läßt.

Die gegen dieses Verbot mitgenommenen Gegenstände verfallen dem Schiffe.

§ 89. Der Kapitän hat die auf Grund der Vorschriften der §§ 87, 88 getroffenen Anordnungen, sobald es geschehen kann, in das Schiffstagebuch einzutragen.

§ 90. Liegt das Schiff im Hafen oder auf der Reede, so ist der Kapitän befugt, wenn nach den Umständen eine Entweichung zu befürchten ist, die Sachen der Schiffsleute bis zur Abreise des Schiffes in Verwahrung zu nehmen.

§ 91. Zur Aufrechterhaltung der Ordnung und zur Sicherung der Regelmäßigkeit des Dienstes ist der Kapitän befugt, die geeigneten Maßregeln zu ergreifen. Geldbußen, Kostschmälerung von mehr als dreitägiger Dauer, Einsperrung und körperliche Züchtigung darf er jedoch zu diesem Zwecke weder als Strafe verhängen, noch als Zwangsmittel anwenden.

Bei einer Widersetzlichkeit oder bei beharrlichem Ungehorsam ist der Kapitän zur Anwendung aller Mittel befugt, welche erforderlich sind, um seinen Befehlen Gehorsam zu verschaffen. Zu diesem Zwecke ist ihm auch die Anwendung von körperlicher Gewalt in dem durch die Umstände gebotenen Maße gestattet. Er darf ferner gegen die Beteiligten die geeigneten Sicherungsmaßregeln ergreifen und sie nötigenfalls während der Reise fesseln.

Jeder Schiffsmann muß dem Kapitän auf Erfordern Beistand zur Aufrechterhaltung der Ordnung sowie zur Abwendung oder Unterdrückung einer Widersetzlichkeit leisten.

Im Auslande kann der Kapitän in dringenden Fällen die Kommandanten der ihm zugänglichen Schiffe der Kriegsmarine des Reichs um Beistand zur Aufrechterhaltung der Disziplin angehen.

§ 92. Der Kapitän hat jede in Gemäßheit der Vorschriften des § 91 getroffene Maßregel mit Angabe der Veranlassung, sobald es geschehen kann, in das Schiffstagebuch einzutragen.

Fünfter Abschnitt.

Strafvorschriften.

§ 93. Ein Schiffsmann, welcher nach Abschluß des Heuervertrages sich verborgen hält, um sich dem Antritte des Dienstes zu entziehen, wird mit Geldstrafe bis zu sechzig Mark bestraft.

Wenn ein Schiffsmann, um sich der Fortsetzung des Dienstes zu entziehen, entweicht oder sich verborgen hält, so tritt Geldstrafe bis zu dreihundert Mark oder Gefängnisstrafe bis zu drei Monaten ein.

Ein Schiffsmann, welcher mit der Heuer entweicht oder sich verborgen hält, um sich dem übernommenen Dienste zu entziehen, wird mit der im § 298 des Strafgesetzbuchs angedrohten Gefängnisstrafe bis zu einem Jahre belegt. Sind mildernde Umstände vorhanden, so kann auf Geldstrafe bis zu dreihundert Mark erkannt werden.

In den Fällen der Abs. 1, 2 tritt die Verfolgung nur auf Antrag des Kapitäns ein. Die Zurücknahme des Antrags ist zulässig.

§ 94. In den Fällen des § 93 Abs. 2, 3 verliert der Schiffsmann, wenn er vor Abgang des Schiffes weder zur Fortsetzung des Dienstes freiwillig zurückkehrt, noch zwangsweise zurückgebracht wird, den Anspruch auf die bis dahin verdiente Heuer. Die Heuer und, sofern diese nicht ausreicht, auch die an Bord zurückgelassenen Sachen des Schiffsmanns können von dem Reeder zur Deckung seiner Schadensansprüche aus dem Heuer- oder Dienstvertrag in Anspruch genommen werden; soweit die Heuer hierzu nicht erforderlich ist, wird mit ihr nach Maßgabe des § 132 verfahren. Dem Seemannsamte, bei welchem die Meldung von der Entweichung erfolgt (§ 25), ist, sobald es geschehen kann, eine Aufstellung über den Betrag der Schadensansprüche und des Heuerguthabens einzureichen, widrigenfalls die vorgedachte Befugnis erlischt.

§ 95. Hat der Schiffsmann sich im Auslande dem Dienste in einem der Fälle des § 74 Nr. 1, 3, 4, 5 der Vorschrift des § 77 entgegen entzogen, so tritt Geldstrafe bis zum Betrag einer Monatsheuer ein.

§ 96. Mit Geldstrafe bis zum Betrag einer Monatsheuer wird ein Schiffsmann bestraft, welcher sich einer gröblichen Verletzung seiner Dienstpflichten schuldig macht.

Als Verletzung der Dienstpflicht, die, wenn sie in gröblicher Weise erfolgt, nach Abs. 1 strafbar ist, wird insbesondere angesehen:

1. Nachlässigkeit im Wachtdienste;
2. Ungehorsam gegen den Dienstbefehl eines Vorgesetzten;
3. ungebührliches Betragen gegen Vorgesetzte, gegen andere Mitglieder der Schiffsmannschaft oder gegen Reisende;
4. Verlassen des Schiffes ohne Erlaubnis oder Ausbleiben über die festgesetzte Zeit;
5. Wegbringen eigener oder fremder Sachen von Bord des Schiffes und An-Bord-bringen oder An-Bord-bringen-lassen von Gütern oder sonstigen Gegenständen ohne Erlaubnis;

6. eigenmächtige Zulassung fremder Personen an Bord und Gestattung des Anlegens von Fahrzeugen an das Schiff;
7. Trunkenheit im Schiffsdienste;
8. Vergeudung, unbefugte Veräußerung oder Beiseitebringen von Proviant.

Gegen Schiffsoffiziere kann die Strafe bis auf den Betrag einer zweimonatlichen Heuer erhöht werden.

Die Verfolgung tritt nur auf Antrag des Kapitäns oder eines verletzten Schiffsmanns ein. Der Antrag kann bis zur Abmusterung gestellt werden. Die Zurücknahme ist bis zur rechtskräftigen Entscheidung zulässig.

§ 97. In den Fällen der §§ 95, 96 wird, wenn die Heuer nicht monatsweise bedungen ist, bei der Festsetzung der Geldstrafe der einer Monatsheuer entsprechende Geldbetrag nach dem Ermessen des Seemannsamts berechnet.

§ 98. Der Kapitän hat, sobald es geschehen kann, jede gröbliche Verletzung der Dienstpflicht (§ 96) mit genauer Angabe des Sachverhalts in das Schiffstagebuch einzutragen und dem Schiffsmanne von dem Inhalte der Eintragung unter ausdrücklicher Hinweisung auf die Strafandrohung des § 96 Mitteilung zu machen, auch demselben auf Verlangen eine Abschrift der Eintragung auszuhändigen.

Unterbleibt die Mitteilung, so sind die Gründe der Unterlassung im Tagebuch anzugeben. Ist die Eintragung versäumt, so tritt keine Verfolgung ein, soweit nicht im Falle des § 96 Abs. 2 Nr. 3 der verletzte Schiffsmann darauf anträgt.

§ 99. Beschwert sich ein Schiffsmann über ungebührliches Betragen der Vorgesetzten oder anderer Mitglieder der Schiffsmannschaft oder darüber, daß das Schiff, für welches er angemustert ist, nicht seetüchtig ist, oder daß die Vorräte, welche das Schiff für den Bedarf der Mannschaft an Speisen und Getränken mit sich führt, ungenügend oder verdorben sind, so hat der Kapitän die Beschwerde mit genauer Angabe des Sachverhalts in das Schiffstagebuch einzutragen und dem Beschwerdeführer auf Verlangen eine Abschrift der Eintragung auszuhändigen.

§ 100. Ein Schiffsmann, welcher den wiederholten Befehlen des Kapitäns, eines Schiffsoffiziers oder eines anderen Vorgesetzten den schuldigen Gehorsam verweigert, wird mit Gefängnis bis zu drei Monaten oder mit Geldstrafe bis zu dreihundert Mark bestraft.

§ 101. Wenn zwei oder mehrere zur Schiffsmannschaft gehörige Personen dem Kapitän, einem Schiffsoffizier oder einem anderen Vorgesetzten den schuldigen Gehorsam auf Verabredung gemeinschaftlich verweigern, so tritt gegen jeden Beteiligten Gefängnisstrafe bis zu einem Jahre ein. Der Rädelsführer wird mit Gefängnis bis zu drei Jahren bestraft.

Sind mildernde Umstände vorhanden, so kann auf Geldstrafe bis zu sechshundert Mark erkannt werden. Der Rädelsführer wird in diesem Falle mit Gefängnis bis zu einem Jahre bestraft.

§ 102. Ein Schiffsmann, welcher zwei oder mehrere zur Schiffsmannschaft gehörige Personen zur Begehung einer nach den §§ 101, 105 strafbaren Handlung auffordert, ist gleich dem Anstifter zu bestrafen, wenn die Aufforderung die strafbare Handlung oder einen strafbaren Versuch derselben zur Folge gehabt hat.

Ist die Aufforderung ohne Erfolg geblieben, so tritt im Falle des § 101 Geldstrafe bis zu dreihundert Mark, im Falle des § 105 Geldstrafe bis zu sechshundert Mark oder Gefängnisstrafe bis zu einem Jahre ein.

§ 103. Ein Schiffsmann, welcher den Kapitän, einen Schiffsoffizier oder einen anderen Vorgesetzten durch Gewalt oder durch Bedrohung mit Gewalt oder durch Verweigerung der Dienste zur Vornahme oder zur Unterlassung einer dienstlichen Verrichtung nötigt, wird mit Gefängnis bis zu zwei Jahren bestraft. Sind mildernde Umstände vorhanden, so kann auf Geldstrafe bis zu sechshundert Mark erkannt werden. Der Versuch ist strafbar.

§ 104. Dieselben Strafvorschriften (§ 103) finden auf den Schiffsmann Anwendung, welcher dem Kapitän, einem Schiffsoffizier oder einem anderen Vorgesetzten in Ausübung seiner Dienstbefugnisse durch Gewalt oder durch Bedrohung mit Gewalt Widerstand leistet, oder den Kapitän, einen Schiffsoffizier oder einen anderen Vorgesetzten tätlich angreift.

§ 105. Wird eine der in den §§ 103, 104 bezeichneten Handlungen von mehreren Schiffsleuten auf Verabredung gemeinschaftlich begangen, so kann die Strafe bis auf das Doppelte des angedrohten Höchstbetrags erhöht werden.

Der Rädelsführer sowie diejenigen, welche gegen den Kapitän, einen Schiffsoffizier oder einen anderen Vorgesetzten Gewalttätigkeiten verüben, werden mit Zuchthaus bis zu fünf Jahren oder mit Gefängnis von gleicher Dauer bestraft; auch kann neben der Zuchthausstrafe auf Zulässigkeit von Polizeiaufsicht erkannt werden. Sind mildernde Umstände vorhanden, so tritt Gefängnisstrafe nicht unter drei Monaten ein.

§ 106. Ein Schiffsmann, welcher solchen Befehlen des Kapitäns, eines Schiffsoffiziers oder eines anderen Vorgesetzten den Gehorsam verweigert, welche sich auf die Abwehr oder auf die Unterdrückung der in den §§ 103, 104 bezeichneten Handlungen beziehen, wird mit Gefängnis bis zu sechs Monaten oder mit Geldstrafe bis zu dreihundert Mark bestraft.

§ 107. Mit Geldstrafe bis zu sechzig Mark oder mit Haft bis zu vierzehn Tagen wird bestraft ein Schiffsmann, welcher

1. bei Verhandlungen, die sich auf die Erteilung eines Seefahrtsbuchs, auf eine Eintragung in dasselbe oder auf eine Musterung beziehen, wahre Tatsachen entstellt oder unterdrückt oder falsche vorspiegelt, um ein Seemannsamt zu täuschen;
2. es unterläßt, sich gemäß § 12 zur Musterung zu stellen;
3. im Falle eines dem Dienstantritt entgegenstehenden Hindernisses es unterläßt, sich hierüber gemäß § 17 gegen das Seemannsamt auszuweisen;

4. wider besseres Wissen eine auf unwahre Behauptungen gestützte Beschwerde gemäß § 99 bei dem Kapitän vorbringt;
5. der vorläufigen Entscheidung des Seemannsamts (§ 129 Abs. 3) zuwiderhandelt.

Durch die Bestimmung des Abs. 1 Nr. 1 wird die Vorschrift des § 271 des Strafgesetzbuchs nicht berührt.

§ 108. Wer wider besseres Wissen eine auf unwahre Behauptungen gestützte Beschwerde über Seeuntüchtigkeit des Schiffes oder Mangelhaftigkeit des Proviants bei einem Seemannsamte vorbringt (§ 58) und hierdurch eine Untersuchung veranlaßt, wird mit Gefängnis bis zu drei Monaten oder mit Geldstrafe bis zu dreihundert Mark bestraft.

Wer leichtfertig eine auf unwahre Behauptungen gestützte Beschwerde über Seeuntüchtigkeit des Schiffes oder Mangelhaftigkeit des Proviants bei einem Seemannsamte vorbringt und hierdurch eine Untersuchung veranlaßt, wird mit Geldstrafe bis zu einhundert Mark bestraft.

§ 109. Ein Schiffsmann, welcher vorsätzlich und rechtswidrig Teile des Schiffskörpers, der Maschine, der Takelung oder Ausrüstungsgegenstände oder Vorrichtungen, welche zur Rettung von Menschenleben dienen, zerstört oder beschädigt, wird mit Geldstrafe bis zu eintausend Mark oder Gefängnis bis zu zwei Jahren bestraft.

Der Versuch ist strafbar.

Die Verfolgung tritt nur auf Antrag ein.

§ 110. Die Verhängung einer in diesem Abschnitt

oder durch sonstige strafgesetzliche Vorschriften angedrohten Strafe wird dadurch nicht ausgeschlossen, daß der Schuldige aus Anlaß der ihm zur Last gelegten Tat bereits disziplinarisch bestraft worden ist. Jedoch muß eine Disziplinarstrafe, sowohl in dem Strafbescheide des Seemannsamts (§ 123) wie in dem gerichtlichen Strafurteile bei Abmessung der Strafe berücksichtigt werden.

§ 111. Der Kapitän, Schiffsoffizier oder sonstige Vorgesetzte, welcher einem Schiffsmanne gegenüber seine Disziplinargewalt mißbraucht, wird mit Geldstrafe bis zu eintausend Mark oder mit Gefängnis bis zu einem Jahre bestraft.

§ 112. Der Kapitän, welcher die gehörige Verproviantierung des Schiffes vor Antritt oder während der Reise vorsätzlich unterläßt, wird mit Gefängnis bestraft, neben welchem auf Geldstrafe bis zu eintausendfünfhundert Mark sowie auf Verlust der bürgerlichen Ehrenrechte erkannt werden kann.

Ist die Unterlassung aus Fahrlässigkeit geschehen, so tritt, wenn infolgedessen der Schiffsmannschaft die gebührende Kost nicht gewährt werden kann, Geldstrafe bis zu fünfhundert Mark oder Gefängnis bis zu einem Jahre ein.

§ 113. Mit Geldstrafe bis zu dreihundert Mark, mit Haft oder mit Gefängnis bis zu drei Monaten wird bestraft ein Kapitän, welcher

1. den Verpflichtungen zuwiderhandelt, welche ihm durch die gemäß § 56 Abs. 2 vom Bundesrat erlassenen Vorschriften auferlegt werden;

2. den Verpflichtungen zuwiderhandelt, welche ihm durch die gemäß § 4 vom Bundesrat erlassenen Vorschriften über die Besetzung der Schiffe mit Schiffsoffizieren auferlegt werden;
3. einem Schiffsmanne grundlos Speise und Trank vorenthält oder ohne Not verdorbenen Proviant verabreicht;
4. einen Schiffsmann, abgesehen von dem Falle des § 83 Abs. 2, im Ausland ohne Genehmigung des Seemannsamts zurückläßt.

§ 114. Mit Geldstrafe bis zu einhundertundfünfzig Mark oder mit Haft wird bestraft ein Kapitän, welcher
1. es unterläßt, für die Bekanntgabe der Vorgesetzten durch Aushang (§ 3 Abs. 4) Sorge zu tragen;
2. es unterläßt, bei der Anheuerung dem Schiffsmanne den vorgeschriebenen Heuerschein (§ 27) einzuhändigen;
3. den ihm in Ansehung der Musterung obliegenden Verpflichtungen nicht genügt, oder unterläßt, dafür zu sorgen, daß die Musterrolle sich während der Reise an Bord befindet;
4. bei Verhandlungen, welche sich auf eine Musterung oder eine Eintragung in ein Seefahrtsbuch beziehen, wahre Tatsachen entstellt oder unterdrückt oder falsche vorspiegelt, um ein Seemannsamt zu täuschen;
5. der Vorschrift des § 34 Abs. 3 zuwider dem Schiffsmann ohne triftigen Grund die Erlaubnis zum Verlassen des Schiffes verweigert; die Bestrafung tritt nur ein, wenn der Schiffsmann sie binnen drei Tagen

nach der Verweigerung des Urlaubs beim Seemannsamte beantragt;

6. den Vorschriften des § 37 Abs. 2, 4 und des § 38 zuwiderhandelt;
7. den Vorschriften der §§ 46, 48, betreffend die Auszahlung der Heuer und der Vorschüsse, zuwiderhandelt;
8. es unterläßt, für die Erfüllung der im § 49 vorgesehenen Obliegenheiten Sorge zu tragen;
9. den Vorschriften des § 50 zuwider die Mannschaft nicht ergänzt;
10. die ihm obliegende Fürsorge für das Seefahrtsbuch (§ 17), für die Sachen und für das Heuerguthaben des erkrankten oder für den Nachlaß des verstorbenen Schiffsmanns verabsäumt (§§ 63, 65);
11. den Vorschriften des § 64 Abs. 2, 3 zuwiderhandelt;
12. eine der in den §§ 70, 89, 92, 99 vorgeschriebenen Eintragungen in das Schiffstagebuch unterläßt;
13. den ihm bei Vergehen und Verbrechen nach den §§ 126, 127 obliegenden Verpflichtungen nicht genügt;
14. dem Schiffsmann ohne dringenden Grund die Gelegenheit versagt, die Entscheidung des Seemannsamts nachzusuchen (§§ 129, 130);
15. der Anordnung eines Seemannsamts wegen Vollstreckung eines Strafbescheids (§ 125 Abs. 2) nicht Folge leistet oder der vorläufigen Entscheidung eines Seemannsamts (§ 129 Abs. 3) zuwiderhandelt;

16. es unterläßt, dafür Sorge zu tragen, daß die im § 133 vorgeschriebenen Abdrücke und Schriftstücke im Volkslogis zugänglich sind.

Durch die Vorschrift des Abs. 1 Nr. 4 wird die Vorschrift des § 271 des Strafgesetzbuchs nicht berührt.

§ 115. Mit Geldstrafe bis zu zehn Mark oder mit einem Tage Haft wird bestraft ein Kapitän oder ein Schiffsmann, der sich vor dem Seemannsamt ungebührlich benimmt.

§ 116. Ein Schiffsoffizier, welcher es unterläßt, gemäß § 84 von der Ausübung der Disziplinargewalt binnen vierundzwanzig Stunden dem Kapitän Mitteilung zu machen, wird mit Geldstrafe bis zu einhundertundfünfzig Mark oder mit Haft bestraft.

§ 117. Wer als Reeder oder als Vertreter eines Reeders vorsätzlich den gemäß § 56 Abs. 2 vom Bundesrat erlassenen Vorschriften zuwiderhandelt oder den Kapitän außerstand setzt, für die genügende Verproviantierung des Schiffes oder die Mitnahme der vorschriftsmäßigen Heilmittel zu sorgen, wird, sofern nicht in den letzteren Fällen nach anderen Vorschriften eine schwerere Strafe verwirkt ist, mit Geldstrafe bis zu eintausend Mark oder mit Gefängnis bis zu einem Jahre bestraft.

Gleiche Strafe verwirkt, wer in der im Abs. 1 bezeichneten Eigenschaft vorsätzlich den gemäß § 4 vom Bundesrat erlassenen Vorschriften über die Besetzung der Schiffe mit Kapitänen und Schiffsoffizieren zuwiderhandelt.

§ 118. Wer als Reeder oder als Vertreter eines Reeders durch seine Anordnung den Vorschriften des

§ 37 Abs. 2, 4 und des § 38 über die Sonntagsruhe zuwiderhandelt, wird mit Geldstrafe bis zu dreihundert Mark oder mit Haft bestraft.

§ 119. Wer als Reeder oder als Vertreter eines Reeders es unterläßt, bei der Anheuerung dem Schiffsmanne den vorgeschriebenen Heuerschein (§ 27) einzuhändigen, wird mit Geldstrafe bis zu einhundertundfünfzig Mark oder mit Haft bestraft.

§ 120. Als Reeder im Sinne der §§ 117—119 gelten auch die Vorstandsmitglieder von Aktiengesellschaften oder sonstigen durch einen Vorstand vertretenen Handelsgesellschaften, eingetragenen Genossenschaften und juristischen Personen, welche Reederei betreiben.

§ 121. Die Verfolgung wegen der in den §§ 93 bis 119 bezeichneten strafbaren Handlungen findet auch dann statt, wenn die strafbaren Handlungen außerhalb des Reichsgebiets begangen sind.

Die Verjährung der Strafverfolgung beginnt in diesem Falle erst mit dem Tage, an welchem das Schiff, dem der Täter zur Zeit der Begehung angehörte, zuerst ein Seemannsamt erreicht.

Die Verfolgung wird nicht dadurch ausgeschlossen, daß der Täter ein Ausländer ist.

§ 122. In den Fällen des § 93 Abs. 1, 2 und der §§ 95, 96, 107, 114—116, 118, 119 erfolgt die Untersuchung und Entscheidung durch das Seemannsamt, im Falle des § 93 Abs. 2 jedoch nur, wenn dieses seinen Sitz außerhalb des Reichsgebiets hat, und in den Fällen der §§ 118, 119 nur, wenn es seinen Sitz im Inlande hat.

§ 123. Das Seemannsamt hat den Angeschuldigten verantwortlich zu vernehmen und den Tatbestand mit möglichster Beschleunigung festzustellen. Eine Vereidigung von Zeugen findet nicht statt. Nach Abschluß der Untersuchung ist ein mit Gründen versehener Bescheid zu erteilen, welcher zu verkünden und dem Angeschuldigten im Falle seiner Abwesenheit in Ausfertigung zuzustellen ist. Wird eine Strafe festgesetzt, so ist die Dauer der für den Fall des Unvermögens an Stelle der Geldstrafe tretenden Freiheitsstrafe zu bestimmen. Der Bescheid wirkt in betreff der Unterbrechung der Verjährung wie eine richterliche Handlung.

Das Verfahren vor dem Seemannsamt ist gebührenfrei.

Im Inlande finden auf dasselbe die Vorschriften der §§ 170, 173—176 des Gerichtsverfassungsgesetzes über die Öffentlichkeit entsprechende Anwendung.

Im übrigen wird das Verfahren vor dem Seemannsamte durch Verordnung des Bundesrats geregelt[1]). Die Verordnung ist dem Reichstage bei seinem nächsten Zusammentritte zur Kenntnisnahme vorzulegen.

§ 124. Gegen den Bescheid des Seemannsamts kann der Beschuldigte innerhalb einer zehntägigen Frist von der Verkündigung oder der Zustellung ab auf gerichtliche Entscheidung antragen. Der Antrag ist bei dem Seemannsamte zu Protokoll oder schriftlich anzubringen.

---

[1]) Verordnung, betreffend das Strafverfahren vor den Seemannsämtern vom 23. März 1903 (RGBl. S. 42) siehe Nr. 63 S. 380.

Dasselbe hat dem Antragsteller auf Verlangen eine Bescheinigung über den Antrag zu erteilen.

Verläßt das Schiff vor Ablauf der Frist den Hafen, so kann der Schiffsmann auch bei dem Kapitän zu Protokoll oder schriftlich innerhalb der Frist Einspruch einlegen. Dem Schiffsmann ist auf Verlangen eine Bescheinigung über den erhobenen Einspruch einzuhändigen. Der Kapitän hat, sobald es geschehen kann, den Einspruch in das Schiffstagebuch einzutragen und den Antrag dem Seemannsamte zu übersenden. Die Verjährung ruht von der Einlegung des Einspruchs bis zum Eingange des Antrags beim Seemannsamte.

Hat das Seemannsamt seinen Sitz im Inlande, so ist für das weitere Verfahren dasjenige Gericht örtlich zuständig, in dessen Bezirke dieser Sitz belegen ist. Hat es seinen Sitz im Auslande, so ist dasjenige Gericht örtlich zuständig, in dessen Bezirke sich der inländische Heimatshafen oder in Ermangelung eines solchen der Registerhafen des Schiffes befindet; fehlt es an einem hiernach zuständigen deutschen Gerichte, so wird das Gericht von dem Reichsgerichte bestimmt.

§ 125. Der Bescheid des Seemannsamts ist in betreff der Beitreibung der Geldstrafe vorläufig vollstreckbar.

Die Vollstreckung der Strafbescheide der inländischen Seemannsämter erfolgt durch die landesgesetzlich hierzu bestimmten Behörden. Die Vollstreckung der von einem Seemannsamt im Ausland erlassenen Strafbescheide erfolgt gebührenfrei durch dieses selbst, wobei der Kapitän den auf Beitreibung der Geldstrafe gerichteten Anordnungen des Seemannsamts Folge zu leisten hat; die Vorschriften der §§ 811, 850 der Zivilprozeßordnung über die Unpfändbarkeit von Sachen und Ansprüchen finden entsprechende Anwendung.

Die im Abs. 2 bezeichneten inländischen Vollstreckungsbehörden haben auf Ersuchen auch die von einem Seemannsamt außerhalb ihres Amtsbereichs erlassenen Strafbescheide gegen die innerhalb ihres Amtsbereichs befindlichen Personen zu vollstrecken. Auf die Erledigung des Ersuchens finden die Vorschriften des Gesetzes über den Beistand bei Einziehung von Abgaben und Vollstreckung von Vermögensstrafen vom 9. Juni 1895 (RGBl. S. 256) entsprechende Anwendung.

§ 126. Begeht ein Schiffsmann, während das Schiff sich auf der See oder im Auslande befindet, ein Vergehen oder Verbrechen, so hat der Kapitän unter Zuziehung von Schiffsoffizieren und anderen glaubhaften Personen alles dasjenige genau aufzuzeichnen, was auf den Beweis der Tat und auf deren Bestrafung Einfluß haben kann. Insbesondere ist in den Fällen der Tötung oder schweren Körperverletzung die Beschaffenheit der Wunden genau zu beschreiben, auch zu vermerken, wie lange der Verletzte etwa noch gelebt hat, ob und welche Heilmittel angewendet sind und welche Nahrung der Verletzte zu sich genommen hat.

§ 127. Der Kapitän ist ermächtigt, jederzeit die Sachen der Schiffsleute, welche der Beteiligung an einer strafbaren Handlung verdächtig sind, zu durchsuchen.

Der Kapitän ist ferner ermächtigt, denjenigen Schiffsmann, der sich einer der im § 70 Nr 3 und im § 93 Abs. 2, 3 bezeichneten strafbaren Handlungen schuldig macht, festzunehmen. In den Fällen des § 70 Nr. 3 ist er hierzu verpflichtet, wenn das Entweichen des Täters zu besorgen steht. In den Fällen des § 93 Abs. 2, 3 ist von einer Einsperrung abzusehen, sofern sich das Schiff auf hoher See befindet.

Der Täter ist unter Mitteilung der aufgenommenen Verhandlungen an dasjenige Seemannsamt, bei welchem es zuerst geschehen kann, abzuliefern. Wenn im Auslande das Seemannsamt aus besonderen Gründen die Übernahme ablehnt, so hat der Kapitän die Ablieferung bei demjenigen Seemannsamte zu bewirken, bei welchem es anderweit zuerst geschehen kann.

In dringenden Fällen ist der Kapitän, wenn im Ausland ein Seemannsamt nicht rechtzeitig angegangen werden kann, ermächtigt, den Täter der fremden Behörde behufs dessen Übermittelung an eine zuständige deutsche Behörde zu übergeben. Hiervon hat er bei demjenigen Seemannsamte, bei welchem es zuerst geschehen kann, Anzeige zu machen.

Sechster Abschnitt.

Allgemeine Vorschriften.

§ 128. Jedes Seemannsamt ist verpflichtet, die gütliche Ausgleichung der zu seiner Kenntnis gebrachten, zwischen dem Kapitän und dem Schiffsmanne bestehenden Streitigkeiten zu versuchen. Insbesondere hat das Seemannsamt, vor welchem die Abmusterung des Schiffsmanns erfolgt, hinsichtlich solcher Streitigkeiten einen Güteversuch zu veranstalten.

§ 129. Der Schiffsmann darf den Kapitän vor einem ausländischen Gerichte weder strafrechtlich noch zivilrechtlich belangen, sofern gegen ihn ein Gerichtsstand im Inlande begründet ist. Handelt er dieser Bestimmung zuwider, so ist er nicht allein für den daraus entstehenden Schaden verantwortlich, sondern er wird außerdem der bis dahin verdienten Heuer verlustig.

Er kann in den Fällen, die keinen Aufschub leiden, die vorläufige Entscheidung des Seemannsamts nachsuchen. Die Gelegenheit hierzu darf der Kapitän ohne dringenden Grund nicht versagen. Auch dem Kapitän steht unter denselben Voraussetzungen, wie dem Schiffsmanne, die Befugnis zu, die Entscheidung des Seemannsamts nachzusuchen.

Jeder Teil hat die Entscheidung des Seemannsamts einstweilen zu befolgen, vorbehaltlich der Befugnis, seine Rechte vor der zuständigen Behörde geltend zu machen.

Im Falle eines Zwangsverkaufs des Schiffes finden die Vorschriften des Abs. 1 auf die Geltendmachung der Forderungen des Schiffsmanns aus dem Heuervertrage keine Anwendung.

§ 130. Im Inlande wird der Streit zwischen dem Kapitän und dem Schiffsmanne, welcher nach der Anmusterung über den Antritt oder die Fortsetzung des Dienstes entsteht, von dem Seemannsamt, in dessen Bezirke das Schiff liegt, unter Vorbehalt des Rechtswegs entschieden.

§ 131. Die nach den §§ 129, 130 getroffene Entscheidung des Seemannsamts steht einem für vorläufig vollstreckbar erklärten Urteile gleich. Der Erteilung der Vollstreckungsklausel bedarf es nicht. Ist die zuständige Behörde angerufen oder der Rechtsweg beschritten, so findet § 707 der Zivilprozeßordnung entsprechende Anwendung.

§ 132. Die nach den Vorschriften des fünften Abschnitts festgesetzten oder erkannten Geldstrafen fließen der Seemannskasse und in Ermangelung einer solchen der Ortsarmenkasse des inländischen Heimatshafens des Schiffes, welchem der Täter zur Zeit der Begehung der strafbaren Handlung angehörte, zu, insofern sie nicht im Wege der Landesgesetzgebung zu anderen ähnlichen Zwecken bestimmt werden. In Ermangelung eines inländischen Heimatshafens tritt an dessen Stelle der inländische Registerhafen; fehlt es auch hieran, so erfolgt die Bestimmung durch den Reichskanzler.

§ 133. Ein Abdruck dieses Gesetzes, der für das Schiff über Kost und Logis geltenden Vorschriften (§ 56) und einer amtlichen Zusammenstellung der Bestimmungen über die Militärverhältnisse der seemännischen und halbseemännischen Bevölkerung (§ 7) sowie eine Abschrift der in der Musterrolle enthaltenen Bestimmungen des Heuervertrags einschließlich aller Nebenbestimmungen müssen im Volkslogis zur jederseitigen Einsicht der Schiffsleute vorhanden sein.

§ 134. Die Anwendung des § 1 Abs. 2, des zweiten Abschnitts, der §§ 36, 43, 44, des § 49, der §§ 59 bis 64, des § 65 Abs. 2, 3 und des § 133 auf kleinere Fahrzeuge (Küstenfahrer usw.) kann durch Verordnung des Bundesrats ganz oder teilweise ausgeschlossen werden[1]). Die Verordnung ist dem Reichstage bei seinem nächsten Zusammentritte zur Kenntnisnahme vorzulegen.

§ 135. Keine Anwendung finden:

1. auf Seeschlepper der § 1 Abs. 2 und die §§ 35—38;
2. auf Bergungsfahrzeuge der § 1 Abs. 2 und, soweit diese Fahrzeuge in Tätigkeit sind, die §§ 35—38;
3. auf Hochseefischereifahrzeuge der § 36, der § 37 Abs. 2 und der § 38 Abs. 1 und, soweit die Mannschaft vertragsmäßig am Gewinne beteiligt ist, der § 1 Abs. 2.

§ 136. Soweit im Auslande nach den dortigen Gesetzen eine Verlautbarung des Dienstvertrags oder der Beendigung des Dienstverhältnisses für die Mannschaft deutscher Schiffe vor der ausländischen Behörde erfolgen muß, kann der Reichskanzler bestimmen, daß die An- und Abmusterung vor dem Seemannsamte (§§ 13, 18) durch einen von diesem in die Musterrolle einzutragenden Hinweis auf die Verlautbarung vor der ausländischen Behörde ersetzt werden darf.

§ 137. Dieses Gesetz tritt am 1. April 1903 in Kraft. Die Seemannsordnung vom 27. Dezember 1872 tritt mit demselben Tage außer Kraft.

§ 138. Wenn in anderen Gesetzen auf Vorschriften verwiesen wird, welche durch dieses Gesetz außer Kraft gesetzt sind, so treten die entsprechenden Vorschriften dieses Gesetzes an deren Stelle.

---

[1]) Bekanntmachung, betr. die Nichtanwendung von Bestimmungen der Seemannsordnung auf kleinere Fahrzeuge vom 16. Juni 1903 (RGBl. S. 252).

Anhang zur Seemannsordnung.
Formulare zur Musterrolle und zum Seefahrtsbuch.

1. Formular zur Musterolle[1]).

Seite 1.

Deutsches Reich.

Musterrolle

der Mannschaft des deutschen .... Schiffes

....

Heimatshafen: Unterscheidungssignal

Registerhafen: ....

....

Für die Reise*) / Zeit*) ....

....

....

.... Hafen der Ausreise: ....

*) Das Unzutreffende ist zu durchstreichen.

[1]) Gemäß Beschluß des Bundesrats vom 26. März 1903 (CBl. S. 120).

Noch Seite 1.

Vor dem unterzeichneten Seemannsamte sind erschienen der nachbenannte Schiffer auf .... Fahrt als Kapitän einerseits und die unter Nr. .... bis .... nachbenannten Schiffsoffiziere und Schiffsleute andererseits und haben erklärt, daß diese sich zum Schiffsdienste nach Maßgabe der deutschen Seemannsordnung auf dem obengenannten Schiffe und, soweit nicht nachstehend anders vermerkt, für die vorbezeichnete $\frac{\text{Reise*)}}{\text{Zeit*)}}$ gegen die bei ihrem Namen angegebene Heuer sowie nach Empfang des unter der Heuer angegebenen Vorschusses und unter den umstehend aufgeführten weiteren Bedingungen verheuert haben.

Die Heuer ist, soweit dabei nichts anderes vermerkt steht, in Mark und für den Monat angegeben; die Zahlung beginnt mit dem Tage der Anmusterung, soweit ein früherer Tag des Dienstantritts vermerkt ist, mit diesem.

.............................., den .... 19.......

Das Seemannsamt.

....

---

*) Das Unzutreffende ist zu durchstreichen.

Seite 2.

An Beköstigung erhält der Schiffsmann: ....
....
....
....

Für Überstundenarbeit wird gezahlt: ....
....
....

Besondere Verabredungen: ....
....
....

Kündigungsfrist (oder sonstige Bestimmung über die Beendigung des Dienstverhältnisses) bei Anheuerung auf unbestimmte Zeit: ....
....
....

Diesen Heuervertrag haben der Kapitän, die Schiffsoffiziere und die Schiffsleute unterzeichnet wie folgt:

Der Kapitän: ....
aus ....

Seiten 3 und 4.

Laufende Nummer	Name und Stellung	Gebutsort und Geburtsdatum	Heuer	Ende des Dienstes
	Wohnort	Erste Versicherungsanstalt und Unterscheidungssignal des letzten Schiffes	Vorschuß	Abmusterndes Seemannsamt
	Unterschrift des Angemusterten	Sonstige Angaben zur Invalidenversicherung *)	Tag des Dienstantritts	
1	2	3	4	5
	....	....	....	
	....	....	....	
	....	....	19.....	
	....	....	....	
	....	....	....	
	....	....	19.....	
	....	....	....	
	....	....	....	
	....	....	19.....	

Vermerke über Schiffsmeldungen.

---

*) Z. B. (höhere) „Lohnklasse III vereinbart (verlangt)"; Militärdienstzeiten in der abgekürzten Form: „M. von .... bis ...."; Hinweis auf etwaige der Musterrolle beigefügte Bescheinigungen über die als Beitragszeit anzurechnenden Krankheiten.

2. Formular zum Seefahrtsbuch[1]).

Seite 1.

Nr. ....

Deutsches Reich.

Seefahrtsbuch

für

....

....

Ausgefertigt

........................, den ...... ten .... 19....

Das Seemannsamt.

Der Preis dieses Buches beträgt 35 Pfennig.

---

[1]) Siehe Anm. 1 zu S. 358.

Seite 2 bleibt leer.

Seite 3.

Bezeichnung des Inhabers:

Vor- und Zunamen:

Geburtsort:

Wohnort:

Jahr und Tag der Geburt:

Haare:

Augen:

Besondere Kennzeichen:

Ergebnis der Untersuchung auf

$\frac{\text{Farbenblindheit}}{\text{Sehvermögen}}$

Unterschrift des Inhabers:

....

Erste Versicherungsanstalt:

Seite 4.

Invalidenversicherung.

Inhaber nimmt an der reichsgesetzlichen Invalidenversicherung nach Maßgabe des Gesetzes vom 13. Juli 1899 (Reichs-Gesetzbl. S. 463) teil. Das Seefahrtsbuch soll auch als Ausweis über die Versicherung dienen. Damit dieser Zweck erfüllt und eine Benachteiligung des Inhabers vermieden wird, ist es erforderlich, daß er militärische Dienstleistungen sowie Krankheiten bei der nächsten Anmusterung unter Vorlegung der bezüglichen Nachweise zur Vermerkung in der Musterrolle und im Seefahrtsbuch anmeldet und Bescheinigungen über eine etwa nicht aus dem Seefahrtsbuch ersichtliche Dienstzeit sorgfältig verwahrt. Auch empfiehlt es sich, die dem Inhaber etwa ausgestellte Quittungskarte bei einer Anmusterung im Inlande dem Seemannsamte zur Verwahrung und zum vorgeschriebenen Umtausche zu übergeben.

Die durch die Seemannsämter zu bewirkenden, das Versicherungsverhältnis betreffenden Eintragungen sind genau zu prüfen und etwaige Beanstandungen sofort bei dem Seemannsamte geltend zu machen.

Seite 5.

Vermerk,

betreffend die Hinterlegung und Rückgabe von Quittungskarten sowie die Aushändigung von Bescheinigungen über den Inhalt der Quittungskarten:

Seite 6.

Vermerk

über den glaubhaft gemachten Verlust eines älteren Seefahrtsbuchs, über die früheren Rang- und Dienstverhältnisse, die dauernde Dienstzeit und die in diesem Falle anzurechnenden Beitragswochen für die Invalidenversicherung:

Seite 7.

Militärverhältnis

zur Zeit der Ausfertigung des Buches.

Inhaber

a) wird dienstpflichtig im Jahre ....

b) hat Ausstand bis ....

c) hat gedient ....
in der Marine .... Jahre .... Monate
im Landheere .... Jahre .... Monate

d) befindet sich
in der Marinereserve (Reserve) ....
in der Seewehr (Landwehr) I. Aufgebots ....
" " " " II. " ....
" " Marineersatzreserve (Ersatzreserve) ....
im Landsturm I. Aufgebots ....
" " II. " ....

e) ist in Kontrolle beim Bezirkskommando ....

f) ist militärfrei ....
Bescheinigt auf Grund ....

....

Seiten 8 und 9.

Änderungen des Militärverhältnisses:

Seite 10.

Inhaber ist angemustert als ....

auf dem Segel-/Dampf-Schiffe ....

Heimatshafen/Registerhafen ....

geführt von ....

gegen eine Heuer von .... monatlich

für die Reise/Zeit ....

....

Der Dienstantritt erfolgt am ....

Als Liegeplatz (Meldeort) ist angegeben ....

....

Dem Inhaber sind laut Musterrolle seit der letzten Abmusterung zur Invalidenversicherung anzurechnen (siehe Seite 4):

a) für militärische Dienstleistungen .... Wochen
b) für bescheinigte Krankheiten .... "

Inhaber ist laut Vereinbarung — auf sein Verlangen — in der höheren, seiner Dienststellung nicht entsprechenden Lohnklasse .... zu versichern.

.........., den ....ten.......... 19....

Das Seemannsamt.

Die Anmusterung ist unterblieben, weil

Seite 11.

Inhaber hat auf dem $\frac{\text{Segel-}}{\text{Dampf-}}$Schiffe ....

....

während der $\frac{\text{Reise}}{\text{Fahrt}}$ von ....

nach ....

in der Zeit vom ....

bis zum ....

[Dienstzeit: .... Monate .... Tage]

als .... gedient.

Dem Inhaber sind für die Zeit vom ....

bis .... für Beitragswochen Invalidenversicherungsbeiträge zur Lohnklasse .... insgesamt .... Mark von der Heuer abgezogen.

........................., den ......ten.......................... 19.....

Unterschrift des Kapitäns:

....

Die vorstehende Unterschrift wird beglaubigt und die erfolgte Abmusterung hiermit vermerkt.

........................., den ......ten.......................... 19.....

Das Seemannsamt.

Die Abmusterung ist unterblieben, weil ....

....

Seiten 12 bis 30.

Wie vorstehend Seite 10 und 11.

Seite 31 ff. Anhang.

1. Seemannsordnung vom 2. Juni 1902;
2. Gesetz, betreffend die Verpflichtung der Kauffahrteischiffe zur Mitnahme heimzuschaffender Seeleute vom 2. Juni 1902;
3. Gesetz, betreffend die Stellenvermittelung für Schiffsleute vom 2. Juni 1902;
4. Zusammenstellung der Bestimmungen über die Militärverhältnisse der seemännischen und halbseemännischen Bevölkerung.

59. Gesetz, betreffend die **Verpflichtung der Kauffahrteischiffe zur Mitnahme heimzuschaffender Seeleute.**
Vom 2. Juni 1902 (RGBl. S. 212).

§ 1. Jedes deutsche Kauffahrteischiff, welches von einem außerdeutschen Hafen nach einem deutschen Hafen oder nach einem Hafen des Kanals, Großbritanniens, des Sundes oder des Kattegats oder nach einem außerdeutschen Hafen der Nordsee oder der Ostsee bestimmt ist, ist verpflichtet, deutsche Seeleute, welche außerhalb des Reichsgebiets sich in hilfsbedürftigem Zustande befinden oder wegen einer nach den Reichsgesetzen strafbaren Handlung an die heimischen Behörden abgeliefert werden sollen, behufs ihrer Zurückbeförderung nach Deutschland auf schriftliche Anweisung des Seemannsamts gegen eine Entschädigung (§ 5) nach seinem Bestimmungshafen mitzunehmen. Das gleiche gilt, wenn das Schiff nach einem anderen außerdeutschen Hafen bestimmt ist, von welchem aus die Weiterbeförderung nach einem der vorbezeichneten Häfen erfolgen kann. Deutsche Häfen im Sinne dieses Absatzes sind nur die Häfen des Reichsgebiets.

In Ansehung ausländischer Seeleute, welche unmittelbar nach einem Dienste auf einem deutschen Kauffahrteischiff außerhalb des Reichsgebiets sich in einem hilfsbedürftigen Zustande befinden, liegt den nach deren Heimatlande bestimmten deutschen Kauffahrteischiffen eine gleiche Verpflichtung ob.

Zur Erfüllung dieser Verpflichtungen kann der Kapitän vom Seemannsamte zwangsweise angehalten werden.

§ 2. Bieten mehrere Schiffe Gelegenheit zur Mitnahme, so sind die zu befördernden Seeleute durch das Seemannsamt nach Verhältnis der Größe der Schiffe und der Zahl ihrer Mannschaft auf die einzelnen Schiffe zu verteilen.

§ 3. Die Mitnahme kann verweigert werden:

1. wenn und soweit an Bord kein angemessener Platz für die Mitzunehmenden vorhanden ist;
2. wenn der Mitzunehmende bettlägerig krank oder mit einer die Gesundheit oder Sicherheit der an Bord befindlichen Personen gefährdenden geschlechtlichen oder sonstigen Krankheit behaftet ist;
3. wenn und soweit die Zahl der Mitzunehmenden bei Hilfsbedürftigen ein Viertel, bei Straffälligen ein Sechstel der Schiffsmannschaft übersteigt, oder mehr als ein Straffälliger mitgenommen werden soll;
4. wenn die Mitnahme nicht mindestens zwei Tage vor dem Zeitpunkte verlangt wird, an welchem das Schiff zum Abgehen fertig ist;
5. wenn der Hafen von einer deutschen Dampferlinie, die zur Mitnahme vertragsmäßig verpflichtet ist, auf der Heimreise nach Deutschland in regelmäßiger Fahrt angelaufen wird.

Die Entscheidung über den Grund der Weigerung steht dem Seemannsamte zu.

§ 4. Während der Reise erhält der wegen Hilfsbedürftigkeit Mitgenommene seiner Stellung entsprechend (§ 5) Kost und Logis von seiten des Schiffes.

Der wegen einer strafbaren Handlung Mitgenommene ist nach den vom Seemannsamte zu erteilenden Weisungen zu behandeln. Die Bewachung liegt dem Kapitän ob, sofern nicht ein besonderer Begleiter mitgegeben wird.

Der Mitgenommene ist der Disziplinargewalt des Kapitäns unterworfen.

§ 5. Als Entschädigung (§ 1) ist, in Ermangelung einer anderweitigen Vereinbarung, zu zahlen

a) bei Mitnahme Hilfsbedürftiger für jeden Tag des Aufenthalts an Bord:
   1. für einen Kapitän oder einen Schiffsoffizier 3 Mark auf Segelschiffen und 6 Mark auf Dampfschiffen;
   2. für jeden anderen Seemann 1,50 Mark auf Segelschiffen und 3 Mark auf Dampfschiffen;

b) bei Mitnahme Straffälliger der gewöhnliche Überfahrtspreis oder, falls ein solcher nicht zu ermitteln ist, das Doppelte der für die Mitnahme Hilfsbedürftiger aufgestellten Sätze und außerdem, wenn ein besonderer Begleiter nicht mitgegeben wird, eine angemessene von dem anweisenden Seemannsamte (§ 1) vorläufig festzusetzende Vergütung für die Bewachung. Für die Bemessung dieser Vergütung kann der Bundesrat bestimmte Sätze aufstellen.

§ 6. Die Entschädigung wird im Bestimmungshafen durch das Seemannsamt gegen Auslieferung der wegen der Mitnahme erteilten Anweisung (§ 1) für Rechnung des Reichs ausgezahlt.

§ 7. Der wegen Hilfsbedürftigkeit Mitgenommene haftet für die durch die Zurückbeförderung verursachten Aufwendungen.

Die Vorschriften, welche den Reeder oder andere Personen zur Erstattung solcher Aufwendungen verpflichten, werden durch dieses Gesetz nicht berührt.

Bei Mitnahme eines Straffälligen bleibt dem Reiche der Rückgriff an den Bundesstaat vorbehalten, dessen Behörden der Mitgenommene zur Strafverfolgung oder Strafvollstreckung zugeführt wird.

§ 8. Wer sich der Erfüllung einer ihm nach § 1 obliegenden Verpflichtung entzieht, wird mit Geldstrafe bis zu einhundertundfünfzig Mark oder mit Haft bestraft. Für die Festsetzung der Strafe und für das weitere Verfahren kommen die in den §§ 5, 122—125 der Seemannsordnung enthaltenen Vorschriften zur Anwendung.

§ 9. Dieses Gesetz tritt am 1. April 1903 in Kraft. An demselben Tage tritt das Gesetz, betreffend die Verpflichtung deutscher Kauffahrteischiffe zur Mitnahme hilfsbedürftiger Seeleute, vom 27. Dezember 1872 (RGBl. S. 432) außer Kraft.

§ 10. Soweit in anderen Gesetzen auf Vorschriften des Gesetzes, betreffend die Verpflichtung deutscher Kauffahrteischiffe zur Mitnahme hilfsbedürftiger Seeleute, vom 27. Dezember 1872 verwiesen ist, treten die entsprechenden Vorschriften dieses Gesetzes an deren Stelle.

60. Gesetz, betreffend die **Stellenvermittelung für Schiffsleute.** Vom 2. Juni 1902 (RGBl. S. 215).

§ 3 Abs. 1. Wer die Stellenvermittelung für Schiffsleute gewerbsmäßig betreibt, darf gewerbsmäßige Vermietung von Wohn- und Schlafstellen, Gastwirtschaft, Schankwirtschaft, Kleinhandel mit geistigen Getränken, Handel mit Ausrüstungsgegenständen für Schiffsleute und das Geschäft eines Geldwechslers oder Pfandleihers weder selbst noch durch andere betreiben. Die Landeszentralbehörden sind befugt, Ausnahmen von dieser Vorschrift zuzulassen.

§ 9. Mit Geldstrafe bis zu einhundertundfünfzig Mark oder mit Haft wird bestraft:

3. der Kapitän, der im Inlande den Vorschriften einer zuständigen Behörde, im Auslande den Anordnungen eines Seemannsamts zuwider Stellenvermittler für Schiffsleute oder Gewerbetreibende der im § 3 Abs. 1 bezeichneten Art an Bord läßt oder an Bord duldet;
4. der Kapitän, welcher es unterläßt, dafür zu sorgen, daß ein Abdruck dieses Gesetzes im Volkslogis zugänglich ist (§ 10).

In den Fällen des Abs. 1 Nr. 3, 4 kommen im Auslande für die Festsetzung der Strafe und für das weitere Verfahren die in den §§ 5, 122—125 der Seemannsordnung enthaltenen Vorschriften zur Anwendung.

61. Beschluß des Bundesrats vom 26. Juni 1889[1]) betr. **ausnahmsweise Zulassung ungeprüfter Steuerleute und Maschinisten.**

Fremde und deutsche Seeleute können in ausländischen Häfen ausnahmsweise für bestimmte Seereisen ohne vor-

[1]) Nicht veröffentlicht; entnommen v. König S. 496.

gängige Ablegung der vorgeschriebenen Prüfungen als Steuerleute oder Maschinisten auf deutschen Kauffahrteischiffen unter folgenden Voraussetzungen zugelassen werden:

a) Der anmusternde Schiffsführer hat dem zuständigen Konsul glaubhaft darzutun, daß ein den gesetzlichen Anforderungen entsprechender Steuermann oder Maschinist am Platze nicht zu erlangen ist.

b) Der Anzumusternde hat durch Ablegung einer von dem Konsul zu veranstaltenden Fachprüfung oder in sonst überzeugender Weise den Besitz der für die Ausübung der zu übernehmenden Funktionen erforderlichen Kenntnisse dem Konsul nachzuweisen.

Ist der Anzumusternde Ausländer, so genügt zu diesem Zwecke die im Auslande erfolgte Ablegung einer bezüglichen technischen Prüfung.

c) Die Zulassung erfolgt für die Reise bis zum nächsten Bestimmungshafen (d. h. dem nächsten von vornherein in Aussicht genommenen Anlaufshafen [Runderlaß vom 6. August 1889 II 15028]) des Schiffes, woselbst, falls dies ein ausländischer Hafen ist, die Verlängerung des Dienstverhältnisses von dem zuständigen Konsul genehmigt werden kann, sofern auch an diesem Platz Mangel an vorschriftsmäßig qualifizierten Bewerbern besteht. Eine Wiederholung des Qualifikationsnachweises ist nicht erforderlich; der Vermerk dieses zweiten oder folgenden Konsuls in der Musterrolle (vgl. unten bei d) hat sich demgemäß nur auf den Grund der weiteren ausnahmsweisen Zulassung und die Angabe der ferneren Dauer derselben, d. h. bis zum nächsten Bestimmungshafen, zu erstrecken.

d) Der Konsul hat über den Grund der ausnahmsweisen Zulassung und die Art des von dem Angemusterten erbrachten Befähigungsnachweises einen entsprechenden Vermerk in die Musterrolle einzutragen. Von einer jeden derartigen Anmusterung ist dem Auswärtigen Amt Anzeige zu machen, aus welcher Name, Heimatshafen und Unterscheidungszeichen des Schiffes, sowie der Name des Kapitäns und des Angemusterten, desgleichen die Stellung des letzteren hervorgeht.

62. Verordnung, betr. das **Strafverfahren vor den Seemannsämtern.** Vom 13. März 1903 (RGBl. S. 42).

§ 1. Die Einleitung des Strafverfahrens auf Grund des § 122 der Seemannsordnung erfolgt unbeschadet der Vorschriften der §§ 5, 12 dieser Verordnung durch Beschluß des Seemannsamts.

§ 2. In den Fällen, in welchen die Entscheidung unter Zuziehung von Beisitzern ergeht (§ 5 Abs. 2 der Seemannsordnung), steht die Beschlußfassung über die Einleitung des Strafverfahrens dem Vorsitzenden zu. Der Vorsitzende hat auch die Obliegenheiten wahrzunehmen, welche in den §§ 3, 4, 6, 7, 15, 16 dieser Verordnung dem Seemannsamte zugewiesen sind.

§ 3. Der Beschluß über die Einleitung des Strafverfahrens (§ 1) ist zu den Akten des Seemannsamts zu bringen. Er soll die Bezeichnung des Angeschuldigten, des Schiffes und des Heimatshafens, in Ermangelung eines solchen des Registerhafens, der strafbaren Handlung, der verletzten Strafvorschrift, der etwaigen Beweismittel sowie gegebenenfalles des Antragstellers enthalten.

§ 4. Der Einleitungsbeschluß ist dem Angeschuldigten zuzustellen (§ 16). Der Angeschuldigte ist zur mündlichen Verhandlung vor dem Seemannsamte schriftlich mit der Aufforderung zu laden, die zu seiner Verteidigung dienenden Beweismittel mit zur Stelle zu bringen oder dem Seemannsamte so zeitig anzuzeigen, daß sie zum Termine für die mündliche Verhandlung herbeigeschafft werden können. Die Ladung muß ferner die Eröffnung enthalten, daß im Falle des Ausbleibens des Angeschuldigten in seiner Abwesenheit gegen ihn verhandelt werden könne (§ 11).

Ist der Angeschuldigte auf dem Seemannsamt anwesend, so kann die Ladung durch mündliche Bestellung ersetzt werden.

§ 5. Ist der Angeschuldigte auf dem Seemannsamt anwesend und stehen der mündlichen Verhandlung Hindernisse nicht entgegen, so kann sofort ohne vorgängigen Einleitungsbeschluß (§ 1) in die Verhandlung eingetreten werden.

§ 6. Der Angeschuldigte kann sich in jeder Lage des Verfahrens des Beistandes eines Verteidigers bedienen. Das Seemannsamt kann Personen, die nicht Rechtsanwälte sind, als Verteidiger zurückweisen. Hat das Seemannsamt seinen Sitz außerhalb des Reichsgebiets, so ist die Zulassung eines Verteidigers von dem Ermessen des Seemannsamts abhängig.

§ 7. Der Termin zur mündlichen Verhandlung ist möglichst nahe anzusetzen. Das Seemannsamt hat die erforderlichen Beweismittel herbeizuschaffen.

§ 8. Die zur Entscheidung zugezogenen Beisitzer des Seemannsamts sind, falls dies nicht bereits bei ihrer Bestellung ein für allemal geschehen ist, von dem Vorsitzenden auf die Erfüllung der Obliegenheiten ihres Amtes eidlich zu verpflichten.

§ 9. Die Leitung der mündlichen Verhandlung, die Vernehmung des Angeschuldigten sowie die Aufnahme des Beweises erfolgt, wenn unter Zuziehung von Beisitzern verhandelt wird, durch den Vorsitzenden. Der Vorsitzende hat den Beisitzern auf Verlangen zu gestatten, an die zur Vernehmung erschienenen Personen Fragen zu stellen. Ungeeignete oder nicht zur Sache gehörige Fragen kann der Vorsitzende zurückweisen.

§ 10. In der mündlichen Verhandlung ist der Angeschuldigte über die ihm zur Last gelegte strafbare Handlung zu vernehmen. Soweit erforderlich, ist der Tatbestand durch Beweisaufnahme festzustellen. Nach deren Abschluß ist dem Angeschuldigten das Wort zu seinen Ausführungen und Anträgen zu erteilen.

§ 11. Ist der Angeschuldigte gehöriger Ladung ungeachtet nicht erschienen, so kann in seiner Abwesenheit gegen ihn verhandelt werden. Das Seemannsamt kann jedoch das persönliche Erscheinen des Angeschuldigten anordnen und ihn im Wege polizeilichen Zwanges vorführen lassen.

§ 12. Macht sich in der mündlichen Verhandlung

ein Kapitän oder Schiffsmann einer Zuwiderhandlung gegen § 115 der Seemannsordnung schuldig, so kann die Festsetzung einer Strafe wegen dieser Zuwiderhandlung ohne Einleitung eines besonderen Verfahrens (§ 1) erfolgen. Der Zuwiderhandelnde ist jedoch zuvor auf das Strafbare seines Verhaltens hinzuweisen; auch ist ihm zur Erklärung darüber Gelegenheit zu geben.

§ 13. Die mündliche Verhandlung schließt mit dem Erlasse des Bescheids. Wird unter Zuziehung von Beisitzern verhandelt, so wird der Bescheid mit Stimmenmehrheit festgestellt.

Der Bescheid muß auf Festsetzung einer Strafe, Freisprechung oder Einstellung des Verfahrens lauten. Die Einstellung des Verfahrens ist zu beschließen, wenn sich herausstellt, daß es an dem erforderlichen Strafantrage fehlt oder wenn der Strafantrag zurückgenommen wird.

Dem Angeschuldigten, gegen welchen eine Strafe festgesetzt wird, sind die baren Auslagen des Verfahrens aufzuerlegen.

Der Zeitpunkt der Verkündung und der Zustellung des Bescheids ist zu den Akten zu vermerken.

§ 14. Über die mündliche Verhandlung vor dem Seemannsamt ist ein Protokoll aufzunehmen, welches die Namen der an der Verhandlung Beteiligten enthalten, den Gang und die Ergebnisse der Verhandlung, insbesondere auch der Vernehmungen, im wesentlichen wiedergeben und die Entscheidung im Wortlaut anführen muß. Die Protokollführung ist, sofern sie nicht durch den leitenden Beamten erfolgt, einem vereidigten Protokollführer oder einem Beisitzer des Seemannsamts zu übertragen. Das Protokoll ist von dem leitenden Beamten und, sofern es von einem anderen geführt wird, auch von diesem zu unterzeichnen.

§ 15. Trägt der Angeschuldigte gegen den Bescheid auf gerichtliche Entscheidung an, so hat das Seemannsamt den Zeitpunkt des Einganges des Antrags zu vermerken und ohne Rücksicht darauf, ob die Frist gewahrt ist, die Akten der Staatsanwaltschaft bei dem für die weitere Verhandlung zuständigen Gerichte vorzulegen.

§ 16. Die Zustellungen im Verfahren vor dem Seemannsamt erfolgen, wenn dieses seinen Sitz im Reichsgebiete hat, nach den Vorschriften der Zivilprozeßordnung über die Zustellungen von Amts wegen (§§ 208 bis 212 der Zivilprozeßordnung) mit der Maßgabe, daß die Obliegenheiten des Vorsitzenden des Prozeßgerichts und des Gerichtsschreibers von dem Seemannsamte wahrgenommen werden, und daß die Zustellung auch durch einen Beamten des Seemannsamts vollzogen werden kann.

Hat das Seemannsamt seinen Sitz in einem Schutzgebiete, so erfolgen die Zustellungen nach den in dem Schutzgebiete für Zustellungen in bürgerlichen Rechtsstreitigkeiten geltenden Vorschriften mit der Maßgabe, daß die Obliegenheiten der bei der Zustellung mitwirkenden Beamten von dem Seemannsamte wahrgenommen werden.

Hat das Seemannsamt seinen Sitz im Auslande, so erfolgen die Zustellungen an Personen im Auslande nach den für Zustellungen durch die Konsuln geltenden Vorschriften mit der Maßgabe, daß das Seemannsamt bei Zustellungen außerhalb seines Bezirkes die erforderlichen Ersuchungsschreiben erläßt. Zustellungen an Personen im Reichsgebiet erfolgen durch die Gerichtsvollzieher; der § 162 des Gerichtsverfassungsgesetzes findet entsprechende Anwendung. Zustellungen an Personen in den Schutzgebieten erfolgen durch Ersuchen der zur Ausübung der Gerichtsbarkeit ermächtigten Beamten.

Die Zustellung kann auch durch Aushändigung des Schriftstücks gegen einen Empfangsschein derjenigen Person erfolgen, für welche das Schriftstück bestimmt ist.

§ 17. Diese Verordnung tritt am 1. April 1903 in Kraft.

63. Dienstanweisung, betreffend das **Strafverfahren vor den Kaiserlichen Konsulaten als Seemannsämtern.** Vom 30. Mai 1903 (CBl. S. 604).

§ 1. Organisation. 1. Die Konsulate als Seemannsämter entscheiden nach § 5 der Seemannsordnung in Strafsachen ebenso wie in allen anderen seemannsamtlichen Angelegenheiten ohne Zuziehung von Beisitzern.

Nach allgemeinen Rechtsgrundsätzen ist der Konsul von der Entscheidung ohne weiteres ausgeschlossen, wenn die Voraussetzungen des § 22 der Strafprozeßordnung[1])

---

[1]) Der § 22 der Strafprozeßordnung lautet:
Ein Richter ist von der Ausübung des Richteramts kraft Gesetzes ausgeschlossen;

vorliegen. Er wird indes den Straffall auch dann nicht entscheiden dürfen, wenn er persönlich als Reeder beteiligt ist und der Angeschuldigte oder der zum Strafantrage Berechtigte widerspricht.

2. Zur Aufnahme des Protokolls über die mündliche Verhandlung vor dem Seemannsamte kann nach § 14 der Verordnung des Bundesrats ein vereidigter Protokollführer zugezogen werden. Als solcher ist, sofern dies für angezeigt erachtet wird, ein Beamter des Konsulats oder eine sonst geeignete Person zu bestellen. Der für Personen, die nicht den Diensteid als Konsulatsbeamte abgelegt haben, im § 14 der Verordnung vorgesehene Eid ist dahin zu leisten:

„Ich schwöre bei Gott dem Allmächtigen und Allwissenden, die Obliegenheiten eines Protokoll-

---

1. wenn er selbst durch die strafbare Handlung verletzt ist;
2. wenn er Ehemann oder Vormund der beschuldigten oder der verletzten Person ist oder gewesen ist;
3. wenn er mit dem Beschuldigten oder mit dem Verletzten in gerader Linie verwandt, verschwägert oder durch Adoption verbunden, in der Seitenlinie bis zum dritten Grade verwandt oder bis zum zweiten Grade verschwägert ist, auch wenn die Ehe, durch welche die Schwägerschaft begründet ist, nicht mehr besteht;
4. wenn er in der Sache als Beamter der Staatsanwaltschaft, als Polizeibeamter, als Anwalt des Verletzten oder als Verteidiger tätig gewesen ist;
5. wenn er in der Sache als Zeuge oder Sachverständiger vernommen ist.

führers getreulich zu erfüllen, so wahr mir Gott helfe."

3. Die Zulassung eines Verteidigers ist nach § 6 Satz 3 der Verordnung des Bundesrats von dem Ermessen des Konsuls abhängig. Der Verteidiger wird hiernach stets abgelehnt werden können, wenn von seinem Auftreten Unzuträglichkeiten zu besorgen sind.

§ 2. Zuständigkeit. 1. Die sachliche Zuständigkeit der Seemannsämter ist im § 122 der Seemannsordnung geregelt. Danach sind die Konsulate zur Untersuchung und Entscheidung in den Fällen des § 93 Abs. 1, 2 und der §§ 95, 96, 107, 114 bis 116 der Seemannsordnung berufen; ferner sind sie zuständig in den Fällen des § 8 des Gesetzes, betreffend die Verpflichtung der Kauffahrteischiffe zur Mitnahme heimzuschaffender Seeleute, vom 2. Juni 1902 (RGBl. S. 212)[1]) sowie des § 9 Abs. 1 Nr. 3, 4 des Gesetzes, betreffend die Stellenvermittelung für Schiffsleute, vom 2. Juni 1902 (RGBl. S. 215)[2]). Alle diese Fälle betreffen Personen, die zur Schiffsbesatzung gehören, also den Kapitän, den Schiffsoffizier oder den Schiffsmann. Die Straftaten stellen sich im allgemeinen als Übertretungen dar, doch sind als Vergehen strafbar die Entweichung des Schiffsmanns im Falle des § 93 Abs. 2 der Seemannsordnung und die Zuwiderhandlungen gegen die §§ 95, 96, sofern in den Fällen des § 95 und des § 96 Abs. 1 die Monats-

---

[1]) Siehe Nr. 59 S. 369.
[2]) Siehe Nr. 60 S. 372.

Heuer und in den Fällen des § 96 Abs. 3 die zweimonatliche Heuer des Angeschuldigten einhundertfünfzig Mark übersteigt.

2. Als örtlich zuständig gelten zunächst und gleichmäßig:

a) das zum Zwecke der Abmusterung des Angeschuldigten angegangene Konsulat;

b) das Konsulat für einen anderen Hafen, den das Schiff vor der Abmusterung des Angeschuldigten anläuft;

c) das Konsulat für den Hafen, in dem sich der Angeschuldigte aufhält oder der seinem Aufenthaltsorte zunächst belegen ist.

Doch wird hierdurch, zumal solange von diesen Stellen noch nicht eingeschritten ist, die Zuständigkeit anderer Konsulate in den dazu geeigneten Fällen nicht ausgeschlossen.

§ 3. Strafantrag und Verjährung. 1. Tritt die Verfolgung nur auf Antrag ein (§ 93 Abs. 1, 2, § 96, § 114 Nr. 5 der Seemannsordnung), so kann der Antrag im Auslande bei einem der nach § 2 Nr. 2 zuständigen Konsulate schriftlich oder zu Protokoll angebracht werden; das Protokoll ist von dem Antragsteller zu unterschreiben. Der Antrag muß in den Fällen des § 93 Abs. 1, 2 gemäß § 61 des Strafgesetzbuchs innerhalb drei Monaten und in den Fällen des § 96, § 114 Nr. 5 innerhalb der dort bezeichneten Fristen gestellt werden.

Ein verspätet angebrachter Antrag ist durch schriftlichen Bescheid des Konsulats zurückzuweisen; das gleiche gilt, wenn der Strafantrag von vornherein sachlich unbegründet erscheint. Gegen den abweisenden Bescheid ist nur Beschwerde an den Reichskanzler (Auswärtiges Amt) zulässig.

Die Zurücknahme des Strafantrags ist in den Fällen des § 93 Abs. 1, 2 gemäß Abs. 4 in Verbindung mit § 64 des Strafgesetzbuchs bis zur Verkündung eines auf Strafe lautenden Urteils, in den Fällen des § 96 gemäß Abs. 4 bis zur rechtskräftigen Entscheidung zulässig, während im Falle des § 114 Nr. 5 der Antrag nicht zurückgenommen werden kann.

2. Die Verjährung der Strafverfolgung wird nach § 67 Abs. 2—4, § 68 des Strafgesetzbuchs[1]) in der Regel anzunehmen sein, wenn im Falle des § 93 Abs. 2

---

[1]) Diese Paragraphen lauten wie folgt:

§ 67 Abs. 2—4. Die Strafverfolgung von Vergehen, die im Höchstbetrage mit einer längeren als dreimonatlichen Gefängnisstrafe bedroht sind, verjährt in fünf Jahren, von anderen Vergehen in drei Jahren.

Die Strafverfolgung von Übertretungen verjährt in drei Monaten.

Die Verjährung beginnt mit dem Tage, an welchem die Handlung begangen ist, ohne Rücksicht auf den Zeitpunkt des eingetretenen Erfolges.

§ 68. Jede Handlung des Richters, welche wegen der begangenen Tat gegen den Täter gerichtet ist, unterbricht die Verjährung.

Die Unterbrechung findet nur rücksichtlich desjenigen statt, auf welchen die Handlung sich bezieht.

Nach der Unterbrechung beginnt eine neue Verjährung.

der Seemannsordnung sowie in den als Vergehen strafbaren Fällen der §§ 95, 96 (vgl. § 2 Nr. 1 der Dienstanweisung) drei Jahre, in allen übrigen Fällen drei Monate seit Begehung der strafbaren Handlung verflossen sind, auch eine Unterbrechung der Verjährung nicht festzustellen ist. Sind indes die strafbaren Handlungen auf hoher See oder sonst außerhalb des Reichsgebiets begangen, so beginnt nach § 121 Abs. 2 der Seemannsordnung die Verjährung erst mit dem Tage, an dem das Schiff zuerst ein Seemannsamt erreicht.

§ 4. Zustellungen. Im seemannsamtlichen Strafverfahren kommen Zustellungen nach § 4 der Verordnung des Bundesrats bei dem Einleitungsbeschluß und bei der Ladung des Angeschuldigten zur mündlichen Verhandlung, ferner nach § 123 Abs. 1 der Seemannsordnung im Falle der Abwesenheit des Angeschuldigten bei der Verkündung des Strafbescheids in Betracht. Das Verfahren bei den Zustellungen ist im § 16 der Verordnung geregelt. Danach kann zur möglichsten Vereinfachung die Zustellung in allen Fällen durch Aushändigung des zuzustellenden Schriftstücks gegen einfachen Empfangsschein erfolgen, so daß es der förmlichen Zustellung nur bedarf, wenn ein solcher Empfangsschein von der Person, für welche das Schriftstück bestimmt ist, wegen Abwesenheit, Verweigerung oder aus sonstigen Gründen nicht zu erlangen ist. Bei der förmlichen Zustellung sind nach § 16 Abs. 3 der Verordnung drei Fälle zu unterscheiden, je nachdem die Zustellung im Ausland, im Reichsgebiet oder in einem Schutzgebiete zu erfolgen hat.

a) Bei Zustellungen an Personen im Ausland, also in den Konsularbezirken, kommt es darauf an, ob die Zustellung innerhalb oder außerhalb des Amtsbezirkes des als Seemannsamt tätigen Konsulats zu bewirken ist. In beiden Fällen hat die Zustellung nach den Vorschriften des § 19 des Konsulatsgesetzes vom 8. November 1867 zu erfolgen, jedoch mit dem Unterschiede, daß im ersteren Falle der Konsul die Zustellung ohne das sonst erforderliche Ersuchen bewirkt und das vorgeschriebene schriftliche Zeugnis über die erfolgte Zustellung ausstellt, während im letzteren Falle das Konsulat ein Ersuchungsschreiben an den Konsul erläßt, in dessen Bezirke die Zustellung zu erfolgen hat (§ 16 Abs. 3 Satz 1 der Verordnung).

b) Zustellungen an Personen im Reichsgebiet erfolgen durch den Gerichtsvollzieher, wobei zweckmäßig gemäß § 162 des Gerichtsverfassungsgesetzes die Mitwirkung des Gerichtsschreibers des zuständigen Amtsgerichts nachzusuchen ist (§ 16 Abs. 3 Satz 2 der Verordnung).

c) Bei Zustellungen an Personen in den Schutzgebieten ist das Ersuchen unmittelbar an den zur Ausübung der Gerichtsbarkeit ermächtigten Beamten zu richten, oder, sofern dieser nicht bekannt ist, die Vermittelung des Gouverneurs oder Landeshauptmanns in Anspruch zu nehmen (§ 16 Abs. 3 Satz 3 der Verordnung).

§ 5. Mündliche Verhandlung. 1. Im seemannsamtlichen Verfahren hat nach § 4 der Verordnung des Bundesrats dem Erlasse des Strafbescheids in jedem Falle eine mündliche Verhandlung vorauszugehen. Diese

Verhandlung ist indes, wie sich aus dem § 123 Abs. 3 der Seemannsordnung ergibt, in dem Verfahren vor den Konsulaten nicht öffentlich.

2. In die mündliche Verhandlung kann nach § 5 der Verordnung des Bundesrats ohne weitere Förmlichkeiten eingetreten werden, wenn, wie es meist der Fall ist, alle zur Verhandlung notwendigen Personen sich auf dem Seemannsamt einfinden, auch das sonst etwa erforderliche Beweismaterial zur Stelle ist. Andernfalls beginnt das Verfahren gemäß § 1 der Verordnung mit dem Erlaß eines Einleitungsbeschlusses, dessen Erfordernisse im § 3 näher bezeichnet sind. Dieser Beschluß ist dem Angeschuldigten vor oder mit der Ladung zur mündlichen Verhandlung durch Übergabe einer beglaubigten Abschrift zuzustellen (§ 4); der Beschluß und die Ladung werden zweckmäßig zu verbinden sein. Ein Beispiel für einen Einleitungsbeschluß nebst Ladung liegt bei[1]).

3. In der mündlichen Verhandlung ist zunächst der Angeschuldigte über die ihm zur Last gelegte strafbare Handlung verantwortlich zu vernehmen. Darauf wird, soweit dies noch erforderlich ist, der Tatbestand durch Abhörung von Zeugen, Einsicht des Schiffstagebuchs oder auf sonst geeignete Weise festgestellt; eine Vereidigung von Zeugen findet jedoch nach § 123 Abs. 1 der Seemannsordnung nicht statt; die Zeugen werden im allgemeinen einzeln und in Abwesenheit der später abzuhörenden Zeugen zu vernehmen sein. Nach Beendigung

---

[1]) Siehe S. 394.

der Beweisaufnahme ist dem Angeschuldigten zu seinen Ausführungen und Anträgen das Wort zu erteilen, und darauf der Bescheid unter Eröffnung der Gründe zu verkünden.

4. Nach § 11 der Verordnung des Bundesrats kann die mündliche Verhandlung, und zwar auch im Falle des § 93 Abs. 2 der Seemannsordnung, in Abwesenheit des Angeschuldigten erfolgen, wenn dieser trotz gehöriger Zustellung des Einleitungsbeschlusses und der Ladung nicht erschienen ist. Das Konsulat ist indes befugt, zur Aufklärung des Sachverhalts das persönliche Erscheinen des Angeschuldigten zu erzwingen, wenn der Konsul zur Ausübung der Gerichtsbarkeit ermächtigt ist oder die Landesbehörden ihm den erforderlichen Beistand gewähren. Ist der Angeschuldigte bei Verkündung des Bescheids nicht anwesend, so muß ihm dieser nach § 123 Abs. 1 der Seemannsordnung zugestellt werden.

5. Wenn ein zur mündlichen Verhandlung vor dem Konsulat als Angeschuldigter oder Zeuge erschienener Kapitän oder Schiffsmann sich ungebührlich benimmt und dadurch einer Zuwiderhandlung gegen § 115 der Seemannsordnung schuldig macht, so kann das Konsulat die strafrechtliche Ahndung gemäß § 12 der Verordnung des Bundesrats in einem kurzen Zwischenverfahren eintreten lassen. Diese Befugnis stellt sich indes nicht etwa als eine sitzungspolizeiliche Strafbefugnis dar; vielmehr unterliegt das Verfahren im übrigen den allgemeinen Vorschriften über das seemannsamtliche Strafverfahren.

6. Über die mündliche Verhandlung ist ein Protokoll

zu führen, dessen Erfordernisse im § 14 der Verordnung angegeben sind. Eine Verlesung des Protokolls ist nicht ausdrücklich vorgeschrieben, doch wird sich eine solche empfehlen und insbesondere zur Vermeidung jeden Zweifels der Bescheid in seinem entscheidenden Teile stets zu verlesen sein. Ein Beispiel für die Abfassung des Protokolls ist angeschlossen [1]).

§ 6. Strafbescheid. 1. Der Bescheid hat nach § 13 Abs. 2 der Verordnung des Bundesrats auf Festsetzung einer Strafe, Freisprechung oder Einstellung des Verfahrens zu lauten. Der Mindestbetrag der Geldstrafe ist im Falle des § 93 Abs. 2 der Seemannsordnung sowie in den als Vergehen strafbaren Fällen der §§ 95, 96 (vgl. § 2 Nr. 1 der Dienstanweisung) drei Mark, in den übrigen Fällen eine Mark. Der Höchstbetrag der Haft ist, sofern nicht die Seemannsordnung eine besondere Vorschrift enthält, 6 Wochen, ihr Mindestbetrag, ebenso wie der Mindestbetrag der Gefängnisstrafe im Falle des § 93 Abs. 2, ein Tag. Wird in dem Strafbescheid eine Geldstrafe festgesetzt, so ist zugleich für den Fall, daß sie nicht beigetrieben werden kann, die Dauer der an ihre Stelle tretenden Gefängnisstrafe oder Haft zu bestimmen; dabei ist gemäß § 29 des Strafgesetzbuchs [2]) je nach den

---

[1]) Siehe S. 396.

[2]) Der § 29 des Strafgesetzbuchs lautet:

Bei Umwandlung einer wegen eines Verbrechens oder Vergehens erkannten Geldstrafe ist der Betrag von drei bis zu fünfzehn Mark, bei Umwandlung einer wegen einer Übertretung erkannten Geldstrafe der Betrag

Umständen der Betrag von 1—15 Mark einer eintägigen Freiheitsstrafe gleich zu achten.

2. Das Verfahren vor dem Seemannsamt ist nach § 123 Abs. 2 der Seemannsordnung gebührenfrei. Dagegen sind nach § 13 Abs. 3 der Verordnung des Bundesrats dem Angeschuldigten, gegen den eine Strafe festgesetzt wird, die baren Auslagen des Verfahrens aufzuerlegen.

3. Die Verhängung einer angedrohten Strafe wird dadurch nicht ausgeschlossen, daß der Schiffsmann aus Anlaß der ihm zur Last gelegten Tat von dem Kapitän bereits disziplinarisch bestraft worden ist. Jedoch muß eine erlittene Disziplinarstrafe in dem Strafbescheide des Konsuls bei Abmessung der Strafe berücksichtigt werden.

4. Der Bescheid mit den Gründen ist binnen drei Tagen nach der Verkündung zu den Akten zu bringen, falls er nicht bereits vollständig in das Protokoll aufgenommen worden ist. Ein Beispiel für die Abfassung eines Bescheids sowie für die Ausfertigung eines solchen liegt bei[1]).

---

von einer bis zu fünfzehn Mark einer eintägigen Freiheitsstrafe gleich zu achten.

Der Mindestbetrag der an Stelle einer Geldstrafe tretenden Freiheitsstrafe ist ein Tag, ihr Höchstbetrag bei Haft sechs Wochen, bei Gefängnis ein Jahr. Wenn jedoch eine neben der Geldstrafe wahlweise angedrohte Freiheitsstrafe ihrer Dauer nach den vorgedachten Höchstbetrag nicht erreicht, so darf die an Stelle der Geldstrafe tretende Freiheitsstrafe den angedrohten Höchstbetrag jener Freiheitsstrafe nicht übersteigen.

[1]) Siehe S. 400.

§ 7. Antrag auf gerichtliche Entscheidung. 1. Nach § 124 Abs. 1 der Seemannsordnung kann der Angeschuldigte gegen den Strafbescheid innerhalb einer zehntägigen Frist von der Verkündung oder Zustellung ab auf gerichtliche Entscheidung antragen. Der Antrag ist bei dem Konsul schriftlich oder zu Protokoll anzubringen; er kann am Schlusse der mündlichen Verhandlung gestellt werden und ist alsdann in das über die Verhandlung geführte Protokoll aufzunehmen. In dem Falle des § 124 Abs. 2 ist auch die Einlegung des Einspruchs bei dem Kapitän zulässig.

2. Die Prüfung der Rechtzeitigkeit des Antrags auf gerichtliche Entscheidung steht nicht dem Konsul, sondern dem Gerichte zu. Der Konsul hat gemäß § 15 der Verordnung des Bundesrats den Tag des Eingangs des Antrags auf dem Schriftstücke zu vermerken und sodann die Akten der Staatsanwaltschaft bei dem für die weitere Verhandlung zuständigen Gericht unmittelbar vorzulegen oder, sofern er über dieses Gericht im Zweifel ist, dem Auswärtigen Amte zur weiteren Veranlassung zu übersenden. Die Zuständigkeit ist im § 124 Abs. 3 der Seemannsordnung geregelt.

§ 8. Vollstreckung des Strafbescheids. 1. Lautet der Strafbescheid des Konsuls auf Geldstrafe, so kann diese nach § 125 Abs. 1 der Seemannsordnung noch vor Ablauf der zehntägigen Einspruchsfrist und selbst dann vollstreckt werden, wenn von dem Angeschuldigten bereits auf gerichtliche Entscheidung angetragen ist. Dies wird im Auslande regelmäßig zu geschehen haben, da sonst die Vollstreckung erschwert oder erheblich verzögert werden könnte.

Die Vollstreckung von Freiheitsstrafen und die Einziehung barer Auslagen dürfen erst erfolgen, nachdem die zehntägige Frist abgelaufen ist, ohne daß der Angeschuldigte auf richterliche Entscheidung angetragen hat.

2. Gemäß § 125 Abs. 2 der Seemannsordnung sind die Strafbescheide des Konsuls innerhalb seines Amtsbezirkes soweit angängig von ihm selbst zu vollstrecken. Bei der Beitreibung der Geldstrafe hat der Kapitän den Anordnungen des Konsuls Folge zu leisten, ihm also insbesondere die rückständige Heuer, soweit dies zulässig ist, auszuzahlen; dabei sind indes die Vorschriften der §§ 811, 850 der Zivilprozeßordnung zu beachten, wonach namentlich die unentbehrlichen Kleidungsstücke, Betten und Wäsche des Angeschuldigten und regelmäßig auch die noch nicht fälligen Heueransprüche der Pfändung nicht unterworfen sind. Die Vollstreckung von Freiheitsstrafen wird der Konsul, sofern er nicht zur Ausübung der Gerichtsbarkeit befugt ist, in seinem Amtsbezirke nur dann bewirken können, wenn der Kapitän oder die Landesbehörden zu entsprechendem Beistande bereit sind. Die Vollstreckung der Strafbescheide durch den Konsul erfolgt nach § 125 Abs. 2 gebührenfrei.

3. Kann der Strafbescheid nicht in dem Amtsbezirke des Konsuls vollstreckt werden, so hat dieser die zuständige deutsche Behörde um die Vollstreckung zu ersuchen. Danach sind die Ersuchen zu richten im Ausland an die Kaiserlichen Konsulate in ihrer Eigenschaft

als Seemannsämter, soweit diese zur Vollstreckung in der Lage sind; im Reichsgebiet an die landesgesetzlich zur Vollstreckung der seemannsamtlichen Strafbescheide bestimmten Behörden, in den Schutzgebieten an den Gouverneur oder Landeshauptmann. Ein Verzeichnis der Vollstreckungsbehörden in den Bundesseestaaten liegt bei[1]).

4. Die Geldstrafen fließen nach § 132 der Seemannsordnung regelmäßig der Seemannskasse und in Ermangelung einer solchen der Ortsarmenkasse des inländischen Heimatshafens oder Registerhafens des Schiffes zu, dem der Täter zur Zeit der Begehung der strafbaren Handlung angehörte. Die Überweisung an diese Stellen wird zweckmäßig durch Vermittelung des Seemannsamts dieses Hafens zu erfolgen haben. Fehlt es an einem inländischen Heimatshafen oder Registerhafen, so ist der Betrag dem Reichskanzler zu überweisen.

§ 9. Schlußbestimmungen. 1. Die auf das seemannsamtliche Strafverfahren sich beziehenden Schriftstücke sind mindestens fünf Jahre nach endgültiger Erledigung der Angelegenheit aufzubewahren[2]).

2. Der Konsul hat über sämtliche Untersuchungsfälle ein Verzeichnis nach dem angeschlossenen Formulare zu führen. Die laufenden Nummern dieses Verzeichnisses beginnen mit dem Anfang und schließen mit dem Ende jedes Kalenderjahrs. Die Eintragungen beginnen gleichzeitig mit der Einleitung des Verfahrens und werden

---

[1]) Siehe S. 402.
[2]) Siehe S. 403.

nach Maßgabe des Fortganges der Verhandlungen dergestalt fortgesetzt, daß der Inhalt des Verzeichnisses unausgesetzt mit der jeweiligen Lage dieser Verhandlungen in Übereinstimmung bleibt. Am Schlusse jedes Kalenderjahrs ist dem Reichskanzler Abschrift der Eintragungen über die in diesem Jahre endgültig abgeschlossenen Fälle oder eine entsprechende Fehlanzeige einzureichen.

3. Die Bestimmungen der Allgemeinen Dienstinstruktion zu § 33 des Konsulatsgesetzes vom 8. November 1867 mit Ausnahme der ersten fünf und der letzten fünf Absätze sowie der Runderlaß vom 29. September 1897, II. 18522, werden aufgehoben.

Anlagen zur Dienstanweisung, betr. das Strafverfahren vor den Kaiserlichen Konsulaten als Seemannsämtern.

Anlage 1.

Beispiel für einen Einleitungsbeschluß nebst Ladung.

1. Der Jungmann Peter N . . . . aus Elbing, von dem deutschen Schiffe Sophie, Heimatshafen Danzig, Unterscheidungssignal . . . .,
wird beschuldigt,
am 1. Mai 1903, abends gegen 10 Uhr, während er die Wache hatte, auf Deck geschlafen zu haben und betrunken gewesen zu sein.

Übertretung gegen § 96 Abs. 2 Nr. 1, 7 der Seemannsordnung.

Beweis: Zeugnis des Kapitäns Johann P . . . . . . aus Neufahrwasser und des Steuermanns Ernst Wilhelm O . . . . . . aus Memel.

Die Bestrafung ist beantragt von dem Kapitän Johann P . . . . . .

2. Zur mündlichen Verhandlung vor dem unterzeichneten Seemannsamt in A . . . . ., ... Straße Nr. . . . . ., ist ein Termin auf den 5. Mai 1903, vormittags 10 Uhr, anberaumt, wozu der Angeschuldigte mit der Aufforderung geladen wird:

die zu seiner Verteidigung dienenden Beweismittel mit zur Stelle zu bringen oder dem Seemannsamte so zeitig anzuzeigen, daß sie zum Termine für die mündliche Verhandlung herbeigeschafft werden können.

Im Falle des unentschuldigten Ausbleibens des Angeschuldigten wird in seiner Abwesenheit gegen ihn verhandelt werden oder seine Vorführung im Wege polizeilichen Zwanges erfolgen.

Etwaigen Anträgen auf Ansetzung eines neuen Termins kann nur auf Grund bescheinigter erheblicher Hindernisse stattgegeben werden.

A . . . . ., den 4. Mai 1903.

Das Seemannsamt.

Kaiserliches Konsulat.

(Unterschrift des Konsuls.)

Anlage 2.

Beispiel für ein Protokoll über die mündliche Verhandlung.

Verhandelt im Kaiserlichen Konsulat in A . . . . ., den 5. Mai 1903.

Vor dem unterzeichneten Seemannsamt erschienen heute in der seemannsamtlichen Strafsache gegen den Jungmann Peter N . . . . . wegen Übertretung des § 96 Abs. 2 Nr. 1, 7 der Seemannsordnung
1. der Angeschuldigte,
2. als Zeugen:
   a) der Kapitän Johann P . . . . .,
   b) der Steuermann Ernst Wilhelm O . . . . .,
   c) der Matrose Anton Friedrich R . . . . .

Der Einleitungsbeschluß vom 4. Mai 1903 wurde verlesen.

Der Angeschuldigte, über seine persönlichen Verhältnisse vernommen und befragt, ob er etwas auf die Anschuldigung erwidern wolle, erklärte:

Ich heiße Peter N . . . . ., bin geboren in . . . . . am . . . . ., bin Jungmann des deutschen Schiffes Sophie.

Ich bestreite die gegen mich erhobene Anschuldigung und berufe mich auf den Matrosen R . . . . ., der bekunden kann, daß ich am Abend des 1. Mai ganz munter gewesen bin.

Es wurden hierauf die Zeugen einzeln und in Abwesenheit der später abzuhörenden Zeugen, wie folgt, vernommen:

1. Zeuge P . . . . .

Ich heiße Johann P . . . . . ., bin aus Neufahrwasser, 40 Jahre alt, Führer des im hiesigen Hafen ankernden deutschen Schiffes Sophie.

Am 2. d. M. meldete mir der Steuermann O . . . . ., daß er den Angeschuldigten am 1. Mai abends gegen 10 Uhr auf Deck schlafend und anscheinend betrunken angetroffen habe. Da der Angeschuldigte bereits öfter im Schiffsdienste betrunken und nachlässig gewesen ist, habe ich ihn während drei Tage auf schmale Kost gesetzt, erachte diese Disziplinarstrafe aber nicht als ausreichend.

2. Zeuge O . . . . .

Ich heiße Ernst Wilhelm O . . . . ., bin aus Memel, 34 Jahre alt, Steuermann des deutschen Schiffes Sophie.

Ich habe den Angeschuldigten zu der angegebenen Zeit, wo er die Wache hatte, an Deck schlafend angetroffen und ihn erst durch mehrmaliges Rütteln am Arme aufwecken können. Ob er betrunken gewesen ist, kann ich nicht mit Bestimmtheit behaupten. Der Angeschuldigte ist aber schon öfter wegen Trunkenheit und Nachlässigkeit im Wachtdienste disziplinarisch bestraft worden.

3. Zeuge R . . . . .

Ich heiße Anton Friedrich R . . ., bin aus Wolgast, 27 Jahre alt, Matrose des deutschen Schiffes Sophie.

Am Abend des 1. Mai habe ich die Wache mit dem Angeschuldigten gehabt und noch um 9 Uhr mit ihm gesprochen. Später habe ich aber, da ich durch meinen Dienst in Anspruch genommen war, nicht weiter auf ihn geachtet.

Aus der von dem Kapitän vorgelegten, von dem Seemannsamt in Danzig unterm 1. April d. J. ausgestellten Musterrolle wurde festgestellt, daß der Angeschuldigte als Jungmann für die Reise nach A . . . . und zurück gegen eine Heuer von monatlich 40 Mark angemustert ist.

Die Einsicht des von dem Kapitän gleichfalls mitgebrachten Schiffstagebuchs ergab, daß der Vorfall so, wie er vom Kapitän dargestellt wird, in das Tagebuch eingetragen und dem Angeschuldigten von dem Inhalte der Eintragung unter ausdrücklicher Hinweisung auf die Strafandrohung des § 96 der Seemannsordnung Mitteilung gemacht worden ist, ferner daß der Angeschuldigte bereits am 20. und 24. April Disziplinarstrafen wegen Nachlässigkeit im Wachtdienst erlitten hat.

Dem Angeschuldigten wurde alsdann das Wort zu seinen Ausführungen und Anträgen erteilt. Er beantragte milde Bestrafung.

Vorgelesen. Genehmigt. Unterschrieben.

Unterschrift des Angeschuldigten
und der Zeugen.

Es wurde hierauf der Bescheid durch Verlesung des entscheidenden Teiles und durch mündliche Mitteilung des wesentlichen Inhalts der Gründe dahin verkündet:

Der Angeschuldigte wird wegen gröblicher Verletzung seiner Dienstpflichten mit einer Geldstrafe von fünfzehn Mark bestraft, an deren Stelle, falls sie nicht beigetrieben werden kann, eine Haftstrafe von einem

Tage tritt. Auch werden dem Angeschuldigten die baren Auslagen des Verfahrens von fünfzig Pfennig auferlegt.

Das Seemannsamt.

Kaiserliches Konsulat.

(Unterschrift des Konsuls.)

Wird ohne vorgängigen Einleitungsbeschluß in die Verhandlung eingetreten, so ist der Eingang des Protokolls etwa folgendermaßen zu fassen:

Verhandelt usw.

Vor dem unterzeichneten Seemannsamt erschien heute der Kapitän Johann P . . . aus Neufahrwasser, Führer des im hiesigen Hafen ankernden deutschen Schiffes Sophie, und erklärte:

Ich beantrage die Bestrafung des Jungmanns Peter N . . . . . wegen gröblicher Verletzung seiner Dienstpflichten. Am 2. d. M. meldete mir der Steuermann O . . . . . usw.

Der Jungmann Peter N . . . . ., der mit zur Stelle war, wurde darauf über seine persönlichen Verhältnisse vernommen und befragt, ob er etwas auf die Anschuldigung erwidern wolle. Er erklärte: usw.

Es wurden hierauf

1. der Steuermann Ernst Wilhelm O . . . . .,
2. der Matrose Anton Friedrich R . . . . .

einzeln herbeigerufen und als Zeugen, wie folgt, vernommen:

1. Zeuge O . . . . . usw.

Anlage 3.

Beispiel für einen seemannsamtlichen Strafbescheid.

In der Strafsache gegen den Jungmann Peter N .... des deutschen Schiffes Sophie, Heimatshafen Danzig, Unterscheidungssignal ...., geboren am .... in ...., wegen Übertretung des § 96 Abs. 2 Nr. 1, 7 der Seemannsordnung hat das unterzeichnete Seemannsamt in A .... am 5. Mai 1903 folgenden Bescheid erlassen:

Der Angeschuldigte wird wegen gröblicher Verletzung seiner Dienstpflichten mit einer Geldstrafe von fünfzehn Mark bestraft, an deren Stelle, falls sie nicht beigetrieben werden kann, eine Haftstrafe von einem Tage tritt. Auch werden dem Angeschuldigten die baren Auslagen des Verfahrens von fünfzig Pfennig auferlegt.

Gründe.

Auf Grund der Aussage des Steuermanns O .... ist als erwiesen anzunehmen, daß der Angeschuldigte am 1. Mai 1903 abends gegen 10 Uhr, als er die Wache hatte, geschlafen und dadurch eine Nachlässigkeit im Wachtdienste begangen hat. Die Aussage des Matrosen R .... ist nicht geeignet, das Gegenteil darzutun, da er von 9 Uhr ab auf den Angeschuldigten nicht mehr geachtet hat. Ob dieser gleichzeitig betrunken gewesen ist, kann dahingestellt bleiben, da er sich jedenfalls schon durch die erwiesene Nachlässigkeit im Wachtdienst einer gröblichen Verletzung seiner Dienstpflichten schuldig gemacht hat und deshalb nach § 96 Abs. 2 Nr. 1 der Seemannsordnung zu bestrafen ist. Bei Abmessung der Strafe kam einerseits in Betracht, daß der Angeschuldigte sich schon früher nachlässig in seiner Pflichterfüllung gezeigt hat und andererseits, daß er wegen des in Rede stehenden Vorfalls bereits eine Disziplinarbestrafung erlitten hat. Es erschien deshalb eine Geldstrafe von fünfzehn Mark angemessen. Falls diese nicht beigetrieben werden kann, tritt an ihre Stelle nach § 29 des Strafgesetzbuchs eine Haftstrafe von einem Tage.

Die baren Auslagen des Verfahrens von fünzig Pfennig, die durch Fuhrkosten des Amtsdieners bei Bestellung der Zeugen entstanden sind, hat der Angeschuldigte nach § 13 Abs. 3 der Verordnung des Bundesrats vom 13. März 1903, betreffend das Strafverfahren vor den Seemannsämtern, zu tragen.

Das Seemannsamt.

Kaiserliches Konsulat.
(Unterschrift des Konsuls.)

Ist eine Ausfertigung des Bescheids zu erteilen, so ist unter eine Abschrift zu setzen:

Urkundlich ausgefertigt.

A . . . ., den 10. Mai 1903.

Das Seemannsamt.

Kaiserliches Konsulat.
(Siegel.) (Unterschrift des Konsuls.)

Anlage 4.

Übersicht

über die Behörden der Bundesseestaaten, die für die Vollstreckung von Strafbescheiden der Seemannsämter in Anspruch zu nehmen sind.

Preußen	Mecklenburg-Schwerin	Oldenburg	Lübeck	Hamburg	Bremen
Die Königlichen Regierungspräsidenten, welche die Vollstreckung durch die zuständige Behörde zu vermitteln haben.	Die Ortspolizeibehörde des Ortes, an dem der Angeschuldigte sich aufhält.	Für das Gebiet des Herzogtums Oldenburg die Großherzoglichen Ämter und die Magistrate der Städte 1. Klasse in Oldenburg, Varel und Jever; für die Gebiete der Fürstentümer Lübeck und Birkenfeld die Großherzoglichen Regierungen in Eutin und Birkenfeld.	Das Polizeiamt in Lübeck.	Die Polizeibehörde.	Die Polizeidirektion.

Anlage 5.

Verzeichnis

der bei dem Kaiserlichen Konsulat in . . . . im Jahre . . . . gemäß § 122 der Seemannsordnung eingeleiteten Untersuchungen.

Laufende Nummer	Vor- und Zuname des Angeschuldigten	Wohnort od. Heimat des Angeschuldigten	Name des Schiffes, welchem der Angeschuldigte angehört	Heimatshafen des Schiffes, welchem der Angeschuldigte angehört	Gegenstand der Anschuldigung	Gesetzliche Strafbestimmung	Name usw. des Antragstellers

Noch Anlage 5.

Datum	Inhalt	Die Vollstreckung der Entscheidung		Ob und wann die Verhandlungen dem Amtsanwalt oder dem Staatsanwalt überwiesen worden sind	Bemerkungen
der Entscheidung		hat begonnen am	ist beendet am		

64. Seeunfallversicherungsgesetz. Vom 30. Juni 1900 in der Fassung der Bekanntmachung vom 5. Juli 1900 (RGBl. S. 716).

§ 20 Abs. 1 u. 2. Streitigkeiten, welche wegen Gewährung freier Kur und Verpflegung in einem Krankenhaus oder an Bord eines Fahrzeugs im Ausland entstehen, werden bis zu weiterer Entschließung der zuständigen Genossenschaftsorgane durch dasjenige Seemannsamt, welches zuerst angegangen wird, entschieden. Diese Entscheidung ist vorläufig vollstreckbar.

Streitigkeiten, welche aus Anlaß der in den §§ 14, 15 Abs. 3, § 16 enthaltenen Bestimmungen entstehen, werden, soweit es sich um Ansprüche von Seeleuten handelt, durch das Seemannsamt entschieden. Zuständig ist, soweit es sich um die Gewährung von Fürsorge handelt, dasjenige Seemannsamt, welches zuerst angegangen wird, und soweit es sich um Erstattungen handelt, das Seemannsamt des Heimatshafens. Gegen die Entscheidung des Seemannsamts findet die Berufung an das Reichsversicherungsamt statt. Das Rechtsmittel ist bei demselben innerhalb eines Monats nach Zustellung der Entscheidung einzulegen. Die Entscheidung ist vorläufig vollstreckbar, soweit es sich um Streitigkeiten über Fürsorge handelt.

§ 65. Jeder Unfall, durch welchen eine auf dem Fahrzeuge beschäftigte Person auf der Reise getötet wird, oder eine Körperverletzung erleidet, die eine völlige oder teilweise Arbeitsunfähigkeit von mehr als drei Tagen oder den Tod zur Folge hat, ist in das Schiffsjournal

(Tagebuch, Loggbuch) einzutragen und in dem letzteren oder einem besonderen Anhange zu demselben kurz zu beschreiben.

Ist ein Journal nicht zu führen, so hat der Schiffsführer eine besondere Nachweisung über die an Bord sich ereignenden Unfälle, welche die im Abs. 1 bezeichneten Folgen haben, zu führen.

Von jeder Eintragung eines Unfalls, welchen eine auf dem Fahrzeuge beschäftigte Person auf der Reise erleidet, hat der Schiffsführer dem Seemansamte, bei welchem es zuerst geschehen kann, eine von ihm beglaubigte Abschrift zu übergeben. Statt dessen kann das Journal oder die Nachweisung dem Seemannsamte zur Entnahme einer Abschrift der Eintragung vorgelegt werden. Das Seemannsamt hat das Journal oder die Nachweisung binnen vierundzwanzig Stunden zurückzugeben.

Ereignete sich der Unfall im Inlande vor Antritt oder nach Beendigung der Reise, so hat der Schiffsführer binnen zwei Tagen nach dem Tage, an welchem er von dem Unfalle Kenntnis erlangt hat, dem Seemannsamt oder, falls ein solches am Orte des Unfalls nicht vorhanden ist, der Ortspolizeibehörde und dem durch das Statut zu bestimmenden Genossenschaftsorgane von dem Unfall Anzeige zu machen.

Das Seemannsamt bzw. die Ortspolizeibehörde hat diese Abschriften und Anzeigen dem Seemannsamte des Heimatshafens zu übersenden.

§ 68. Jeder Unfall, durch welchen eine versicherte

Person getötet ist oder eine Körperverletzung erlitten hat, die voraussichtlich einen Entschädigungsanspruch auf Grund dieses Gesetzes zur Folge haben wird, ist sobald als möglich, in den im § 76b des Krankenversicherungsgesetzes und im § 15 dieses Gesetzes bezeichneten Fällen spätestens unmittelbar nach Eingang eines entsprechenden Ersuchens der Berufsgenossenschaft oder der beteiligten Krankenkasse, von einem Seemannsamt oder von einer Ortspolizeibehörde des Inlandes nach näherer Bestimmung der §§ 69 bis 73 einer Untersuchung zu unterziehen, durch welche festzustellen sind:

1. die Veranlassung und die Art des Unfalls;
2. die getöteten oder verletzten Personen;
3. die Art der vorgekommenen Verletzungen;
4. der Verbleib der verletzten Personen;
5. die Hinterbliebenen der durch den Unfall getöteten oder nach dem Unfalle verschollenen und die Angehörigen der durch den Unfall verletzten Personen, welche auf Grund dieses Gesetzes einen Entschädigungsanspruch erheben können;
6. die Höhe der Renten, welche der Verletzte etwa auf Grund der Unfallversicherungsgesetze oder des Invalidenversicherungsgesetzes bezieht.

Auf Antrag des Vorstandes der Genossenschaft oder der Sektion oder der beteiligten Krankenkasse hat das Seemannsamt oder die Ortspolizeibehörde die Untersuchung auch dann vorzunehmen, wenn sie die Voraussetzung des ersten Absatzes nicht als gegeben ansieht.

§ 69 Abs. 1. Ist die Untersuchung im Auslande

zu führen, so hat der Schiffsführer vor demjenigen deutschen Seemannsamte (Konsulat), vor welchem es zuerst geschehen kann, unter Zuziehung von zwei Schiffsoffizieren oder anderen glaubhaften Personen über die nach § 68 festzustellenden Tatsachen eine eidesstattliche Erklärung abzugeben[1]). Das Seemannsamt ist befugt, zur Feststellung des Sachverhalts auch andere als die von dem Schiffsführer zugezogenen Personen eidesstattlich zu vernehmen sowie sonstige Untersuchungsverhandlungen herbeizuführen.

§ 69 Abs. 6. Auf die Verpflichtung der Schiffsmannschaft zur Mitwirkung bei diesen Erklärungen und Verhandlungen finden die Bestimmungen des § 33 der SO. entsprechende Anwendung.

§ 70. Zu den Untersuchungsverhandlungen (§ 69) sind, soweit dies ausführbar, der Verletzte bzw. dessen Hinterbliebene oder ein von ihnen zu bestellender Vertreter, ein Vertreter der Genossenschaft und sonstige Beteiligte zu laden und auf Antrag des Betriebsunternehmers, des Schiffsführers oder des Vertreters der Genossenschaft Sachverständige zuzuziehen. Ist die Genossenschaft in Sektionen geteilt, oder sind von der Genossenschaft Vertrauensmänner bestellt, so kann die Mitteilung von der Einleitung der Untersuchung an den Sektionsvorstand bzw. an den Vertrauensmann gerichtet werden. Die Kosten für die Zuziehung von Sachverständigen fallen der Genossenschaft zur Last.

---

[1]) Vgl. hierzu S. 241 Anm. 2.

§ 71. Durch eine Verklarung (§§ 522 ff. des HGB.) wird die eidesstattliche Erklärung sowie die Unfalluntersuchung ersetzt, wenn bei der Verklarung den Bestimmungen der §§ 68, 70 genügt ist.

§ 72. Beglaubigte Abschrift der Unfalluntersuchungsverhandlung (§ 69) oder Verklarung (§ 71) ist von der Behörde sobald als möglich dem Vorstande der Berufsgenossenschaft zu übersenden. Der Vorstand hat den Beteiligten auf ihren Antrag die Einsicht der Verhandlungen zu gestatten und gegen Erstattung der Schreibgebühren Abschrift zu erteilen. Die Erstattung der Schreibgebühren kann erlassen werden.

§ 73. Die Bestimmung des Gesetzes, betr. die Untersuchung von Seeunfällen, vom 27. Juli 1877 (RGB. S. 549), über die Verpflichtung der Gerichte, Hafenbehörden, Strandbehörden, Seemannsämter und Schiffsregisterbehörden, von den zu ihrer Kenntnis gelangenden Seeunfällen ungesäumt Anzeige zu machen (§ 14 a. a. O.), sowie über die Verpflichtung der deutschen Seemannsämter im Auslande, bei den zu ihrer Kenntnis gelangenden Seeunfällen diejenigen Ermittelungen und Beweiserhebungen vorzunehmen, welche keinen Aufschub dulden (§ 15 a. a. O.), werden auf alle Unfälle erstreckt, welche die im § 68 erwähnten Folgen haben.

Die Anzeigen (§ 14 des Gesetzes vom 27. Juli 1877) sind bei Unfällen der letzteren Art, unbeschadet der bei Seeunfällen bestehenden Verpflichtung, einem zuständigen Seemannsamt Anzeige zu machen, an den Genossenschaftsvorstand zu richten.

Wenn nach Ablauf von sechs Monaten seit der Kenntnis von dem Unfall eine Benachrichtigung über die Einleitung einer Unfalluntersuchung nicht eingetroffen ist, so sind die Untersuchungsverhandlungen von dem Seemannsamte des Heimatshafens einzuleiten.

§ 98. Das Recht auf Bezug der Rente ruht:

3. solange der Berechtigte, ohne auf einem deutschen Schiffe angemustert zu sein, im Auslande sich aufhält und es unterläßt, der Berufsgenossenschaft seinen Aufenthalt mitzuteilen.

Die Berufsgenossenschaft ist befugt, über die Mitteilung des Aufenthaltsorts Vorschriften zu erlassen und darin anzuordnen, daß der Rentenberechtigte sich von Zeit zu Zeit bei einem Seemannsamte persönlich vorzustellen hat. Kürzere als einjährige Fristen dürfen durch diese Vorschriften nicht angeordnet werden. Die Vorschriften bedürfen der Genehmigung des Reichsversicherungsamts.

§ 118 Abs. 3. Die Genossenschaft ist ... befugt, für die Anbringung und Erhaltung der Einrichtungen sowie für das Vorhandensein der etwa vorgeschriebenen Ausrüstungsgegenstände neben dem Reeder den Schiffsführer verantwortlich zu machen und ihm für jede Nachlässigkeit hierin Geldstrafen bis zu 100 M anzudrohen.

§ 122 Abs. 2. Die Festsetzung der im § 118 Abs. 3 vorgesehenen Geldstrafen erfolgt durch dasjenige Seemannsamt, welches von der Nachlässigkeit zuerst Kenntnis erhielt. Die Straffestsetzung ist von dem Seemannsamt in das Schiffsjournal einzutragen und sofort vollstreckbar.

Gegen die Straffestsetzung steht sowohl dem Schiffsführer wie dem Reeder, Korrespondentreeder oder Bevollmächtigten die Beschwerde an die dem Seemannsamte vorgesetzte Aufsichtsbehörde zu; dieselbe ist spätestens innerhalb zweier Wochen nach Beendigung der Reise zu erheben.

Abs. 3. Eine abermalige Straffestsetzung durch dasselbe oder durch ein anderes Seemannsamt ist zulässig, sofern der Schiffsführer nicht nachweist, daß inzwischen die Anordnung nicht hat befolgt werden können.

§ 142. Alle zur Begründung und Abwickelung der Rechtsverhältnisse zwischen den Berufsgenossenschaften einerseits und den Versicherten anderseits erforderlichen schiedsgerichtlichen und außergerichtlichen Verhandlungen und Urkunden einschließlich der Unfalluntersuchungsverhandlungen (§ 69) und der vor inländischen Behörden abgelegten Verklarungen, soweit dieselben an die Stelle der Unfalluntersuchungsverhandlungen treten (§ 71), sind gebühren- und stempelfrei. Dasselbe gilt für die in § 42 Abs. 3 bezeichneten Legitimationsbescheinigungen und für die behufs Vertretung von Berufsgenossen ausgestellten privatschriftlichen Vollmachten und für die im § 20 bezeichneten Streitigkeiten.

I. Beaufsichtigung des Auswanderungswesens.

65. Gesetz über das **Auswanderungswesen.** Vom 9. Juni 1897 (RGBl. S. 463).

§ 23. Verboten ist die Beförderung sowie der Abschluß von Verträgen über die Beförderung:

a) von Wehrpflichtigen im Alter vom vollendeten siebzehnten bis zum vollendeten fünfundzwanzigsten Lebensjahre, bevor sie eine Entlassungsurkunde (§ 14 des Gesetzes über die Erwerbung und den Verlust der Bundes- und Staatsangehörigkeit vom 1. Juni 1870) oder ein Zeugnis der Ersatzkommission darüber beigebracht haben, daß ihrer Auswanderung aus dem Grunde der Wehrpflicht kein Hindernis entgegensteht,

b) von Personen, deren Verhaftung oder Festnahme von einer Gerichts- oder Polizeibehörde angeordnet ist;

c) von Reichsangehörigen, für welche von fremden Regierungen oder von Kolonisationsgesellschaften oder ähnlichen Unternehmungen der Beförderungspreis ganz oder teilweise bezahlt wird oder Vorschüsse geleistet werden; Ausnahmen von dieser Bestimmung kann der Reichskanzler zulassen.

§ 41. In den Hafenorten übt der Reichskanzler die Aufsicht über das Auswanderungswesen durch von ihm bestellte Kommissare aus.

Diese Kommissare sind befugt, den im § 34 vorgesehenen Untersuchungen beizuwohnen, auch selbständig Untersuchungen der Auswandererschiffe vorzunehmen. Sie haben die Landesbehörden auf die von ihnen wahrgenommenen Mängel und Verstöße aufmerksam zu machen und auf deren Abstellung zu dringen.

Die Führer von Auswandererschiffen sind verpflichtet, den Kommissaren auf Erfordern wahrheitsgetreue Auskunft über alle Verhältnisse des Schiffes und über dessen

Reise zu erteilen, sowie jederzeit das Betreten der Schiffsräume und die Einsicht in die Schiffspapiere zu gestatten.

Im Auslande werden die Obliegenheiten der Kommissare behufs Wahrnehmung der Interessen deutscher Auswanderer von den Behörden des Reichs wahrgenommen, denen erforderlichenfalls besondere Kommissare als Hilfsbeamte beizugeben sind.

§ 43. Unternehmer (§ 1), welche den Bestimmungen der §§ 8, 22, 23, 25, 32 und 33 Abs. 1 oder den für die Ausübung ihres Geschäftsbetriebs von den zuständigen Behörden erlassenen Vorschriften zuwiderhandeln, werden mit Geldstrafe von einhundertfünfzig bis zu sechstausend Mark oder mit Gefängnis bis zu sechs Monaten bestraft.

Sind die Zuwiderhandlungen von einem Stellvertreter (§ 9) begangen worden, so trifft die Strafe diesen; der Unternehmer ist neben demselben strafbar, wenn die Zuwiderhandlung mit seinem Vorwissen begangen ist, oder wenn er bei der nach den Verhältnissen möglichen eigenen Beaufsichtigung des Stellvertreters es an der erforderlichen Sorgfalt hat fehlen lassen.

Die gleiche Strafe trifft Schiffsführer, welche den ihnen im § 33 Absatz 2 und im § 41 Abs. 3 auferlegten Verpflichtungen oder den auf Grund des § 36 erlassenen Vorschriften zuwiderhandeln, ohne Unterschied, ob die Zuwiderhandlung im Inland oder im Auslande begangen ist.

66. Bestimmungen über den **Geschäftsbetrieb der Auswanderungsunternehmer** v. 14. März 1898 (RGBl. S. 39).

§ 1. Jeder Auswanderungsunternehmer ist verpflichtet, die von ihm beförderten Auswanderer in ein Verzeichnis nach dem im Anhange beigefügten Formular[1]) und zwar für jedes Schiff gesondert, einzutragen. Er ist befugt, dem Formulare noch weitere Spalten hinzuzufügen.

§ 2. Spätestens am Tage nach Abgang eines Schiffes, welches Auswanderer an Bord genommen hat, muß der Unternehmer das im § 1 gedachte Verzeichnis der Auswanderungsbehörde in zwei Abschriften (Kopien, Abdrücken) einreichen.

In außerdeutschen Häfen, von welchen aus Deutsche oder über Deutschland kommende Auswanderer befördert werden, ist das Verzeichnis dem deutschen Konsul einzureichen.

§ 5. Verträge mit Auswanderern, welche über einen deutschen Hafen ohne Schiffswechsel nach einem außereuropäischen Hafen befördert werden sollen, müssen möglichst in nachstehender Reihenfolge enthalten:

— — —

27. die Bestimmung, daß im Auslande Beschwerden über mangelhafte Erfüllung des Vertrags, Schadensersatzansprüche usw. bei dem zuständigen deutschen Konsul oder dessen Vertreter geltend zu machen sind.

§ 7. Verträge mit Auswanderern, welche von oder

[1]) Nicht abgedruckt.

durch Deutschland kommend sich zu Schiff oder mit der Eisenbahn nach einem außerdeutschen Hafen begeben, um von dort aus nach einem außereuropäischen Lande befördert zu werden (Verträge über Beförderung mit Schiffswechsel in einem außerdeutschen Zwischenhafen oder Verträge über die Beförderung über einen außerdeutschen Einschiffungshafen des europäischen Festlands) müssen möglichst in nachstehender Reihenfolge enthalten:

— — —

32. die Bestimmung, daß im Auslande Beschwerden über mangelhafte Erfüllung des Vertrags, Schadensersatzansprüche usw. bei dem zuständigen deutschen Konsul oder dessen Vertreter geltend zu machen sind.

§ 9. Verträge über die Beförderung von Auswanderern über See nach einem außerdeutschen Orte in Europa müssen möglichst in nachstehender Reihenfolge enthalten:

— — —

24. die Bestimmung, daß im Auslande Beschwerden über mangelhafte Erfüllung des Vertrags, Schadensersatzansprüche usw. bei dem zuständigen deutschen Konsul oder dessen Vertreter geltend zu machen sind.

§ 28. Die bestellte Sicherheit haftet für alle anläßlich des Geschäftsbetriebs der Unternehmer und Agenten gegenüber den Behörden und gegenüber den Auswanderern begründeten Verbindlichkeiten insbesondere:

1. für alle Nachteile und Kosten, welche den Auswanderern dadurch entstehen, daß die ihnen auf Grund

a) des Beförderungsvertrags,

b) des Gesetzes über das Auswanderungswesen, sowie der zur Ausführung desselben ergangenen Vorschriften und Verordnungen,

c) der den Unternehmern und Agenten bei der Erlaubniserteilung etwa gestellten besonderen Bedingungen zustehenden Ansprüche nicht erfüllt sind;

2. . . . .

§ 29. Die höhere Verwaltungsbehörde ist befugt, aus der bestellten Sicherheit zu berichtigen:

a) die im § 28 Ziffer 1 bezeichneten Ansprüche der Auswanderer, sobald dieselben entweder durch rechtskräftiges Erkenntnis eines inländischen oder durch ein mit dem Vollstreckungsurteile versehenes Erkenntnis eines ausländischen Gerichts oder durch Beschluß der höheren Verwaltungsbehörde oder durch Entscheidung des zuständigen deutschen Konsuls oder dessen Stellvertreters festgestellt sind;

b) die im § 28 Ziffer 2 bezeichneten Ansprüche einer Reichs- oder Landesbehörde, sobald die der Behörde erwachsenen Kosten bei der Reichsbehörde durch deren Beschluß, bei der Landesbehörde durch den Beschluß der höheren Verwaltungsbehörde, nach Anhörung des Unternehmers oder Agenten festgestellt sind;

c) die Geldstrafen und Kosten, welche durch rechtskräftiges gerichtliches Erkenntnis oder durch rechtskräftigen Strafbefehl (Strafverfügung) festgestellt sind.

67. Bekanntmachung, betr. **Vorschriften über Auswandererschiffe.** Vom 14. März 1898 (RGBl. S. 57) mit Abänderung vom 26. Februar 1904 (RGBl. S. 136).

§ 70. Dem Führer eines Auswanderungsschiffs liegen die folgenden Verpflichtungen ob:

10. „nach Beendigung jeder Reise alsbald dem für den überseeischen Landungsplatz zuständigen deutschen Konsul eine Meldung oder eine Fehlanzeige über etwaige auf der Reise beobachtete, den Mädchenhandel betreffende Vorkommnisse oder Verdachtsfälle zu erstatten; ferner, falls hinsichtlich bestimmter auf dem Schiffe befindlicher Frauenspersonen der Verdacht entsteht, daß sie zu Unzuchtszwecken ins Ausland verbracht werden sollen, dem für den Ausschiffungshafen der betreffenden Frauenspersonen zuständigen deutschen Konsul so frühzeitig als möglich Mitteilung von Namen, Staatsangehörigkeit und Reiseziel dieser Personen und ihrer Begleiter zu machen;"

11. den Nachlaß der an Bord Verstorbenen, sofern er sich nicht im Besitze von Angehörigen derselben befindet, sofort in Verwahrung zu nehmen und in einem von ihm und zwei Zeugen zu unterschreibenden Verzeichnisse tunlichst genau aufzuführen. Das Nachlaßverzeichnis hat der Schiffsführer alsbald nach seiner Ankunft am überseeischen Landungsplatze dem deutschen Konsul zu übergeben und dessen Verfügung wegen des Weiteren einzuholen.

J. Konsulargerichtsbarkeit.

68. Gesetz über die Konsulargerichtsbarkeit.
Vom 7. April 1900 (RGBl. S. 213).

Erster Abschnitt.
Umfang der Konsulargerichtsbarkeit.

§ 1. Die Konsulargerichtsbarkeit wird in den Ländern ausgeübt, in denen ihre Ausübung durch Herkommen oder durch Staatsverträge gestattet ist[1]).

Sie kann durch Kaiserliche Verordnung mit Zustimmung des Bundesrats für bestimmte Gebiete und in Ansehung bestimmter Rechtsverhältnisse außer Übung gesetzt werden[2]).

§ 2. Der Konsulargerichtsbarkeit sind unterworfen:

1. Deutsche, soweit sie nicht in dem Lande, in dem die Konsulargerichtsbarkeit ausgeübt wird, nach allgemeinen völkerrechtlichen Grundsätzen das Recht der Exterritorialität genießen;
2. Ausländer, soweit sie für ihre Rechtsverhältnisse durch Anordnung des Reichskanzlers oder auf Grund einer solchen dem deutschen Schutze unterstellt sind (Schutzgenossen).

Den Deutschen (Abs. 1 Nr. 1) werden gleichgeachtet Handelsgesellschaften, eingetragene Genossenschaften und juristische Personen, wenn sie im Reichsgebiet oder in

---

[1]) Siehe dieselben unten Abschnitt VI.

[2]) Geschehen für Bulgarien durch V. v. 27. Febr. 1908, RGBl. S. 63, siehe Nr. 88 S. 495.

einem deutschen Schutzgebiet ihren Sitz haben, juristische Personen auch dann, wenn ihnen durch den Bundesrat oder nach den bisherigen Vorschriften durch einen Bundesstaat die Rechtsfähigkeit verliehen worden ist. Das gleiche gilt von offenen Handelsgesellschaften und Kommanditgesellschaften, die in einem Konsulargerichtsbezirk ihren Sitz haben, wenn die persönlich haftenden Gesellschafter sämtlich Deutsche sind. Andere als die bezeichneten Handelsgesellschaften, eingetragenen Genossenschaften und juristischen Personen werden den Ausländern (Abs. 1 Nr. 2) gleichgeachtet.

Durch Anordnung des Reichskanzlers oder auf Grund einer solchen kann bestimmt werden, daß die im Abs. 2 Satz 1 bezeichneten Handelsgesellschaften, eingetragenen Genossenschaften und juristischen Personen, wenn Ausländer daran beteiligt sind, der Konsulargerichtsbarkeit nicht unterstehen.

§ 3. Die Militärgerichtsbarkeit wird durch dieses Gesetz nicht berührt.

Zweiter Abschnitt.
Gerichtsverfassung.

§ 4. Die Konsulargerichtsbezirke werden von dem Reichskanzler nach Vernehmung des Ausschusses des Bundesrats für Handel und Verkehr bestimmt.

§ 5. Die Konsulargerichtsbarkeit wird durch den Konsul (§ 2 des Gesetzes, betreffend die Organisation der Bundeskonsulate, vom 8. November 1867), durch das Konsulargericht und durch das Reichsgericht ausgeübt.

§ 6. Der Konsul ist zur Ausübung der Gerichtsbarkeit befugt, wenn er dazu von dem Reichskanzler ermächtigt wird.

Der Reichskanzler kann neben dem Konsul sowie an dessen Stelle einem anderen Beamten die dem Konsul bei der Ausübung der Gerichtsbarkeit obliegenden Verrichtungen übertragen.

§ 7. Der Konsul ist zuständig:

1. für die durch das Gerichtsverfassungsgesetz, die Prozeßordnungen und die Konkursordnung den Amtsgerichten zugewiesenen Sachen;
2. für die durch Reichsgesetze oder in Preußen geltende allgemeine Landesgesetze den Amtsgerichten übertragenen Angelegenheiten der freiwilligen Gerichtsbarkeit.

§ 8. Das Konsulargericht besteht aus dem Konsul als Vorsitzenden und zwei Beisitzern.

In Strafsachen sind in der Hauptverhandlung vier Beisitzer zuzuziehen, wenn der Beschluß über die Eröffnung des Hauptverfahrens ein Verbrechen oder ein Vergehen zum Gegenstande hat, das weder zur Zuständigkeit der Schöffengerichte, noch zu den in den §§ 74, 75 des Gerichtsverfassungsgesetzes bezeichneten Handlungen gehört.

§ 9. Ist in bürgerlichen Rechtsstreitigkeiten die Zuziehung von zwei Beisitzern nicht ausführbar, so tritt an die Stelle des Konsulargerichts der Konsul.

Ist in Strafsachen die vorgeschriebene Zuziehung von vier Beisitzern nicht ausführbar, so genügt die Zuziehung von zwei Beisitzern.

Die Gründe, aus denen die Zuziehung von Beisitzern nicht ausführbar war, müssen in dem Sitzungsprotokoll angegeben werden.

§ 10. Das Konsulargericht ist zuständig:

1. für die durch das Gerichtsverfassungsgesetz und die Prozeßordnungen den Landgerichten in erster Instanz sowie den Schöffengerichten zugewiesenen Sachen;
2. für die Verhandlung und Entscheidung über das Rechtsmittel der Beschwerde gegen die Entscheidungen des Konsuls in Strafsachen.

§ 11. In den vor das Konsulargericht gehörenden Sachen steht den Beisitzern ein unbeschränktes Stimmrecht zu.

In den im § 10 Nr. 1 bezeichneten Sachen nehmen die Beisitzer nur an der mündlichen Verhandlung und an den im Laufe oder auf Grund dieser Verhandlung ergehenden Entscheidungen teil; die sonst erforderlichen Entscheidungen werden von dem Konsul erlassen.

§ 12. Der Konsul ernennt für die Dauer eines jeden Geschäftsjahrs aus den achtbaren Gerichtseingesessenen oder in Ermangelung solcher aus sonstigen achtbaren Einwohnern seines Bezirkes vier Beisitzer und mindestens zwei Hilfsbeisitzer.

Die Gerichtseingesessenen haben der an sie ergehenden Berufung Folge zu leisten; die §§ 53, 55, 56 des Gerichtsverfassungsgesetzes finden entsprechende Anwendung.

§ 13. Die Beeidigung der Beisitzer erfolgt bei ihrer ersten Dienstleistung in öffentlicher Sitzung. Sie gilt für die Dauer des Geschäftsjahrs. Der Vorsitzende richtet an die zu Beeidigenden die Worte: „Sie schwören bei

Gott dem Allmächtigen und Allwissenden, die Pflichten eines Beisitzers des deutschen Konsulargerichts getreulich zu erfüllen und Ihre Stimme nach bestem Wissen und Gewissen abzugeben."

Die Beisitzer leisten den Eid, indem jeder einzeln, unter Erhebung der rechten Hand, die Worte spricht: „Ich schwöre es, so wahr mir Gott helfe." Ist ein Beisitzer Mitglied einer Religionsgesellschaft, der das Gesetz den Gebrauch gewisser Beteuerungsformeln an Stelle des Eides gestattet, so wird die Abgabe einer Erklärung unter der Beteuerungsformel dieser Religionsgesellschaft der Eidesleistung gleichgeachtet. Über die Beeidigung ist ein Protokoll aufzunehmen.

§ 14. Das Reichsgericht ist zuständig für die Verhandlung und endgültige Entscheidung über die Rechtsmittel

1. der Beschwerde und der Berufung in den vor dem Konsul oder dem Konsulargerichte verhandelten bürgerlichen Rechtsstreitigkeiten und in Konkurssachen;
2. der Beschwerde und der Berufung gegen die Entscheidungen des Konsulargerichts in Strafsachen;
3. der Beschwerde gegen die Entscheidungen des Konsuls in den Angelegenheiten der freiwilligen Gerichtsbarkeit.

§ 15. Eine Mitwirkung der Staatsanwaltschaft findet, soweit nicht in diesem Gesetz ein anderes vorgeschrieben ist, in den vor dem Konsul oder das Konsulargericht gehörenden Sachen nicht statt.

§ 16. Die Personen, welche die Verrichtungen der

Gerichtsschreiber und der Gerichtsvollzieher sowie die Verrichtungen der Gerichtsdiener als Zustellungsbeamten auszuüben haben, werden von dem Konsul bestimmt. Sofern diese Personen nicht bereits den Diensteid als Konsularbeamte geleistet haben, sind sie vor ihrem Amtsantritt auf die Erfüllung der Obliegenheiten des ihnen übertragenen Amtes eidlich zu verpflichten.

Das Verzeichnis der Gerichtsvollzieher ist in der für konsularische Bekanntmachungen ortsüblichen Weise, jedenfalls durch Anheftung an die Gerichtstafel, bekannt zu machen.

§ 17. Die Personen, die zur Ausübung der Rechtsanwaltschaft zuzulassen sind, werden von dem Konsul bestimmt. Die Zulassung ist widerruflich.

Gegen eine Verfügung des Konsuls, durch die der Antrag einer Person auf Zulassung zur Ausübung der Rechtsanwaltschaft abgelehnt oder die Zulassung zurückgenommen wird, findet Beschwerde an den Reichskanzler statt.

Das Verzeichnis der zur Ausübung der Rechtsanwaltschaft zugelassenen Personen ist in der für konsularische Bekanntmachungen ortsüblichen Weise, jedenfalls durch Anheftung an die Gerichtstafel, bekannt zu machen.

§ 18. Die Vorschriften der §§ 157 bis 169 des Gerichtsverfassungsgesetzes und des § 2 des Reichsgesetzes über die Angelegenheiten der freiwilligen Gerichtsbarkeit finden auf die Leistung der Rechtshilfe unter den bei der Ausübung der Konsulargerichtsbarkeit mitwirkenden Behörden, sowie unter diesen Behörden und den Behörden im Reichsgebiet oder in den deutschen Schutzgebieten mit der Maßgabe entsprechende Anwendung, daß für die im § 160 Abs. 1 des Gerichtsverfassungsgesetzes vorgesehene Entscheidung, sofern die Rechtshilfe von dem Konsul versagt oder gewährt wird, das Reichsgericht in erster und letzter Instanz zuständig ist.

Dritter Abschnitt.

Allgemeine Vorschriften über das anzuwendende Recht.

§ 19. In den Konsulargerichtsbezirken gelten für die der Konsulargerichtsbarkeit unterworfenen Personen, soweit nicht in diesem Gesetz ein anderes vorgeschrieben ist:

1. die dem bürgerlichen Rechte angehörenden Vorschriften der Reichsgesetze und der daneben innerhalb Preußens im bisherigen Geltungsbereiche des preußischen Allgemeinen Landrechts in Kraft stehenden allgemeinen Gesetze sowie die Vorschriften der bezeichneten Gesetze über das Verfahren und die Kosten in bürgerlichen Rechtsstreitigkeiten, in Konkurssachen und in den Angelegenheiten der freiwilligen Gerichtsbarkeit;
2. die dem Strafrecht angehörenden Vorschriften der Reichsgesetze sowie die Vorschriften dieser Gesetze über das Verfahren und die Kosten in Strafsachen.

§ 20. Die im § 19 erwähnten Vorschriften finden keine Anwendung, soweit sie Einrichtungen und Verhältnisse voraussetzen, an denen es für den Konsulargerichtsbezirk fehlt.

Durch Kaiserliche Verordnung können die hiernach außer Anwendung bleibenden Vorschriften, soweit sie zu den im § 19 Nr. 1 erwähnten gehören, näher bezeichnet, auch andere Vorschriften an deren Stelle getroffen werden[1]).

§ 21. Durch Kaiserliche Verordnung können die Rechte an Grundstücken, das Bergwerkseigentum sowie die sonstigen Berechtigungen, für welche die sich auf Grundstücke beziehenden Vorschriften gelten, abweichend von den nach § 19 maßgebenden Vorschriften geregelt werden.

§ 22. Durch Kaiserliche Verordnung kann bestimmt werden, inwieweit die Vorschriften der Gesetze über den Schutz von Werken der Literatur und Kunst, von Photographien, von Erfindungen, von Mustern und Modellen, von Gebrauchsmustern und von Warenbezeichnungen in den Konsulargerichtsbezirken Anwendung finden oder außer Anwendung bleiben[2]).

§ 23. Soweit die im § 19 bezeichneten Gesetze landesherrliche Verordnungen oder landesherrliche Genehmigung vorsehen, treten an deren Stelle in den Konsulargerichtsbezirken Kaiserliche Verordnungen oder die Genehmigung des Kaisers.

Die nach diesen Gesetzen im Verwaltungsstreitverfahren zu treffenden Entscheidungen werden für die Kon-

---

[1]) Vgl. hierzu Art. 2 der Allerhöchsten Verordnung zur Einführung des Gesetzes über die Konsulargerichtsbarkeit. Vom 25. Oktober 1900 Nr. 69 und die V. betr. die Rechte an Grundstücken und die Anlegung von Grundbüchern in den deutschen Niederlassungen in Tientsin und Hankau. Vom 25. Okt. 1900 (RGBl. S. 1000) Nr. 73 S. 476.

[2]) Bisher nicht ergangen.

sulargerichtsbezirke in erster und letzter Instanz von dem Bundesrat erlassen.

Soweit in diesen Gesetzen auf Anordnungen oder Verfügungen einer Landeszentralbehörde oder einer höheren Verwaltungsbehörde verwiesen wird, treten an deren Stelle in den Konsulargerichtsbezirken Anordnungen oder Verfügungen des Reichskanzlers oder der von diesem bezeichneten Behörde.

Die nach diesen Gesetzen den Polizeibehörden zustehenden Befugnisse werden in den Konsulargerichtsbezirken von dem Konsul ausgeübt.

Bis zum Erlasse der im Abs. 1 vorgesehenen Kaiserlichen Verordnungen sowie der im Abs. 3 vorgesehenen Anordnungen oder Verfügungen des Reichskanzlers finden die innerhalb Preußens im bisherigen Geltungsbereiche des preußischen Allgemeinen Landrechts geltenden landesherrlichen Verordnungen sowie die dort geltenden Anordnungen oder Verfügungen der Landeszentralbehörden entsprechende Anwendung.

§ 24. Soweit nach den im § 19 bezeichneten Gesetzen dem Landesfiskus Rechte zustehen oder Verpflichtungen obliegen, tritt in den Konsulargerichtsbezirken an dessen Stelle der Reichsfiskus. Diese Vorschrift findet keine Anwendung auf die Rechte und Verpflichtungen, die für den Landesfiskus mit Rücksicht auf die Staatsangehörigkeit eines Beteiligten begründet sind.

Geldstrafen fließen zur Reichskasse. Durch Kaiserliche Verordnung kann bestimmt werden, daß die wegen Zuwiderhandlung gegen einzelne Gesetze oder Verordnungen verhängten Geldstrafen einem anderen Berechtigten zufallen [1]).

§ 25. Die Rechtsverhältnisse der Schutzgenossen, die keinem Staate angehören, werden, soweit dafür die Staatsangehörigkeit in Betracht kommt, nach den Vorschriften beurteilt, die für die keinem Bundesstaat angehörenden Deutschen gelten.

Die Rechtsverhältnisse der Schutzgenossen, die einem fremden Staate angehören, werden, soweit dafür die Staatsangehörigkeit in Betracht kommt, nach den für Ausländer geltenden Vorschriften beurteilt.

§ 26. Durch Kaiserliche Verordnung kann bestimmt werden, inwieweit die Konsulargerichtsbezirke im Sinne der in den §§ 19, 22 bezeichneten Gesetze als deutsches Gebiet oder Inland oder als Ausland anzusehen sind.

§ 27. Soweit die nach § 19 zur Anwendung kommenden Gesetze auf die an einem ausländischen Orte geltenden Vorschriften Bezug nehmen, sind hierunter, falls es sich um einen Ort innerhalb eines Konsulargerichtsbezirkes und um die Rechtsverhältnisse einer der Konsulargerichtsbarkeit unterworfenen Person handelt, die deutschen Gesetze zu verstehen.

Durch Kaiserliche Verordnung kann bestimmt werden, inwieweit in einem Konsulargerichtsbezirke die von der

---

[1]) Vgl. die V., betr. die Überweisung von Geldstrafen an die deutschen Niederlassungsgemeinden in Tientsin und Hankau. Vom 30. Dezember 1906 Nr. 75 S. 481.

dortigen Staatsgewalt erlassenen Vorschriften neben den deutschen Gesetzen als Gesetze des Ortes anzusehen sind.

§ 28. Zustellungen an die der Konsulargerichtsbarkeit unterworfenen Personen erfolgen im Konsulargerichtsbezirke, sofern sie entweder in einer in diesem Bezirke vor den Konsul oder das Konsulargericht gehörenden Sache oder in nicht gerichtlichen Rechtsangelegenheiten auf Betreiben einer in dem Bezirke befindlichen Person zu geschehen haben, nach den Vorschriften über Zustellungen im Inlande. Falls die Befolgung dieser Vorschriften mit Schwierigkeiten verbunden ist, kann die Zustellung durch den Konsul nach den Vorschriften über Zustellungen im Auslande mit der Maßgabe bewirkt werden, daß an die Stelle des Ersuchens bei Zustellungen auf Betreiben der Beteiligten deren Antrag und bei Zustellungen von Amts wegen die Anzeige des Gerichtsschreibers tritt.

Im übrigen erfolgen Zustellungen im Konsulargerichtsbezirk an die der Konsulargerichtsbarkeit unterworfenen Personen nach den Vorschriften über Zustellungen im Ausland, und zwar in gerichtlichen Angelegenheiten mittels Ersuchens des Konsuls und in nicht gerichtlichen Rechtsangelegenheiten auf einen von den Beteiligten an ihn zu richtenden Antrag.

§ 29. Die Einrückung einer öffentlichen Bekanntmachung in den Deutschen Reichsanzeiger ist nicht erforderlich, sofern daneben eine andere Art der Veröffentlichung vorgeschrieben ist. Der Reichskanzler kann Ausnahmen von dieser Vorschrift anordnen.

Der Reichskanzler kann bestimmen, daß an die Stelle der Einrückung einer öffentlichen Bekanntmachung in den Deutschen Reichsanzeiger eine andere Art der Veröffentlichung tritt.

§ 30. Neue Gesetze erlangen in den Konsulargerichtsbezirken, die in Europa, in Ägypten oder an der asiatischen Küste des Schwarzen oder des Mittelländischen Meeres liegen, mit dem Ablaufe von zwei Monaten, in den übrigen Konsulargerichtsbezirken mit dem Ablaufe von vier Monaten nach dem Tage, an dem das betreffende Stück des Reichsgesetzblatts oder der Preußischen Gesetzsammlung in Berlin ausgegeben worden ist, verbindliche Kraft, soweit nicht für das Inkrafttreten ein späterer Zeitpunkt festgesetzt ist oder für die Konsulargerichtsbezirke reichsgesetzlich ein anderes vorgeschrieben wird.

Vierter Abschnitt.
Besondere Vorschriften über das bürgerliche Recht.

§ 31. Auf Vereine, die ihren Sitz in einem Konsulargerichtsbezirke haben, finden die Vorschriften der §§ 21, 22, des § 44 Abs. 1 und der §§ 55 bis 79 des Bürgerlichen Gesetzbuchs keine Anwendung.

§ 32. Die in den §§ 8 bis 10 des Gesetzes, betreffend die Rechtsverhältnisse der deutschen Schutzgebiete (RGBl. 1888 S. 75, RGBl. 1899 S. 365), für die Errichtung deutscher Kolonialgesellschaften erlassenen Vorschriften finden entsprechende Anwendung auf deutsche Gesellschaften, die den Betrieb eines Unternehmens der im § 8 Abs. 1 des Gesetzes bezeichneten Art in einem Konsulargerichtsbezirke zum Gegenstand und ihren Sitz entweder im Reichsgebiet oder in einem deutschen Schutzgebiet oder in einem Konsulargerichtsbezirke haben.

§ 33. Durch Kaiserliche Verordnung kann für einen Konsulargerichtsbezirk oder für einen Teil eines solchen angeordnet werden, daß statt der in den §§ 246, 247, 288 des Bürgerlichen Gesetzbuchs und im § 352 des Handelsgesetzbuchs aufgestellten Zinssätze ein höherer Zinssatz gilt[1]).

§ 34. Inhaberpapiere der im § 795 Abs. 1 des Bürgerlichen Gesetzbuchs bezeichneten Art, die in einem Konsulargerichtsbezirke von einer der Konsulargerichtsbarkeit unterworfenen Person ausgestellt worden sind, dürfen nur mit Genehmigung des Reichskanzlers in den Verkehr gebracht werden.

§ 35. Durch Anordnung des Reichskanzlers kann bestimmt werden, wer in den Konsulargerichtsbezirken an die Stelle der Gemeinde des Fundorts in den Fällen der §§ 976, 977 und an die Stelle der öffentlichen Armenkasse einer Gemeinde im Falle des § 2072 des Bürgerlichen Gesetzbuchs zu treten hat.

§ 36. Die Form einer Ehe, die in einem Konsulargerichtsbezirke von einem Deutschen oder von einem Schutzgenossen, der keinem Staate angehört, geschlossen wird, bestimmt sich ausschließlich nach den Vorschriften

---

[1]) Vgl. § 3 der Kaiserl. Verordnung zur Einführung des Gesetzes über die Konsulargerichtsbarkeit vom 25. Oktober 1900 (RGBl. S. 999) Nr. 69 S. 442.

des Gesetzes, betreffend die Eheschließung und die Beurkundung des Personenstandes von Reichsangehörigen im Auslande, vom 4. Mai 1870 (BGBl. S. 599, RGBl. 1896 S. 614)[1]). Ein Schutzgenosse, der einem fremden Staate angehört, kann die Ehe in dieser oder in einer anderen, nach den Gesetzen seines Staates zulässigen Form schließen.

Durch Kaiserliche Verordnung kann bestimmt werden, inwieweit in einem Konsulargerichtsbezirke die Beachtung der Vorschriften genügt, die von der dortigen Staatsgewalt über die Form der Eheschließung erlassen sind.

§ 37. Durch Kaiserliche Verordnung können für die innerhalb der Konsulargerichtsbezirke belegenen Grundstücke die Grundsätze bestimmt werden, nach denen die Sicherheit einer Hypothek, einer Grundschuld oder einer Rentenschuld im Sinne des § 1807 des Bürgerlichen Gesetzbuchs festzustellen ist.

§ 38. Im Falle des § 2249 Abs. 1 des Bürgerlichen Gesetzbuchs kann das Testament durch mündliche Erklärung vor drei Zeugen nach § 2250 errichtet werden; der § 2249 Abs. 2 findet entsprechende Anwendung.

§ 39. Durch Kaiserliche Verordnung können für die Konsulargerichtsbezirke die der Landesgesetzgebung vorbehaltenen Bestimmungen über die Hinterlegung und die Hinterlegungsstellen getroffen werden.

§ 40. In Handelssachen finden die Vorschriften der im § 19 bezeichneten Gesetze nur soweit Anwendung,

---

[1]) Siehe Nr. 18 S. 174.

als nicht das im Konsulargerichtsbezirke geltende Handelsgewohnheitsrecht ein anderes bestimmt.

Handelssachen im Sinne des Abs. 1 sind die von einem Kaufmanne vorgenommenen Rechtsgeschäfte der im § 1 Abs. 2 des Handelsgesetzbuchs bezeichneten Art sowie die Angelegenheiten, die eines der im § 101 Nr. 3 a, d, e, f des Gerichtsverfassungsgesetzes aufgeführten Rechtsverhältnisse zum Gegenstande haben.

Fünfter Abschnitt.
Besondere Vorschriften über das Verfahren in bürgerlichen Rechtsstreitigkeiten, in Konkurssachen und in den Angelegenheiten der freiwilligen Gerichtsbarkeit.

§ 41. In bürgerlichen Rechtsstreitigkeiten richtet sich das Verfahren vor dem Konsul sowie vor dem Konsulargerichte nach den Vorschriften über das Verfahren vor den Amtsgerichten mit der Maßgabe, daß auch die Vorschriften der §§ 348 bis 354 der Zivilprozeßordnung Anwendung finden.

§ 42. In Rechtsstreitigkeiten, die die Nichtigkeit einer Ehe zum Gegenstande haben, werden die Verrichtungen der Staatsanwaltschaft von dem Konsul einer der zur Ausübung der Rechtsanwaltschaft zugelassenen Personen, einem anderen achtbaren Gerichtseingesessenen oder sonst im Konsulargerichtsbezirke befindlichen Deutschen oder Schutzgenossen übertragen. Das gleiche gilt in Entmündigungssachen sowie im Aufgebotsverfahren zum Zwecke der Todeserklärung.

§ 43. In den nach § 7 Nr. 1 zur Zuständigkeit

des Konsuls gehörenden bürgerlichen Rechtsstreitigkeiten findet, sofern der Wert des Streitgegenstandes die Summe von dreihundert Mark nicht übersteigt, ein Rechtsmittel nicht statt.

§ 44. Der Konsul ist zur Abänderung seiner durch sofortige Beschwerde angefochtenen Entscheidung auch außer den im § 577 Abs. 3 der Zivilprozeßordnung bezeichneten Fällen befugt.

§ 45. Das Rechtsmittel der Berufung wird bei dem Konsul eingelegt. Die Einlegung erfolgt durch Einreichung der Berufungsschrift. Auf die Einlegung findet die Vorschrift des § 78 Abs. 1 der Zivilprozeßordnung keine Anwendung. Die Berufungsschrift ist der Gegenpartei unter Beachtung der Vorschriften des § 179 der Zivilprozeßordnung von Amts wegen zuzustellen. Der Konsul hat die Prozeßakten mit dem Nachweise der Zustellung dem Reichsgerichte zu übersenden.

Das Reichsgericht hat den Termin zur mündlichen Verhandlung von Amts wegen zu bestimmen und den Parteien bekannt zu machen.

Die Bekanntmachung des Termins erfolgt an den für die Berufungsinstanz bestellten und dem Reichsgerichte durch Vermittelung des Konsuls oder durch die Partei selbst rechtzeitig benannten Prozeßbevollmächtigten oder Zustellungsbevollmächtigten, in Ermangelung eines solchen an die Partei selbst.

Die im § 520 der Zivilprozeßordnung vorgesehene Frist beginnt mit dem Zeitpunkt, in dem der Termin dem Berufungsbeklagten bekannt gemacht worden ist.

§ 46. Die Zwangsvollstreckung im Konsulargerichtsbezirk aus den bei der Ausübung der Konsulargerichtsbarkeit für diesen Bezirk entstandenen vollstreckbaren Schuldtiteln erfolgt gegen die der Konsulargerichtsbarkeit unterworfenen Personen nach den Vorschriften über die Zwangsvollstreckung im Inlande. Im übrigen wird die Vollstreckung im Konsulargerichtsbezirke gegen solche Personen durch den Konsul auf ein an ihn gemäß § 791 der Zivilprozeßordnung gerichtetes Ersuchen veranlaßt.

§ 47. In den Fällen der §§ 110, 179 der Konkursordnung soll der Termin zur Beschlußfassung über die Wahl eines anderen Verwalters und über die Bestellung eines Gläubigerausschusses sowie der Vergleichstermin nicht über zwei Monate hinaus anberaumt werden.

Diese Termine können bis auf drei Monate hinausgeschoben werden, wenn der Bezirk des Konsulargerichts, vor dem das Verfahren schwebt, nicht in Europa, in Ägypten oder an der asiatischen Küste des Schwarzen oder des Mittelländischen Meeres liegt.

Der Zeitraum, der nach § 138 der Konkursordnung zwischen dem Ablaufe der Anmeldefrist und dem allgemeinen Prüfungstermine liegen muß, soll mindestens zwei Wochen und höchstens drei Monate betragen.

An die Stelle der in den §§ 152, 203 der Konkursordnung vorgesehenen Fristen tritt eine Frist von einem Monat, im Falle des Abs. 2 eine Frist von zwei Monaten.

§ 48. Die Vorschrift des § 18 Abs. 2 des Reichsgesetzes über die Angelegenheiten der freiwilligen Gerichtsbarkeit findet auf eine durch Beschwerde angefochtene Verfügung des Konsuls keine Anwendung.

Sechster Abschnitt.
Besondere Vorschriften über das Strafrecht.

§ 49. In den Konsulargerichtsbezirken finden die von der dortigen Staatsgewalt erlassenen Strafgesetze soweit Anwendung, als dies durch Herkommen oder durch Staatsverträge bestimmt ist.

§ 50. Durch Kaiserliche Verordnung kann bestimmt werden, inwieweit in den Konsulargerichtsbezirken die strafrechtlichen Vorschriften der allgemeinen Gesetze Anwendung finden, die innerhalb Preußens im bisherigen Geltungsbereiche des preußischen Allgemeinen Landrechts in Kraft stehen.

§ 51. Der Konsul ist befugt, für seinen Gerichtsbezirk oder einen Teil des Bezirkes polizeiliche Vorschriften mit verbindlicher Kraft für die seiner Gerichtsbarkeit unterworfenen Personen zu erlassen und deren Nichtbefolgung mit Haft, Geldstrafe bis zum Betrage von eintausend Mark und Einziehung einzelner Gegenstände zu bedrohen. Diese Vorschriften sind sofort in Abschrift dem Reichskanzler mitzuteilen.

Der Reichskanzler ist befugt, die von dem Konsul erlassenen polizeilichen Vorschriften aufzuheben.

Die Verkündung der polizeilichen Vorschriften sowie die Verkündung ihrer Aufhebung erfolgt in der für konsularische Bekanntmachungen ortsüblichen Weise, jedenfalls durch Anheftung an die Gerichtstafel.

Siebenter Abschnitt.

Besondere Vorschriften über das Verfahren in Strafsachen.

§ 52. Der Konsul übt in Strafsachen die Verrichtungen des Amtsrichters und des Vorsitzenden der Strafkammer aus.

§ 53. Die Zustellungen, die Ladungen, die Vollstreckung von Beschlüssen und Verfügungen sowie die Strafvollstreckung werden durch den Konsul veranlaßt.

§ 54. Im vorbereitenden Verfahren ist die Beeidigung eines Zeugen oder Sachverständigen auch in den im § 65 Abs. 2 der Strafprozeßordnung bezeichneten Fällen zulässig.

Die Vorschriften des § 126 der Strafprozeßordnung finden keine Anwendung.

§ 55. Erhält der Konsul von dem Verdacht eines zur Zuständigkeit des Reichsgerichts oder der Schwurgerichte gehörenden Verbrechens Kenntnis, so hat er die zur Strafverfolgung erforderlichen Sicherheitsmaßregeln zu treffen sowie die Untersuchungshandlungen, in Ansehung deren Gefahr im Verzug obwaltet oder die Voraussetzungen des § 65 Abs. 2 der Strafprozeßordnung zutreffen, vorzunehmen und demnächst die Akten der Staatsanwaltschaft bei dem zuständigen deutschen Gericht, in Ermangelung eines solchen dem Oberreichsanwalte zu übersenden. Im letzteren Falle wird das zuständige Gericht von dem Reichsgerichte bestimmt.

§ 56. Gehört die strafbare Handlung zur Zuständigkeit des Konsulargerichts oder des Konsuls, so ist an

Stelle der Staatsanwaltschaft der Konsul zum Einschreiten berufen. Er stellt insbesondere die der Staatsanwaltschaft im vorbereitenden Verfahren obliegenden Ermittelungen an.

§ 57. Eine Voruntersuchung findet nicht statt.

§ 58. An die Stelle der öffentlichen Klage tritt in den Fällen, in denen nicht sofort das Hauptverfahren eröffnet wird, die Verfügung des Konsuls über die Einleitung des Strafverfahrens gegen den Beschuldigten. Diese Verfügung hat die dem Angeschuldigten zur Last gelegte Tat unter Hervorhebung ihrer gesetzlichen Merkmale und des anzuwendenden Strafgesetzes zu bezeichnen.

Der Beschluß, durch den das Hauptverfahren eröffnet wird, hat auch die Beweismittel anzugeben.

§ 59. Die Vorschrift des § 232 der Strafprozeßordnung findet auch dann Anwendung, wenn nach dem Ermessen des Gerichts die zu erwartende Freiheitsstrafe nicht mehr als sechs Monate beträgt.

§ 60. Den Umfang der Beweisaufnahme bestimmt das Gericht, ohne hierbei durch Anträge, Verzichte oder frühere Beschlüsse gebunden zu sein.

§ 61. In das Protokoll über die Hauptverhandlung sind die wesentlichen Ergebnisse der Vernehmungen aufzunehmen.

§ 62. In den Fällen der §§ 45, 449 der Strafprozeßordnung beträgt die Frist zwei Wochen.

§ 63. Gegen die wegen Übertretungen erlassenen Entscheidungen ist, sofern eine Verurteilung auf Grund des § 361 Nr. 3 bis 8 des Strafgesetzbuchs erfolgt oder nur auf Geldstrafe oder auf Geldstrafe und Einziehung erkannt wird, ein Rechtsmittel nicht zulässig.

Im übrigen findet in Strafsachen gegen die Urteile des Konsulargerichts das Rechtsmittel der Berufung statt.

§ 64. Auf Beschwerden gegen Entscheidungen des Konsuls findet die Vorschrift des § 23 Abs. 1 der Strafprozeßordnung keine Anwendung.

In den Fällen des § 353 der Strafprozeßordnung ist der Konsul zur Abänderung seiner durch Beschwerde angefochtenen Entscheidung befugt.

§ 65. Die der Staatsanwaltschaft zustehenden Rechtsmittel können gegen die Entscheidungen des Konsulargerichts von dem Konsul eingelegt werden.

§ 66. In den Fällen der §§ 353, 355, 358, 360 der Strafprozeßordnung beträgt die Frist zwei Wochen.

§ 67. Die Frist zur Anfechtung einer Entscheidung beginnt für den Nebenkläger im Falle des § 439 der Strafprozeßordnung mit der Bekanntmachung der Entscheidung an den Beschuldigten.

§ 68. Der Konsul kann Zeugen und Sachverständige, die zur Rechtfertigung der Berufung benannt sind, vernehmen und beeidigen, wenn die Voraussetzungen des § 65 Abs. 2 der Strafprozeßordnung vorliegen. Die Protokolle über diese Vernehmungen sind dem Oberreichsanwalte zu übersenden. Die Vorschriften des § 223 und des § 250 Abs. 2 der Strafprozeßordnung finden entsprechende Anwendung.

§ 69. Der Angeklagte kann in der Hauptverhandlung

vor dem Berufungsgericht erscheinen oder sich durch einen mit schriftlicher Vollmacht versehenen Verteidiger vertreten lassen.

Der nicht auf freiem Fuße befindliche Angeklagte hat keinen Anspruch auf Anwesenheit.

Soweit der Angeklagte die Berufung eingelegt hat, ist über diese auch dann zu verhandeln, wenn weder der Angeklagte noch ein Vertreter für ihn erschienen ist.

§ 70. Die Wiederaufnahme eines durch rechtskräftiges Urteil geschlossenen Verfahrens kann von Amts wegen erfolgen.

§ 71. Das Gesetz, betreffend die Entschädigung der im Wiederaufnahmeverfahren freigesprochenen Personen, vom 20. Mai 1898 (RGBl. 345) findet mit folgenden Maßgaben Anwendung.

An die Stelle der Staatsanwaltschaft des Landgerichts tritt der Konsul. Die im § 5 Abs. 3 vorgesehene Ausschlußfrist beträgt sechs Monate. Für die Ansprüche auf Entschädigung ist das Reichsgericht in erster und letzter Instanz zuständig.

§ 72. In Strafsachen, in denen der Konsul oder das Konsulargericht in erster Instanz erkannt hat, steht das Begnadigungsrecht dem Kaiser zu.

Achter Abschnitt.

Besondere Vorschriften über die Kosten.

§ 73. Die Gebühren der Gerichte und der Gerichtsvollzieher in den Konsulargerichtsbezirken werden im doppelten Betrage der Sätze erhoben, die in den nach § 19 maßgebenden Vorschriften bestimmt sind.

Die Gebühr für eine Zustellung in den Konsulargerichtsbezirken nach den Vorschriften über Zustellungen im Auslande beträgt drei Mark.

Die den Gerichtsbeamten und Gerichtsvollziehern zustehenden Tagegelder und Reisekosten werden, soweit es sich um Konsularbeamte handelt, nach Maßgabe der für diese geltenden Vorschriften erhoben.

§ 74. Die Erhebung und Beitreibung der Kosten wird durch den Konsul veranlaßt.

Die Regelung des Beitreibungsverfahrens erfolgt im Anschluß an die Vorschriften der Zivilprozeßordnung durch Anordnung des Reichskanzlers.

§ 75. Die bei der Ausübung der Konsulargerichtsbarkeit mitwirkenden Behörden haben einander zum Zwecke der Erhebung und Beitreibung der Kosten Beistand zu leisten.

Das gleiche gilt für die Beistandsleistung unter diesen Behörden und den Behörden im Reichsgebiet oder in den deutschen Schutzgebieten. Dabei finden die gemäß § 99 des Gerichtskostengesetzes (RGBl. 1898 S. 659) erlassenen Vorschriften über den zum Zwecke der Einziehung von Gerichtskosten unter den Bundesstaaten zu leistenden Beistand entsprechende Anwendung.

§ 76. Soweit die Gebühren der Rechtsanwälte durch Ortsgebrauch geregelt sind, kommt dieser zunächst zur Anwendung.

Neunter Abschnitt.
Schlußbestimmungen.

§ 77. Die im § 2 bezeichneten Personen können nach den in Gemäßheit dieses Gesetzes in den Konsulargerichtsbezirken Anwendung findenden strafrechtlichen Vorschriften wegen eines Verbrechens oder Vergehens auch dann verfolgt werden, wenn sie die Handlung in einem Gebiete begangen haben, das keiner Staatsgewalt unterworfen ist.

Im übrigen können durch Kaiserliche Verordnung die in Gemäßheit dieses Gesetzes in den Konsulargerichtsbezirken geltenden Vorschriften in Gebieten der im Abs. 1 bezeichneten Art ganz oder teilweise für anwendbar erklärt werden. Soweit hiernach die Vorschriften über die Ausübung der Gerichtsbarkeit Geltung erlangen, ist der Reichskanzler befugt, an Stelle des Konsuls einen anderen Beamten zur Wahrnehmung der Gerichtsbarkeit zu ermächtigen; auch können als Gerichtsbeisitzer Personen zugezogen werden, die nicht Eingesessene oder Einwohner des Gerichtsbezirkes sind.

§ 78. Dieses Gesetz tritt an einem durch Kaiserliche Verordnung festzusetzenden Tage in Kraft.

§ 79. Soweit in Reichsgesetzen oder in Landesgesetzen auf Vorschriften des Gesetzes über die Konsulargerichtsbarkeit vom 10. Juli 1879 verwiesen ist, treten die entsprechenden Vorschriften dieses Gesetzes an deren Stelle.

§ 80. Der Reichskanzler hat die zur Ausführung des Gesetzes erforderlichen Anordnungen zu erlassen.

69. Kaiserliche Verordnung zur Einführung des Gesetzes über die **Konsulargerichtsbarkeit**.

Vom 25. Oktober 1900 (RGBl. S. 999).

Art. 1. Das Gesetz über die Konsulargerichtsbarkeit vom 7. April 1900 tritt am 1. Januar 1901 in Kraft.

Art. 2. Für die Übertragung des Eigentums an Grundstücken in den Konsulargerichtsbezirken genügt, soweit nicht für diese Grundstücke ein Grundbuch im Sinne der Reichsgesetze angelegt ist[1]), die Beobachtung der Form, die den von der dortigen Staatsgewalt erlassenen Vorschriften entspricht.

Innerhalb Rumäniens, Serbiens und Bulgariens[2]) gilt das gleiche auch für die Form eines anderen Rechtsgeschäfts, das dort vorgenommen, sowie für die Form einer Ehe, die dort geschlossen wird.

Art. 3. Statt der in den §§ 246, 247, 288 des Bürgerlichen Gesetzbuchs und im § 352 des Handelsgesetzbuchs aufgestellten Zinssätze gilt in den Konsulargerichtsbezirken ein den landesüblichen Vertragszinsen entsprechender Zinssatz, jedoch höchstens ein solcher von zehn vom Hundert für das Jahr.

Art. 4. Diese Verordnung tritt gleichzeitig mit dem Gesetz über die Konsulargerichtsbarkeit in Kraft.

---

[1]) Siehe Nr. 73 S. 476.

[2]) Siehe auch Nr. 79 S. 489 u. Nr. 88 S. 495; ferner Anm. 3 zu S. 531.

70. Anordnung des Reichskanzlers, betreffend die Konsulargerichtsbarkeit über Schutzgenossen.

Vom 27. Oktober 1900 (CBl. S. 574).

Auf Grund des § 2 des Gesetzes über die Konsulargerichtsbarkeit vom 7. April 1900 (RGBl. S. 213) wird folgendes bestimmt:

§ 1. Für alle Rechtsverhältnisse werden dem deutschen Schutze nachstehend bezeichnete Personen unterstellt, wenn sie Schutzgenossen im Sinne der für die allgemeine Gewährung des deutschen Konsularschutzes maßgebenden Vorschriften sind:

1. ehemalige Deutsche sowie Ehefrauen, Witwen und Abkömmlinge von solchen;
2. Angehörige befreundeter Staaten;
3. Ausländer, die als Unterbeamte bei einer deutschen Gesandtschaft oder Konsularbehörde angestellt sind oder gewesen sind, sowie ihre Ehefrauen und ihre in der Hausgemeinschaft befindlichen Abkömmlinge;
4. marokkanische Staatsangehörige sowie ihre Ehefrauen und ihre in der Hausgemeinschaft befindlichen Abkömmlinge[1]);
5. zanzibarische Staatsangehörige und Angehörige anderer nichtchristlicher Staaten, die in Zanzibar durch Konsuln nicht vertreten sind, sowie ihre Ehefrauen und

---

[1]) Vgl. die Konvention über die Ausübung des Schutzrechtes in Marokko vom 3. Juli 1880 (RGBl. 1881 S. 103) und § 1 der Dienstanweisung zur Ausführung des Gesetzes über die Konsulargerichtsbarkeit v. 27. Okt. 1900; S. 450.

ihre in der Hausgemeinschaft befindlichen Abkömmlinge[1]).

Dem deutschen Schutze sind jedoch nicht unterstellt die im Abs. 1 Nr. 3 bis 5 bezeichneten Schutzgenossen, die der christlichen Religion nicht angehören, für die das Familien- und Erbrecht betreffenden Rechtsverhältnisse, ferner die in Nr. 3, 4 bezeichneten Schutzgenossen, die der christlichen Religion nicht angehören, für die von ihnen begangenen Verbrechen und Vergehen gegen §§ 171, 172 des Strafgesetzbuchs, sowie die in Nr. 5 bezeichneten Schutzgenossen für alle von ihnen begangenen Verbrechen und Vergehen.

§ 2. In bürgerlichen Rechtsstreitigkeiten, in Konkurssachen und in den Angelegenheiten der freiwilligen Gerichtsbarkeit werden dem deutschen Schutze unterstellt:

1. ehemalige Deutsche, die nicht Schutzgenossen im Sinne des § 1 Abs. 1 Nr. 1 sind, für die von ihnen bis zum Verluste der Reichsangehörigkeit begründeten Rechtsverhältnisse, wenn sie keine fremde Staatsangehörigkeit erworben, sich auch nicht ausdrücklich dem Schutze einer fremden christlichen Macht oder dem Schutze der Landesbehörden unterworfen haben;
2. Handelsgesellschaften und Genossenschaften, die nach § 2 Abs. 2 Satz 3 des Gesetzes über die Konsulargerichtsbarkeit den Ausländern gleichgeachtet werden, für alle sie betreffenden Rechtsverhältnisse, wenn sie

[1]) In Zanzibar wird Konsulargerichtsbarkeit nicht mehr ausgeübt. Vgl. Nr. 84 u. 87 S. 492 u. 493.

in ein bei einem deutschen Konsulate geführtes Handels- oder Genossenschaftsregister eingetragen sind;

3. Eigentümer, Mieter, Pächter und sonstige Nutzungsberechtigte von Grundstücken in den deutschen Niederlassungen in Tientsin und Hankau, die weder Deutsche sind, noch zu den im § 1 Nr. 1 bis 3 und im § 2 Nr. 2 bezeichneten Schutzgenossen gehören, für die das Grundstück oder ihre Stellung zur Niederlassungsgemeinde betreffenden Rechtsverhältnisse. Diese Vorschrift findet auf chinesische Mieter, Pächter und sonstige Nutzungsberechtigte keine Anwendung.

§ 3. In Strafsachen werden dem deutschen Schutze unterstellt:

1. ehemalige Deutsche, die nicht Schutzgenossen im Sinne des § 1 Abs. 1 Nr. 1 sind, für alle von ihnen begangenen strafbaren Handlungen, wenn sie keine fremde Staatsangehörigkeit erworben, sich auch nicht ausdrücklich dem Schutze einer fremden christlichen Macht oder dem Schutze der Landesbehörden unterworfen haben;
2. Angehörige befreundeter Staaten, die nicht Schutzgenossen im Sinne des § 1 Abs. 1 Nr. 2 sind, für die von ihnen begangenen strafbaren Handlungen, soweit im einzelnen Falle von der Regierung ihres Staates ein entsprechender Antrag gestellt wird;
3. Ausländer, die zur Besatzung eines deutschen Kauffahrteischiffs gehören, für die in den Strafbestimmungen der Seemannsordnung bezeichneten sowie für die von ihnen auf dem Schiffe oder gegen andere Personen

der Besatzung außerhalb des Schiffes begangenen sonstigen strafbaren Handlungen, wenn sie von den Behörden ihres Staates nicht zur Verantwortung gezogen werden, oder dieser Staat in den Konsulargerichtsbezirken die Gerichtsbarkeit über Deutsche, die zur Besatzung eines seiner Kauffahrteischiffe gehören, ohne weiteres in Anspruch nimmt.

§ 4. Die den Ausländern gleichgeachteten Handelsgesellschaften und Genossenschaften (§ 2 Nr. 2) sind in das Handels- oder Genossenschaftsregister nur dann einzutragen:

1. wenn sie für ihre Rechtsverhältnisse in dem Gesellschaftsvertrag oder in dem Genossenschaftsstatut ausdrücklich der Konsulargerichtsbarkeit unterworfen werden;
2. wenn sie einem erheblichen Interesse von Deutschen oder von Schutzgenossen der im § 1 Nr. 1, 2 bezeichneten Art dienen und diesem Interesse nicht ein überwiegendes Interesse von Angehörigen eines fremden Staates gegenübersteht;
3. wenn sie nicht allgemeine deutsche Interessen gefährden.

Lehnt der Konsul die Eintragung wegen Fehlens einer der im Abs. 1 angegebenen Voraussetzungen ab, so findet gegen diese Entscheidung ausschließlich Beschwerde an den Reichskanzler statt.

Eine in dem Register eingetragene Gesellschaft oder Genossenschaft kann auf Anordnung des Reichskanzlers gelöscht werden, wenn Umstände vorliegen, die nach den Vorschriften des Abs. 1 die Ablehnung der Eintragung rechtfertigen würden.

§ 5. Die Schutzgenossen sind für ihre Rechtsverhältnisse in dem aus den §§ 1 bis 3 sich ergebenden Umfange dem deutschen Schutze in jedem Konsulargerichtsbezirk unterstellt, die im § 1 Nr. 2 bezeichneten Schutzgenossen jedoch nur soweit, als nicht in dem Bezirk eine Konsularbehörde ihres Staates besteht.

§ 6. Fallen die Voraussetzungen fort, unter denen nach den §§ 1 bis 3 der deutsche Schutz erteilt wird, so bleiben die Schutzgenossen diesem Schutze nur für die rechtshängig gewordenen Sachen unterstellt.

Für die in § 1 Nr. 1 bezeichneten Schutzgenossen dauert die Unterstellung in Ansehung der während des Schutzverhältnisses begründeten Rechtsverhältnisse ohne Rücksicht auf die Rechtshängigkeit fort, wenn diese Schutzgenossen keine fremde Staatsangehörigkeit erworben, sich auch nicht ausdrücklich dem Schutze einer fremden christlichen Macht oder dem Schutze der Landesbehörden unterworfen haben. In Ansehung derselben Rechtsverhältnisse dauert die Unterstellung für die im § 1 Nr. 2 bezeichneten Schutzgenossen fort, solange diese nicht ihre bisherige Staatsangehörigkeit verloren haben oder nicht in dem Konsulargerichtsbezirk eine Konsularbehörde ihres Staates errichtet ist.

§ 7. Die Vorschriften dieser Anordnung finden keine Anwendung, soweit Vereinbarungen mit anderen Staaten entgegenstehen.

Sie finden keine Anwendung innerhalb Rumäniens und Serbiens.

§ 8. Die Vorschriften der die Gerichtsbarkeit der

deutschen Konsuln in Ägypten betreffenden Kaiserlichen Verordnungen vom 23. Dezember 1875 (RGBl. S. 381) und vom 15. Februar 1897 (RGBl. S. 17)[1]) werden, soweit sie sich auf die unter deutschem Schutze stehenden Körperschaften und Anstalten beziehen, durch diese Anordnung nicht berührt.

§ 9. Diese Anordnung tritt gleichzeitig mit dem Gesetz über die Konsulargerichtsbarkeit in Kraft.

71. Anordnung des Reichskanzlers, betreffend das Zwangsverfahren wegen Beitreibung der Gerichtskosten in den Konsulargerichtsbezirken.

Vom 27. Oktober 1900 (CBl. S. 576).

§ 1. Auf das Zwangsverfahren finden, soweit sich nicht aus dieser Anordnung ein anderes ergibt, die Vorschriften über die gerichtliche Zwangsvollstreckung entsprechende Anwendung.

§ 2. An die Stelle des Gerichts tritt der Konsul.

In den Fällen der §§ 768, 771 bis 774, 781 bis 784, 786, 805, 878 Abs. 1 der Zivilprozeßordnung tritt an die Stelle der Klage die Erinnerung bei dem Konsul.

Der Konsul ist berechtigt, vor der Entscheidung über Anträge, Einwendungen und Erinnerungen Beweis nach den Vorschriften der Zivilprozeßordnung zu erheben.

Gegen die Entscheidung des Konsuls findet Beschwerde bei dem Reichskanzler statt. Der Konsul ist zur Ab-

---

[1]) Aufgehoben und ersetzt durch die V. v. 23. Dez. 1875 mit ihren Ergänzungsverordnungen vom 4. Febr. 1904 und 29. Juni 1908, siehe Nr. 77 S. 482.

änderung seiner durch Beschwerde angefochtenen Entscheidung befugt.

Gegen die Entscheidung des Reichskanzlers ist in den Fällen des Abs. 2 innerhalb einer Ausschlußfrist von sechs Monaten nach der Zustellung die gegen den Reichskanzler in seinem Amtssitze zu richtende gerichtliche Klage zulässig.

§ 3. Für die Zwangsvollstreckung in das unbewegliche Vermögen sowie für die Abnahme des Offenbarungseides bleiben die Gerichte zuständig. In diesen Fällen wird der Reichsfiskus durch den Gerichtsschreiber vertreten.

§ 4. An die Stelle des vollstreckbaren Titels tritt die Anordnung des Zwangsverfahrens durch den Konsul.

Dem Schuldner und Dritten gegenüber wird der Gerichtsvollzieher zur Vornahme der Zwangsvollstreckung durch den ihm erteilten und auf Verlangen einer beteiligten Person vorzuzeigenden schriftlichen Auftrag des Konsuls ermächtigt.

Der Zwangsvollstreckung soll die Mitteilung der Kostenrechnung mit dreitägiger Zahlungsfrist vorhergehen.

§ 5. Zustellungen können durch Anheftung des zuzustellenden Schriftstücks an die Gerichtstafel erfolgen, wenn die Befolgung der für den Zivilprozeß geltenden Vorschriften unausführbar ist oder keinen Erfolg verspricht; sie gelten als bewirkt, wenn seit der Anheftung zwei Wochen verstrichen sind.

§ 6. Diese Anordnung tritt gleichzeitig mit dem Gesetz über die Konsulargerichtsbarkeit in Kraft.

72. Dienstanweisung zur **Ausführung des Gesetzes über die Konsulargerichtsbarkeit.**

Vom 27. Oktober 1900 (CBl. S. 577).

Zum § 2.

Die Anordnung des Reichskanzlers, betreffend die Konsulargerichtsbarkeit über Schutzgenossen, vom 27. Oktober 1900 (CBl. für das Deutsche Reich S. 574) bestimmt, wer Schutzgenosse im Sinne des § 2 Abs. 1 Nr. 2, Abs. 2 Satz 3 des Gesetzes ist, sowie für welche Rechtsverhältnisse diese Schutzgenossen dem deutschen Schutze und damit der Konsulargerichtsbarkeit unterstehen.

Der § 1 dieser Anordnung nimmt auf Vorschriften Bezug, nach denen der deutsche Konsularschutz bestimmten Personenklassen allgemein gewährt wird. Diese Vorschriften finden sich: für die im § 1 Nr. 1 bis 3 bezeichneten Schutzgenossen in der Instruktion, betreffend die Erteilung des von den Kaiserlich deutschen Konsularbehörden zu gewährenden Schutzes im türkischen Reiche usw., vom 1. Mai 1872 [1]), deren Bestimmungen in allen Konsulargerichtsbezirken eingeführt sind [2]) und auch weiterhin Geltung behalten; für die in Nr. 4, 5 bezeichneten

---

[1]) Siehe Nr. 17 S. 163.

[2]) Durch die durch obige Dienstanweisung ersetzte „Instruktion zur Ausführung des Gesetzes über die Konsulargerichtsbarkeit vom 10. Sept. 1879 (CBl. S. 575)“.

Schutzgenossen in der Konvention über die Ausübung des Schutzrechts in Marokko vom 3. Juli 1880 (RGBl. 1881 S. 103) sowie in dem Freundschafts-, Handels- und Schiffahrtsvertrage zwischen dem Deutschen Reiche und dem Sultan von Zanzibar vom 20. Dezember 1885 (RGBl. 1886 S. 261)[1].

Nach § 2 Nr. 2 der Anordnung können Handelsgesellschaften und Genossenschaften, die an sich den Ausländern gleichstehen, in Sachen des bürgerlichen Rechtes dem deutschen Schutze unterstellt werden. Diese Unterstellung erstreckt sich aber nur auf die Gesellschaften selbst, so daß die an ihnen beteiligten Fremden, soweit es sich um ihr Verhältnis zur Gesellschaft und zu den anderen Gesellschaftern handelt, der Konsulargerichtsbarkeit nicht unterliegen.

In der Anordnung sind die Eingeborenen der deutschen Schutzgebiete nicht als Schutzgenossen aufgeführt. Diese Personen sind daher, sofern sie nicht die Reichsangehörigkeit erworben haben, der Konsulargerichtsbarkeit nicht unterworfen.

Zum § 6.

Ist ein Konsulargerichtsbezirk derart bestimmt, daß er einem dem Amtssitze nach bezeichneten Konsul oder Konsulate zugewiesen wird, so ist der jeweilige Vorsteher des Konsulats (§ 2 des Konsulatsgesetzes vom 8. November 1867 sowie die dazu ergangene allgemeine Dienst-

[1]) Die Konsulargerichtsbarkeit in Zanzibar ist aufgehoben. Siehe Nr. 84 und 87 S. 492 und 493.

instruktion) für diesen Bezirk zur Ausübung der Konsulargerichtsbarkeit ermächtigt, sofern nicht von dem Reichskanzler ein anderes verfügt wird.

Die im § 6 Abs. 2 vorgesehene Übertragung der richterlichen Befugnisse des Konsuls auf einen anderen Beamten erfolgt durch Verfügung des Reichskanzlers. Jedoch ist der zur Ausübung der Gerichtsbarkeit befugte Vorsteher des Konsulats ermächtigt, Konsulatsbeamten, die zum inländischen Richteramte befähigt sind, die Erledigung einzelner zur Zuständigkeit des Konsuls (§ 7 des Gesetzes) gehörenden richterlichen Geschäfte zu übertragen. Diese Ermächtigung erstreckt sich nicht auf die Urteilsfällung, die Entscheidung über Durchsuchungen, Beschlagnahmen und Verhaftungen, sowie auf die in den §§ 12, 13, 16, 17 des Gesetzes bezeichneten Geschäfte.

Wenn von dem Reichskanzler neben dem Konsul die diesem bei der Ausübung der Gerichtsbarkeit zustehenden Befugnisse einem anderen Beamten übertragen werden, o führt der Vorsteher des Konsulats die allgemeine Dienstaufsicht. Er bestimmt in Ermangelung einer besonderen Verfügung des Reichskanzlers, in welcher Weise die richterlichen Geschäfte zu verteilen sind. Von der Geschäftsverteilung ist dem Reichskanzler Anzeige zu erstatten.

Werden nach den vorstehenden Bestimmungen Handlungen der Gerichtsbarkeit durch einen anderen Beamten als den ständigen Vorsteher des Konsulats vorgenommen, so ist dieser Beamte als an Stelle des Konsuls handelnd zu bezeichnen.

Zu den §§ 12, 13.

Das Geschäftsjahr ist das Kalenderjahr.

Die auf Ernennung und Beeidigung der Beisitzer und deren Stellvertreter sich beziehenden Verhandlungen und Protokolle sind zu besonderen Akten zu nehmen.

Die Konsuln haben Namen, Stand und Staatsangehörigkeit der von ihnen ernannten Beisitzer und Stellvertreter dem Reichskanzler anzuzeigen.

Zu den §§ 14, 45, 55, 68.

Die Schreiben, womit Akten dem Reichsgericht oder dem Oberreichsanwalt übersandt werden, sind dem Reichskanzler zur Weiterbeförderung zu überreichen. In derselben Weise erfolgt die Rücksendung der Akten an den Konsul.

Zum § 16.

1. Gerichtsschreiber.

Als Gerichtsschreiber ist ein Beamter des Konsulats, oder falls dies nicht ausführbar ist, eine sonstige geeignete Person, die an dem Orte, wo der Konsul seinen Amtssitz hat, wohnen muß, unter Vorbehalt des Widerrufs zu bestellen. Von der Bestellung ist dem Reichskanzler Anzeige zu machen.

Der Konsul kann in einzelnen Fällen, insbesondere bei Behinderung des nach Abs. 1 bestellten Gerichtsschreibers, dessen Verrichtungen einer anderen Person übertragen.

Der für Personen, die nicht den Diensteid als Konsulatsbeamte abgelegt haben, im § 16 des Gesetzes vorgesehene Eid ist dahin zu leisten:

„Ich schwöre bei Gott dem Allmächtigen und Allwissenden, die Obliegenheiten eines Gerichtsschreibers getreulich zu erfüllen, so wahr mir Gott helfe."

2. Gerichtsvollzieher.

Ein Gerichtsvollzieher ist jedenfalls an dem Orte, wo der mit Ausübung der Gerichtsbarkeit beauftragte Konsul seinen Amtssitz hat, zu bestellen. Er ist aus den Beamten des Konsulats oder aus den sonst für den Gerichtsvollzieherdienst geeigneten Personen zu wählen. Die Anstellung erfolgt unter Vorbehalt des Widerrufs. In gleicher Weise können, soweit dies erforderlich erscheint, an den Amtssitzen der übrigen zu dem Konsulargerichtsbezirke gehörenden Konsulate oder an sonstigen Orten Gerichtsvollzieher bestellt werden.

Die Konsuln haben ein Verzeichnis der Gerichtsvollzieher zu führen. Die Eintragungen und Löschungen in dem Verzeichnisse sind dem Reichskanzler anzuzeigen. Auch sind alle Veränderungen in derselben Weise wie das Verzeichnis selbst bekanntzumachen.

Der Konsul ist befugt, nach seinem Ermessen in einzelnen Fällen die Verrichtungen des Gerichtsvollziehers anderen Personen zu übertragen. Soweit es sich hierbei um Geschäfte der Zwangsvollstreckung handelt, ist die Auswahl in erster Linie auf die Beamten der zum Gerichtsbezirke gehörenden Konsulate zu richten.

Der im § 16 für Personen, die nicht den Diensteid als Konsulatsbeamte abgelegt haben, vorgesehene Eid ist dahin zu leisten:

„Ich schwöre bei Gott dem Allmächtigen und Allwissenden, die Obliegenheiten eines Gerichtsvollziehers getreulich zu erfüllen, so wahr mir Gott helfe."

Um die Abnahme des Eides kann der mit der Ausübung der Gerichtsbarkeit beauftragte Konsul den Vorsteher eines anderen zu seinem Gerichtsbezirke gehörenden Konsulats ersuchen. Der im § 20 des Konsulatsgesetzes vorgesehenen besonderen Ermächtigung bedarf es in diesem Falle nicht. Das über die Beeidigung aufgenommene Protokoll ist dem ersuchenden Konsul zu übersenden.

Der Konsul führt die Dienstaufsicht über die zur Wahrnehmung des Gerichtsvollzieherdienstes berufenen Personen. Ihm liegt insbesondere ob, durch Erlaß von Geschäftsanweisungen für die ordnungsmäßige Ausführung der den Gerichtsvollziehern erteilten Aufträge Sorge zu tragen. Der Konsul hat darüber zu wachen, daß in den im § 156 des Gerichtsverfassungsgesetzes bezeichneten Fällen der Gerichtsvollzieher sich der Ausübung seines Amtes enthält.

Der Konsul hat den Personen, die Verrichtungen der Gerichtsvollzieher auszuüben haben, zu ihrer Legitimation eine mit dem Konsulatssiegel versehene Bestallungsurkunde einzuhändigen.

An Stelle eines besonderen Dienstsiegels haben die Gerichtsvollzieher das Konsulatssiegel unter Beaufsichtigung des Konsuls zu benutzen.

3. Gerichtsschreiber und Gerichtsvollzieher als Beamte bei der Aufnahme von Wechselprotesten.

Zur Aufnahme von Wechselprotesten (Art. 41, 58, 62, 87 bis 91 der Wechselordnung) in den Konsulargerichtsbezirken sind außer den zur Ausübung der Gerichtsbarkeit ermächtigten Beamten auch die gemäß § 16 des Gesetzes zu Gerichtsschreibern oder Gerichtsvollziehern bestellten Personen befugt.

Diese werden in jedem einzelnen Falle durch den Vorsteher des Konsulats mit der Protestaufnahme beauftragt.

Die in Gemäßheit der Art. 88 ff. der Wechselordnung aufzunehmenden Protesturkunden sind mit dem rücklaufenden Wechsel unter Zurückbehaltung einer Ausfertigung den Protestnehmern zu übermitteln.

Aus den zurückbehaltenen Protestausfertigungen werden die nach Art. 90 der Wechselordnung zu führenden Register bei jedem Konsulate für den betreffenden Gerichtsbezirk in der Weise gebildet, daß diese Ausfertigungen mit fortlaufenden Zahlen versehen und in ein mit dauerhaftem Einbande versehenes Register zusammengeheftet werden. Die entstehenden, in der Registratur des Konsulats aufzubewahrenden Bände sind von Zeit zu Zeit durch den Vorsteher des Konsulats in der Art abzuschließen, daß dieser die Anzahl der einzelnen Protestausfertigungen hinter der letzten Ausfertigung durch seine Unterschrift unter Beifügung des Amtssiegels bezeugt.

Die so gebildeten Register sind auf Verlangen den Beteiligten vorzulegen.

4. Gerichtsdiener als Zustellungsbeamte.

Auf die Gerichtsdiener als Zustellungsbeamte finden die in Nr. 2 Abs. 1, 2, 4 bis 8 enthaltenen Bestimmungen entsprechende Anwendung.

Zur Ausübung der Verrichtungen des Gerichtsdieners als Zustellungsbeamten wird regelmäßig der Gerichtsvollzieher zu bestellen sein. In diesem Falle sind in der in Nr. 2 Abs. 5 aufgestellten Eidesnorm hinter die Worte „eines Gerichtsvollziehers" die Worte „sowie eines Gerichtsdieners als Zustellungsbeamten" aufzunehmen.

Personen, die lediglich zur Ausübung der Verrichtungen des Gerichtsdieners als Zustellungsbeamten bestellt sind, haben den im § 16 vorgesehenen Eid dahin zu leisten:

„Ich schwöre bei Gott dem Allmächtigen und Allwissenden, die Obliegenheiten eines Gerichtsdieners als Zustellungsbeamten getreulich zu erfüllen, so wahr mir Gott helfe."

Zum § 17.

Die Konsuln haben ein Verzeichnis der von ihnen zur Ausübung der Rechtsanwaltschaft zugelassenen Personen zu führen. Die Eintragungen und Löschungen in dem Verzeichnisse sind dem Reichskanzler anzuzeigen. Auch sind alle Veränderungen in derselben Weise wie das Verzeichnis selbst bekanntzumachen.

Über die Bedingungen der Zulassung von Rechtsanwälten lassen sich bestimmte Vorschriften nicht geben.

Selbstverständlich wird nicht die für inländische Rechtsanwälte vorgeschriebene Befähigung verlangt werden können. Auch der Besitz der Reichsangehörigkeit ist nicht erforderlich. Wo geeignete Personen mit juristischer Vorbildung nicht vorhanden sind, können die Konsuln unter Umständen auch aus anderen Berufsklassen zuverlässige Personen, welche die nötige Geschäftskenntnis besitzen, zur Ausübung der Rechtsanwaltschaft zulassen. Eine Beeidiguug der Rechtsanwälte findet nicht statt.

Zum § 23.

1. Allgemeine Beeidigung gerichtlicher Sachverständigen.

Falls in einem Konsulargerichtsbezirk ein Bedürfnis für die allgemeine Beeidigung gerichtlicher Sachverständigen besteht, ist dem Reichskanzler Bericht zu erstatten, der gemäß § 23 Abs. 3 des Gesetzes in Verbindung mit Art. 130 X des preußischen Gesetzes über die freiwillige Gerichtsbarkeit vom 21. September 1899 (Gesetzsamml. S. 249) dem Konsul eine entsprechende Ermächtigung erteilen kann.

2. Vergleichsbehörde beim Sühneversuch.

Vergleichsbehörde im Sinne des § 420 der Strafprozeßordnung ist der Vorsteher des Konsulats, in dessen Bezirke der Beschuldigte wohnt, ohne Unterschied, ob Beamte zur Ausübung der Gerichtsbarkeit befugt ist, oder nicht.

Erscheint der Beschuldigte in dem zur Sühneverhandlung bestimmten Termine nicht, so wird angenommen, daß er sich auf die Sühneverhandlung nicht einlassen will.

Eine Bescheinigung über die Erfolglosigkeit der Sühneverhandlung kann nur erteilt werden, wenn der Antragsteller im Termin erschienen ist.

Kommt im Termin ein Vergleich zustande, so ist dieser zu Protokoll festzustellen.

3. Anordnungen und Verfügungen der preußischen Landeszentralbehörden.

Diese Anordnungen und Verfügungen, die nach § 23 Abs. 5 in den Konsulargerichtsbezirken bis auf weiteres entsprechende Anwendung finden, sind der Hauptsache nach im preußischen Justizministerialblatt enthalten, das den in Betracht kommenden Konsulaten künftig zugehen wird.

Zum § 29.

Soweit die im § 19 des Gesetzes erwähnten Vorschriften in Konkurssachen oder bei Eintragungen in das Handels- oder Genossenschaftsregister die Einrückung einer öffentlichen Bekanntmachung in den Deutschen Reichsanzeiger vorsehen, kann der Konsul bestimmen, daß diese Einrückung auch dann zu erfolgen hat, wenn daneben eine andere Art der Veröffentlichung vorgeschrieben ist. Von dieser Befugnis wird indes nicht allgemein, sondern nur unter besonderen Umständen Gebrauch zu machen sein, also namentlich dann, wenn die Interessenten sich zum Teil in Deutschland befinden.

Ferner ist der Konsul befugt, in Fällen, in denen die Einrückung in den Reichsanzeiger die einzige Art der Veröffentlichung bildet, zu bestimmen, daß an die Stelle dieser Einrückung eine andere Art der Veröffentlichung tritt.

Zum § 51.

Bei Ausübung des durch den § 51 erheblich erweiterten Polizeiverordnungsrechts wird es sich empfehlen, daß in nicht eiligen Fällen besonders wichtige Vorschriften dem Reichskanzler vorher zur Genehmigung mitgeteilt werden.

Falls in den Polizeiverordnungen ausnahmsweise auf landesgesetzliche Vorschriften Bezug genommen wird, ist deren Inhalt vollständig, und zwar in deutscher Sprache wiederzugeben.

Die von den Konsuln erlassenen polizeilichen Vorschriften sind in Ländern, wo ein deutscher Gesandter beglaubigt ist, auch diesem in Abschrift mitzuteilen. Der Gesandte hat den Inhalt vom politischen Standpunkt aus zu prüfen und über etwaige Bedenken dem Reichskanzler Bericht zu erstatten.

Die Verkündigung der polizeilichen Vorschriften wird in den meisten Fällen durch Einrückung in eine am Sitze des Konsulats erscheinende Zeitung geschehen können. Wo dies nicht angängig ist und eine andere Form für konsularische Bekanntmachungen nach Ortsgebrauch nicht besteht, genügt die Anheftung an die Gerichtstafel.

Zum § 53.

Die von Amts wegen angeordneten Zustellungen in Strafsachen an Beschuldigte, die sich nicht auf freiem Fuße befinden, können durch den Gerichtsschreiber vorgenommen werden.

Für das Vorverfahren in Strafsachen und für das Verfahren bei der Strafvollstreckung bedarf es zum Nachweise der Zustellung nicht:

1. der Übergabe einer Abschrift der Zustellungsurkunde an den Empfänger;
2. der Bezeichnung des Auftraggebers in der Zustellungsurkunde.

Zum § 55.

Wie die Überführung eines verhafteten Beschuldigten in das Inland zu erfolgen hat, ist nach den darüber ergangenen Bestimmungen [1]) oder nach den Umständen zu ermessen. In Zweifelsfällen ist die Weisung des Reichskanzlers einzuholen.

Zum § 73.

Für die Gebühren der Gerichte und der Gerichtsvollzieher kommen die im Inlande geltenden Vorschriften

---

[1]) Erlaß des Ausw. Amts an die mit Gerichtsbarkeit versehenen Konsularbehörden vom 27. Juni 1901 (nicht veröffentlicht), siehe v. König S. 395 f.

mit der Maßgabe zur Anwendung, daß, soweit es sich nicht um die bei dem Reichsgericht entstandenen Gebühren handelt, die doppelten Beträge erhoben werden, und daß für Zustellungen die im § 73 Abs. 2 bestimmte Gebühr anzusetzen ist. Ein Zurückgreifen auf die Sätze des Tarifs vom 1. Juli 1872 (RGBl. S. 245) ist daher in allen gerichtlichen Angelegenheiten ausgeschlossen.

Soweit gebührenpflichtige Geschäfte von besoldeten Beamten der Konsulate vorgenommen werden, sind die Gebühren zur Reichskasse einzuziehen. Diese Vorschrift gilt auch für die Gerichtsvollziehergebühren.

In allen anderen Fällen hat der Beamte die Gebühren für sich zu erheben.

In den Rechtssachen, die aus den Konsulargerichtsbezirken an das Reichsgericht gelangen, findet die Dienstanweisung, betreffend die Einziehung und Verrechnung der für die Geschäfte des Reichsgerichts in Ansatz kommenden Kosten, vom 21. Juni 1879 (CBl. 1879 S. 473, 1887 S. 309) mit der Maßgabe Anwendung, daß die Kostenrechnungen (§ 2 der Dienstanweisung) von dem Reichsgerichte dem Auswärtigen Amte vorzulegen sind, das die Einziehung der Kosten durch den Konsul und die Übersendung des eingegangenen Betrags an die Oberpostkasse in Leipzig bewirken wird. Die Niederschlagung dieser Kosten ist im Falle der Uneinziehbarkeit von dem Konsul zu verfügen; dieser hat über die Niederschlagung zu berichten und dabei den Grund der Uneinziehbarkeit anzugeben.

Zum § 74.

Die Regelung des Beitreibungsverfahrens ist durch die Anordnung des Reichskanzlers, betreffend das Zwangsverfahren wegen Beitreibung der Gerichtskosten in den Konsulargerichtsbezirken, vom 27. Oktober 1900 (CBl. S. 576)[1]) erfolgt. Gemäß § 1 dieser Anordnung sind in dem Beitreibungsverfahren Gebühren und bare Auslagen nach den für die gerichtliche Zwangsvollstreckung geltenden Vorschriften zu erheben.

Schlußbestimmung.

Jeder mit Gerichtsbarkeit versehene Konsul hat dem Reichskanzler einzureichen:

1. am Schlusse des Geschäftsjahrs eine Geschäftsübersicht nach dem als Anlage beigefügten Formulare;
2. am Schlusse des Vierteljahrs die nach Maßgabe der Bestimmungen des Bundesratsbeschlusses vom 5. Dez. 1881 (CBl. 1882 S. 115) ausgefüllten Zählkarten über die im Laufe des Vierteljahrs rechtskräftig erledigten Strafsachen wegen Verbrechen und Vergehen gegen die Reichsgesetze, oder die entsprechenden Fehlanzeigen;
3. die nach Maßgabe der Verordnungen des Bundesrats vom 16. Juni 1882 und vom 9. Juli 1896 (CBl. 1882 S. 309 und 1896 S. 426) sowie der dazu ergangenen Anweisung des Reichskanzlers vom 13. Dezember 1882

---

[1]) Nr. 71 S. 448.

an die inländischen Behörden zu übersendenden Strafnachrichten. Diese sind im allgemeinen in einem Exemplare, bei Verurteilung von Schutzgenossen, die einem fremden Staate angehören, in zwei Exemplaren einzureichen.

Die Formulare für die Geschäftsübersichten, die Zählkarten und die Strafnachrichten, von denen die Zählkartenformulare inzwischen abgeändert worden sind, werden den Konsulaten nach Bedarf übersandt. Die Zählkarten und Strafnachrichten sind ohne Begleitbericht unter Umschlag einzureichen.

Übersicht

der

gerichtlichen Geschäfte in dem Bezirke des Konsulargerichts

in ....

während des Geschäftsjahrs 19..........

I. Geschäfte der streitigen Gerichtsbarkeit.

A. Zivilsachen.

I. Bürgerliche Rechtsstreitigkeiten.	Zahl	Bemerkungen
a) Zahl der Sachen:		
Es sind im laufenden Jahre anhängig geworden:		
1. Sühnesachen		
darunter Ehesachen . .		
2. Mahnsachen		
3. Ordentliche Prozesse [1]) .		
4. Urkundenprozesse . . .		
darunter Wechselprozesse		
5. Prozesse in Ehesachen [2])		
6. Prozesse, welche die Feststellung des Rechtsverhältnisses zwischen Eltern und Kindern zum Gegenstande haben		
7. Entmündigungssachen .		
8. Prozesse in Entmündigungssachen [3])		
9. Aufgebotsverfahren . .		

[1]) Einschließlich der im ordentlichen Verfahren anhängig gebliebenen Urkundenprozesse (§ 600 ZPO.).

[2]) Der Begriff der Ehesachen bestimmt sich nach §§ 606, 639 ZPO. Demnach sind z. B. Rechtsstreitigkeiten über Regulierung des sogenannten Interimistikums hier nicht zu zählen.

[3]) D. h. Klagen wegen Anfechtung des Entmündigungsbeschlusses oder wegen Wiederaufhebung der Entmündigung (§§ 664, 679, 684, 686 ZPO.).

	Zahl	Bemerkungen
10. Arreste und einstweilige Verfügungen[4])		
11. Anträge außerhalb eines bei dem Gericht anhängigen Rechtsstreits[5])		
12. Verteilungsverfahren[6]) .		
13. Zwangsversteigerungen von Gegenständen des unbeweglichen Vermögens		
14. Zwangsverwaltungen .		
15. Andere Anträge, betreffend Zwangsvollstreckung . .		
b) Mündliche Verhandlungen[7]):		

[4]) a) Mehrere Anträge auf Anordnung eines Arrestes oder einer einstweiligen Verfügung, die sich auf dieselbe Hauptsache beziehen, werden mehrfach gezählt.

b) Es sind auch solche Sachen hier zu zählen, in denen der Antrag auf Anordnung eines Arrestes oder einer einstweiligen Verfügung zurückgewiesen ist.

[5]) Ausschließlich der Rechtshilfesachen, die in dieser Übersicht überhaupt nicht darzustellen sind.

[6]) Betreffend bewegliches Vermögen, insofern das Verfahren nicht (wie beim Konkurse, der Zwangsvollstreckung in unbewegliches Vermögen, die bewegliche Gegenstände mit umfaßt) den Teil eines anderen selbständigen Verfahrens bildet.

[7]) Termine, in denen lediglich Entscheidungen verkündet worden sind, sowie andere Termine, die ohne

	Zahl	Bemerkungen
Zahl der mündlichen Verhandlungen in Sachen, die anhängig geworden sind .		
darunter kontradiktorische Verhandlungen		
c) Einzelheiten:		
1. Unter den im laufenden Jahre anhängig gewordenen Prozeßsachen (oben a zu 3, 4, 5, 6, 8, 10) gehörten zur Zuständigkeit:		
a) des Konsuls . .		
b) des Konsulargerichts.		
2. Es fanden mündliche Verhandlungen statt:		
a) vor dem Konsul .		
b) vor dem Konsulargerichte		
Unter den Fällen zu 2*a* befanden sich solche, in denen der Konsul nach § 9 Abs. 1 des Gesetzes über die Konsulargerichtsbarkeit vom 7. April 1900 an Stelle des Konsulargerichts getreten war . . .		

mündliche Verhandlung erledigt worden sind, werden nicht mitgezählt.

	Zahl	Bemerkungen
II. Konkurssachen.		
1. Es waren anhängig[8]:		
Überjährige		
diesjährige		
zusammen		
Davon sind beendet . . .		
Es bleiben unbeendet . .		
Überjährige		
diesjährige		
zusammen		
2. Konkursverfahren sind beendet:		
a) durch Zurückweisung des Antrags auf Konkurseröffnung		
b) durch Schlußverteilung		
c) durch Zwangsvergleich		
d) auf andere Art .		
a bis *d* zusammen		

[8]) Als anhängig ist ein Konkursverfahren zu betrachten, sobald der Antrag auf Eröffnung gestellt ist. Es sind daher hier auch die Fälle mitzuzählen, in denen der Antrag auf Konkurseröffnung zurückgewiesen oder über diesen Antrag noch kein Beschluß gefaßt worden ist.

B. Straf-

	waren anhängig:			davon	
				in der ersten	
	überjährige	diesjährige	zusammen	durch Strafbef.	durch Zurückweisung der Privatklage
a) Zahl der Sachen:					
1. Privatklagesachen . .				—	
2. Strafbefehle [9]) . . .					—
3. Hauptverfahren in anderen Strafsachen, für die das Konsulargericht zuständig war in der Besetzung mit:					
a) zwei Beisitzern .				—	—
b) vier Beisitzern [10]) .				—	—
4. Einzelne richterliche Anordnungen [11]) . .	—	—	—	—	—
5. Beschwerden gegen Entscheidungen des Konsuls (§ 10 Nr. 2 des Gesetzes vom 7. April 1900)				—	—

---

9) Strafsachen, in denen ein Strafbefehl vom Konsul erlassen ist, werden lediglich unter Nr. 2 gezählt. Hat der Strafbefehl (Fortsetzung der Anmerkungen S. 473)

sachen

sind beendet:				bleiben unbeendet:		
Instanz						
durch Urteil	auf andere Art	in der Berufungs-Instanz	zusammen	überjährige	diesjährige	zusammen
—	—	—	—	—	—	—
—	—	—				

	Zahl	Bemerkungen
b) Hauptverhandlungen*):		
1. Zahl der Hauptverhandlungen:		
a) vor dem Konsul [12]. .		
b) vor dem Konsulargericht in der Besetzung mit zwei Beisitzern .		
c) vor dem Konsulargericht in der Besetzung mit vier Beisitzern. .		
a bis *c* zusammen .		
2. Zahl der ergangenen Urteile		
Durch die ergangenen Urteile erster Instanz sind Personen:		
a) verurteilt		
darunter durch Urteile des Konsulargerichts [13])		
b) freigesprochen . . .		
darunter durch Urteile des Konsulargerichts [13])		
c) Einzelheiten:		
1. Von der Gesamtzahl der durch Entscheidung erledigten Beschwerden gegen Entscheidungen des Konsuls (s. oben Buchstabe a Nr. 5) sind:		
a) für begründet erklärt .		
b) für unbegründet erklärt.		

*) Die Anmerkungen siehe Seite 474.

	Zahl	Bemerkungen
2. Unter den Hauptverhandlungen zu Buchstabe b Nr. 1 *b* befanden sich solche, zu denen die Zuziehung von vier Beisitzern auf Grund des § 9 Abs. 2 des Gesetzes vom 7. April 1900 unterlassen war. .		

(Fortsetzung der Anm. 9 auf S. 470) die Wirkung eines rechtskräftigen Urteils erlangt (§ 450 StPO.), so ist von den die Beendigung darstellenden Längsspalten die Spalte „durch Strafbefehl" zur Zählung des Falles bestimmt; anderenfalls erfolgt die Zählung in der zutreffenden anderen, die Beendigung darstellenden Längsspalte. Verfahren, die durch Einsprüche gegen Strafbefehle veranlaßt werden, sind demnach unter Nr. 3 nicht zu zählen, sondern nur unter Nr. 2.

[10]) a) Dafür, ob eine Strafsache unter Buchstabe *a* oder Buchstabe *b* zu zählen ist, kommt lediglich die Vorschrift des § 8 Abs. 2 des Gesetzes vom 7. April 1900 in Betracht. Unter Buchstabe *a* gehören auch die Fälle, in denen nach § 211 StPO. der Konsul allein verhandelt und entscheidet, unter Buchstabe *b* auch die Fälle, in denen auf Grund des § 9 Abs. 2 a. a. O. nur zwei Beisitzer zugezogen sind.

b) Bei Zusammenhang einer unter Buchstabe *a* fallenden Strafsache mit einer unter Buchstabe *b* gehörigen ist die Sache nur einmal (bei Buchstabe *b*) zu zählen.

[11]) Ausschließlich der Rechtshilfesachen, die in dieser Übersicht überhaupt nicht darzustellen sind. Im übrigen

gehören hierher alle richterlichen Untersuchungshandlungen, die im Vorbereitungsverfahren stattgefunden haben, auch wenn es später nicht zur Eröffnung des Hauptverfahrens gekommen ist, also z. B. Vernehmungen von Zeugen und Sachverständigen, Einnahme des richterlichen Augenscheins, Durchsuchungen, Beschlagnahmen und Verhaftungen. Mehrere selbständige Handlungen in derselben Sache sind jede für sich zu zählen.

[12]) In den Fällen des § 211 StPO.

[13]) Im Gegensatze zu den nur vom Konsul ohne Zuziehung von Beisitzern erlassenen Urteilen (Anm. 12).

II. Geschäfte der freiwilligen Gerichtsbarkeit.

A. Vormundschaften und Pflegschaften [1]			B. Nachlaß- und Teilungssachen außer d. vormundschaftlichen			C. Eintragungen in das Handels- und Genossenschaftsregister	D. Fälle der vorläufigen Verwahrung (§ 70 d. Hinterlegungsordnung vom 14. März 1879) und der Hinterlegung (§ 87 d. Hinterlegungsordnung)			E. Sonstige Handlungen der freiwilligen Gerichtsbarkeit sind im Jahre 19...... vorgenommen worden
waren zu führen	davon sind		waren zu führen	davon sind			1	2	3	
	beendigt	anhängig geblieben		beendigt	anhängig geblieben		Zahl und Gesamtwert der vorhandenen Geldmassen	Zahl der vorhanden. Massen, die aus Wertpapieren auf Inhaber, aus Wertpapieren auf Namen, auf welche die Zahlung d. Inhaber geleistet werden kann, oder aus Kostbarkeiten bestehen	Zahl der vorhandenen Massen, die aus sonstig. Gegenständen bestehen	
										darunter Grundbuchsachen.

[1] Die Vormundschaften und Pflegschaften sind nach den Familien und nicht nach den einzelnen Mündeln zu zählen.

73. Verordnung, betreffend die Rechte an Grundstücken und die Anlegung von Grundbüchern in den deutschen Niederlassungen in Tientsin und Hankau.

Vom 25. Oktober 1900 (RGBl. S. 1000).

§ 1. Für das Gebiet der deutschen Niederlassung in Tientsin nördlich des Schiffahrtskanals ist das Grundbuch mit dem Inkrafttreten des Gesetzes über die Konsulargerichtsbarkeit als angelegt anzusehen; das für dieses Gebiet bisher geführte Buch gilt als Grundbuch im Sinne der Reichsgesetze.

§ 2. Für das Gebiet der deutschen Niederlassung in Tientsin südlich des Schiffahrtskanals sowie für das Gebiet der deutschen Niederlassung in Hankau werden die Grundbücher durch den Konsul von Amts wegen angelegt.

§ 3. Ist die Anlegung des Grundbuchs für einen Anlegungsbezirk im wesentlichen vollendet, so wird dies in der für konsularische Bekanntmachungen ortsüblichen Weise, jedenfalls durch Anheftung an die Gerichtstafel, bekanntgemacht. Mit dem Ablauf eines Monats nach der Anheftung der Bekanntmachung an die Gerichtstafel ist das Grundbuch für den Bezirk als angelegt anzusehen.

§ 4. Für das Anlegungsverfahren, mit Einschluß der Anlegung des Grundbuchs, werden Gebühren und bare Auslagen nicht erhoben.

§ 5. Für die in den §§ 1, 2 bezeichneten Gebiete dient als amtliches Verzeichnis der Grundstücke im Sinne des § 2 Abs. 2 der Grundbuchordnung ein von dem

Konsul anzulegendes Verzeichnis, in dem die Grundstücke unter fortlaufender Nummer und unter Bezugnahme auf eine durch Vermessungsprotokolle zu erläuternde Karte bezeichnet sind.

§ 6. Der Eigentümer eines Grundstücks, das in einem der in den §§ 1, 2 bezeichneten Gebiete liegt, ist den in den Niederlassungsverträgen zwischen Deutschland und China vom 3. und 30. Oktober 1895 vorgesehenen Lasten und Beschränkungen unterworfen; insbesondere hat er einen unablöslichen Grundzins zu zahlen, der jährlich in Tientsin 1000 große Käsch, in Hankau $0{,}_{2022}$ Taels für jeden Mow beträgt und in Tientsin am fünfzehnten Tage des zwölften, in Hankau am ersten Tage des vierten chinesischen Monats an das deutsche Konsulat für Tientsin oder Hankau im voraus abzuführen ist.

Zur Erhaltung der Wirksamkeit gegenüber dem öffentlichen Glauben des Grundbuchs bedürfen die im Abs. 1 bezeichneten Lasten und Beschränkungen der Eintragung nicht.

§ 7. Der Eigentümer eines Grundstücks, das in einem der in den §§ 1, 2 bezeichneten Gebiete liegt, ist verpflichtet:

1. Mitglied der in Tientsin oder Hankau zu begründenden deutschen Niederlassungsgemeinde nach Maßgabe der Gemeindestatuten zu werden, die ihm als solchem auferlegten Lasten zu tragen, auch die für die Niederlassung eingeführten polizeilichen Vorschriften bei Ver-

meidung einer Buße, die der höchsten in der Polizeiverordnung vorgesehenen Geldstrafe entspricht, zu beachten;

2. sich dem deutschen Rechte und der deutschen Gerichtsbarkeit in allen das Grundstück oder seine Stellung zur Niederlassungsgemeinde betreffenden Rechtsverhältnissen zu unterwerfen;

3. dafür einzustehen, daß die Verpflichtungen zu 1 und 2 auch von Mietern, Pächtern und sonstigen Nutzungsberechtigten sowie von deren Unterberechtigten übernommen und erfüllt werden;

4. ohne ausdrückliche Genehmigung des deutschen Konsuls für Tientsin oder Hankau keine Veräußerung des Grundstücks an einen Nichtdeutschen vorzunehmen, auch außerhalb des Chinesenviertels kein Nutzungsrecht an einen Chinesen einzuräumen oder einräumen zu lassen;

5. keine Veräußerung des Grundstücks vorzunehmen, auch kein Nutzungsrecht daran einzuräumen oder einräumen zu lassen, bevor nicht der Erwerber oder Nutzungsberechtigte dem deutschen Konsul für Tientsin oder Hankau eine schriftliche, bei dem Angehörigen einer Vertragsmacht von dessen Konsul zu genehmigende Erklärung eingereicht hat, worin er sich auch persönlich den vorstehenden Verpflichtungen unterwirft.

Eine unter Verletzung der Vorschriften des Abs. 1 Nr. 4, 5 erfolgte Veräußerung eines Grundstücks oder Einräumung eines Nutzungsrechts ist nichtig.

Die aus den Vorschriften der Abs. 1, 2 sich ergebenden Rechte stehen dem Deutschen Reiche zu. Doch gehen die aus der Vorschrift des Abs. 1 Nr. 1 sich ergebenden Rechte nach Begründung der deutschen Niederlassungsgemeinden in Tientsin und Hankau auf diese Gemeinden über.

§ 8. Die im § 7 bezeichneten Lasten und Beschränkungen sind bei der Anlegung der Grundbücher für jedes Grundstück von Amts wegen einzutragen.

Die Eintragung einer Eigentumsübertragung oder eines Nutzungsrechts darf nur erfolgen, nachdem die Erfüllung der Vorschriften des § 7 Abs. 1 Nr. 4, 5 nachgewiesen ist.

§ 9. Diese Verordnung tritt gleichzeitig mit dem Gesetz über die Konsulargerichtsbarkeit in Kraft.

74. Gesetz über die Bildung deutscher Kommunalverbände in den Konsulargerichtsbezirken.

Vom 3. Juni 1905 (RGBl. S. 541).

§ 1. Durch Beschluß des Bundesrats kann einer deutschen Niederlassung in einem Konsulargerichtsbezirke das Recht eines Kommunalverbandes verliehen werden; die Verleihung erfolgt auf Grund einer vom Reichskanzler nach Anhörung der Beteiligten erlassenen Gemeindeordnung. Durch die Verleihung erlangt der Verband Rechtsfähigkeit.

Die Verleihung ist unter Angabe des Namens, den der Verband zu führen hat, durch den Reichsanzeiger zu veröffentlichen

Der Verband untersteht der Aufsicht des Reichskanzlers.

Durch Beschluß des Bundesrats kann dem Verband im öffentlichen Interesse das Recht eines Kommunalverbandes wieder entzogen werden; durch die Entziehung verliert der Verband die Rechtsfähigkeit. Die Entziehung ist durch den Reichsanzeiger zu veröffentlichen.

§ 2. Die Gemeindeordnung hat die näheren Bestimmungen über die Verfassung des Kommunalverbandes zu enthalten, insbesondere:

1. über den Zweck des Verbandes;
2. über die ihm zustehenden Befugnisse des öffentlichen Rechtes;
3. über den Erwerb und den Verlust der Mitgliedschaft;
4. über die Rechte und Pflichten der Mitglieder;
5. über die Organe des Verbandes und ihre Befugnisse;
6. über die Vertretung des Verbandes nach außen;
7. über die Feststellung des Haushalts für den Verband sowie über die Rechnungslegung;
8. über die Ausübung der Aufsicht durch den Reichskanzler.

Soweit nicht in der Gemeindeordnung ein anderes bestimmt ist, finden die Vorschriften der §§ 24, 26 bis 39, 45 bis 53 des Bürgerlichen Gesetzbuchs entsprechende Anwendung.

§ 3. Dieses Gesetz tritt mit dem Tage seiner Verkündigung in Kraft.

75. Verordnung, betr. die **Überweisung von Geldstrafen an die deutschen Niederlassungsgemeinden in Tientsin und Hankau.** Vom 30. Dezember 1906 (RGBl. 1907 S. 1).

§ 1. Geldstrafen, die wegen Zuwiderhandlung gegen die für die deutsche Niederlassung in Tientsin eingeführten polizeilichen Vorschriften verhängt werden, fallen der deutschen Niederlassungsgemeinde in Tientsin zu.

§ 2. Geldstrafen, die wegen Zuwiderhandlung gegen die für die deutsche Niederlassung in Hankau eingeführten polizeilichen Vorschriften verhängt werden, fallen der deutschen Niederlassungsgemeinde in Hankau zu.

§ 3. Diese Verordnung tritt mit dem Tage ihrer Verkündigung in Kraft.

76. Gesetz, betreffend die **Einschränkung der Gerichtsbarkeit der deutschen Konsuln in Egypten.** Vom 30. März 1874 (RGBl. S. 23).

Einziger Artikel.

Die den Konsuln des Deutschen Reichs in Egypten zustehende Gerichtsbarkeit kann durch eine mit Zustimmung des Bundesrats zu erlassende Kaiserliche Verordnung eingeschränkt oder aufgehoben werden.

Die Dauer der Einschränkung oder Aufhebung soll jedoch den Zeitraum von fünf Jahren nicht übersteigen [1]).

---

[1]) Diese Zeitbeschränkung ist aufgehoben durch Gesetz vom 5. Juni 1880 (RGBl. S. 145).

77. Kaiserl. Verordnung, betreffend die **Einschränkung der Gerichtsbarkeit der deutschen Konsuln in Egypten.** Vom 23. Dezember 1875 (RGBl. S. 381) in der durch die Verordnungen vom 4. Febr. 1904 (RGBl. S. 61) und vom 29. Juni 1908 (RGBl. S. 469)[1]) gegebenen Fassung.

§ 1. Die den Konsuln des Deutschen Reichs in Egypten zustehende Gerichtsbarkeit wird aufgehoben:

1. für bürgerliche Rechtsstreitigkeiten, in welchen nicht beide Parteien deutsche Reichsangehörige oder Schutzgenossen sind;
2. für bürgerliche Rechtsstreitigkeiten, in welchen eine in Egypten belegene unbewegliche Sache oder ein Recht auf eine solche Sache den Gegenstand des Streites bildet.

§ 2. Statusfragen bleiben der Gerichtsbarkeit der Konsuln vorbehalten, auch wenn sie in den vorbezeichneten Streitigkeiten — § 1 — zu entscheiden sind.

§ 3. Die den Konsuln zustehende Gerichtsbarkeit in Strafsachen wird aufgehoben:

1.[2]) für Übertretungen, die zugleich nach den für die egyptischen Landesgerichte geltenden Vorschriften als Übertretungen strafbar sind;

---

[1]) Durch letztere V. ist zugleich die Verordnung, betr. die Konsulargerichtsbarkeit in Egypten vom 15. Februar 1907 aufgehoben.

[2]) In der durch die Allerhöchste Verordnung, betreffend die Gerichtsbarkeit der deutschen Konsuln in Egypten vom 4. Februar 1904 (RGBl. S. 61) gegebenen Fassung.

2. für Verbrechen und Vergehen, welche unmittelbar gegen die Richter, die Geschworenen oder die sonstigen Beamten der von der egyptischen Regierung eingesetzten neuen Landesgerichte, während sie in der Ausübung ihres Amtes begriffen sind oder in Beziehung auf ihren Beruf begangen werden, und zwar:
   a) Schmähungen durch Gebärden, Worte oder Drohungen,
   b) Verleumdungen und Beleidigungen, wenn sie in Gegenwart des betreffenden Richters, Geschworenen oder sonstigen Beamten der neuen Landesgerichte oder innerhalb der Geschäftsräume des Gerichts begangen, oder mittels öffentlicher Anschläge, Schriften, Druckschriften, Abbildungen oder Darstellungen verbreitet worden sind,
   c) Tätlichkeiten gegen ihre Person, insbesondere Mißhandlungen, Körperverletzungen und vorsätzliche Tötung mit oder ohne Überlegung,
   d) Tätlichkeiten oder Drohungen, verübt, um eine der gedachten Personen zur Vornahme einer pflichtwidrigen oder ungesetzlichen Handlung oder zur Unterlassung einer pflichtmäßigen oder gesetzlichen Handlung zu nötigen,
   e) Mißbrauch der Amtsgewalt seitens eines öffentlichen Beamten zum Zweck einer derartigen Nötigung;
   f) Versuch unmittelbarer Bestechung einer der gedachten Personen,
   g) Beeinflussung eines Richters zugunsten einer Partei seitens eines öffentlichen Beamten;
3. für Verbrechen und Vergehen, welche in der bestimmten

Absicht begangen werden, die Vollstreckung von Urteilen oder Verfügungen der gedachten Gerichte zu verhindern, und zwar:

a) tätlicher Angriff oder gewaltsamer Widerstand gegen Gerichtsmitglieder in Ausübung ihres Berufs, oder gegen Beamte der neuen Landesgerichte während der rechtmäßigen Vornahme von Amtshandlungen zur Vollstreckung von Urteilen und Verfügungen der Gerichte, oder gegen Beamte oder Mannschaften der bewaffneten Macht, welche berufen sind, bei der Vollstreckung Hilfe zu leisten,

b) Mißbrauch der Amtsgewalt seitens eines öffentlichen Beamten zur Verhinderung der Vollstreckung,

c) Entwendung gerichtlicher Aktenstücke zu demselben Zweck,

d) Verletzung gerichtlich angelegter Siegel, vorsätzliches Beiseiteschaffen von Sachen, welche infolge einer gerichtlichen Verfügung oder eines Urteils in Beschlag genommen worden sind,

e) Entweichung von Gefangenen, welche sich infolge einer gerichtlichen Verfügung oder eines Urteils in Haft befinden, und Handlungen, welche eine solche Entweichung unmittelbar herbeigeführt haben,

f) Verheimlichung solcher Gefangenen nach ihrer Entweichung;

4. für Verbrechen und Vergehen, welche von einem unter deutschem Schutze stehenden Richter, Geschworenen oder sonstigen Beamten der neuen Landesgerichte in

Ausübung seines Berufs oder infolge Mißbrauchs seiner Amtsgewalt begangen werden.

Außer denjenigen gemeinen Verbrechen und Vergehen, welche von einer der bezeichneten Personen unter solchen Umständen begangen werden können, gehören hierzu nachstehende besondere Verbrechen und Vergehen:

a) pflichtwidrige Entscheidung zugunsten oder zum Nachteil einer Partei,
b) Bestechung,
c) unterlassene Anzeige einer versuchten Bestechung,
d) Justizverweigerung,
e) unerlaubte Gewalt gegen Privatpersonen,
f) Eindringen in die Wohnung eines andern ohne Beobachtung der gesetzlichen Vorschriften,
g) Erpressung,
h) Unterschlagung öffentlicher Gelder,
i) ungesetzliche Verhaftung,
k) Fälschung von Urteilen und Aktenstücken.

Die Konsulargerichtsbarkeit bleibt auch für die vorstehend unter Ziffer 2 und 3 aufgeführten Verbrechen und Vergehen bestehen, sofern der durch dieselben verletzte Beamte der neuen Landesgerichte die Bestrafung des Täters bei dem Konsulargericht in Antrag bringt.

§ 4. Die deutschen Reichsangehörigen und Schutzgenossen in Egypten sind vom Tage des Inkrafttretens dieser Verordnung ab in allen durch §§ 1 und 2 der Konsulargerichtsbarkeit entzogenen Angelegenheiten der Gerichtsbarkeit der neuen Landesgerichte unterworfen.

Das gleiche findet statt hinsichtlich der Bestrafung von Zeugen, welche ohne gesetzlichen Grund die Ablegung eines Zeugnisses oder dessen Beeidigung vor den neuen Landesgerichten verweigern und hinsichtlich der Bestrafung von Geschworenen oder Beisitzern dieser Gerichte, welche ohne genügende Entschuldigung ihren Obliegenheiten sich entziehen.

Bei den Verhandlungen vor diesen Gerichten findet eine Assistenz durch den Konsul oder dessen Vertreter nicht statt.

§ 5[1]. In Ansehung der Berufskonsuln, ihrer Familienangehörigen, der ihnen unterstellten Berufsbeamten und deren Familienangehörigen sowie in Ansehung der Wohnungen dieser Personen bleiben die bisherigen Gerichtsbarkeitsverhältnisse unverändert. Insoweit jedoch diese Personen Handel oder Gewerbe treiben oder Liegenschaften in Egypten besitzen oder ausnutzen und dabei nicht ihre amtliche Eigenschaft in Frage kommt, sind sie für alle Rechtsstreitigkeiten aus dem Handels- oder Gewerbebetriebe sowie für alle das Grundstück betreffenden dinglichen Klagen der Gerichtsbarkeit der Landesgerichte unterworfen.

Die konsularischen Beamten, die nicht Berufsbeamte sind, sowie die Kawassen sind in allen Angelegenheiten, die nicht ihre amtliche Tätigkeit betreffen, der Landesgerichtsbarkeit in demselben Umfang unterworfen wie andere Deutsche oder Schutzgenossen.

---

[1]) §§ 5 und 5a in der durch die Allerhöchste Verordnung vom 29. Juni 1908 (RGBl. S. 469) gegebenen Fassung.

§ 5a[1]. Die Bestimmungen des § 5 Abs. 1 finden entsprechende Anwendung auf die deutsche evangelische Kirche in Alexandrien, die deutsche evangelische Kirche in Kairo, die deutsche Schule in Alexandrien, die deutsche Schule in Kairo, das deutsche evangelische Hospital in Alexandrien, das Diakonissenhospital Viktoria in Kairo, die Niederlassungen der katholischen Schwestern von der Kongregation des Heiligen Karl Borromäus in Alexandrien sowie überhaupt auf alle in Egypten errichteten oder künftig zu errichtenden und unter deutschem Schutze stehenden religiösen Anstalten ohne Unterschied des Bekenntnisses, soweit diese Kirchen und Anstalten als Körperschaften in Betracht kommen.

§ 6. Besteht zwischen dem Konsul und dem Landesgericht eine Meinungsverschiedenheit darüber, ob eine strafbare Handlung zu denjenigen gehört, für welche nach §§ 2 und 3 die Landesgerichte zuständig sind, so entscheidet darüber ein Kompetenzhof, welcher aus zwei von dem Konsul zu bezeichnenden fremden Konsuln und zwei von dem Präsidenten des Appellhofes in Alexandrien zu ernennenden richterlichen Beamten der gemischten Gerichte gebildet wird. Die Entscheidung dieses Kompetenzhofes ist endgültig.

§ 7. Diese Verordnung tritt am 1. Januar 1876 auf die Dauer von fünf Jahren[2]) in Kraft.

---

[1]) Siehe Anm. 1 auf der vorigen Seite.

[2]) Die Zeitbeschränkung ist auf Grund des Gesetzes vom 5. Juni 1880 RGBl. S. 145 — siehe oben Anm. 1 auf S. 481 — aufgehoben durch Verordnung vom 23. Dezember 1880 (RGBl. S. 192).

Bürgerliche Rechtsstreitigkeiten und Strafsachen, welche an dem genannten Tage bei den Konsulargerichten anhängig sind, werden von diesen vollständig erledigt, auch wenn sie nach den Bestimmungen der §§ 1 und 2 zur Zuständigkeit der neuen Landesgerichte gehören würden.

Die anhängigen bürgerlichen Rechtsstreitigkeiten können auf den übereinstimmenden Antrag der Parteien den neuen Landesgerichten übertragen werden.

78. Verordnung, betr. die **Gerichtsbarkeit der deutschen Konsuln in Egypten.**

Vom 6. Januar 1901 (RGBl. S. 3).

§ 1. Die den Konsuln des Deutschen Reichs in Egypten zustehende Gerichtsbarkeit wird für strafbare Handlungen, deren Tatbestand einen Konkurs oder eine Zahlungseinstellung zur Voraussetzung hat, außer Übung gesetzt, sofern der Schuldner ein Kaufmann oder eine Handelsgesellschaft ist und der Schuldner oder einer der Gläubiger der deutschen Konsulargerichtsbarkeit nicht untersteht.

§ 2. Die Deutschen und die deutschen Schutzgenossen in Egypten sind vom Tage des Inkrafttretens dieser Verordnung ab in den der Konsulargerichtsbarkeit durch § 1 entzogenen Strafsachen der Gerichtsbarkeit der Landesgerichte unterworfen.

§ 3. Hinsichtlich der im § 5[1] der Verordnung vom 23. Dezember 1875 (RGBl. S. 381)[2] und in der Verordnung vom 15. Februar 1897 (RGBl. S. 17)[3] be-

[1]) Jetzt § 5 und § 5a.

[2]) Siehe Nr. 77 S. 482 ff.

[3]) Aufgehoben; siehe Anm. 1 auf S. 482.

zeichneten Personen, Körperschaften und Anstalten bleiben die bisherigen Gerichtsbarkeitsverhältnisse unverändert.

§ 4. Diese Verordnung tritt mit dem Ablaufe von zwei Wochen nach dem Tage der Verkündung im Reichs-Gesetzblatt in Kraft.

Strafsachen, die zur Zeit des Inkrafttretens dieser Verordnung bei den Konsulargerichten anhängig sind, werden von diesen vollständig erledigt, auch wenn sie nach den Vorschriften der §§ 1, 2 zur Zuständigkeit der Landesgerichte gehören würden.

79. **Konsularvertrag** zwischen dem **Deutschen Reich** und **Serbien.** Vom 6. Januar 1883 (RGBl. S. 62)[1].

Art. 25. Seine Majestät der Deutsche Kaiser, König von Preußen verzichtet auf die Ausübung der Vorrechte und Befreiungen, welche bisher den Angehörigen des Deutschen Reichs auf Grund der mit dem Ottomanischen Reich bestehenden Kapitulationen und in Gemäßheit des Artikels 37 des Berliner Vertrages vom 13. Juli 1878 in Serbien zustanden.

Die erwähnten Kapitulationen bleiben jedoch auch fernerhin hinsichtlich aller gerichtlichen Angelegenheiten in Anwendung, welche sich auf die Verhältnisse von Angehörigen des Deutschen Reichs zu Angehörigen solcher Mächte beziehen, die auf die ihnen nach den Kapitu-

---

[1]) Der Vertrag war von Serbien gekündigt und sollte am 25. Juni 1893 außer Kraft treten. Die Kündigung ist jedoch wieder zurückgenommen (vgl. Reichsanzeiger vom 26. Mai 1893).

lationen zukommenden Vorrechte und Befreiungen nicht verzichten, mit Ausnahme des Falles, daß diese gerichtlichen Angelegenheiten in Serbien gelegene unbewegliche Güter betreffen [1]).

— — — — —

80. Gesetz, betreffend die Konsulargerichtsbarkeit in Bosnien und in der Herzegowina.

Vom 7. Juni 1880 (RGBl. S. 146).

Die dem Konsul des Deutschen Reichs in Serajewo für Bosnien und die Herzegowina zustehende Gerichtsbarkeit kann mit Zustimmung des Bundesrats durch Kaiserliche Verordnung eingeschränkt oder außer Übung gesetzt werden.

81. Kaiserl. Verordnung, betreffend die Konsulargerichtsbarkeit in Bosnien und in der Herzegowina.

Vom 23. Dezember 1880 (RGBl. S. 191).

§ 1. Die dem Konsul des Deutschen Reichs in Serajewo für Bosnien und die Herzegowina zustehende Gerichtsbarkeit wird vom 1. Januar 1881 ab mit der Maßgabe außer Übung gesetzt, daß die deutschen Reichsangehörigen und Schutzgenossen in Bosnien und in der

[1]) Der Vorbehalt des Abs. 2 ist ohne praktische Bedeutung, da Großbritannien, Italien, Österreich-Ungarn, Rußland, die Vereinigten Staaten von Nordamerika schon vorher auf ihre Rechte aus den Verträgen mit der Türkei verzichtet hatten. Jedoch ist für den deutschen Generalkonsul in Belgrad noch ein Jurisdiktionsbezirk bestimmt (vgl. v. König S. 363).

Herzegowina von diesem Tage ab der Gerichtsbarkeit der von Seiner Majestät dem Kaiser von Österreich, apostolischen König von Ungarn, in den genannten Landesteilen eingesetzten Gerichte unterworfen sind.

Bei den Verhandlungen vor diesen Gerichten findet eine Assistenz durch den Konsul oder dessen Vertreter nicht statt.

§ 2. Die am 1. Januar 1881 bei dem Konsulargerichte anhängigen bürgerlichen Rechtsstreitigkeiten und Strafsachen werden von diesem nach den bisherigen Vorschriften erledigt.

Anhängige bürgerliche Rechtsstreitigkeiten können jedoch auf den übereinstimmenden Antrag der Parteien an die von Seiner Majestät dem Kaiser von Österreich, apostolischen König von Ungarn, eingesetzten Gerichte abgegeben werden.

82. Gesetz, betr. die **Konsulargerichtsbarkeit in Tunis** [1]). Vom 27. Juli 1883 (RGBl. S. 263).

Die dem Konsul des Deutschen Reichs in Tunis für die Regentschaft Tunis zustehende Gerichtsbarkeit kann mit Zustimmung des Bundesrats durch Kaiserliche Verordnung eingeschränkt oder außer Übung gesetzt werden.

83. Kaiserl. Verordnung betr. die **Konsulargerichtsbarkeit in Tunis.** Vom 21. Januar 1884 (RGBl. S. 9).

§ 1. Die dem Konsul des Deutschen Reichs in Tunis

[1]) Vgl. auch die Erklärung zwischen dem Reiche und Frankreich, betr. die Regelung der Vertragsbeziehungen zwischen Deutschland und Tunis vom 18. November 1896 (RGBl. 1897 S. 7). (Nicht abgedruckt.)

für die Regentschaft Tunis zustehende Gerichtsbarkeit wird vom 1. Februar 1884 ab mit der Maßgabe außer Übung gesetzt, daß die deutschen Reichsangehörigen und Schutzgenossen in der Regentschaft Tunis von diesem Tage ab der Gerichtsbarkeit der von Frankreich in der Regentschaft eingesetzten Gerichte unterworfen sind.

§ 2. Die am 1. Februar 1884 bei dem Konsulargerichte anhängigen bürgerlichen Rechtsstreitigkeiten und Strafsachen werden von diesem nach den bisherigen Vorschriften erledigt.

Anhängige bürgerliche Rechtsstreitigkeiten können jedoch auf den übereinstimmendeu Antrag der Parteien an die von Frankreich eingesetzten Gerichte abgegeben werden.

84. Gesetz, betr. die Freundschaftsverträge mit Tonga und Samoa und den Freundschafts-, Handels- und Schiffahrtsvertrag mit Zanzibar.

Vom 15. Februar 1900 (RGBl. S. 37).

Durch eine mit Zustimmung des Bundesrats zu erlassende Kaiserliche Verordnung können:

1. die Vorschriften des Freundschaftsvertrages mit Tonga vom 1. November 1876 (RGBl. 1877 S. 517),
2. die Vorschriften des Freundschaftsvertrags mit Samoa vom 24. Januar 1879 (RGBl. 1881 S. 29),
3. die auf Exterritorialitätsrechte bezüglichen Vorschriften des Freundschafts-, Handels- und Schiffahrtsvertrags mit Zanzibar vom 20. Dezember 1885 (RGBl. 1886 S. 261)

ganz oder teilweise außer Anwendung gesetzt werden.

Dieses Gesetz tritt mit dem Tage der Verkündung in Kraft.

85. Kaiserl. Verordnung zur Ausführung des Gesetzes, betr. die **Freundschaftsverträge mit Tonga und Samoa usw.** Vom 17. Februar 1900 (RGBl. S. 39).

Die Vorschriften des Freundschaftsvertrages mit Samoa vom 24. Januar 1879 (RGBl. 1881 S. 29) werden hierdurch für das Verhältnis zwischen Deutschland und den Inseln Upolu und Savaii sowie allen anderen westlich des 171. Längengrads westlich von Greenwich gelegenen Inseln der Samoagruppe von dem Tage an, wo diese Inseln in deutschen Besitz übergehen, außer Anwendung gesetzt. Das gleiche gilt in Ansehung der Insel Tutuila und der anderen östlich des 171. Längengrads westlich von Greenwich gelegenen Inseln der Samoagruppe von dem Tage an, wo diese Inseln in den Besitz der Vereinigten Staaten von Amerika übergehen.

86. Kaiserl. Verordnung zur Ausführung des Gesetzes, betr. die **Freundschaftsverträge mit Tonga und Samoa usw.** Vom 26. Juni 1902 (RGBl. S. 261).

Die Vorschrift in Artikel IX des Freundschaftsvertrages mit Tonga vom 1. November 1876 (RGBl. 1877 S. 517), wonach das Reich und Tonga sich gegenseitig in betreff aller in jenem Vertrage berührten Gegenstände die Rechte der meistbegünstigten Nationen zugestanden haben, wird insoweit, als dadurch kraft der Meistbegünstigung die Ausübung der Konsulargerichtsbarkeit gestattet ist, vom 1. September 1902 an mit der Maßgabe außer Anwendung gesetzt, daß von diesem Tage an die Deutschen und die deutschen Schutzgenossen in Tonga der Gerichtsbarkeit der dort von Großbritannien eingesetzten Gerichte unterworfen sind.

87. Kaiserl. Verordnung zur Ausführung des Gesetzes vom 15. Februar 1900, betr. **die Freundschaftsverträge mit Tonga und Samoa und den Freundschafts-, Handels- und Schiffahrtsvertrag mit Zanzibar.**

Vom 11. Juni 1907 (RGBl. S. 367).

§ 1. Die auf Exterritorialität bezüglichen Vorschriften des Freundschafts-, Handels- und Schiffahrtsvertrags mit Zanzibar vom 20. Dezember 1885 (RGBl. 1886 S. 261) werden hierdurch außer Anwendung gesetzt mit der Maßgabe, daß die Angehörigen des Deutschen Reichs und der deutschen Schutzgebiete sowie die deutschen Schutzgenossen im Sultanate Zanzibar fortan der Gerichtsbarkeit der dort von Großbritannien eingerichteten Gerichte unterworfen sind.

§ 2. Die bei den deutschen Konsulargerichten für das Sultanat Zanzibar anhängigen bürgerlichen Rechtsstreitigkeiten und Strafsachen werden von diesen Gerichten nach den bisherigen Vorschriften erledigt.

§ 3. Diese Verordnung tritt mit dem Tage der Verkündigung in Kraft.

88. Kaiserl. Verordnung, betr. die **Konsulargerichtsbarkeit in Bulgarien.**

Vom 27. Februar 1908 (RGBl. S. 63)[1].

§ 1. Die vom Reiche in Bulgarien ausgeübte Konsulargerichtsbarkeit wird in Ansehung der in den §§ 2 bis 4 dieser Verordnung bezeichneten Rechtsverhältnisse in dem dort bestimmten Umfang außer Übung gesetzt.

§ 2. Die Zufertigung und Zustellung von Ladungen und sonstigen gerichtlichen Schriftstücken an die der Konsulargerichtsbarkeit unterworfenen Personen und Gesellschaften wird bei handelsrechtlichen und anderen bürgerlichen Rechtsstreitigkeiten zwischen solchen Personen oder Gesellschaften und bulgarischen Staatsangehörigen fortan in gleicher Weise wie an Angehörige der meistbegünstigten Nation und an bulgarische Staatsangehörige den bulgarischen Behörden nach Maßgabe der bulgarischen Gesetze zustehen.

§ 3. Bei den im § 2 bezeichneten Rechtsstreitigkeiten ist fortan ein Anspruch des Konsuls oder seines Vertreters, durch die bulgarischen Behörden zu den für die Verhandlung und Entscheidung solcher Rechtsstreitigkeiten bestimmten Sitzungen eingeladen zu werden, nicht zu erheben, unbeschadet des Rechtes des Konsuls oder seines Vertreters, an diesen Sitzungen teilzunehmen.

§ 4. Die Eröffnung und Durchführung des Konkurs-

---

[1]) Auf Grund des § 1 Abs. 2 des Konsulargerichtsbarkeitsgesetzes. Siehe S. 418.

verfahrens wird, sofern der Gemeinschuldner ein der Konsulargerichtsbarkeit unterworfener Kaufmann oder eine ihr unterworfene Handelsgesellschaft ist, fortan in gleicher Weise wie bei der kaufmännischen Zahlungseinstellung von Angehörigen der meistbegünstigten Nation oder von bulgarischen Staatsangehörigen der bulgarischen Gerichtsbarkeit nach Maßgabe der bulgarischen Gesetze über das Konkursrecht und das Konkursverfahren zustehen, ohne daß die Zustimmung des Konsuls oder seines Vertreters erforderlich ist, um die Zahlungseinstellung anzunehmen, und ohne daß zur Eröffnung und Durchführung des Konkursverfahrens eine Mitwirkung des Konsuls stattfindet.

§ 5. Diese Verordnung tritt mit dem Tage der Verkündigung im Reichs-Gesetzblatt in Kraft.

89. **Konsulatsgebührengesetz** vom 17. Mai 1910 (RGBl. S. 847).

§ 1. Bei den Konsulaten (Generalkonsulaten, Konsulaten, Vizekonsulaten) des Deutschen Reichs werden die Gebühren und Auslagen nach dem diesem Gesetz angehängten Tarif und den folgenden näheren Vorschriften erhoben.

§ 2. Im Falle der Bedürftigkeit der Beteiligten müssen die Gebühren für die in dem Tarif aufgeführten Amtshandlungen erlassen werden.

Im übrigen dürfen die in dem Tarif festgesetzten Gebühren von Berufskonsuln und von solchen Wahlkonsuln, die auf Grund des § 10 des Gesetzes vom

8. November 1867, betreffend die Organisation der Bundeskonsulate sowie die Amtsrechte und Pflichten der Bundeskonsuln, (BGBl. S. 137) Erstattung dienstlicher Ausgaben aus Reichsmitteln beanspruchen, nur aus besonderen vom Reichskanzler vorgesehenen Gründen erlassen werden.

§ 3. Sind die Gebühren nach dem Werte des Gegenstandes zu berechnen, so ist der gemeine Wert, bei Forderungen das Kapital ohne Zinsen maßgebend. Läßt der Gegenstand eine Schätzung nach Geld nicht zu, so erfolgt der Gebührenansatz nach dem Werte von 2000 Mark, ausnahmsweise niedriger oder höher, jedoch nicht unter 200 Mark und nicht über 50000 Mark.

Die Gebühren steigen in Abstufungen von je 0,50 Mark; überschießende Beträge werden nach oben auf 0,50 Mark abgerundet.

Der Reichskanzler wird ermächtigt, die Gegenwerte der Gebührenbeträge in fremder Währung, unter Einrechnung der Überweisungskosten und unter Bestimmung der Abrundungsgrundsätze, festzusetzen.

§ 4. Wird die Amtstätigkeit des Konsuls in Anspruch genommen, das Gesuch aber vor vollständiger Aufnahme der Verhandlung zurückgezogen oder der Abschluß des Geschäfts von seiten der Parteien vereitelt, so wird die Hälfte der betreffenden Tarifsätze erhoben.

Für die bloße Aufnahme von Anträgen sind keine Gebühren zu erheben.

§ 5. Ist eine Urkunde oder eine Verhandlung in einer anderen als der deutschen Sprache oder in ver=

schiedenen Sprachen aufgenommen, oder wird eine Verhandlung in einer anderen als der deutschen Sprache geführt, so werden die Sätze des Tarifs um die Hälfte erhöht. Wird die ganze Verhandlung in zwei Sprachen aufgenommen, so verdoppeln sich die Sätze des Tarifs.

Bei Anwendung der türkischen oder einer nichteuropäischen Sprache werden die sich aus Abs. 1 ergebenden Sätze um ein Drittel erhöht.

§ 6. Bare Auslagen (z. B. Gebühren der Zeugen, Rechtsbeistände, Sachverständigen oder Dolmetscher, an dritte Personen gezahlte Provisionen, Insertionskosten, Portokosten, Transportkosten bei Amtsgeschäften außerhalb des Konsulats, Lagergebühren usw.) werden besonders erstattet.

§ 7. Wahlkonsuln können für dienstlich verausgabte Gelder ortsübliche Zinsen berechnen, auch für Geschäfte, die außerhalb des Kreises ihrer amtlichen Wirksamkeit liegen, die ortsübliche Vergütung beanspruchen.

§ 8. Beschwerden über den Ansatz der Gebühren und Auslagen sind bei dem Reichskanzler (Auswärtiges Amt) anzubringen.

§ 9. Unberührt bleiben die Vorschriften anderer Gesetze, wodurch für die in dem Tarif aufgeführten Amtshandlungen besondere Gebühren oder Gebührenbefreiungen oder -ermäßigungen festgesetzt werden.

§ 10. Die in diesem Gesetze vorgesehenen Gebühren und Auslagen sind auf Ersuchen des Konsulats von den Behörden, denen die Beitreibung von Gerichtskosten obliegt, zwangsweise beizutreiben[1]). Dabei finden die gemäß § 99 des Gerichtskostengesetzes (RGBl. 1898 S. 659) erlassenen Vorschriften über den zum Zwecke der Einziehung von Gerichtskosten unter den Bundesstaaten zu leistenden Beistand entsprechende Anwendung.

§ 11. Der Reichskanzler wird ermächtigt, nach der Veröffentlichung dieses Gesetzes die in Nr. 9b des Tarifs festgesetzte Gebührenfreiheit für die gemäß § 6 des Tabaksteuergesetzes vom 15. Juli 1909 (RGBl. S. 793) ausgestellten Bescheinigungen (Beglaubigungsvermerke) schon vor dem Inkrafttreten dieses Gesetzes eintreten und von der Einziehung der Gebühren für diese Bescheinigungen, soweit sie vorläufig unerhoben geblieben sind, absehen zu lassen[2]).

§ 12. Soweit in anderen Gesetzen auf Vorschriften verwiesen wird, welche durch dieses Gesetz außer Kraft gesetzt sind, treten die entsprechenden Vorschriften dieses Gesetzes an deren Stelle.

§ 13. Dieses Gesetz tritt am 1. Januar 1911 in Kraft.

Mit demselben Tage tritt das Gesetz, betreffend die Gebühren und Kosten bei den Konsulaten des Deutschen Reichs, vom 1. Juli 1872 (RGBl. S. 245) außer Kraft.

---

[1]) Für das Verfahren bei Einziehung von Gebühren und Auslagen gibt der (nicht veröffentlichte) Runderlaß vom 30. Mai 1903 Anweisung. Siehe dens. bei v. König S. 639ff.

[2]) Siehe hinten Nr. 90 S. 517.

Tarif.

Nummer	Bezeichnung des Amtsgeschäfts	Gebühren der Konsulate in Europa ausschließlich ℳ	₰	außerhalb Europa sowie in der Türkei ℳ	₰
1.	Abschriften: für jede auch nur angefangene Seite, außer der Gebühr für eine etwaige Beglaubigung	1	—	1	50
	Sind die Abschriften in einer anderen als der deutschen Sprache abzufassen, so erhöhen sich die Sätze um die Hälfte; sind sie in türkischer oder nichteuropäischer Sprache abzufassen, so verdoppeln sich die Sätze.				
2.	Aufbewahrung, Erhebung, Eintreibung, Auszahlung, Überweisung von Geldern, Wertsachen oder sonstigen Gegenständen, außer den Gebühren für besondere Amtshandlungen				
	vom Betrag oder Werte .	$1\frac{1}{2}$%	—	2%	—
	jedoch nicht unter	3	—	5	—

Nummer	Bezeichnung des Amtsgeschäfts	Gebühren der Konsulate in Europa ausschließlich der Türkei ℳ	₰	außerhalb Europa sowie in der Türkei ℳ	₰
	Die Aufbewahrung und Aushändigung gewöhnlicher Briefe, die für die Empfänger unter der Adresse der Konsulate eingehen, wird von dieser Bestimmung nicht betroffen.				
3.	Aufgebot, eheliches	3	—	6	—
4.	Ausfertigungen, wie beglaubigte Abschriften (Nr. 1 u. 5 b).				
5.	Beglaubigung:				
	a) einer Übersetzung für die erste Seite	5	—	10	—
	für jede auch nur angefangene weitere Seite	1	50	2	—
	Für Anfertigung der Übersetzung können in Ermangelung anderweitigen Übereinkommens die ortsüblichen Sätze beansprucht werden;				
	b) einer Abschrift für die erste Seite	3	—	5	—

Nummer	Bezeichnung des Amtsgeschäfts	Gebühren der Konsulate in Europa ausschließlich ℳ	₰	außerhalb Europa sowie in der Türkei ℳ	₰
(5.)	für jede auch nur angefangene weitere Seite	—	50	—	75
	Sind die Übersetzungen oder Abschriften in einer anderen als der deutschen Sprache abgefaßt, so erhöhen sich die Sätze um die Hälfte; sind sie in türkischer oder nichteuropäischer Sprache abgefaßt, so verdoppeln sich die Sätze;				
	c) der Unterschrift einer Privatperson	6	—	10	—
	Die Sätze zu a, b und c sind nach Beschaffenheit des Falles bis auf ein Drittel zu ermäßigen.				
	Befreit von der Gebühr bleiben die Beglaubigungen der Unterschriften von Zeugnissen der kaufmännischen und technischen Angestellten,				

Nummer	Bezeichnung des Amtsgeschäfts	Gebühren der Konsulate in Europa ausschließlich ℳ	Pf	außerhalb Europa sowie in der Türkei ℳ	Pf
	der Gesellen, Gehilfen und Arbeiter.				
6.	Behändigung eines Schriftstücks nebst Ausstellung eines Zustellungszeugnisses	4	50	7	50
7.	Behändigung oder Übermittelung eines Schriftstücks ohne Ausstellung eines Zustellungszeugnisses	1	50	3	—
8.	Bergung: Mitwirkung bei Rettungs- und Bergungsmaßregeln bei Schiffsunfällen:				
	Nach Umfang der Arbeit	15-150	—	30-300	—
9.	Bescheinigung (Attest, Zertifikat) (s. auch Schiffssachen):				
	a) für Ausstellung einer Bescheinigung zur Erhebung von Geldern bei einem Betrage der zu erhebenden Summe bis zu 500 Mark	1	—	1	50
	desgleichen von mehr als				

Nummer	Bezeichnung des Amtsgeschäfts	Gebühren der Konsulate in Europa ausschließlich der Türkei ℳ	₰	Gebühren der Konsulate außerhalb Europa sowie in der Türkei ℳ	₰
(9.)	500 Mark bis zu 1000 Mark	2	—	3	—
	desgleichen von mehr als 1000 Mark bis zu 2000 Mark	3	—	5	—
	desgleichen von mehr als 2000 Mark	6	—	10	—
	b) Die Ausstellung einer Bescheinigung (eines Beglaubigungsvermerkes) auf Rechnungen über Tabakverkäufe gemäß § 6 des Tabaksteuergesetzes vom 15. Juli 1909 ist gebührenfrei.				
	c) für Ausstellung einer sonstigen Bescheinigung	6	—	10	—
	Die Sätze zu c sind nach Lage des Falles bis auf 1 Mark und 1,50 Mark zu ermäßigen.				
10.	Bodmerei:				
	Feststellung der Notwendigkeit eines Bodmereigeschäfts	12	—	25	—

Nummer	Bezeichnung des Amtsgeschäfts	Gebühren der Konsulate in Europa ausschließlich der Türkei ℳ	₰	außerhalb Europa sowie in der Türkei ℳ	₰
11.	Desertion: Mitwirkung bei Verfolgung eines desertierten Seemanns der Handelsmarine, einschließlich des Beistandes bei Gerichtsverhandlungen . . .	6	—	12	—
12.	Dispache: Aufmachung einer Dispache, nach Umfang der Arbeit .	15-150	—	30-300	—
13.	Eheschließung, umfassend die Eintragung in die Register und die vorangegangene Verhandlung	10	—	20	—
	In den Fällen der §§ 9, 12 der Instruktion vom 1. März 1871, betreffend die Eheschließung usw. von Bundesangehörigen im Ausland, kann die Gebühr erhöht werden auf	15	—	25	—
	Berichtigungen oder andere nachträgliche Eintragungen im Eheschließungs-				

Nummer	Bezeichnung des Amtsgeschäfts	Gebühren der Konsulate in Europa ausschließlich der Türkei ℳ	₰	außerhalb Europa sowie in der Türkei ℳ	₰
(13.)	register auf Antrag eines Beteiligten	2	—	4	—
14.	Eid, Abnahme eines Parteieides	10	—	15	—
15.	Entscheidung, vorläufige, von Streitigkeiten zwischen Kapitän einerseits und Schiffsoffizieren oder Schiffsmannschaft anderseits	10	—	20	—
	Wird der Antrag vor der Entscheidung zurückgenommen oder die Sache durch Vergleich erledigt	6	—	12	—
16.	Forderungssachen:				
	Nachforschungen oder Einziehungs- oder Vergleichsverhandlungen in Forderungssachen, soweit nicht die in Nr. 2, 29 oder 32 festgesetzten Gebühren zu erheben sind	3	—	6	—
	Nach Lage des Falles sind diese Sätze bis auf ein Drittel zu ermäßigen.				

Nummer	Bezeichnung des Amtsgeschäfts	Gebühren der Konsulate in Europa ausschließlich der Türkei ℳ	₰	außerhalb Europa sowie in der Türkei ℳ	₰
17.	Geburten:				
	Beurkundung von Geburten, umfassend die Eintragung in die Register und die vorangegangene Verhandlung	3	—	6	—
	Berichtigungen oder andere nachträgliche Eintragungen im Geburtsregister auf Antrag eines Beteiligten . . .	2	—	4	—
18.	Gesundheitspaß:				
	a) Ausstellung eines Gesundheitspasses	6	—	10	—
	b) Visa	6	—	10	—
19.	Haverei:				
	Besichtigung des Schiffes bei Havereifällen behufs Ermittelung des Schadens .	10	—	15	—
	Dauert das Geschäft länger als eine Stunde, für jede weitere, auch nur angefangene Stunde	4	—	8	—
20.	Legalisation von Urkunden, die im Amtsbezirk ausgestellt oder beglaubigt sind	6	—	10	—

Nummer	Bezeichnung des Amtsgeschäfts	Gebühren der Konsulate in Europa ausschließlich der Türkei ℳ	₰	Gebühren der Konsulate außerhalb Europa sowie in der Türkei ℳ	₰
(20.)	Nach Lage des Falles sind diese Sätze bis auf ein Drittel zu ermäßigen.				
21.	Leichenpaß, Ausstellung . . .	40	—	60	—
22.	Matrikelschein (Patent) . . .	5	—	10	—
23.	Musterrolle:				
	a) Ausfertigung einer neuen Musterrolle	12	—	25	—
	b) Abänderung der Musterrolle:				
	für jede An= und Abmusterung	2	—	3	—
	Werden mehrere An= und Abmusterungen zusammen vollzogen, so wird für die zweite und jede folgende die Hälfte der vorstehenden Sätze entrichtet.				
	für jede sonstige Abänderung, z. B. mit Beziehung auf nachträglich getroffene Abreden über Unterkunft, Beköstigung u. a.	6	—	10	—

Nummer	Bezeichnung des Amtsgeschäfts	Gebühren der Konsulate in Europa ausschließlich der Türkei ℳ	₰	außerhalb Europa sowie in der Türkei ℳ	₰
	Für Aufnahme des vorangehenden Heuervertrags wird keine besondere Gebühr entrichtet.				
	Betreffen die in dieser Nummer aufgeführten Amtsgeschäfte die Musterrolle eines Segelschiffs, so ermäßigen sich die Sätze auf die Hälfte.				
24.	Nachlaßsachen:				
	a) Inventarisierung, Sicherstellung (einschließlich der Siegelung), Erhebung, Eintreibung, Aufbewahrung, Veräußerung, Auszahlung und Überweisung eines Nachlasses				
	von dem Betrage	2 %	—	3 %	—
	doch nicht unter	3	—	5	—
	b) Vornahme einer Siegelung allein	3	—	5	—
	Besteht die konsularische Tätigkeit nur in Erhebung,				

Nummer.	Bezeichnung des Amtsgeschäfts	Gebühren der Konsulate in Europa ausschließlich (der Türkei) M	Pf	Gebühren der Konsulate außerhalb Europa sowie in der Türkei M	Pf
(24.)	Eintreibung, Aufbewahrung, Auszahlung, Überweisung des Nachlasses, so ist die unter Nr. 2 festgesetzte Gebühr zu erheben.				
	c) Nachforschungen oder Verhandlungen in Nachlaßsachen, soweit nicht die unter a oder b oder die unter Nr. 2 festgesetzten Gebühren zu erheben sind	3	—	6	—
	Nach Lage des Falles sind die Sätze zu c bis auf ein Drittel zu ermäßigen.				
25.	Notariatsakte, Aufnahme eines Notariatsakts (s. auch Beglaubigung und Protest)				
	von dem Betrage	1 %	—	1 1/2 %	—
	doch nicht unter	6	—	10	—
26.	Öffentliche Verkäufe:				
	von dem Erlöse	2 %	—	3 %	—
	doch nicht unter	3	—	5	—

Nummer	Bezeichnung des Amtsgeschäfts	Gebühren der Konsulate in Europa ausschließlich ℳ	Pf	außerhalb Europa sowie in der Türkei ℳ	Pf
27.	Paß (s. auch Gesundheitspaß):				
	a) Ausstellung eines Reisepasses	5	—	10	—
	b) Visa	3	—	5	—
28.	Protest, Aufnahme eines Protestes	6	—	10	—
29.	Schiedsspruch: Abgabe eines Schiedsspruchs vom Werte des Gegenstandes	1 %	—	1 ½ %	—
	doch nicht unter	6	—	10	—
30.	Schiffssachen:				
	a) Schiffsgebühr für jede Nettoregisterton	—	1	—	2
	doch nicht unter	—	50	1	—
	Die Gebühr ist von jedem Kauffahrteischiff (§ 1, § 26 Abs. 1 des Gesetzes, betr. das Flaggenrecht der Kauffahrteischiffe, vom 22. Juni 1899, RGBl. S. 319) zu entrichten, das sich über 48 Stunden in einem				

Nummer	Bezeichnung des Amtsgeschäfts	Gebühren der Konsulate in Europa ausschließlich		außerhalb Europa sowie in der Türkei	
		M	Pf	M	Pf
(30.)	Hafen aufhält, in dem ein Konsulat des Reichs sich befindet. Für die Gebühr hat das Schiff Anspruch auf alle Amtshandlungen des Konsulats, die in dem betreffenden Hafen zu seiner Abfertigung erforderlich sind, insbesondere auf Bescheinigung der Schiffsmeldung und -abmeldung, auf Aufbewahrung und Bescheinigung der Schiffspapiere, auf Erteilung aller Bescheinigungen, die zur Abfertigung des Schiffes in dem Hafen von den dortigen Behörden gefordert werden, sowie auf alle Dienstleistungen, die im Interesse von Kapitän, Schiffsoffizieren und Schiffsmann-				

Nummer	Bezeichnung des Amtsgeschäfts	Gebühren der Konsulate in Europa ausschließlich der Türkei		Gebühren der Konsulate außerhalb Europa sowie in der Türkei	
		ℳ	₰	ℳ	₰
	schaft liegen und für die keine besondere Gebühr oder Vergütung vorgesehen ist.				
	Schiffe, die in demselben Kalenderjahre denselben Hafen wieder besuchen, zahlen bei der zweiten und jeder folgenden Fahrt die Hälfte des tarifmäßigen Satzes, doch nicht unter 50 Pfennig und 1 Mark und in demselben Kalenderjahre nicht mehr als das Vierfache des tarifmäßigen Satzes.				
	Befreit von der Gebühr sind:				
	1. Schiffe, welche den Hafen nur in Ballast anlaufen und wieder verlassen;				

Nummer	Bezeichnung des Amtsgeschäfts	Gebühren der Konsulate in Europa ausschließlich der Türkei ℳ	₰	Gebühren der Konsulate außerhalb Europa sowie in der Türkei ℳ	₰
(30.)	2. Schiffe, welche den Hafen wegen Sturm, Haverei, Kriegsgefahr usw. als Nothafen anlaufen und nur als solchen benutzen.				
	b) Ausstellung eines Flaggenzeugnisses	50	—	100	—
	c) Feststellung der Notwendigkeit eines Schiffsverkaufs .	12	—	25	—
	Betreffen die in dieser Nummer aufgeführten Amtsgeschäfte ein Segelschiff, so ermäßigen sich die Sätze auf die Hälfte; jedoch bleiben die unter Nr. 30a bezeichneten Mindestgebühren auch in diesem Falle unverändert.				
31.	Sterbefälle:				
	Beurkundung von Sterbefällen, umfassend die Eintragung in die Register und				

Nummer	Bezeichnung des Amtsgeschäfts	Gebühren der Konsulate in Europa ausschließlich der Türkei M	Pf	außerhalb Europa sowie in der Türkei M	Pf
	die vorangegangene Verhandlung	3	—	6	—
	Berichtigungen oder andere nachträgliche Eintragungen im Sterberegister auf Antrag eines Beteiligten . . .	2	—	4	—
32.	Vergleich: Vermittelung eines Vergleichs	6	—	12	—
33.	Verklarung: Aufnahme einer Verklarung	10	—	15	—
	Dauert das Geschäft länger als eine Stunde, für jede weitere auch nur angefangene Stunde	4	—	8	—
34.	Zeugen- und Sachverständigenvernehmung für jeden Zeugen oder Sachverständigen . . .	10	—	15	—
35.	Zusatzgebühren:				
	Nimmt ein Geschäft die dienstliche Tätigkeit außerhalb der Amtsräume in Anspruch, so sind, außer den entstehenden				

Nummer	Bezeichnung des Amtsgeschäfts	Gebühren der Konsulate in Europa ausschließlich der Türkei ℳ	₰	Gebühren der Konsulate außerhalb Europa sowie in der Türkei ℳ	₰
(35.)	Gebühren, Zusatzgebühren zu entrichten, und zwar:				
	für den Konsul oder dessen Stellvertreter:				
	für die erste, auch nur angefangene Stunde . .	4	—	8	—
	für jede folgende Stunde	2	—	4	—
	für den Dragoman, Dolmetscher, Kanzler, Sekretär, Protokollführer:				
	für die erste Stunde . .	2	—	4	—
	für jede folgende Stunde	1	—	2	—
	Dauert das Geschäft länger als 6 Stunden, so wird für den Tag entrichtet:				
	für den Konsul oder dessen Stellvertreter	20	—	40	—
	für den Dragoman usw.	10	—	20	—
	Diese Zusatzgebühren sind in den unter Nr. 8, 11, 19 und 33 bezeichneten Fällen nicht zu entrichten.				

90. Verfügung des Reichskanzlers betr. **Gebührenfreiheit der gemäß § 6 des Tabaksteuergesetzes auszustellenden Bescheinigungen.** Vom 4. August 1910 (CBl. S. 447).

Auf Grund des § 11 des Konsulatsgebührengesetzes vom 17. Mai 1910 (RGBl. S. 847) bestimme ich:

Die Ausstellung von Bescheinigungen (Beglaubigungsvermerken) auf Rechnungen über Tabaksverkäufe gemäß § 6 des Tabaksteuergesetzes vom 15. Juli 1909[1]) erfolgt vom 1. September 1910 an gebührenfrei. Die Gebührenfreiheit erstreckt sich jedoch nur auf solche Rechnungen, die am und nach dem 1. September 1910 ausgestellt sind.

91. Gesetz zur Ausführung des **Abkommens über den Zivilprozeß vom 17. Juli 1905.** Vom 5. April 1909 (RGBl. S. 430)[2]).

I. Mitteilung gerichtlicher und außergerichtlicher Urkunden (Art. 1—7 des Abkommens).

§ 2. Für eine Zustellung im Auslande, die von dem darum ersuchten Konsul des Reichs auf dem im Art. 1 Abs. 1 des Abkommens vorgesehenen Wege bewirkt wird, beträgt die Gebühr 1,50 Mark.

Die gleiche Gebühr wird für eine vom Konsul gemäß Art. 6 Abs. 1 Nr. 3 unmittelbar bewirkte Zustellung erhoben; diese Vorschrift findet keine Anwendung in den Konsularbezirken, in denen die Zustellungen der Regel

---

[1]) Siehe Nr. 34 S. 217.
[2]) Siehe Nr. 44 S. 230.

nach auf einem der im Art. 1 Abs. 3, 4 vorgesehenen Wege zu erfolgen haben.

II. Ersuchungsschreiben (Art. 8—16 des Abkommens).

§ 4. Für die dem Konsul des Reichs gemäß Art. 9 Abs. 1 des Abkommens in Ansehung eines Ersuchungsschreibens obliegenden Verrichtungen beträgt die Gebühr 1,50 Mark; die Gebühr wird nicht erhoben, wenn das Ersuchen keine Erledigung findet.

IV. Rechtsverhältnisse der fremden Konsuln in Deutschland.

92. Gerichtsverfassungsgesetz (RGBl. 1898 S. 371).

§ 21. Die im Deutschen Reiche angestellten Konsuln sind der inländischen Gerichtsbarkeit unterworfen, sofern nicht in Verträgen des Deutschen Reichs mit anderen Mächten Vereinbarungen über die Befreiung der Konsuln von der inländischen Gerichtsbarkeit getroffen sind.

93. Gesetz, betr. die Quartierleistung für die bewaffnete Macht während des Friedenszustandes.

Vom 25. Juni 1868 (BGBl. S. 523).

§ 2. Für die bewaffnete Macht sind während des Friedenszustandes an Wohnungs- und sonstigen Gelassen auf Erfordern zu gewähren:

— — — — —

§ 4. — — — — —

Befreit hiervon sind nur:

2. die Wohnungen der Gesandten und des Gesandtschaftspersonals fremder Mächte; ferner, in Voraussetzung der Gegenseitigkeit, die Wohnungen der Berufskonsuln fremder Mächte, sofern sie Angehörige des entsendenden Staates sind und in ihrem Wohnort kein Gewerbe betreiben oder keine Grundstücke besitzen; — — —

94. Preußische Denkschrift über die **Rechtsverhältnisse der fremden Konsuln**[1]).

Es fehlen zurzeit Bestimmungen über die den fremden Konsuln in Deutschland allgemein und abgesehen von Verträgen zustehenden Vorrechte[2]). Von Rechts wegen ist darüber nichts festgesetzt, die Stellung der fremden Konsuln richtet sich daher nach der Gesetzgebung der einzelnen Bundesstaaten. Über die in Preußen den fremden Konsularbeamten eingeräumten Befugnisse äußert sich eine, als Anhang zu der früheren preußischen Allgemeinen Dienstinstruktion abgedruckte Denkschrift wie folgt:

„Was die persönlichen Immunitäten betrifft, so ist unter vorausgesetzter Reziprozitätsbeobachtung angenommen, daß solche fremde Konsularbeamte, welche nicht im diesseitigen Untertanenverbande stehen, wenn und inwieweit sie sich diesseits auf ihr Amt als Konsul

---

[1]) Entnommen v. König S. 75ff.

[2]) Siehe jedoch die vorhergehende Nr. 93.

beschränken und keinerlei Gewerbe oder Handel treiben, auch kein Grundstück erwerben, von persönlichen Leistungen und direkten Abgaben an Staat und Kommune, desgleichen von militärischer Einquartierung, ganz frei zu lassen sind. Freiheit von indirekten Abgaben steht ihnen aber nicht zu; sie haben daher auch bei Ankunft in den diesseitigen Staaten, abgesehen von der allgemeinen Zollfreiheit des Reisegeräts, keinen Anspruch auf Exemtion von Eingangszöllen[1]). Im Fall eines diesseitigen Handel- und Gewerbebetriebes oder bei Erwerbung eines diesseitigen Grundstücks kommen die betreffenden Abgaben und Leistungen zur Erhebung.

Die persönlichen Immunitäten der aus der Zahl der diesseitigen Untertanen gewählten fremden Konsularbeamten in Preußen bestehen dagegen nur darin, daß dieselben sich durch Substitute oder Geldentschädigung von persönlichen Leistungen an Staat und Kommune, mit Ausnahme des Königlichen Militärdienstes, freimachen können und daß ihnen bei militärischer Einquartierung der zur Führung des Amts und zur Aufbewahrung des Archivs erforderliche Wohnungsraum nicht geschmälert werden darf. Im übrigen wird hinsichtlich der diesseitigen Untertanspflichten durch die Zulassung zu fremden Konsulardiensten nichts geändert.

---

[1]) Vgl. hierzu den Beschluß des Bundesrats vom 6. November 1902 betr. Gewährung der Zollfreiheit an die bei dem Deutschen Reiche beglaubigten Botschafter, Gesandten usw. Bekanntmachung vom 20. November 1902 (CBl. S. 409).

Es gilt dies namentlich auch in bezug auf die allgemeine Militärpflichtigkeit. Daher kann solchen diesseitigen Untertanen, welche noch zum wirklichen Dienst im stehenden Heere verpflichtet sind, die Annahme eines fremden Konsularpostens überhaupt nicht gestattet werden. Beschränkt sich die Militärpflichtigkeit eines zu fremdem Konsulardienst erwählten diesseitigen Untertans auf die Stellung in der Reserve oder auf das Landwehrverhältnis, so wird ihm von der Königlichen Regierung, falls keine anderen Bedenken obwalten, das Exequatur zwar bewilligt, jedoch nur mit dem ausdrücklichen Vorbehalt der ferneren Erfüllung seiner Militärpflichten. Desgleichen befreit die Zulassung zu fremden Konsularposten nicht von dem Dienst als Geschworner. Die Stellung als richterliches Mitglied eines Handelsgerichts ist mit fremdem Konsulardienst nicht vereinbar[1]).

In bezug auf den Gerichtsstand der in Preußen angestellten Konsularbeamten, abgesehen von eigentlichen Dienstverhältnissen, wird folgendes bemerkt:

Für Zivilsachen und Sachen der freiwilligen Gerichtsbarkeit sind die fremden Konsularbeamten in Preußen ohne weiteren persönlichen Unterschied im allgemeinen den diesseitigen Gerichten unterworfen, mögen sie preußische Untertanen sein oder nicht, in welchem letzteren Fall sie diesseits zunächst wie andere fremde Untertanen behandelt werden, welche innerhalb der Königlichen Staaten einen bestimmten Wohnsitz genommen

[1]) Vgl. jetzt GVG. §§ 24 ff., 109 ff.

haben. Es macht auch keinen Unterschied, ob das Rechtsgeschäft, aus welchem geklagt wird, im Inlande oder im Auslande eingegangen ist; desgleichen ob der Gläubiger für seine Person dem Inlande oder dem Auslande angehört. Dabei erkennt aber die Königliche Regierung das frühere heimatliche Zivilforum des fremden Untertanen, der auf diesseitigem Gebiete eine fremde Konsularstelle bekleidet, als noch fortbestehend an, soweit darauf unbeschadet den diesseitigen Jurisdiktionsbefugnissen gleichzeitig Anspruch gemacht werden kann. Es kann mithin ein doppelter persönlicher Gerichtsstand begründet sein, bei welchem der Gläubiger die Wahl hat.

Hinsichtlich der Kriminalsachen gilt dagegen die Regel, daß solche fremde Konsularbeamte, welche sich nicht in dem preußischen Untertansverbande befinden, sobald sie diesseits weder Handel noch Gewerbe treiben, auch kein Grundstück besitzen, von der diesseitigen Gerichtsbarkeit ausgenommen sind, und daß daher ein in diese Kategorie fallender Verbrecher an diejenige Regierung, in deren Konsulardienst er steht, behufs der Untersuchung und Bestrafung zu überlassen sein würde[1]). Diese Exemtion würde sich indessen immer nicht auf solche strafgesetzlich verbotene Handlungen erstrecken können, durch welche die eigenen diesseitigen Staatsrechte unmittelbar verletzt werden, ingleichen nicht auf solche Fälle, wo das Interesse der öffentlichen Ordnung und Sicherheit

---

[1]) Anders nach § 21 des Gerichtsverfassungsgesetzes Nr. 92 S. 518.

es erheischt, den Schuldigen sofort zur Verantwortung zu ziehen.

Die dem diesseitigen Untertansverbande angehörenden fremden Konsularbeamten stehen im allgemeinen auch hinsichtlich der Strafsachen ausschließlich unter der diesseitigen Gerichtsbarkeit. Desgleichen würde die diesseitige Kriminalgerichtsbarkeit bei solchen nicht dem diesseitigen Untertansverbande angehörenden fremden Konsularbeamten Platz greifen, deren diesseitige Beziehungen sich nicht auf das Amt als Konsul beschränken.

Was noch insbesondere die Frage wegen der diesseitigen Verhaftung eines fremden Konsularbeamten betrifft, so ist es, und zwar ohne Unterschied, ob ein Verbrechen dazu Anlaß gibt, oder ein Privatverhältnis, wie letzteres bei dem Zivilschuldenarrest obwaltet, unter der Voraussetzung sonstiger gesetzlicher Begründung, an und für sich unbenommen, eine Maßregel dieser Art eintreten zu lassen, gleichviel welchem Staate der zu verhaftende Konsularbeamte als Untertan angehört. Doch ist vorbehalten, der betreffenden fremden Regierung vorkommendenfalls davon Nachricht zu geben, damit dieselbe wegen der anderweitigen Vertretung des Konsulardienstes ihre Maßregeln treffen könne.

Eine ähnliche Kommunikation ist auch außer dem Fall der Verhaftung für vorbehalten zu erachten, sobald es sich um die Einleitung eines diesseitigen Kriminalverfahrens gegen einen in den Königlichen Staaten angestellten fremden Konsularbeamten handeln sollte.

Übrigens würde die in den preußischen Gesetzen

zunächst für den Zivilpersonalarrest allgemein vorgeschriebene Beobachtung von Schonung gegen Fremde von einigem Rang auch einem Consul missus zuteil werden. Abgesehen von dieser Schonung bei Verhaftungen können sich aber die fremden Konsularbeamten in den Königlichen Staaten, soweit sie der diesseitigen Gerichtsbarkeit unterworfen sind, den Formen, welche für die Ausübung derselben allgemein vorgeschrieben sind, weder in Kriminal-, noch in Zivilsachen entziehen."

V. Staatsverträge.

Zu den in den Abschnitten I—IV gegebenen Rechtsnormen allgemeiner Natur treten noch die besonderen Vereinbarungen, die das Deutsche Reich mit einzelnen Staaten über die Rechtsverhältnisse der beiderseitigen Konsuln getroffen hat. Diese Vereinbarungen sind entweder in besonderen Konsularverträgen enthalten, oder sie finden sich in Verträgen anderer Art, insbesondere Handelsverträgen.

Alle diese Vertragsbestimmungen sind im Verhältnis zum Konsulargesetz als lex specialis zu betrachten und gehen demgemäß den Bestimmungen des letzteren vor; ebenso können Vertragsbestimmungen das Konsulargesetz ergänzen.

Im nachfolgenden sind die Vertragsbestimmungen angegeben; ihren vollen Text wiederzugeben ist aus Gründen des Raumes hier untunlich.

1. Abessinien, Deutsch-Äthiopischer Freundschafts- und Handelsvertrag vom 7. März 1905 (RGBl. 1906 S. 470) Art. 3, 5.
2. Argentinien, Handelsvertrag des Zollvereins vom 19. September 1857 Art. 9, 11, 14 (PrGS. 1859 S. 405).
3. Bolivia, Freundschafts- und Handelsvertrag vom 22. Juli 1908 (RGBl. 1910 S. 507) Art. 5.
4. Bulgarien, Berliner Vertrag vom 13. Juli 1878 (RGBl. S. 307) Art. 8.
5. China, Handelsvertr. d. Zollvereins v. 2. Sept. 1861 (PrGS. 1863 S. 265) Art. 4, 5, 8, 13, 16—18, 21, 22, 28, 29, 32—35, 37—41. Zusatz-Konv. v. 31. März 1880 (RGBl. 1881 S. 261) Art. 8, 9.
6. Columbien, Handelsvertr. vom 29. Juli 1892, Art. 16, 21 (RGBl. 1894 S. 481).
7. Costarika, Handelsvertr. v. 18. Mai 1875 (RGBl. 1877 S. 13) Art. 9, 26—34.
8. Egypten, Handelsvertr. v. 19. Juli 1892, Art. 8, 14, 16, 19—21, dazu Zollreglement und Schlußprotokoll (RGBl. 1893 S. 22).
9. Frankreich, Friedensvertr. v. 10. Mai 1871, Art. 11 (RGBl. S. 223) dazu Handelsvertr. d. Zollver. v. 2. August 1862 (PrGS. Nr. 21) Art. 12—15.
10. Griechenland, Konsularvertr. v. 26. Nov. 1881 (RGBl. 1882 S. 101).
11. Großbritannien, Auslieferungsvertrag v. 14. Mai 1872, Art. XV, XVI (RGBl. S. 229); Schiffahrts-

vertrag v. 16. August 1865, Art. 3, 4, 6 (PrGS. 1866 Nr. 7).

12. Guatemala, Konsularvertr. v. 20. Sept. 1887 (RGBl. 1888 S. 238).

13. Honduras, Konsularvertr. v. 12. Dezember 1887 (RGBl. 1888 S. 262).

14. Italien, Konsularvertrag v. 7. Februar 1872 und 21. Dez. 1868 (BGBl. 1869 S. 113, RGBl. 1872 S. 134), Zusatzvertr. v. 4. Mai 1891 (RGBl. S. 113).

15. Japan, Handels- u. Schiffahrtsvertrag v. 4. April 1896 (RGBl. S. 715) Art. 20 und Konsularvertrag v. 4. April 1896 (RGBl. S. 732) dazu Bek. vom 7. Juli 1899 (RGBl. S. 364). **Beide Verträge sind zum 17. Juli 1911 von Japan gekündigt (CBl. 1910 S. 410).**

16. Liberia, Handelsvertr. v. 31. Okt. 1867, Art. 7, 8 (BGBl. 1868 S. 197).

17. Marokko, Konv. über das Schutzrecht v. 3. Juli 1880, Art. 3—5, 7—10, 12, 14 (RGBl. 1881 S. 107). Generalakte der Internationalen Konferenz von Algeciras vom 7. April 1906 (RGBl. S. 891).

18. Mexiko, Handelsvertr. v. 5. Dez. 1882, Art. 19 bis 22 (RGBl. 1883 S. 259).

19. Nikaragua, Konsularvertrag v. 4. Februar 1896 (RGBl. 1897 S. 171).

20. Niederländische Kolonien, Konsularvertrag mit Preußen vom 16. Juni 1856 und Deklaration vom 11. Januar 1872 (RGBl. 1872 S. 67).

21. Österreich-Ungarn, Handelsvertr. v. 6. Dez. 1891,

Art. 20, 21 (RGBl. 1892 S. 10) und Zusatzvertrag vom 25. Januar 1905 (RGBl. S. 143).

22. Paraguay, Handelsvertrag vom 21. Juli 1887, Art. 3 (RGBl. 1888 S. 179).

23. Persien, Handelsvertr. v. 11. Juni 1873, Art. 3, 10, 11, 13—15 (RGBl. S. 353).

24. Peru, Vereinb. v. 28. Juni 1897 (RGBl. 1899 S. 662).

25. Portugal, Handelsvertr. v. 30. November 1908, Art. 20—22 (RGBl. S. 689).

26. Rumänien, Berliner Vertrag vom 13. Juli 1878 (RGBl. S. 307) Art. 49, Handelsvertr. v. 21. Okt. 1893, Art. 17 (RGBl. 1894 S. 12).

27. Rußland, Konsularvertrag vom $\frac{\text{26. Nov.}}{\text{8. Dez.}}$ 1874 (RGBl. 1875 S. 145), dazu Schlußprotokoll zu dem Handels- und Schiffahrtsvertrag vom $\frac{\text{29. Jan.}}{\text{10. Febr.}}$ 1894 (RGBl. S. 153) zu Art. 20 (S. 235) und Zusatzvertrag vom 28./15. Juli 1904 (RGBl. S. 35 ff).

28. Schweden, Handels- und Schiffahrtsvertrag vom 8. Mai 1906 (RGBl. S. 739) Art. 18, 20.

29. Serbien, Konsularvertr. vom 6. Januar 1888 (RGBl. S. 62)[1].

30. Siam, Handelsvertr. d. Zollver. vom 7. Februar 1862, Art. 2, 4, 5—19, 22—25 (PrGS. 1864 Nr. 49).

---

[1]) Vgl. S. 489.

31. Spanien, Konsularvertr. vom 22. Februar 1870 (BGBl. S. 299), dazu Konsularkonvention vom 12. Januar 1872 (RGBl. S. 211).
32. Tongainseln, Handelsvertr. vom 1. November 1876, Art. VII, X (RGBl. 1877 S. 517)[1]).
33. Tunis, Erklärung zwischen dem Deutschen Reiche und Frankreich vom 18. November 1896 (RGBl. 1897 S. 7)[2]).
34. Türkei, Handelsvertr. vom 26. August 1890, Art. 18 bis 21 (RGBl. 1891 S. 130).
35. Uruguay, Handelsvertr. vom 20. Juni 1892, Art. 5 (RGBl. 1894 S. 508).
36. Vereinigte Staaten von Nordamerika, Konsularvertr. vom 11. Dez. 1871 (RGBl. 1872 S. 95).
37. Zanzibar, Handelsvertr. vom 20. Dezember 1885 (RGBl. 1886 S. 262)[3]).

VI. Verzeichnis der Kaiserlich Deutschen Konsulate

(Stand vom Januar 1911)[4]).

Vorbemerkungen:

1. Die Berufskonsulate oder durch Berufsbeamte verwalteten Konsularämter sind fett gedruckt.

---

[1]) Vgl. dazu Nr. 84 u. 86 S. 492.

[2]) Vgl. dazu Nr. 82 u. 83 S. 491.

[3]) Vgl. dazu Nr. 84 u. 87 S. 492, 493.

[4]) Nach dem vom Auswärtigen Amt herausgegebenen Verzeichnis.

2. Die Generalkonsulate sind durch einen Stern in Spalte 3 gekennzeichnet.

3. Diejenigen Konsulate, an denen Konsuln amtieren, denen auf Grund des § 1 des Gesetzes vom 4. Mai 1870 bzw. § 85 des Gesetzes vom 6. Februar 1875[1]) für ihren Amtsbezirk die Ermächtigung erteilt worden ist bürgerlich gültige Eheschließungen von Deutschen bzw. von Deutschen und Schutzgenossen vorzunehmen und die Geburten, Heiraten und Sterbefälle derselben zu beurkunden sind mit einer 1 in Spalte 5 bezeichnet.

4. Diejenigen Konsulate, an denen Konsuln amtieren, denen auf Grund des § 20 des Konsulargesetzes vom 8. November 1867[2]) die Befugnis zur Abhörung von Zeugen und Abnahme des Eides erteilt ist, sind mit einer 2 in Spalte 6 bezeichnet.

5. Diejenigen Konsulate, die zur Ausstellung von Leichenpässen[3]) ermächtigt sind (Bekanntmachung des Reichskanzlers vom 10. Januar 1910), sind mit einer 3 in Spalte 7 bezeichnet.

6. Diejenigen Konsulate, die zur Zurückstellung Militärpflichtiger (Wehrordnung § 33 Ziffer 10)[4]) ermächtigt sind, sind mit einer 4 in Spalte 8 bezeichnet.

---

[1]) Siehe Nr. 18 S. 174.
[2]) Siehe Nr. 3 S. 18.
[3]) Siehe Nr. 30 u. 31 S. 211 ff.
[4]) Siehe Nr. 28 S. 205.

I. Länder, in denen Konsulargerichtsbarkeit besteht.

1	2	3	4 [1])	5	6	7	8
1	Abessinien		**Adis-Abeba**	1	2		
2	Bulgarien [2])		**Sofia**	1	2		4
			Varna	1	2	3	4
3	China	*	**Schanghai**	1	2	3	4
			Amoy	1	2	3	4
			[Futschau]	1	2		
			Canton [3])	1	2	3	4
			Charbin	1	2	3	
			Hankau	1	2	3	4
			Itschang			3	4
			Mukden	1	2	3	
			[Niutschwang]				
			Nanking	1	2	3	4
			Pakhoi-Hoihau	1	2	3	
			Swatau	1	2	3	4
			Tientsin	1	2	3	4

[1]) Von den Konsulaten an den eingeklammerten [ ] Orten wird die Konsulargerichtsbarkeit nicht ausgeübt, ihr Amtsbezirk ist vielmehr bezüglich Ausübung der Konsulargerichtsbarkeit einem anderen Konsulate zugewiesen.

[2]) Beschränkte Gerichtsbarkeit siehe Nr. 88 S. 495.

[3]) Gleichzeitig Konsul für die portugiesische Kolonie Macao.

1	2	3	4[1]	5	6	7	8
noch	China		**Tschengtu-Tschungking**	1	2	3	
			Tschifu	1	2	3	4
			Tsinanfu	1	2	3	4
4	Japan	*	**Söul**[2]	1	2	3	4
5	Marocco	*	**Tanger**	1	2		
			Casablanca	1	2	3	4
			[Magazan]				
			[Mogador]				
			[Rabat]				
			[Saffi]				
			[Fes]		2	3	
			[Larache]				
6	Persien	*	**Teheran**	1	2		
			[Buschär]	1	2	3	4
7	Rumänien[3]		**Bukarest**	1	2	3	4
			[Crajowa]				
			[Ploesti]				
			Galatz	1	2	3	4

[1]) Vgl. Anm. 1 zu S. 530.

[2]) Für das Gebiet des ehemaligen Kaiserreichs Korea. Ob nach der Einverleibung nach Japan die bisher in Korea ausgeübte Konsulargerichtsbarkeit in Fortfall kommt, steht noch nicht fest.

[3]) Seit der Unabhängigkeitserklärung (14./26. März 1877) verweigerten die rumänischen Behörden die Vollstreckung der Urteile wie aller andern richterlichen Akte

1	2	3	4[1])	5	6	7	8
noch	Rumänien		[Braila]				
			[Constantza]				
			Jassy	1	2	3	4
			[Bacau]				
			[Roman]				
8	Samoa[2])		Apia[2])	1	2	3	4
	Tongainseln		[Nukualofa]				

der Konsuln, so daß schon vor dem Berliner Vertrag die Konsulargerichtsbarkeit tatsächlich außer Übung war (vgl. Lippmann, Die Konsularjurisdiktion im Orient, 1898). Rechtlich anerkannt ist dieser Zustand nicht. In dem Verzeichnis der deutschen Konsulate sind die Konsulate in Rumänien als solche mit Gerichtsbarkeit aufgeführt, ebenso im Preuß. Justizministerialblatt 1910 S. 175, dort allerdings mit der Bemerkung, daß die Konsulargerichtsbarkeit „nicht mehr in vollem Umfange ausgeübt" wird.

[1]) Vgl. Anm. 1 zu S. 530.

[2]) Der Gouverneur von Deutsch-Samoa ist mit der Wahrnehmung der konsularischen Befugnisse für diejenigen nicht zu einem deutschen Schutzgebiet gehörenden Inseln der Südsee beauftragt, die nicht dem Amtsbezirke eines andern Konsulats zugeteilt sind. Konsulargerichtsbarkeit übt er aus auf denjenigen nicht zu einem deutschen Schutzgebiet gehörenden Inseln der Südsee, die nicht einer vom Reich anerkannten anderweitigen Jurisdiktion unterworfen sind. (In Betracht kommen jetzt wohl nur noch die Inselgruppe der „Neuen Hebriden".) Wegen der Tongainseln vgl. S. 492f.

1	2	3	4[1])	5	6	7	8
9	Serbien[2])		**Belgrad**	1	2	3	4
10	Siam	*	**Bangkok**	1	2		
11	Türkei		**Adana**	1	2		
			[Mersina]	1			
			Aleppo	1	2	3	
			[Alexandrette]				
			[Antiochia][3])				
			Bagdad	1	2	3	
			Basra				
			Beirut	1	2	3	4
			[Damascus]				
		*	**Constantinopel**	1	2	3	4
			[Adrianopel]				
			[Brussa]				
			[Dedeagatsch]				
			[Rodosto]				
			[Samsun]				
			Trapezunt	1			
			[Tripolis (Afrika)]				
			[Tschanak]				
			Haiffa	1	2	3	
			[Tripolis (Syrien)]				
			Jerusalem	1	2	3	4

1) Vgl. Anm. 1 zu S. 530.
2) Siehe hierzu Nr. 79 S. 489.
3) Konsularagent.

1	2	3	4 [1]	5	6	7	8
noch	Türkei		**Jaffa**	1	2	3	4
			[Larcana (Cypern)]				
			[Mossul]			3	
			Salonik	1	2	3	4
			[Janina (Albanien)]				
			Smyrna	1	2	3	4
			[Canea]	1		3	4
			[Chios]				
			[Mytilene (Castro)]				
			[Samos (Bathy)]				
	Ägypten [2]	*	**Cairo**	1	2	3	4
			[Fayum] [3]				
			[Girgeh] [3]				
			[Kenneh] [3]				
			[Luxor] [3]				
			[Siut] [3]				
			[Port Said]				
			Alexandrien	1	2	3	4
			[Suez]	1			
			[Tantah] [3]				
			[Zagazig] [3]				
			[Mansura] [3]				

[1]) Vgl. Anm. 1 zu S. 530.

[2]) Beschränkte Konsulargerichtsbarkeit siehe Nr. 76 bis 78 S. 481 ff.

[3]) Konsularagent.

II. Länder, in denen keine deutsche Konsulargerichtsbarkeit besteht.

1	2	3	4	5	6	7	8
12	Argentinien	*	**Buenos Aires**	1	2	3	4
			Bahia Blanca				
			Cordoba				
			Mendoza				
			Puerto Gallegos				
			Puerto Madryn				
			Rosario				
			Salta				
			Santa Elena (Prov. Entre Rios)				
			Santa Fé				
			Tucuman				
13	Belgien	*	**Antwerpen**		2	3	4
			Brüssel		2	3	4
			Charleroi				
			Gent				
			Lüttich			3	
			Ostende				
14	Belgische Besitzung		**Boma** (Kongo)			3	
			Matadi				
15	Bolivien		Cochabamba	1			
			La Paz	1			
			Oruro	1			

1	2	3	4	5	6	7	8
noch	Bolivien		Potosi	1			
			Puerto Suarez	1			
			Riveralta	1			
16	Brasilien		**Amazonasgebiet** (Postadr.: Pará [Belem])	1	2	3	
			Manáos				
			Pará (Belem)				4
			Bahia (Brasil.)	1	2	3	4
			Ceará (Fortaleza)				
			Curitiba	1	2	3	4
			Paranaguá				
			Desterro (Florianopolis)	1	2	3	4
			Blumenau				
			Itajahy				
			Joinville (Dona Francisca)				
			Laguna [1]				
			Maceió				
			Pernambuco (Recife)				
			Porto Alegre	1	2	3	4
		*	**Rio de Janeiro**	1	2	3	4
			Cuyabá				
			Juiz de Fora				

[1]) Konsularagent.

1	2	3	4	5	6	7	8
noch	Brasilien		Victoria (Espiritu Santo)				
			Rio Grande do Sul	1	2	3	4
			Santos	1			
			Sao Luiz do Maranhao				
			Sao Paulo	1	2	3	4
17	Central-Amerika		Guatemala				4
			Coban				
			El Tumbador				
			Ocós [1])				
			Livingston [1])				
			Quezaltenango				
			Retalhuleu				
			Camperico [1])				
			San José de Guatemala [1])				
			Amapala (Honduras)				
			San Pedro Sula (Honduras)				
			Tegucigalpa (Honduras)				
			San José de Costarica		2	3	4

[1]) Konsularagent.

1	2	3	4	5	6	7	8
noch	Central-Amerika		Limón (Costarica)				
			Puntarenas „				
			San José de Costarica				
			Managua (Nicaragua)				4
			San Salvador				4
18	Chile	*	**Valparaiso**		2	3	4
			Antofagasta				
			Mejillones del Sur [1])				
			Caldera				
			Concepcion				
			Talcahuano [1])				
			Coronel				
			Guayacán				
			Iquique				
			Osorno				
			Pisagua				
			Puerto Montt				
			Ancud [1])				
			Punta Arenas				
			Santiago				
			Tacna				
			Arica [1])				

[1]) Konsularagent.

1	2	3	4	5	6	7	8
noch	Chile		Taltal				
			Temuco				
			Tocopilla				
			Valdivia				
19	Columbien		**Bogotá**	1	2		
			Barranquilla	1			
			Santa Marta				
			Bucaramanga				
			Cali				
			Cartagena				
			Medellin				
			Orocué				
			San José de Cúcuta				
			Tumaco				
20	Cuba		**Havana**		2		
			Cienfuegos				
			St. Jago de Cuba				
			Trinidad de Cuba				
21	Dänemark	*	**Kopenhagen**		2	3	4
			Aalborg				
			Aarhuus				
			Esbjerg				
			Ribe [1]				
			Frederikshavn				
			Fridericia				

[1]) Konsularagent.

1	2	3	4	5	6	7	8
noch	Dänemark		Helsingör				
			Hjörring				
			Horsens				
			Veile [1])				
			Kolding				
			Korsör				
			Naestved				
			Nyborg				
			Svendborg [1])				
			Nykjöbing (Falster)				
			Nakskov (Laaland) [1])				
			Odense				
			Assens (Fünen) [1])				
			Randers				
			Ringkjöbing				
			Rönne				
			Skive				
			Svaneke				
			Thisted				
22	Dänische Besitzungen		Reykjavik				
			St. Thomas (Antillen)				
23	San Domino [2])		Puerto Plata				

[1]) Konsularagent.
[2]) Siehe auch unten Haiti.

1	2	2	4	5	6	7	8
noch	San Domino		Santo Domingo				
			Sanchez				
			San Pedro de Macoris[1])				
24	Ecuador		**Quito**	1	2	3	
			Guayaquil	1			
			Manta[1])				
25	Frankreich		Bordeaux			3	
			Havre		2	3	4
			Boulogne-sur-Mer			3	
			Calais			3	
			Dünkirchen			3	
			Nantes			3	
			Roubaix				
			Rouen			3	
			St. Nazaire			3	
			La Rochelle			3	
			Marseille		2	3	4
			Mazamet			3	
			Nizza		2	3	4
			Paris		2	3	4
			Lyon			3	
26	Französische Besitzungen[2])		**Algier**		2	3	4

[1]) Konsularagent.
[2]) Siehe auch Liberia.

1	2	3	4	5	6	7	8
noch	Französische Besitzungen		Buëa[1])				
			Libreville				
			Lome[2])			3	4
			Porto Novo				
			Papeete (Tahiti)				
			Saigon		2	3	4
			Tamatave (Madagascar)				
			Fort Dauphin (Madagascar)				
27	Griechenland	*	**Athen**	1		3	4
			Calamata	1			
			Corfu	1			
			Cephalonia				
			Patras	1			
			Pyrgos[3])				
			Zante				
			Piräus				
			Syra				

[1]) Der Gouverneur von Kamerun übt für das französische Gabungbiet die Befugnisse eines Generalkonsuls aus. Siehe auch britische und spanische Besitzungen.

[2]) Der Gouverneur von Togo übt für die Kolonie Dahomé die Befugnisse eines Konsuls aus. Siehe auch britische Besitzungen.

[3]) Konsularagent.

1	2	3	4	5	6	7	8
noch	Griechenland		Skyros [1]				
			Thera [1]				
			Zea [1]				
			Volo	1			
28	Großbritannien und Irland	*	**London**		2	3	4
			Aberdeen				
			Amble (Northumberland)				
			Arbroath				
			Barrow in Furneß (Lancashire)				
			Belfast				
			Birmingham				
			Blyth				
			Bradford				
			Bristol				
			Cardiff				
			Bridgwater				
			Gloucester				
			Milford				
			Swansea				
			Dartmouth				
			Teigumouth [1]				
			Dover				

[1]) Konsularagent.

1	2	3	4	5	6	7	8
noch	Großbritannien und Irland		Dublin				
			Dundalk				
			Newry [1]				
			Dundee				
			Falmouth				
			Fowey				
			Glasgow				
			Ardrossan [1]				
			Ayr [1]				
			Campbeltown [1]				
			Greenock [1]				
			Troon [1]				
			Grangemouth				
			Alloa [1]				
			Boneß [1]				
			Great Yourmouth				
			Guernsey				
			Hartlepool				
			Harwich				
			Hull				
			Great Grimsby				
			Inverneß				
			Jersey				
			Kirkwall (Orkney-inseln)				

[1]) Konsularagent.

1	2	3	4	5	6	7	8
noch	Großbritannien und Irland		Leith				
			Berwick on Tweed				
			Burntisland				
			Charlestown [1])				
			St. David's [1])				
			Methil				
			West-Wemyß [1])				
			Lerwick (Shetlandinseln)				
			Limerick				
			Liverpool				
			Londonderry				
			Lowestoft				
			Lynn (Kings-)				
			Boston [1])				
			Wisbech [1])				
			Manchester				
			Middlesborough				
			Montrose				
			Newcastle on Tyne				
			Newport (Monmouthshire)				
			Nottingham				
			Padstow				
			Penzance				

[1]) Konsularagent.

1	2	3	4	5	6	7	8
noch	Großbritannien und Irland		Perth				
			Peterhead				
			Fraserburgh [1])				
			Plymouth				
			Poole				
			Portsmouth				
			Queenstown				
			Rochester				
			Scilly=Inseln				
			Sheffield				
			Shoreham				
			Southampton				
			Stornoway (Hebrideninseln)				
			Sunderland				
			Waterford				
			Weymouth				
			Wick				
29	Britische Besitzungen [1])						
			Belize				
			Bridgetown (Barbados)				
			Castries (St. Lucia) [2])				

[1]) Siehe auch Liberia.
[2]) Konsularagent.

1	2	3	4	5	6	7	8
noch	Britische Besitzungen		Buëa[1])				
			Lagos				
			Warri (Southern Nigeria)				
		*	**Calcutta**		2	3	4
			Akyab (Brit. Burmah)				
			Bassein (Brit. Burmah)				
			Bombay		2	3	4
			Aden				
			Karáchi (Ostindien)				
			Cochin (Malabarküste)				
			Colombo			3	
			Madras				
			Moulmein (Brit. Burmah)				
			Rangoon (Brit. Burmah)				
		*	**Capstadt**		2	3	4

[1]) Der Gouverneur von Kamerun übt für die Protektorate Nord- und Südnigerien die Befugnisse eines Generalkonsuls aus. Siehe auch französische und spanische Besitzungen.

1	2	3	4	5	6	7	8
noch	Britische Besitzungen		Bloemfontein				
			Durban (Port Natal)		2	3	4
			East London				
			Kimberley (Kap-Kolonie)				
			Mosselbay (Kapkolonie)				
			Port Elizabeth				
			Salisbury				
			Pretoria			3	4
			Johannesburg			3	4
			Entebbe (Port Alice)				
			Mombassa			3	
			Georgetown (Demerara)				
			Gibraltar				
			Hamilton (Bermuda)				
			Hongkong		2	3	4
			Kingston (Jamaika)				
			La Valetta (Malta)				
			Lome [1])			3	4

[1]) Der Gouverneur von Togo übt für die britische Goldküstenkolonie die Befugnisse eines Konsuls aus. Siehe auch französische Besitzungen.

1	2	3	4	5	6	7	8
noch	Britische Besitzungen		Mahé				
			Freetown (Sierra Leone)				
			Montreal (Canada)		2	3	4
			Chatham (Neu-Braunschweig)				
			Dawson Y. T.				
			Halifax (Neu-Schottland)				
			Pugwash [1]				
			St. John (Neu-Braunschweig)				
			Toronto (Canada)				
			Vancouver				
			Victoria (Brit. Columbien)				
			Winnipeg (Canada)				
			Nain (Labrador)				
			Nassau (New-Providence				
			Port Louis (Mauritius)				
			Port of Spain (Trinidad)				

[1]) Konsularagent.

1	2	3	4	5	6	7	8
noch	Britische Besitzungen		Port Stanley (Falklandinseln)				
		*	**Singapore**		2	3	4
			Penang				
			Sandakan (Borneo)				
			St. Helena				
			St. Johns (Neufundland)				
		*	**Sydney**		2	3	4
			Adelaide				
			Auckland (Neuseeland)				
			Brisbane				
			Christchurch				
			Cooktown (Queensland)				
			Dunedin				
			Fremantle				
			Hobart (Tasmanien)				
			Levuka (Insel Ovalan)				
			Melbourne		2		
			Newcastle (Neusüdwales)				
			Wellington (Neuseeland)				

1	2	3	4	5	6	7	8
30	Haiti		**Port au Prince**[1])				
			Aux Cayes				
			Cap Haiti				
			Gonaïves				
			St. Marc[2])				
			Jacmel				
			Jérémie				
			Petit Goave[2])				
31	Italien		Bologna			3	
			Florenz	1[3])	2	3	
		*	**Genua**	1[3])	2	3	4
			Cagliari			3	
			Alghero[2])				
			Carloforte[2])				
			Sassari (Porto Torres)[2])				
			Rapallo			3	
			San Remo			3	
			Savona			3	
			Spezia			3	
			Livorno			3	
			Porto Ferraio (Elba)[2])				

[1]) Auch für die Republik San Domingo.
[2]) Konsularagenten.
[3]) Siehe die Anmerkung auf der folgenden Seite.

1	2	3	4	5	6	7	8
noch	Italien		**Mailand**	1[1])	2	3	4
			Turin	1[1])		3	
			Messina		2	3	
			Catania			3	
		*	**Neapel**	1[1])	2	3	4
			Bari			3	
			Brindisi			3	
			Gallipoli			3	
			Lecce			3	
			Pizzo			3	
			Reggio			3	
			Palermo	1[1]	2	3	
			Girgenti			3	
			Licata			3	
			Milazzo			3	
			Syrakus			3	
			Terranova			3	
			Trapani			3	
			Rom	1[1])	2	3	4
			Ancona			3	
			Civita Vecchia			3	
			Venedig			3	

[1]) Die Ermächtigung, bürgerlich gültige Eheschließungen vorzunehmen, beschränkt sich auf diejenigen Fälle, in denen beide Verlobte Reichsangehörige sind.

1	2	3	4	5	6	7	8
32	Japan[1])	*	**Yokohama**	1	2	3	4
			Kobe	1	2	3	4
			Nagasaki	1	2	3	4
			Schimonoseki			3	
33	Liberia[2])		**Monrovia**	1	2	3	4
34	Mexico		**Mexico**		2	3	
			Chihuahua				
			Ciudad Juarez				
			Colima				
			Durango				
			Guadalajara				
			Guanajuato				
			Guaymas				
			Laguna de Terminos				
			Mazatlan				
			Merida				
			Monterrey				
			Oaxaca				
			Puebla				
			Salina Cruz				
			Puerto Mexico[3])				

[1]) Siehe auch unter Nr. 4.
[2]) Gleichzeitig Konsul für die französische Elfenbeinküstenkolonie und die britische Kolonie Sierra Leone.
[3]) Konsularagent.

1	2	3	4	5	6	7	8
noch	Mexico		San Cristobal las Casas				
			San Luis Potosi				
			Tampico				
			Tapachula				
			Tepic				
			Torreón				
			Vera Cruz				
35	Niederlande	*	**Amsterdam**		2	3	4
			Groningen				
			Delfzyl[1]				
			Harlingen				
			Helder				
			Maastricht				
			Nymwegeu				
			Rotterdam		2	3	4
			Brouwershaven[1]				
			Dordrecht[1]				
			Hoek van Holland[1]				
			Maaßluis[1]				
			Schiedam[1]				
			Vlaardingen[1]				
			Zierikzee[1]				
			Terneuzen				
			Terschelling				

[1]) Konsularagent.

1	2	3	4	5	6	7	8
noch	Niederlande		Vlissingen				
			Zaandam				
36	Niederländische Besitzungen	*	**Batavia**		2	3	4
			Macassar (Celebes)				
			Menado "				
			Samarang (Java)				
			Surabaya (Java)				
			Medan (Sumatra)				
			Padang "				
			Curaçao				
			Paramaribo				
37	Norwegen	*	**Kristiania**		2	3	4
			Aalesund				
			Arendal				
			Österrisöer [1])				
			Bergen				
			Bodö (Amt Nordland)				
			Drammen				
			Drontheim				
			Frederikshald				
			Frederiksstad				
			Sannesund [1])				
			Grimstad				

[1]) Konsularagent.

1	2	3	4	5	6	7	8
noch	Norwegen		Hammerfest				
			Kragerö				
			Kristiansand				
			Farsund [1])				
			Flekkefjord [1])				
			Mandal [1])				
			Kristiansund				
			Laurvig				
			Brevig [1])				
			Skien [1])				
			Moß				
			Namsos				
			Narvik				
			Stavanger				
			Egersund [1])				
			Hangesund [1])				
			Tönsberg				
			Tromsö				
			Vardö				
			Kirkenes [1])				
			Vadso [1])				
38	Österreich-Ungarn		Brünn			3	
		*	**Budapest**			3	4
			Fiume			3	4

[1]) Konsularagent.

1	2	3	4	5	6	7	8
noch	Österreich-Ungarn		Innsbruck			3	
			Lemberg			3	4
			Czernowitz				
			Prag			3	4
			Sarajewo	1	2	3	4
			Triest			3	4
			Spalato			3	
			Wien			3	
39	Panamá		Panamá				
			Bocas del Toro				
			Colon (Aspinwall)				
40	Paraguay		**Asuncion**	1	2	3	4
			Villa Rica [1]				
41	Peru		Arequipa	1			
			Cajamarca				
			Callao				
			Cuzco				
			Iquitos				
			La Merced				
			Lima	1			
			Mollendo				
			Paita				
			Piura				
			Salaverry-Trujillo				

[1]) Konsularagent.

1	2	3	4	5	6	7	8
noch	Peru		Pacasmayo[1])				
42	Portugal		Fayal (Azoren)				
			Flores[1])				
			Funchal	1			
			Lissabon	1			
			Setubal(St. Arbes)				
			Porto	1			
			San Miguel (Azoren)				
			Terceira (Azoren)				
			Villa Nova de Portimao				
			Villa Rea de St. Antonio				
43	Portugiesische Besitzungen[2])		Benguella(Angola)				
			Mossamedes „				
			San Paulo de Loanda (Angola)				4
			Bolama				
			Ilha do Sal (Capverdische Inseln)				
			Lourenço Marques	1	2	3	4
			Inhambane[1])				

[1]) Konsularagent. [2]) Siehe auch Nr. 3, China.

1	2	3	4	5	6	7	8
noch	Portugiesische Besitzungen		Beira				
			Moçambique				
			Ibo [1]				
			Quelimane				
			Chinde				
			San Vincente (Capverdische Inseln)				
			San Thiago [1]				
44	Russisches Reich und Finnland		Sao Thomé				
			Charkow		2	3	
			Jekaterinoslaw			3	
			Rostoff am Don			3	4
			Kiew		2	3	4
			Kowno		2	3	4
			Moskau		2	3	4
		*	**Odessa**		2	3	4
			Kischinew			3	
			Mariupol			3	
			Nicolajew			3	
			Noworossysk			3	
			Riga		2	3	4
			Arensburg			3	
			Libau			3	

[1]) Konsularagent.

1	2	3	4	5	6	7	8
noch	Russisches Reich und Finnland		Pernau			3	
			Windau			3	
			Saratow		2	3	
			Samara [1])				
			Astrachan				
		*	**St. Petersburg**		2	3	4
			Archangel			3	
			Cronstadt			3	
			Narva			3	
			Reval			3	
			Tiflis		2	3	4
			Baku			3	
			Batum			3	
		*	**Warschau**		2	3	4
			Wladiwostok (Sibirien)			3	
			Helsingfors		2	3	4
			Abo			3	
			Mariehamm [1])				
			Björneborg			3	
			Hangö			3	
			Jacobstad			3	
			Kemi			3	
			Kotka			3	

[1]) Konsularagent.

1	2	3	4	5	6	7	8
noch	Russisches Reich		Nikolaistad (Wasa)			3	
	und Finnland		Tammerfors			3	
			Uleaborg			3	
			Brahestad [1])				
			Wiborg			3	
45	Schweden	*	Stockholm		2	3	4
			Ahus				
			Gesle				
			Gothenburg				
			Kongsbacka [1])				
			Lysekil [1])				
			Marstrand [1])				
			Strömstad [1])				
			Uddevalla [1])				
			Warberg [1])				
			Halmstad				
			Helsingborg				
			Höganäs [1])				
			Hernösand				
			Örnsköldsvik [1])				
			Hudiksvall				
			Kalmar				
			Karlshamn				
			Karlskrona				
			Landskrona				

[1]) Konsularagent.

1	2	3	4	5	6	7	8
noch	Schweden		Lulea				
			Malmö				
			Norrköping				
			Nyköping				
			Oskarshamm				
			Pitea				
			Skellestea				
			Söderhamm				
			Sundswall				
			Umea				
			Westervik				
			Wisby				
			Ystad				
46	Schweiz		**Basel**			3	4
			Bern			3	
			Genf			3	
			Lausanne			3	
		*	**Zürich**			3	4
			Davos			3	
			Lugano			3	
47	Spanien	*	**Barcelona**	1	2	3	4
			Algeciras				
			Alicante				
			Torrevieja[1])				
			Almeria				

[1]) Konsularagent.

1	2	3	4	5	6	7	8
noch	Spanien		Garrucha [1])				
			Bilbao				
			Cadiz	1			
			Cartagena				
			Aquilas [1])				
			Puerto de Mazarron [1])				
			Coruña (La)				
			Corcubion				
			Ferrol				
			Gijon				
			Huelva				
			Jerez de la Frontera				
			Madrid	1	2	3	4
			Mahon				
			Málaga				
			Palma de Mallorca				
			San Feliú de Guixols				
			Port Bon [1])				
			San Sebastian	1			
			Irun [1])				
			Santa Cruz de Tenerife	1			

[1]) Konsularagent.

1	2	3	4	5	6	7	8
noch	Spanien		Las Palmas				
			Santander				
			Sevilla				
			Tarragona				
			Valencia				
			Castellón de la Plana [1])				
			Denia [1])				
			Gandia [1])				
			Valladolid				
			Vigo				
			Villagarcia [1])				
			Vivero				
			Zaragoza				
48	Spanische Besitzungen		Buëa [2])				
49	Tunis		**Tunis**	1	2	3	4
			Susa [1])				
50	Uruguay		**Montevideo**		2		4
			Salto [1])				
			Fray Bentos (Independencia)				

[1]) Konsularagent.

[2]) Der Gouverneur von Kamerun übt für die Insel Fernando Po und das spanische Munigebiet die Befugnisse eines Generalkonsuls aus. Siehe auch Französische und Britische Besitzungen.

1	2	3	4	5	6	7	8
51	Venezuela		Carácas				
			Ciudad Bolivar				
			La Guayra				
			Maracaibo				
			Puerto Cabello				
			San Cristóbal				
			Valencia				
52	Vereinigte Staaten		**Atlanta** (Georgia)		2	3	
			Charleston (Süd-Carolina)				
			Mobile (Alabama)				
			Pensacola (Florida)				
			Savannah (Georgia)				
			Wilmington (Nord-Carolina)				
			Chicago		2	3	4
			Lincoln [1])				
			Milwaukee [1])				
			Cincinnati		2	3	4
			Cleveland (Ohio) [1])				
			Denver (Colorado)		2	3	
			Honolulu				

[1]) Konsularagent.

1	2	3	4	5	6	7	8
noch	Vereinigte Staaten		**New-Orleans** (Louisiana)		2	3	
			Gulfport (Mississippi)[1]				
			Galveston				
			Port Artur[1]				
		*	**New-York**		2	3	4
			Baltimore (Maryland)				
			Boston (Massachusetts)				
			Newport News				
			Richmond (Virginia)				
			Philadelphia (Pennsylvanien)		2	3	4
			San Francisco (Californien)		2	3	4
			Seattle		2	3	
			Spokane[1]				
			Port Townsend				
			Tacoma				
			St. Louis (Missouri)		2	3	4

[1]) Konsularagent.

1	2	3	4	5	6	7	8
noch	Vereinigte Staaten		**St. Paul** (Minnesota)		2	3	
			Hebron (Nord-Dacota) [1]				
53	Besitzungen der Vereinigten Staaten		**Manila**	1	2	3	4
			Cebú				
			Iloilo				
			San Juan (Porto Rico)				
			Aguadilla				
			Arecibo				
			Mayaguëz				
			Ponce				
54	Zanzibar		**Zanzibar**	1	2	3	4

[1]) Konsularagent.

Sachregister.

(Die Zahlen verweisen auf die Seiten.)

A.

B.

C.

H.

N.

S.

V.

J. Guttentag, Verlagsbuchhandlung, GmbH., Berlin.

Das Staatsrecht des Deutschen Reichs.

Von **Dr. Philipp Zorn,**
Geh. Justizrat, ordentl. Professor der Rechte in Bonn.

Zweite, völlig neubearbeitete Auflage.

I. Band. **Das Verfassungsrecht.** 8°. 8 M., geb. in Leinen 9 M.

II. Band. **Das Verwaltungsrecht,** einschließlich des äußeren Staats-, des Militär- und Seerechts. 8°. 10 M., geb. in Leinen 11 M.

Das Reichsgesetz über die

Konsulargerichtsbarkeit.

Erläutert von **Dr. iur. A. F. Vorwerk,**
Rechtsanwalt in Schanghai.

Zweite Ausgabe

mit Schutzgebietsgesetz und Ausführungsverordnung, betr. die Rechtsverhältnisse in den deutschen Schutzgebieten.

Taschenformat. Gebunden in ganz Leinen 2 M.

Das Schutzgebietsgesetz

nebst der Verordnung betr. die **Rechtsverhältnisse in den Schutzgebieten** und dem Gesetz über die **Konsulargerichtsbarkeit** in Anwendung auf die Schutzgebiete sowie den Ausführungsbestimmungen und ergänzenden Vorschriften.

Erläutert von

Johannes Gerstmeyer,
Wirkl. Legationsrat und vortr. Rat im Reichskolonialamt.

1910. Taschenformat. Gebunden in ganz Leinen 3 M.

J. Guttentag, Verlagsbuchhandlung, GmbH., Berlin.

Das Reichsgesetz über die
Erwerbung und den Verlust der
Reichs- und Staatsangehörigkeit
vom 1. Juni 1870
erläutert mit Benutzung amtlicher Quellen und unter vergleichender Berücksichtigung der ausländischen Gesetzgebung
von
Dr. Wilhelm Cahn,
Kaiserl. Geh. Legationsrat z. D.
Dritte veränderte Auflage.
gr. 8°. Preis 12 M. 50 Pf., geb. 13 M. 75 Pf.

Verfassung des Deutschen Reichs.
Mit Einleitung und Kommentar
von
Dr. Adolf Arndt,
Geheimer u. Ober-Bergrat, o. ö. Prof. der Rechte in Königsberg.
Vierte, stark vermehrte und verbesserte Auflage.
8°. Preis 5 M., geb. 6 M.

Deutsche Kolonialgesetzgebung.
Textausgabe mit Anmerkungen und Sachregister
von
Dr. Philipp Zorn,
Geh. Justizrat, ord. Professor der Rechte.
Taschenformat. Gebunden in ganz Leinen 4 M. 50 Pf.

Druck von C. Schulze & Co., G. m. b. H., Gräfenhainichen.

Die Guttentag'sche Sammlung

Deutscher Reichsgesetze
und
Preußischer Gesetze

Text-Ausgaben mit Anmerkungen und Sachregister — Taschenformat

enthält alle wichtigen Gesetze in absolut zuverlässigen Gesetzestexten und in mustergültiger, gemeinverständlicher Weise erläutert

Das am Schluß befindliche Schlagwort-Register wird geneigter Beachtung empfohlen.

Guttentag'sche Sammlung

Deutscher Reichsgesetze.

Text-Ausgaben mit Anmerkungen. Taschenformat.

---

1. **Verfassung** des Deutschen Reichs. Von Dr. **L. von Rönne.** 9. Aufl. von Landrat **P. von Rönne.** 1904. Mit Abänderungen vom Mai 1906. 2 M. 40 Pf.
2. **Strafgesetzbuch** für das Deutsche Reich. Von Dr. **H. Rüdorff.** 23. Aufl. bearbeitet von Prof. Dr. **Fr. v. Liszt** und Dr. **Ernst Delaquis.** 1910. 1 M. 80 Pf.
3. **Militärstrafgerichtsordnung** nebst Einführungsgesetz Von Wirkl. Geheimen Kriegsrat Dr jur. **A. Romen** u. Kriegsgerichtsrat Dr. jur. **Carl Rissom.** 1910. 6 M.
4. **Handelsgesetzbuch vom 10. Mai 1897** unter Ausschluß des Seerechts. 14. Aufl. herausgegeben von Geh. Justizrat Prof. Dr. **A. Mosse.** Im Druck.
5. **Wechselordnung vom 3. Juni 1908.** Kommentar von Justizrat Dr. **J. Stranz** und Rechtsanwalt Dr. **M. Stranz,** und das **Wechselstempelsteuergesetz vom 15. Juli 1909** von Geh. Regierungsrat **P. Loeck.** 10. Aufl. 1909. 3 M.

5a. **Wechselstempelsteuergesetz** apart. 10. Aufl. 1 M. 25 Pf.

6. **Reichsgewerbeordnung** nebst Ausführungsbestimmungen. Von **Berger** und **Wilhelmi.** 18. veränderte und sehr vermehrte Auflage von Stadtrat Dr. **Karl Flesch** in Verbindung mit Dr. **Friedr. Hiller** u. Dr. **Herm. Luppe.** 1910. 4 M.

Ergänzungsband: **Preußische Ausführungsanweisung.** 1904. 2 M.

7. **Post- und Telegraphen-Gesetzgebung.** Nebst Weltpostvertrag und internationalem Telegraphenvertrag. 6. Aufl. von Geh. Ober-Postrat Dr. **M. König.** 1908. 4 M.

8. **Die Reichsgesetze über den Unterstützungswohnsitz, die Freizügigkeit, den Erwerb und Verlust der Bundes- und Staatsangehörigkeit.** Von Geheimrat Dr. **J. Krech,** Mitglied d. Bundesamtes für das Heimatwesen. 7. Aufl. Mit Anhang: Gesetz für Elsaß-Lothringen v. 1909. 1908. 3 M.

9. **Sammlung kleinerer strafrechtlicher Reichsgesetze.** Von Dr. **N. H. Kriegsmann,** Privatdozent in Kiel 3. Aufl. 1910. 4 M.

10. **Das Reichsbeamtengesetz** von **J. Pieper.** 2. Aufl. 1901. 4 M. 50 Pf.

— Gesetz von 1907 siehe Nr. 82.

11. **Zivilprozeßordnung mit Gerichtsverfassungsgesetz in den neuesten Fassungen.** Von **R. Sydow.** Fortgeführt von **L. Busch.** 13. Aufl. mit Novelle betr. Zuständigkeit des Reichsgerichts v. 22. V. 1910. 8°. 1910. 7 M.

Die Novelle (als Anhang der 12. Aufl.) enth. das Gesetz v. 22. V. 1910. 25 Pf.

12. **Strafprozeßordnung und Gerichtsverfassungsgesetz** nebst den Gesetzen, betr. die Entschädigung der im Wiederaufnahmeverfahren freigesprochenen Personen und die Entschädigung für unschuldig erlittene Untersuchungshaft. Von Dr. **A. Hellweg, Reichsgerichtsrat.** 15. Aufl. 1908. 2 M.

13. **Konkursordnung und Anfechtungsgesetz.** Von **R. Sydow.** Fortgeführt von **L. Busch.** 11. Aufl. 1911. ca. 3 M.

14. **Gerichtsverfassungsgesetz** mit Einführungsgesetz. Herausgegeben von **R. Sydow.** Fortgeführt von **L. Busch.** 9. Aufl. 1905. Mit Nachtrag v. 1. VI. 1909. 1 M. 50 Pf.

15. **Das Deutsche Gerichtskostengesetz nebst den Gebührenordnungen für Gerichtsvollzieher, Zeugen und Sachverständige.** Von **R. Sydow.** Weiter bearbeitet von **L. Busch.** 8. Aufl. 1907. Mit Nachtrag v. 1. VI. 1909. 2 M.

16. **Rechtsanwaltsordnung.** Von **R. Sydow.** 5. Aufl. von Justizrat **M. Jacobsohn.** 1907. Mit Ergänzungen vom 22. V. 1910. 1 M. 20 Pf.

17. **Die Deutsche Gebührenordnung für Rechtsanwälte und das Preußische Gebührengesetz** vom 27. September / 6. Oktober 1899. Von **R. Sydow.** Fortgeführt von **L. Busch.** 9. Aufl. 1910. 2 M.

18. **Reichsstempelgesetz (Börsensteuer, Frachturkunde, Kraftfahrzeuge, Personenfahrkarte, Tantieme für Aufsichtsratsmitglieder).** Vom 15. Juli 1909. Von **P. Loeck,** Geh. Regierungsrat. 10. **Aufl.** 1910. 8°. 6 **M.**

19. **Die Seegesetzgebung.** Von Dr. **W. E. Knitschky.** 4. **Aufl.** bearbeitet von Oberlandesgerichtsrat **Otto Rudorff** in Hamburg. 1908. Mit Anhang vom Januar und Juli 1909. 6 M.

20. **Krankenversicherungsgesetz.** Von weil. Dr. **E. von Woedtke.** 11. **Aufl.** von Geh. Reg.-Rat Dr. **G. Eucken-Addenhausen.** 1905. 3 M.

21. Die **Konsulargesetzgebung.** Von Professor Dr. **Ph. Zorn.** 3. Aufl. 1911. ca. 3 **M**

22. **Patentgesetz.** Nebst **Ausführungsbestimmungen,** völkerrechtlichen Verträgen und der Patentanwalts-Ordnung. 7. **Aufl.** bearbeitet von **R. Lutter,** Geh. Reg.-Rat im Kaiserl. Patentamt. 1908. 2 M. 80 Pf.

23. **Gewerbe-Unfallversicherungsgesetz.** Von weil. Dr. **E. v. Woedtke.** 9. Aufl. von **Franz Caspar,** Direktor im Reichsamt des Innern. 1907. 2 M. 50 Pf.

24. **Aktiengesellschaft und Kommanditgesellschaften auf Aktien.** Von Justizrat Dr. **H. Veit Simon** und **Amtsrichter L. Keyssner.** 1911. 6. **Aufl.** 3 M.

25. **Brausteuergesetz** vom 15. Juli 1909. Von **A. Düffe**, Oberzollrevisor. 2. Aufl. 1909. 3 M.

26. **Die Reichsgesetzgebung über Münz- und Notenbankwesen, Papiergeld, Prämienpapiere und Reichsschulden.** Von Dr. jur. **R. Koch**, Präsident des Reichsbankdirektoriums. 6. Aufl. 1910. 4 M.

27. **Die Gesetzgebung, betr. das Gesundheitswesen im Deutschen Reich.** Von Dr. jur. **C. Goesch** und Dr. med. **J. Karsten.** 1888. 1 M. 60 Pf.

28. **Bau-Unfallversicherungsgesetz.** Vom 30. Juni 1900. Von **R. Chrzescinski**, Kaiserl. Regierungsrat. 3. Aufl. 1900. 2 M.

29. **Erwerbs- und Wirtschaftsgenossenschaften.** Von **L. Parisius** und Dr. **H. Crüger.** 13. Aufl. von Dr. **H. Crüger.** 1910. 1 M. 50 Pf.

30. **Invalidenversicherungsgesetz** vom 13. Juli 1899. Von weil. Dr. **E. v. Woedtke.** 10. Aufl. von Regierungsrat **H. Follmann.** 1906. 4 M.
Siehe auch Handausgabe von Freund Seite 24.

31. **Gewerbegerichtsgesetz.** Von Stadtrat **L. Mugdan.** 6. Aufl. bearbeitet von **W. Cuno**, Erstem Bürgermeister zu Hagen i. W. 1906. 2 M. 20 Pf.

32. **Reichsgesetz, betr. die Gesellschaften mit beschränkter Haftung.** Von **L. Parisius** und Dr. **H. Crüger.** 11. Aufl. von Dr. **H. Crüger.** 1910. 1 M. 40 Pf.

33. **Vereins- und Versammlungsrecht.** Von Dr. **E. Ball.** 2. Aufl. von Dr. **F. Friedenthal.** 1907. 2 M. 50 Pf.
Reichs-Vereinsgesetz vom 19. April 1908 vide Nr. 88.

34. **Die Abzahlungsgeschäfte.** Gesetz vom 16. Mai 1894. 3. vermehrte Aufl. besorgt von Dr. **E. Wilke,** Landgerichtsrat. 1910. 1 M. 25 Pf.

35. **Die Reichs-Eisenbahngesetzgebung.** Von **W. Coermann,** Kaiserl. Amtsrichter. 1895. 2 M. 25 Pf.

36. **Gesetze, betr. die privatrechtlichen Verhältnisse der Binnenschiffahrt und der Flößerei.** Von **E. Löwe,** Landgerichtsrat. 4. Aufl. 1909. 3 M.

37. **Gesetz gegen den unlauteren Wettbewerb.** Von Justizrat **Pinner.** 5. Auflage. 1910. 1 M. 25 Pf.

38/39. **Bürgerliches Gesetzbuch nebst Einführungsgesetz** von Dr. **A. Achilles.** In Verbindung mit Professor Dr. **André,** Kammergerichtsrat **Ritgen,** Reichsgerichtsrat **Strecker,** Ministerialrat Dr. **Unzner** herausgegeben von Geh. Ober-Justizrat **Greiff.** 6. Aufl. 8°. 1909. 6 M. 50 Pf.

40. **Gesetz, betr. die Pflichten der Kaufleute bei Aufbewahrung fremder Wertpapiere (Depotgesetz).** Mit Erläuterungen. Von **F. Lusensky,** Geh. Ober-Regierungsrat. 2 Aufl. 1905. 1 M.

41. **Börsengesetz.** In der Fassung der Novelle vom 8. Mai 1908. 2. Aufl. Von Wirkl. Geh. Ob.-Regierungsrat **Th. Hemptenmacher,** Staatskommissar an der Berliner Börse. 1908. 2 M.

42. **Grundbuchordnung** nebst den preußischen Ausführungsbestimmungen. Mit Einleitung. Von Prof. Dr. **O. Fischer.** 5. Aufl. 1909. 2 M.

43. **Zwangsvollstreckung in das unbewegliche Vermögen** im Reiche und in Preußen. Mit Einleitung, Kosten- und Gebührentabellen. Von Dr. **J. Krech,** Kaiserl. Geh. Regierungsrat und Professor Dr. **O. Fischer.** 6. Aufl. 1910. 2 M.

44. **Das Reichsgesetz über das Auswanderungswesen** vom 9. Juni 1897. Von Professor Dr. **Felix Stoerk.** 1899. 2 M. 25 Pf.

45. **Das Entmündigungsrecht** unter Berücksichtigung der für Preußen geltenden Vorschriften nebst der preußischen Justiz-Ministerial-Verfügung vom 28. November 1899. Von Landgerichtsrat Dr. **P. Koll** in Cöln. 1900. 1 M. 50 Pf.

46. **Die Gesetze des Reiches und Preußens über die freiwillige Gerichtsbarkeit.** Von **Herm. Jastrow,** Amtsgerichtsrat. 4. Aufl. 1906. 3 M.

47. **Das deutsche Vormundschaftsrecht und das preuß. Gesetz über die Fürsorgeerziehung Minderjähriger nebst den dazu gehörigen preußischen Nebengesetzen.** Von **Max Schultzenstein,** Oberverwaltungsgerichtsrat und Amtsgerichtsrat Dr. **Paul Köhne.** 2. Aufl. 1901. 3 M.

48. **Gesetze und Verordnungen, betr. den Drogen-, Gift- und Farbenhandel außerhalb der Apotheken.** Von Dr. **Broh,** Rechtsanwalt. 1899. 1 M. 25 Pf.

49. **Deutsche Kolonialgesetzgebung.** Von Professor Dr. **Philipp Zorn.** 1901. 4 M. 50 Pf.

50. **Der Viehkauf (Viehgewährschaft) nach dem Bürgerlichen Gesetzbuche.** Nebst Verordn. betr. die Hauptmängel und Gewährsfristen beim Viehhandel. Von Rechtsanwalt Dr. **H. Stölzle** und Königl. Kreistierarzt **H. Weiskopf.** 4. Aufl. 1908. 4 M.

51. **Hypothekenbankgesetz vom 13. Juli 1899.** Von Dr. **H. Göppert.** 2. Aufl. Bearbeitet v. Geh. Reg.-Rt. Dr. **Seidel.** 1910. 2 M. 40 Pf.

52. **Gesetz, betreffend die gemeinsamen Rechte der Besitzer von Schuldverschreibungen.** Von Dr. **Heinrich Göppert.** 1900. 2 M.

53. **Reichspreßgesetz vom 7. Mai 1874. Kommentar von A. Born,** Erster Bürgermeister. 1911. 2. Aufl. 2 M.

54. **Die Reichsgesetzgebung über den Verkehr mit Nahrungsmitteln, Genußmitteln und Gebrauchsgegenständen.** Von Dr. **Georg Lebbin,** Nahrungsmittelchemiker. 1900. 2 M. 25 Pf.

55. **Das Recht der Beschlagnahme von Lohn- und Gehaltsforderungen.** Von Justizrat **Georg Meyer.** 4. Aufl. 1910. 2 M. 60 Pf.

56. **Gesetz,** betr. die **Bekämpfung gemeingefährlicher Krankheiten.** Nebst Ausführungsbestimmungen. Von Dr. **Bruno Burkhardt,** Regierungsrat, Mitglied des Kais. Gesundheitsamts. 1900. 1 M. 40 Pf.

57. **See-Unfallversicherungsgesetz.** Von Dr. **Max Mittelstein,** Oberlandesgerichtsrat in Hamburg. 1901. 2 M.

58. **Das Recht der unehelichen Kinder nach dem BGB.** Von **Hermann Jastrow,** Amtsg.-Rat. 1901. 1 M. 80 Pf.

59. **Reichsgesetz über die Beurkundung des Personenstandes und die Eheschließung.** Von Dr. **F. Fidler,** Amtgerichtsrat. 1901. 1 M. 80 Pf.

60. **Gesetz,** betreffend das **Urheberrecht an Werken der Literatur und der Tonkunst** in der Fassung vom 22. V. 1910. Von Oberlandesgerichtsrat **Otto Lindemann.** 3. Aufl. 1910. 1 M. 60 Pf.

61. **Gesetz über das Verlagsrecht.** Von Justizrat **E. Heinitz.** 2. Aufl. Bearbeitet v. Rechtsanwalt Dr. **Marwitz.** 1911. 1 M. 80 Pf.

62. Ges. über **private Versicherungsunternehmungen.** Von **H. Könige,** Reichsgerichtsrat. 2. Aufl. 1910. 4 M. 20 Pf.

63. **Gesetzestafel des Deutschen Reichsrechts.** Systematisch geordnete Nachweisung des z. Z. geltenden Reichsrechts. Ergänzungsband zu der Guttentag'schen Sammlung Deutscher Reichsgesetze. Von **Hugo Bruhns,** Syndikus. 1902. 8⁰. 2 M. 50 Pf.

64. Gesetzsammlung betr. den **Handel mit Drogen und Giften.** Reichsgesetzl. Bestimmungen und Anhang mit den landesgesetzl. Verordnungen sämtlicher Bundesstaaten. Von Rechtsanwalt **H. Sonnenfeld,** Syndik. d. Berl. Drogisten-Innung. 1902. 3 M.

65. Das **Weingesetz** in der Fassung v. 1909. Mit Ausführungsbestimmungen von Dr. **Georg Lebbin,** Handels- u. Gerichtschemiker. 2. Aufl. 1909. 2 M. 50 Pf.

66. Die **Eisenbahn-Gesetzgebung.** Von **W. Pietsch,** Rechnungsrat im Reichs-Eisenbahn-Amt. 1902. 5 M.

67. **Militär-Strafgesetzbuch.** Von **Romen** u. **Rißom.** In Vorbereitung.

68. Das **Fleischbeschaugesetz.** Vom 3. Juni 1900. Von Dr. **Georg Lebbin,** Gerichtschemiker und Rechtsanwalt Dr. **Georg Baum.** 1903. 4 M.

69. **Reichsgesetz über die Naturalleistungen der bewaffneten Macht im Frieden** nebst den in Preußen geltenden Bestimmungen. Von Regierungsassessor Dr. **Walter v. Hippel.** 1903. 1 M. 25 Pf.

70. **Das Reichs-Haftpflichtgesetz,** vom 7. Juni 1871. Von Regierungsrat Dr. G. **Eger.** 1903. Preis 3 M.

71. **Kinderarbeit in gewerblichen Betrieben,** v. 30. März 1903. Von **H. Spangenberg,** Oberverwaltungsgerichtsrat. 2. Aufl. 1904. 1 M. 60 Pf.

72. **Unfallversicherungsgesetz für Land- und Forstwirtschaft** von weil. Dr. **E. von Woedtke,** fortgesetzt von **Alfred Radtke,** Geh. Regierungsrat und Senatspräs. im Reichsversicherungsamt. 2. Aufl. 1904. 4 M. 50 Pf.

73. **Entschädigung für unschuldig erlittene Verhaftung und Bestrafung.** Nebst Anhang, enth. die dazu gehörigen Nebengesetze über Schadensersatz. Von Dr. jur. **A. Romen,** Wirkl. Geh. Kriegsrat. 1904. 2 M.

74. Die **Kaufmannsgerichte** nebst den preuß. Ausführungsbestimmungen. Von Prof. Dr. **Max Apt,** 3. Aufl. 1905. 2 M.

75. Reichsgesetz über die **Konsulargerichtsbarkeit.** Von Dr. jur. **A. F. Vorwerk,** Rechtsanwalt in Schanghai. 2. Ausgabe, mit dem Schutzgebietsgesetz und der Ausführungsverordnung, betr. die Rechtsverhältnisse in den Schutzgebieten. 1908. 2 M.

76. **Die Rechtshilfe im Verkehr mit den ordentlichen Gerichten nach deutschem Reichsrecht.** Von Landrichter Dr. **A. Friedländer.** 1906. 1 M. 80 Pf.

77. **Das Reichserbschaftssteuergesetz.** Vom 3. Juni 1906. Von **Ulrich Hoffmann,** Rechnungsrat im Kgl. Preuß. Finanzministerium. 2. Aufl. 1911. 5 M.

78. **Zigarettensteuergesetz.** Vom 15. Juli 1909. Von Dr. **Cuno,** Regierungsassessor. 2. Aufl. 1909. Im Druck, nach Erlaß der sämtl. Ausf.-Best.

79. **Die Militärpensionsgesetze** vom 31. Mai 1906 nebst Ausführungsbestimmungen. Zum Gebrauch für Heer, Marine und Schutztruppe von Dr. jur. **A. Romen,** Wirklicher Geheimer Kriegsrat.

a) I. Teil: Offizierpensionsgesetz. 1907. 3 M. 50 Pf.

b) II. Teil: Mannschaftsversorgungsgesetz. 1908. 3 M. 50 Pf.

80. **Reichsgesetzgebung über gerichtliche Registerführung.** Von **Otto Lindemann,** Landrichter. 1906. 3 M.

81. Gesetz, betr. **Urheberrecht an Werken der bildenden Künste und der Photographie.** Von Dr. **Ludw. Fuld,** Rechtsanwalt. 1907. 1 M.

82. **Reichsbeamtengesetz** in der Fassung vom 18. Mai 1907 und seine Ergänzungen von Geheimrat Professor Dr. **Ad. Arndt.** 1908. 3 M.

83. Reichsgesetz über **den Versicherungsvertrag** nebst Einführungsgesetz. Von Dr. **Paul Hager** und Dr. **E. Bruck.** 2. vermehrte u. verbess. Aufl. 1910. 5 M.

84. **Sammlung kleinerer privatrechtlicher Reichsgesetze** von Landrichter **Georg Müller.** 1908. 6 M. 50 Pf.

85. **Scheckgesetz** mit Einleitung usw. Von Prof. Dr. **Max Apt.** 5. Aufl. Mit Postscheckordnung v. 6. XI. 1908 und im Anhang „Besteuerung des Schecks". 1909. 2 M.

Postscheckordnung vom 6. XI. 08. Apart mit Erläuterungen u. Ausführungsbestimmungen. (30 Pf.)

86. **Die Auslieferungsverträge des Deutschen Reiches** von Landrichter **A. Cohn.** 1908. 4 M.

87. **Gesetz zum Schutz der Warenbezeichnungen.** Von Geh. Reg.-Rat, Mitgl. des Patentamts Dr. **Freund** u. Rechtsanwalt **Magnus.** 5. Aufl. 1909. 3 M. 50 Pf.

88. **Vereinsgesetz** vom 19. April 1908. Von Dr. jur. **A. Romen,** Wirkl. Geh. Kriegsrat. 2. Aufl. 1908. 1 M. 50 Pf.

89. **Vogelschutzgesetz** vom 30. Mai 1908 nebst den das Flugwild betr Bestimmungen der Preußischen Jagdordnung von Dr. jur. **Leo von Boxberger.** 1908. 1 M.

90. Die Haager Abkommen über das **Internationale Privatrecht** von Dr. **G. A. E. Bogeng.** 1908. 2 M. 20 Pf.

91. **Eisenbahn-Verkehrsordnung** vom 23. Dez. 1908. Mit Ausführungsbestimmungen. Von Regierungsassessor bei der Eisenbahndirektion Breslau Dr. **Ernst Blume.** 1909. 2 M. 50 Pf.

92. **Gesetz, betr. den Verkehr mit Kraftfahrzeugen.** Von Amtsrichter **R. Kirchner.** 2. **Ausgabe** ergänzt durch die Bundesratsverordnung v. 3. Febr. 1910 u. das Internationale Uebereinkommen v. 11. Okt. 1909. 1910. 3 M.

93. **Gesetz** über die **Sicherung der Bauforderungen** von Justizrat Dr. **E. Harnier.** 2. Aufl. 1909. 1 M. 30 Pf.

94. **Haftpflicht der Reichs- und Staats-Beamten** v. Dr. **H. Delius.** 2. Aufl. 1909. Mit dem Nachtrag, betr. das Gesetz über die Haftung des Reichs für seine Beamten v. 22. Mai 1910. 3 M. 50 Pf.

95. Die Berner Uebereinkunft über **internationales Urheberrecht** von Dr. **Herm. Dungs,** vortrag. Rat im Reichsjustizamt. 1910. 1 M.

96. **Branntweinsteuergesetz** vom 15. Juli 1909. Unter Berücksichtigung der für das Reich erlassenen Ausführungsbestimmungen. Von Geh. Reg. Rat **Johs. Nay,** vortrag. Rat im Reichsschatzamt. 1910. 3 M. 50 Pf.

97. **Schutzgebietsgesetz** nebst der Verordnung betr. die Rechtsverhältnisse in den Schutzgebieten, dem Gesetz über die Konsulargerichtsbarkeit sowie den Ausführungsbest u. ergänz. Vorschriften. Von **Johs. Gerstmeyer,** Wirkl. Legationsrat u. Vortrag. Rat im Reichskolonialamt. 1910. 3 M.

98. **Sechs Haager Abkommen über Internationales Privatrecht.** Von Dr. **Herm. Dungs,** vortrag. Rat im Reichs-Justizamt. 1910. 1 M. 50 Pf

99. **Die Abkommen der Haager Friedenskonferenz** von Dr. jur. **Hans Wehberg.** 1910. 3 M.

100. **Gesetz über den Absatz von Kalisalzen.** Von Geh. Bergrat **Carl Voelkel.** 1910. 2 M. 40 Pf.

Guttentag'sche Sammlung

Preußischer Gesetze.

Text-Ausgaben mit Anmerkungen. Taschenformat.

---

1. **Die Verfassungs-Urkunde für den Preußischen Staat.** Mit Einleitung, vollständigem Kommentar. Von Prof. Dr. **Adolf Arndt.** 6. Aufl. 1907. 3 M.

2. **Preußische Beamten-Gesetzgebung.** Enthaltend die wichtigsten Beamtengesetze in Preußen. Von **C. Pfafferoth.** 4., neubearb. Aufl. 1905. Mit Anhang: Abänderung vom 27. Mai 1907. 2 M.

3. **Die Aufnahme des Nottestaments durch die bestellten Urkundspersonen.** Anweisung mit Musterbeispielen und Abriß des Erbrechts von Amtsgerichtsrat C. **Kurtz.** 1904. 1 M. 50 Pf.

4. **Gebührenordnung für Notare vom 25. Juli 1910.** 4. Aufl. bearbeitet von Justizrat **Rausnitz.** 1910. 2 M. 20 Pf.

5. **Gesetz vom 24. April 1854 (betr. die außerehel. Schwängerung).** Von Dr. **Schulze.** 1873. 75 Pf. Gültiges Recht siehe: Reichsgesetze Nr. 58.

6. **Die Preuß. Ausführungsgesetze und Verordnungen zu den Reichs-Justizgesetzen.** Von **R. Sydow.** 3. vermehrte Aufl. 1895. 2 M. 40 Pf. S. Seite 23, Busch-Eylau, Ausführungsgesetze.

7. **Allg. Gerichtsordnung und Preuß. Konkursordnung.** Von **F. Vierhaus.** Vergriffen.

8. **Vormundschaftsordnung.** Von **F. Schultzenstein.** Gültiges Recht siehe: Reichsgesetze Nr. 47.

9. Die **Preußische Grundbuchgesetzgebung.** Von Prof. Dr. **Fischer.** Vergriffen. Siehe: Reichsgesetze Nr. 42.

10. **Einkommensteuergesetz.** Von **A. Fernow,** Geh. Ober-Finanzrat. 7. Aufl. 1908/9. Mit Nachtrag v. 22. III. u. 26. V. 09. 3 M. 25 Pf.

11. **Gewerbesteuergesetz.** Von **A. Fernow,** Geh. Ober-Finanzrat. 5., vermehrte Aufl. 1910. 3 M.

12. **Allgemeines Berggesetz** für die Preußischen Staaten vom 24. Juni 1865. Von **W. Westhoff** und **W. Schlüter.** 2. Aufl. 1907. Mit Nachtrag v. 1909. 5 M.

13. **Ergänzungssteuergesetz** (Vermögenssteuergesetz). Von **A. Fernow,** Geh. Ober-Finanzrat. 4. vermehrte Aufl. 1907. 2 M. 40 Pf.

14. **Kommunalabgabengesetz.** Vom 14. Juli 1893 und Gesetz wegen Aufhebung direkter Staatssteuern. Von Dr. **F. Adickes,** Oberbürgermeister. 4. Aufl. 1906. 1 M. 50 Pf.

15. Die **Kreisordnungen** für den Preußischen Staat. Von **O. Kolisch,** Landgerichtsrat. 1894. 4 M.

16. **Konzessionierung gewerblicher Anlagen.** Preuß. Ausführungs-Anweisung zu §§ 16 u. ff. der Gewerbe-Ordnung. Von Dr. **W. v. Rüdiger,** Geh. Regierungs- u. Gewerberat. 2. Aufl. 1901. 2 M.

17. **Preußisches Gerichtskostengesetz.** Vom 25. Juli 1910. Mit Kostentabellen Von Dr. **P. Siméon,** Kammergerichtsrat. 6. Aufl. 1910. 3 M. 60 Pf.

18. **Preußisches Stempelsteuergesetz** vom 30. Juni 1909. Mit Ausführungsbestimmungen. Von **P. Loeck,** Geh. Regierungsrat. 7. Aufl. 8°. 1911. ca. 7 M.

19. **Das Jagdscheingesetz.** Mit ausführlichen Erläuterungen. Von **F. Kunze,** Wirklichem Geh. Ober-Regierungsrat. 2. Aufl. 1899. 2 M.

20. **Die preußischen Erbschaftssteuergesetze.** Unter Berücksichtigung der Novelle vom 31. Juli 1895. Von **U. Hoffmann,** Rechnungsrat im Königl. preuß. Finanzministerium. 1905. 4 M.
(Reichs-Erbschaftssteuergesetz s. Reichsgesetze Nr. 77).

21. **Gesetz über die Handelskammern.** Von **F. Lusensky,** Geh. Regierungsrat. 2. Aufl. 1909. 3 M.

22. **Gesetz, betr. Anstellung und Versorgung der Kommunalbeamten.** Von Dr. **W. Ledermann,** Magistratsassessor zu Berlin. 1899. 1 M. 25 Pf.

23. **Ausführungsgesetz zum Bürgerlichen Gesetzbuche.** Von Kammergerichtsrat Dr. **P. Siméon.** 2. Aufl. 1905. 1 M. 80 Pf.

24. **Die Hinterlegungsordnung** in der Fassung des Ausführungsgesetzes z. BGB. v. 20. Sept. 1899 nebst Ausführungsbestimmungen. Von Regierungsrat Dr. **Georg Bartels.** 2. Aufl. 1908. 2 M.

25. Preußische Kommunalbeamtengesetzgebung. Von Magistr.-Assess. Dr. Fr. Kremski, Berlin. 1901. 3 M.

26. Gesetze über das Diensteinkommen der Lehrer und Lehrerinnen, Ruhegehalt und Fürsorge für Hinterbliebene. Tabelle zur Berechnung der Ruhegehalts-, Witwen- u. Waisenbezüge. Von Dr. Ed. Cremer, Beigeordneter. 1900. 2 M. 40 Pf.

27. Gesetz, betreffend die Warenhaussteuer. Von Geh. Ober-Finanzrat Dr. G. Strutz. 1900. 1 M. 20 Pf.

28. Gesetz über die Fürsorgeerziehung Minderjähriger. Von Landgerichtsdirektor Dr. P. F. Aschrott. 2. umgearbeitete Aufl. 1907. 2 M. 80 Pf.

29. Gesetz, betr. die ärztlichen Ehrengerichte, das Umlagerecht und die Kassen der Aerztekammern. Von Amtsgerichtsrat Dr. F. Fidler. 1901. 1 M. 50 Pf.

30. Das Preußische Staatsschuldbuch und Reichsschuldbuch. Von Wirkl. Geh. Ober-Finanzrat J. Mücke, 1902. 2 M.

31a. Die geltenden Preußischen Gesindeordnungen. Herausgegeben in zwei Bänden von Stephan Gerhard, Rechtsanwalt in Berlin. 1902.

Band I: Gesindeordnung für die altpreußischen Provinzen vom 8. XI. 1810, mit Erläuterungen unter Berücksichtigung der Ergänzungsgesetze und der Rechtsverhältnisse der Gesindevermieter, sowie die Gesindeordnungen für Neuvorpommern und Rügen und für die Rheinprovinz. 2 M. 50 Pf

31b. **Band II: Gesindeordnungen für Hannover, Schleswig-Holstein, Hessen-Nassau und den Regierungsbezirk Hohenzollern.** 2 M. 50 Pf.
Siehe auch Seite 24: Ratgeber von Grieben.

32. **Die Städteordnung für die sechs östlichen Provinzen Preußens vom 30. Mai 1853. Von Dr. jur. Walter Ledermann,** Magistrats-Assessor zu Berlin. 8°. 1902. 6 M.

33. **Rentenguts- und Anerbenrechts-Gesetzgebung in Preußen.** Von Landgerichtsrat **M. Peltasohn** und Rechtsanwalt **Bruno Peltasohn.** 1903. 3 M.

34. Sammlung der wichtigsten preußischen Strafgesetze nebst Anhang: Gesetz betr. polizeiliche Strafverfügungen vom 23. April 1883. Von **Otto Lindemann,** Oberlandesgerichtsrat. 1903. 2 M. 50 Pf.

35. **Geschäftsordnung für Gerichtsvollzieher.** Gerichtsvollzieherordnung und Gebührensätze von Amtsgerichtssekretär **Emil Exner.** 1904. 3 M. 50 Pf.

36. **Polizeiverordnungen in Preußen.** Von **Otto Lindemann,** Landrichter. 1904. 1 M. 50 Pf.

37. Gesetz über die **Enteignung von Grundeigentum** vom 11. Juni 1874. Von Oberlandesgerichtsrat **O. Meyer.** 2. Aufl. 1911. 2 M. 25 Pf.

38. **Kreis- und Provinzial-Abgabengesetz.** Vom 23. April 1906. Von **Fr. Schmidt,** Gemeindevorsteher. 1906. 1 M. 25 Pf.

39. **Gesetz betr. die Unterhaltung der öff. Volksschulen.** Von **Dr. A. Marcks,** Reg.-Rat. 1906. 2 M.

40. **Verwaltungsstrafverfahren** bei Zuwiderhandlungen gegen die Zollgesetze und indirekte Reichs- und Landesabgaben, sowie die Bestimmungen über die Schlacht- und Wildpretsteuer vom 26. Juli 1897. Von **Dr. Richard Katzenstein,** Gerichtsassessor. 1907. 3 M. 60 Pf.

41. **Die preußischen Jagdpolizeigesetze.** Von **Fr. Kunze,** Wirkl. Geh. Oberregierungsrat und **R. Kühnemann,** Rechtsanwalt. 2. Aufl. 1907. 3 M. 60 Pf.

42. **Die Gesetzgebung über die Allgemeine Landesverwaltung und über die Zuständigkeit der Verwaltungs- und Verwaltungsgerichtsbehörden.** Von Rechtsanwalt **Dr. Karl Friedrichs.** 1908. 3 M.

43. **Gesetz** betr. die **Zulassung einer Verschuldungsgrenze** für land- und forstwirtschaftlich benutzte Grundstücke v. 20. August 1906 nebst Ausführungsvorschriften. Von Dr. jur. **R. Leweck,** Syndikus der Ostpreuß. Landschaft. 1908. 2 M. 40 Pf.

44. **Quellenschutzgesetz** vom 14. Mai 1908 nebst den Ausführungsbestimmungen von **Carl Voelkel,** Geheimer Bergrat. 1909. 1 M.

45. **Rechtsverhältnisse der Juden in Preußen** von Dr. jur. et rer. pol. **Max Kollenscher,** Rechtsanwalt. 1910. 2 M. 40 Pf.

Guttentag'sche Sammlung von Text-Ausgaben mit Sachregister ohne Anmerkungen.

Taschenformat, elegant in Leinen gebunden.

Reichs-Justizgesetze: Gerichtsverfassungsgesetz. Zivilprozeßordnung. Konkursordnung. Strafprozeßordnung. 2. Aufl. In einem Bande 3 M. 80 Pf.

Zivilprozeßordnung mit **Gerichtsverfassungsgesetz** und **Einführungsgesetzen.** Neue Fassung von 1909 mit Ergänzungen v. 22. Mai 1910. 2 M.

Konkursordnung mit **Einführungsgesetz.** 80 Pf.

Bürgerliches Gesetzbuch nebst **Einführungsgesetz.** 10. Abdruck. 2 M. 50 Pf.

Handelsgesetzbuch nebst **Einführungsgesetz** u. **Seerecht.** 8. Abdruck. 1910. 1 M. 80 Pf.

Ausführungsanweisung zur Gewerbeordnung vom 1. Mai 1904 nebst der preuß. technischen Anleitung. 2 M.

Militärstrafgerichtsordnung nebst **Einführungsgesetz** u. Ges., betr. Dienstvergehen der richterlichen Militärjustizbeamten u. unfreiwillige Versetzung derselben usw. **Militär-Strafgesetzbuch** *) mit Abdruck der entsprechenden Bestimmungen des Reichs-Strafgesetzbuchs. 2. Aufl. 1 M. 50 Pf. *) Ist auch einzeln zu haben. Preis 1 Mk.

Wechselordnung in der Fassung der Bekanntmachung v. 3. Juni 1908. Mit Anhang: **Wechselprozeß** und **Ausführungsanweisung.** 1908. 1 M.

Die Preußischen Ausführungsgesetze zum Bürgerlichen Gesetzbuche und Nebengesetze. Text-Ausgabe ohne Anmerkungen. 5. Aufl. Taschenformat. Geb. in ganz Leinen Preis 1 M. 80 Pf.

Reichsfinanzgesetze v. 15. Juli 1909 einschließlich der **Reichsstempelgesetze** u. des **Erbschaftssteuergesetzes.** 1909. Geb. in ganz Leinen. 2 M.

Zuwachssteuergesetz. 80 Pf.

Guttentag'sche Sammlung von Text-Ausgaben mit Sachregister ohne Anmerkungen.

Die Preußischen Ausführungsgesetze, Verordnungen und ministeriellen Verfügungen zu dem Bürgerlichen Gesetzbuche und den Reichs-Justizgesetzen nebst anderen zugehörigen Gesetzen. Von **L. Busch.** 2. Aufl. von Landrichter **O. Eylau.** 8°. Preis geb. 4 M. 50 Pf.

Preußische Bürgerliche Gesetzsammlung. Sammlung der noch geltenden Landesgesetze privatrechtlichen Inhalts. Herausgegeben von den Gerichtsassessoren **D. Fischer** und **Dr. F. Schroeder.** 8°. 2 Bände Preis geb. in ganz Leinen 20 M.

Erster Band: **Das Allgemeine Landrecht mit den Einführungs-Patenten.** Preis 6 M.

Zweiter Band: **Gesetze von 1773—1902.** Preis 14 M.

Preußisches Baupolizeirecht. Mit Kommentar der Baupolizeiverordnung für die Vororte von Berlin. Vom 28. Mai 1907. Von Gemeinde-Baurat **Carl Saß,** Königlichen Reg.-Baumeister a. D. Preis 6 M.

Straßen- und Baufluchtliniengesetz. Kommentar für den praktischen Gebrauch mit zeichnerischen Darstellungen von Gemeindebaurat **Karl Saß,** Kgl. Regierungs-baumeister a. D. 8°. Preis kartoniert 3 M.

Fluchtliniengesetz. — Das Gesetz, betreffend die **Anlegung** und **Veränderung** von Straßen und Plätzen in Städten und ländlichen Ortschaften vom 2. Juli 1875. Des Kommentars von weil. Oberverwaltungsgerichtsrat R. Friedrichs. Sechste, völlig neubearbeitete Auflage. Von Senatspräsident Dr. jur. Hugo von Strauß und Torney. 1910. Im Druck.

Invalidenversicherungsgesetz vom 13. Juli 1899. Handausgabe mit Anmerkungen herausgegeben von Dr. Richard Freund, Vorsitzendem der Landes-Versicherungsanstalt Berlin. 3 Aufl. geb. 5 M.

Wie leitet man eine Versammlung? Geschäftlicher Handweiser für Vorsitzende. Von einem Mitgliede des deutschen Reichstages und des preußischen Abgeordnetenhauses. 2. Aufl. 1908. kart. 1 M.

Praktischer Ratgeber für Dienstherrschaften nach dem Preuß. Gesinderecht unter Berücksichtigung der neueren Entscheidungen bearbeitet von H. Grieben, Verwaltungsdir. a. D. u. Bürgermeister. 1908. 1 M.

Das Recht der Handlungsgehilfen und Handlungslehrlinge. Von Rechtsanwalt Hugo Horrwitz. 2. Aufl. 1905. (203 S.) Geb. in Leinen 3 M.

Die Registratur. 2. Auflage. 1906. Von Hermann Kollrack, Kgl. Polizeisekretär am Berliner Polizeipräsidium. 8°. (84 S.) Kart. 1 M. 40 Pf.

Die Pflichten des Waisenrates. Ein praktischer Leitfaden für Waisenräte und Verwaltungsbeamte. Von F. Baum, Geh. Justizrat und Vormundschaftsrichter. Achte vermehrte und verbesserte Auflage. 1906. 8°. (46 S.) 60 Pf.

Der Vormund, Gegenvormund, Pfleger u. Familienrat. Nach dem Bürgerlichen Gesetzbuch, dem Reichsgesetz über die Angelegenheiten der freiwilligen Gerichtsbarkeit und dem Ausführungsgesetz zum BGB. Ein praktischer Leitfaden. Von F. Baum, Geh. Justizrat und Vormundschaftsrichter. 1899. 8°. (64 S.) 50 Pf.

Schlagwort-Register.

R. = Nummer der Sammlung Deutscher Reichsgesetze
P. = Nummer der Sammlung Preußischer Gesetze.
S. = Seite.

Schlagwort-Register. (R. = Reichsgesetz, P. = preuß. Gesetz.)

Bürgerliches Rechts-Lexikon. Nach dem Bürgerlichen Gesetzbuch, dem Handelsgesetzbuch und sonstigen Reichs- und Landesgesetzen bearbeitet von Amtsgerichtsrat E. Christiani. Dritte, wesentlich vermehrte und verbesserte Auflage. 1908. Lex. 8°. Geb. in ganz Leinen Preis 11 M. 20 Pf.

Ausführl. Verzeichnis über hervorragende Erscheinungen aus dem Gebiete der Rechtswissenschaft u. des Verwaltungswesens durch jede Buchhandlung und direkt vom Verlage.

5. 46 000. IV. 11.

FSC
www.fsc.org
MIX
Papier | Fördert
gute Waldnutzung
FSC® C083411

Kolibri 360 GmbH
Ferdinand-Jühlke-Straße 7
99095 Erfurt, Deutschland
produktsicherheit@kolibri360.de